دمج مهارات التفكير
في تدريس العقيدة الإسلامية
تطبيقات ونماذج عملية

رقم التصنيف: 371.3

المؤلف ومن هو في حكمه: د. شفاء علي الفقيه ، د. حمزة عبدالكريم حماد

عنـوان الكتـاب: دمج مهارات التفكير في تدريس العقيدة الإسلامية - تطبيقات ونماذج عملية

رقم الإيـداع: (2012/2/598)

الترقيم الدولي: ISBN: 978-9957-90-012-0

الموضوع الرئيسي: طرق التعلم/ التدريس/ اساليب التدريس/ الشريعة الاسلامية

* تم إعداد بيانات الفهرسة والتصنيف الأولية من قبل دائرة المكتبة الوطنية

الطبعة الأولى

مركز ديبونو لتعليم التفكير

يطلب هذا الكتاب مباشرة من مركز ديبونو لتعليم التفكير

عمّان- شارع الملكة رانيا- مجمع العيد التجاري - مبنى 320- ط4

هاتف: 962-6-5337003 / 962-6-5337029

فاكس: 962-6-5337007

ص. ب: 831 الجبيهة 11941 المملكة الأردنية الهاشمية

E-mail: info@debono.edu.jo

www.debono.edu.jo

دمج مهارات التفكير في تدريس العقيدة الإسلامية

تطبيقات ونماذج عملية

د. شفاء علي الفقيه
قسم الدراسات الإسلامية
جامعة الحدود الشمالية السعودية

د. حمزة عبد الكريم حماد
كلية الشريعة والقانون
جامعة العلوم الإسلامية الماليزية

الناشر

مركز ديبونو لتعليم التفكير

بسم الله الرحمن الرحيم

﴿ يَرْفَعِ اللـه الَّذِينَ آمَنُوا مِنكُمْ وَالَّذِينَ أُوتُوا الْعِلْمَ دَرَجَاتٍ ﴾

صدق الله العظيم

(سورة المجادلة: 11)

المحتويات

تقرير د. "محمد نبيل" طاهر العمري 17

المقدمة 19

المدخل النظري 23

أولاً: رؤية ميدانية في واقع تدريس العقيدة الإسلامية 25

كتب أساليب تدريس التربية الإسلامية/ العقيدة، والتفكير 27

واقع أساليب تدريس التربية الإسلامية/ العقيدة 29

ثانياً: لماذا هذا الدليل؟ 33

ثالثاً: منهج القرآن الكريم والسنة النبوية في بناء العقيدة الإسلامية 38

منهج القرآن الكريم في بناء العقيدة الإسلامية 38

منهج السنّة النبوية في عرض العقيدة وبنائها 43

رابعاً: ممارسات غير صحية في تدريس العقيدة الإسلامية، ومعوقات على الطريق 49

خامساً: النمو الديني وخصائص المرحلة العمرية 55

سادساً: ملامح في التربية الوجدانية 63

سابعاً: الاهتمام بالجانب الوجداني وأثره في بناء العقيدة في نفوس المتعلمين 68

التطبيقات العملية 75

أولاً: مقدمة في أركان "الإيمان" العقيدة الإسلامية 77

التخطيط للمواقف التعليمية والفعاليات التدريسية "طريقة التعلم التعاوني الجكسو" 77

أسباب استخدام هذه الفعالية 78

5

إجراءات الحصّة الصفية 78

ورقة عمل رقم (1/أ): مفهوم الإيمان بالله تعالى 80

ورقة عمل رقم (1/ب): الإيمان بالملائكة: المفهوم والخصائص 81

ورقة عمل رقم(1/ج) الإيمان بالكتب الإلهية: المفهوم والخصائص ... 83

ورقة عمل رقم (1/د): مفهوم الإيمان بالرسل 85

ورقة عمل رقم (1/ه): الإيمان باليوم الآخر: المفهوم والخصائص ... 86

ورقة عمل رقم (1/ و): مفهوم الإيمان بالقدر 87

أوراق عمل إثرائية لموضوع: أركان الإيمان 88

ورقة عمل رقم (1) العلاقة بين الإيمان والإسلام والإحسان 88

ورقة عمل رقم (2) العلاقة بين الإيمان والعمل(الهجرة النبوية نموذجاً) ... 91

ورقة عمل رقم (3) العلاقة بين الإيمان والعمل(نموذج من واقع الحياة) ... 92

ورقة عمل رقم (4) العلاقة بين الإيمان والعمل(جهاد النّبي ﷺ) ... 93

ورقة عمل رقم (5) العلاقة بين الإيمان والعمل(مواقف من حياة الأنبياء) ... 94

ورقة عمل رقم (6) منهج القرآن الكريم والسنة النبوية في بناء العقيدة ... 95

ثانياً: الإيمان بالله تعالى 105

الأهداف المتوقعة 105

الفعاليات المقترحة 105

ورقة عمل رقم (1) منهج القرآن الكريم في إثبات وحدانية الله ووجوده ... 106

ورقة عمل رقم (2) الأدلة الكونية على وحدانية الله تعالى 109

ورقة عمل رقم (3) وسائل الهداية للإيمان بالله تعالى 110

ورقة عمل رقم (4) الأدلّة على وجود الله تعالى 113

ورقة عمل رقم (5) الإيمان بوجود الله تعالى "دليل السببية" 115

ورقة عمل رقم (6) الإيمان بوجود الله تعالى، مناظرة مع بعض الملاحدة ... 118

ورقة عمل رقم (7) الإيمان بوجود الله تعالى، قصة حدثت في العصر الحاضر ... 120

ورقة عمل رقم (8) آثار الإيمان بالله تعالى 123

ورقة عمل رقم (9) أسماء الله تعالى وصفاته 126

ورقة عمل رقم (10) موقع التوحيد في العقيدة 128

ورقة عمل رقم (11) أهمية الالتزام بالعبادات 130

ورقة عمل رقم (12) الرابط بين دعوة الأنبياء والرسل 132

ورقة عمل رقم (13) الأدلة على العقلية على وحدانية الله تعالى. 133

ورقة عمل رقم (14) الأدلة العقلية على وحدانية الله تعالى. 137

ورقة عمل رقم (15) الإيمان بأسماء الله وصفاته 142

رحلة البحث عن وجود الله تعالى (رحلة معرفية) 145

ثالثاً: الإيمان بالملائكة عليهم السلام **155**

الأهداف المتوقعة 155

الفعاليات المقترحة 155

ورقة عمل رقم (1) خلق الملائكة وأهميتهم في حياتنا 156

ورقة عمل رقم (2) الملائكة: الصفات والقدرات والوظائف 157

ورقة عمل رقم (3) الملائكة: المفهوم والخصائص 159

رابعاً: عالم الجن **162**

الأهداف المتوقعة 162

الفعاليات المقترحة 162

ورقة عمل رقم (1) الجنّ 163

ورقة عمل رقم (2) الجنُّ 164

ورقة عمل رقم (3) أساليب الشيطان في الغواية 165

ورقة عمل رقم (4) التدريب على مهارة التعليل 168

ورقة عمل رقم (5) خصائص الجن 169

ورقة عمل رقم (6) طرق غواية الشيطان للإنسان 171

ورقة عمل رقم (7) تصنيف طرق غواية الشيطان للإنسان 173

ورقة عمل رقم (8) المقارنة بين الملائكة والجن والبشر 175

176 ورقة عمل رقم (9) مقارنة مفتوحة بين الملائكة والجن والبشر

177 خامساً: الإيمان بالكتب الإلهية

177 الأهداف المتوقعة

177 الفعاليات المقترحة

178 ورقة عمل رقم (1) تنمية مهارة الطلاقة الفكرية ضمن موضوع الإيمان بالكتب الإلهية

178 ورقة عمل رقم (2) تنمية مهارة الطلاقة الفكرية ضمن موضوع الإيمان بالكتب السماوية

179 ورقة عمل رقم (3) المقارنة بين الكتب الإلهية، واستنتاج سمات رسالة الإسلام (موافقته للعقل والحقائق العلمية)

181 ورقة عمل رقم (4) التمييز بين رسالة الإسلام وغيرها من الرسالات (خلوها من التناقض)

183 موقف الإسلام من العقائد الأخرى

184 ورقة عمل رقم (1) احترام الإسلام للعقائد الأخرى

185 ورقة عمل رقم (2) احترام حرية التدين والاعتقاد في حالتي السلم والحرب

187 ورقة عمل رقم (3) موقف الإسلام من العقائد الأخرى "المبادئ الدولية الإنسانية"

189 ورقة عمل رقم (4) قواعد الإسلام في تعامله مع أصحاب العقائد الأخرى

190 ورقة عمل رقم (5) شبهات حول موقف الإسلام من العقائد الأخرى

191 سادساً: الإيمان بالرسل

191 الأهداف المتوقعة

191 الفعاليات المقترحة

193 ورقة عمل رقم (1) المقارنة بين النبي والرسول

195 ورقة عمل رقم (2) حاجة الناس إلى الرسل

189 ورقة عمل رقم (3) الرابط بين دعوة الأنبياء والرسل

ورقة عمل رقم (4) العلاقة بين الأنبياء ومعجزاتهم 199

ورقة عمل رقم (5) أهمية إرسال الرسل 200

ورقة عمل رقم (6) أهميّة الرسل وحاجة النّاس لهم 201

ورقة عمل رقم (7) خصائص الرسل (بشرية الرسل) 202

قصة سيدنا هود عليه الصلاة والسلام مع قومه 203

الأهداف المتوقعة 203

التخطيط للمواقف التعليمية والفعاليات 203

ورقة عمل رقم (1) أحداث القصة وتفاصيلها 204

ورقة عمل رقم (2) حجج رفض الدعوة 205

ورقة عمل رقم (3) موقع قبيلة عاد وإرم 208

ورقة عمل رقم (4) الربط بين الاغترار بالدنيا وقبول الحق 208

قصة سيدنا صالح عليه الصلاة والسلام مع قومه 201

الأهداف المتوقعة 210

التخطيط للمواقف التعليمية والفعاليات 210

ورقة عمل رقم (1) بطاقة تعريفية بسيدنا صالح عليه الصلاة والسلام 211

ورقة عمل رقم (2) التدريب على مهارة الترميز 212

ورقة عمل رقم (3) الروابط بين مناطق وجود الأنبياء والرسل 213

ورقة عمل رقم (4) الربط بين قصة سيدنا صالح مع قومه، والواقع الحالي 219

ورقة عمل رقم (5) موقع قبيلة ثمود على خارطة العالم اليوم 221

ورقة عمل رقم (6) مقارنة مفتوحة بين قصة سيدنا صالح، وقصة سيدنا هود، عليهما الصلاة والسلام، وقصة سيدنا محمد ﷺ. 222

قصة يونس ﷺ (رحلة معرفية) 223

قصة إبراهيم ﷺ (رحلة معرفية) 234

ورقة عمل حول ثبات الرّسل عليهم الصلاة والسلام 248

سابعاً: الإيمان باليوم الآخر 249

الأهداف المتوقعة 249

الفعاليات المقترحة 249

ورقة عمل رقم (1) قدرة اللـه على البعث 250

ورقة عمل رقم (2) التدريب على مهارة الترتيب ضمن موضوع اليوم الآخر ... 251

ورقة عمل (3) الأدلة العقلية على وجود اليوم الآخر 252

ورقة عمل رقم (4) تنمية مهارة الطلاقة الفكرية ضمن موضوع الإيمان

باليوم الآخر 259

ثامناً: الإيمان بالقضاء والقدر **260**

تفعيل نموذج المعرفة السابقة والمكتسبة في التدريس "KWL" 261

ورقة عمل رقم (1) مفهوم الإيمان بالقضاء والقدر 263

ورقة عمل رقم (2) أهمية الإيمان بالقضاء والقدر 265

ورقة عمل رقم (3) تنمية مهارة الطلاقة الفكرية ضمن موضوع الإيمان

بالقضاء والقدر 269

ورقة عمل رقم (4) تنمية التفكير الناقد ضمن موضوع الإيمان بالقضاء والقدر 270

ورقة عمل رقم (5) الربط بين الآيات القرآنية والإيمان بالقضاء والقدر 271

ورقة عمل رقم (6) اكتشاف المغالطات المتعلقة بالقضاء والقدر (مسؤولية

الإنسان عن أعماله) 272

ورقة عمل رقم (7) اكتشاف المغالطات المتعلقة بالقضاء والقدر (أعمال

الإنسان التي يحاسب عليها) 272

ورقة عمل رقم (8) اكتشاف المغالطات المتعلقة بالقضاء والقدر (أعمال

الإنسان بين الاختيار والجبر) 275

ورقة عمل رقم (9) اكتشاف المغالطات المتعلقة بالقضاء والقدر (علاقة القدر

بعلم اللـه الشامل) 276

ورقة عمل رقم (10) اكتشاف المغالطات المتعلقة بالقضاء والقدر (آثار ترك

التوكل على اللـه تعالى) 279

ورقة عمل رقم (11) آثار الإيمان بالقضاء والقدر (الطمأنينة النفسية) 278

ورقة عمل رقم (12) آثار الإيمان بالقضاء والقدر (الرضا النفسي) 280

ورقة عمل رقم (13) مفاهيم متعلقة بالقضاء والقدر (الرضا بالقضاء والقدر) .. 282

ورقة عمل رقم (14) مفاهيم متعلقة بالقضاء والقدر(حسن العمل) 283

تاسعاً: خصائص رسالة الإسلام/ خصائص العقيدة الإسلامية **285**

ورقة عمل رقم (1) سمات رسالة الإسلام من خلال القرآن والسنة 287

ورقة عمل رقم (2) سمات رسالة الإسلام (الوضوح وخلوها من التعقيدات) . 288

ورقة عمل رقم (3) خصائص رسالة الإسلام(وسطية الإسلام وعدالته الاجتماعية) 290

ورقة عمل رقم (4) خصائص رسالة الإسلام "العالمية" 292

ورقة عمل رقم (5) مقارنة العقيدة الإسلامية مع العقائد الأخرى "وضوح العقيدة وبساطتها" 294

ورقة عمل رقم (6) خصائص رسالة الإسلام (خصائص الكتب الإلهية) 299

ورقة عمل رقم (7) المقارنة بين الرسالات السماوية، واستنتاج خصائص رسالة الإسلام من خلال حديث النبي ﷺ 301

ورقة عمل رقم (8) المقارنة بين الرسالات السماوية، واستنتاج خصائص رسالة الإسلام 302

ورقة عمل رقم (9) المقارنة بين المسيحية والإسلام فيما يختص بالمرأة 304

ورقة عمل رقم (10) الميراث في الديانات السماوية 306

ورقة إثرائية (أ) الميراث في الإسلام 308

ورقة عمل رقم (ب) الميراث في اليهودية 310

ورقة عمل رقم (ج) الميراث في المسيحية 311

ورقة عمل رقم (11) الميراث في الديانات السماوية (مقترح آخر لتنفيذ النشاط) 312

ورقة عمل رقم (12) تنمية مهارة الطلاقة الفكرية ضمن موضوع خصائص رسالة الإسلام (من خلال نسبة انتشاره في العالم) 315

ورقة عمل رقم (13) تنمية مهارة الطلاقة الفكرية ضمن موضوع خصائص

رسالة الإسلام (من خلال نسب انتشاره في العالم) 316

ورقة عمل رقم (14) خصائص رسالة الإسلام من خلال أقوال العلماء (المرونة) 317

ورقة عمل رقم (15) خصائص رسالة الإسلام من خلال أقوال العلماء (المرونة) 318

ورقة عمل رقم (16) خصائص رسالة الإسلام (الوسطية والاعتدال) من

خلال حديث النبي ﷺ 319

ورقة عمل رقم (17) وسطية الإسلام واعتداله 320

خصائص العقيدة الإسلامية من خلال أسلوب القصة 321

ورقة عمل رقم (1) قصة إسلام فتاة مصرية 322

ورقة عمل رقم (2) قصة إسلام الداعية إبراهيم سلي 329

ورقة عمل رقم (3) حجاب أميركية سبب في إسلام أستاذ جامعي أميركي 333

ورقة عمل رقم (4) قصة إسلام موريس بوكاي 336

ورقة عمل رقم (5) قصة إسلام مراد هوفمان (من رجالات السياسة الألمانية) ... 340

ورقة عمل رقم (6) قصة إسلام آن سوفي 344

ورقة عمل رقم (7) أشهر نساء بريطانيا يعتنقن الإسلام 348

1- قصة ميريام فرنسوا سيرا 347

2- قصة كريستيان بيكر 348

3- قصة سارة جوزيف 350

4- قصة صوفيا تيلي 350

عاشراً: دور العقل في إدراك حقائق العقيدة 354

ورقة عمل رقم (1) التأمل في الكون. 355

ورقة عمل رقم (2) دور العقل في إدراك حقائق العقيدة (موقف القرآن الكريم

ممّن أسلم من أهل الكتاب) 358

ورقة عمل رقم (3) المسؤولية الفردية في موضوع الهداية 360

ورقة عمل رقم (4) المسؤولية الذاتية في موضوع الهداية 362

ورقة عمل رقم (5) دور العقل في إدراك حقائق العقيدة (تأمل إبراهيم ﷺ في ملكوت السموات والأرض نموذجاً) 363

ورقة عمل رقم (6) دور العقل في إدراك حقائق العقيدة "الفرق في الهداية بين العقل والفطرة والرّسل" 365

حادي عشر: المحافظة على نقاء العقيدة الإسلامية 366

الأهداف المتوقعة 366

الفعاليات التدريسية 366

ورقة عمل رقم (1) أهمية العقيدة الإسلامية وأثرها على حياة المسلم 367

ورقة عمل رقم (2) التمييز بين أنواع السحر 369

ورقة عمل رقم (3) الاشتغال بالسحر والشعوذة والعرافة 370

ورقة عمل رقم (4) أسباب اللجوء إلى العرّافين. 371

ورقة عمل رقم (5) حكم العرافة وأثرها "من خلال أسلوب دراسة الحالة" 373

ورقة عمل رقم (6) حكم العِرافة وأثرها. 374

ورقة عمل رقم (7) حكم العِرافة وأثرها 375

ورقة عمل رقم (8) حكم العِرافة وأثرها 376

ورقة عمل رقم (9) اكتشاف حقيقة العِرافة 377

ورقة عمل رقم (10) مقارنة مفتوحة بين المعجزة، والكرامة، والسحر 378

ورقة عمل رقم (11) أثر غياب العقيدة الصحيحة عن حياة النّاس 379

ورقة عمل رقم (12) المقارنة بين أسباب ممارسة السحر والشعوذة بين العالم العربي والغربي 381

ورقة عمل رقم (13) بطلان الدعوة بأن غير اللـه تعالى يضر وينفع 382

ورقة عمل رقم (14) خطر المشعوذين 384

ورقة عمل رقم (15) أسباب اللجوء إلى المشعوذين، وموقف الطب من هذه الظاهرة 388

ثاني عشر: الأجل بيد الله (الموت) 391

ورقة عمل رقم (1) أهمية وجود الموت لاستمرارية الحياة 393

ورقة عمل رقم (2) الحقائق القرآنية حول الموت 394

ورقة عمل رقم (3) العلاقة بين الموت والحياة الآخرة 396

ورقة عمل رقم (4) حقائق تتعلق بالموت 397

ورقة عمل رقم (5) أسباب كراهية الموت 398

ورقة عمل (6) أهمية الحياة والموت 399

ورقة عمل رقم (7) الخوف من الموت 401

ورقة عمل رقم (8) آثار الإيمان بأن الأجل بيد الله تعالى 403

ورقة عمل رقم (9) أثر الإيمان بحقيقة الموت في حياة الإنسان 405

ثالث عشر: الحياة البرزخية 407

الأهداف المتوقعة 407

مخطط لأهم الموضوعات المتعلقة بحياة البرزخ 408

ورقة عمل رقم (1) الحياة البرزخية 409

ورقة عمل رقم (2) أهمية حياة البرزخ 416

ورقة عمل رقم (3) تنمية مهارة الطلاقة الفكرية ضمن موضوع الحياة البرزخية .. 418

ورقة عمل رقم (4) تنمية مهارة الطلاقة الفكرية ضمن موضوع الحياة البرزخية .. 418

ورقة عمل رقم (5) اكتشاف المغالطات وتصويبها "تناسخ الأرواح عند الهندوس" . 419

رابع عشر: التوبة 421

ورقة عمل رقم (1) مفهوم التوبة وشروطها 423

ورقة عمل رقم (2) فئات لا تقبل توبتهم 425

ورقة عمل رقم (3) شروط قبول التوبة (موقف موت فرعون نموذجاً) 426

ورقة عمل رقم (4) أسماء الله الحسنى المتعلقة بالرحمة والتوبة 427

ورقة عمل رقم (5) أسباب الغواية وآثار التوبة 428

ورقة عمل رقم (6) تطبيق مهارات الطلاقة في موضوع التوبة (الحكمة من
فتح باب التوبة للمذنبين) 429

ورقة عمل رقم (7) سعة رحمة اللـه تعالى بعباده 430

ورقة عمل رقم (8) دوافع التوبة 431

ورقة عمل رقم (9) أهمية التوبة وأثرها 432

ورقة عمل رقم (10) حاجة الإنسان إلى التوبة والهداية "قصة سالم" 439

خامس عشر: أثر العقيدة الإسلامية في حياة الفرد 446

الأهداف المتوقعة 446

التخطيط للمواقف التعليمية والفعاليات 446

ورقة عمل رقم (1) أثر العقيدة الإسلامية في حياة الفرد (مواجهة ظاهرة الانتحار) 447

ورقة عمل رقم (2) أثر العقيدة الإسلامية في حياة الفرد (مواجهة ظاهرة المخدرات) 449

ورقة عمل رقم (3) أثر العقيدة الإسلامية في حياة الفرد (الطمأنينة النفسية) 450

ورقة عمل رقم (4) أثر العقيدة الإسلامية (الإيمان) في حياة الفرد (الوصول
للتصور الواضح للوجود) 451

ورقة عمل رقم (5) أثر العقيدة الإسلامية في حياة الفرد (تأمل ذاتي) 452

ورقة عمل رقم (6) أثر العقيدة الإسلامية في حياة الفرد (الرقابة الفردية
وقصة ابن عمر مع الراعي) 454

ورقة عمل رقم (7) آثار العقيدة الإسلامية على الأفراد (قصة عمر بن الخطاب
مع بائعة اللبن) 455

ورقة عمل رقم (8) أثر العقيدة الإسلامية على الفرد والجماعة 457

سادس عشر: أثر العقيدة الإسلامية في حياة المجتمع 458

الأهداف المتوقعة 458

التخطيط للمواقف التعليمية والفعاليات 458

ورقة عمل رقم (1) أثر العقيدة الإسلامية في حياة المجتمع (مواقف من القرآن الكريم) 459

ورقة عمل رقم (2) أثر العقيدة الإسلامية في حياة المجتمع (مكافحة ارتفاع نسبة جريمة القتل في العالم) 460

ورقة عمل رقم (3) أثر العقيدة الإسلامية في حياة المجتمع (مكافحة ظاهرة التدخين في المجتمعات) 463

ورقة عمل رقم (4) أثر العقيدة الإسلامية في حياة المجتمع على السلوك والخلق، في ضوء حديث النبي ﷺ 466

الخاتمة 467

المراجع 469

المراجع العربية 469

المراجع الأجنبية 475

حول كتاب

دمج مهارات التفكير في تدريس العقيدة الإسلامية
تطبيقات ونماذج عملية

للدكتورة/ شفاء الفقيه والدكتور/ حمزة حمّاد

الحمد لله رب العالمين، والصلاة والسلام على سيدنا محمد إمام الهداة والمصلحين، وعلى آله وصحبه ومن تبعهم إلى يوم الدين، وبعد؛

فقد عهد إلي الأخوان الفاضلان: د. شفاء الفقيه، ود. حمزة حمّاد بمراجعة ما أبدعاه من نموذج من النماذج المستحدثة في مناهج العلوم الإنسانية والدينية ليكون دليلاً هادياً ومرشداً لمعلمي مادة العقيدة الإسلامية، يعينهم على إيصال المعلومات العقدية لتلاميذهم بيسر وسهولة، وبقدر كبير من الإفهام والتوضيح، وحث للعقول على التدبر والتأمل.

والكتاب الذي بين يدي هو كتاب فريد في نوعه، سام في أهدافه، متوحد في طرحه متميز في نهجه، يعين المعلم المربي على تقديم وجبات عقلية دسمة؛ تنمي تفكير الطالب وتغذيه بطرق متنوعة من أنماط التفكير العقلي الحر، لتنقله من مرحلة التلقين إلى مرحلة التفكير، ومن خطورة الاعتماد الكلي على المعلم إلى رحابة الأفق الواسع، ومن ضيق المثال الحسي الملموس إلى مساحة الكون الشاسع، ومن سطور الكتاب المقيدة إلى رحاب علماء الدين والعقل والعلم. والحقيقة أن هذا الدليل "دمج مهارات التفكير في تدريس العقيدة الإسلامية، تطبيقات ونماذج عملية" هو إضافة علمية لأنماط المناهج الأخرى في العلوم الإنسانية والاجتماعية، غير أنّه يمتاز عنها بأنه يهدف إلى إرسال

رسائل قيمة يهتدي في ضوئها الآخذون به إلى أسلوب إيقاظ عقول الطلاب من سباتها العميق، وركونها إلى التلقين المعلمي الذي اتخذ منهجاً وأسلوب حياة في أعمالنا وسائر أحوالنا، حيث أميتت الهمم وركنت إلى الخمول والكسل، وابتعدت عن الإبداع الحياتي والنشاط العقلي والعلمي.

والمطلع على هذا الدليل يجد فيه ما ينبىء عن الجهد المبذول من المعدين الفاضلين من وقت وإعداد وجولات بين الكتب المتخصصة والمشابهة، بالإضافة إلى وضوح الخبرة العملية، وما فيه من إبداعات فكرية ومنهجية تثري المعلومات العلمية القيمة عند مدرسي مادة العقيدة الإسلامية، وترسم لهم منهجاً واضحاً في إعلاء شأن هذا العلم، والترقي بعقول تلامذتهم إلى سمو الفكر ونهضة الهمة وسعة الأفق والتبصر بأمور العقيدة ليتعلم التلميذ طرائق الوصول إلى الحقيقة والإيمان بها يقيناً لا تلقيناً، وترغيباً لا تثبيطاً، واستمتاعاً لا إكراهاً.

وقد استشعر المعدان الفاضلان حاجة المعلمين والمربين لمثل هذا الدليل فقاما بإعداده بإخلاص لدينهما، وتوخياً لرضى الله سبحانه وتعالى، مترسمين خطى المصلحين والدعاة العاملين فجزاهما الله عن كل مستفيد من دليلهما وكل قارئ له خير الجزاء.

ولأن الكمال لله وحده، فلا يخلو هذا الدليل من هنات لا تنقص من قيمته ولا تقلل من أهميته عسى أن يتداركها الأخوان المعدان عند طباعته.[1]

هذا وأتمنى للأخوين المعدين مزيداً من الرقي الإبداعي والسمو الفكري والرفعة العلمية والعملية، والله الموفق.

د. "محمد نبيل" طاهر العمري
أستاذ العقيدة الإسلامية المشارك
كلية الشريعة، الجامعة الأردنية

---

[1]   قمنا بمراجعة جميع الملاحظات والتنبيهات التي أشار إليها فضيلة د. "محمد نبيل" طاهر العمري-مشكوراً، وقد قمنا بتعديل ما رأيناه مناسباً. المؤلفان.

المقدمة

الحمد لـله الذي جعل العقل دليلاً على وحدانيته، ومناط أحكام شريعته، ومناراً لطريق هدايته، والصلاة والسلام عليه نبيه، الذي أشعل من شمعة الفكر فتيلا، وجعل النظر في الأحكام دليلا، وأقام نهجاً يرشد الضلّيلا، وبعد،

إن العقيدة الإسلامية هي أسّ الإسلام وأساسه، فلا غرابة أن نجد النبي ﷺ قضى أكثر من نصف عمر دعوته في إرساء أسس العقيدة في قلوب الصحابة وعقولهم، واليوم غدت مفردات العقيدة الإسلامية جزءاً أساسياً من مناهج التربية الإسلامية؛ بيد أن الواقع التطبيقي لتدريس تلك الأسس العقدية شابه الكثير من التشويه، فأصبح الكثير من المعلمين يلقنون العقيدة تلقيناً للطالب، فالطالب في نظر معلمه مخزن معلومات، والمعلم مصدر تلك المعلومات، هذه النظرة التي يعتريها الكثير من النقد من المدارس التربوية، فضلاً عن الأصول الشرعية.

فإذا نظرنا مثلاً إلى منهج المصطفى ﷺ نجده لم يقتصر على طريقة واحدة في التعليم والتدريس، بل نراه ﷺ يعمل على تنمية وشحذ التفكير لدى الصحابة الكرام، فما هذه الثروة الفقهية اليوم إلا نتاج ذلك الجهد النبوي، من هنا جاءت فكرة هذا الدليل الذي يهدف إلى الارتقاء بأداء معلمي ومعلمات العقيدة الإسلامية نحو الأفضل؛ لاعتقادنا بأن الطرق التقليدية في التدريس؛ لا تعمل على صناعة جيل مفكر.

لذا انطلقت فكرة هذا الدليل باختيار مجموعة دروس في العقيدة للصفوف من الثامن حتى الأول الثانوي (13-17 سنة) وهي الفئة المستهدفة بهذا الدليل؛ تمحورت حول أركان الإيمان الستة، وخصائص العقيدة وسمات رسالة الإسلام المرتبطة بها، بالإضافة إلى تناول قضايا هامة؛ من مثل: دور العقل في إدراك حقائق العقيدة الإسلامية، وآثار العقيدة الإسلامية على الفرد والمجتمع، وغيرها. وهذه الموضوعات تمثل قضايا الإيمان الرئيسة التي لا يخلو منها منهاج من مناهج الدول العربية، فقضايا العقيدة مهما تشعبت؛ ترجع في أساسها إلى أصول العقيدة الإسلامية وقضايا الإيمان

الرئيسة، ومعظم التساؤلات والإشكاليات تدور حولها؛ فاعتمدناها وحاولنا تصميم ما يساعد المعلم على بناء العقيدة في نفوس طلبته بناءً منهجياً سليماً.

وقد حاولنا في هذا الدليل عرض دروس العقيدة من خلال تنفيذ عدد من الاستراتيجيات التدريسية القائمة على تنمية مهارات التفكير لدى الطلبة، محاولة منا لسد الثغرة بين البعد النظري لهذه الاستراتيجيات ودروس العقيدة الإسلامية، فضلاً عن تفعيل عدد من مهارات التفكير التي لمسنا مدى الحاجة إلى تفعيلها في الصفوف الدراسية؛ كالتركيب والتحليل والاكتشاف والاستنتاج، ولم نقتصر على تفعيل نوع واحد من أنواع التفكير بل بذلنا جهدنا في تنمية عدة أنواع منه بما يقتضيه الموقف التعليمي؛ منها التفكير التحليلي، والناقد، والإبداعي.

ويعدُّ هذا الدليل مرجعاً مفيداً لأساتذة الجامعات ممن يعنون بتدريس طرائق التدريس وأساليبه في توجيه طلبتهم لمرجع تطبيقي عملي في ميدان التدريس، ويوفر لهم نماذج تطبيقية على العديد من الفعاليات التدريسية، بالإضافة إلى فائدته لمعلمي التربية الإسلامية في الميدان من أصحاب الخبرات؛ لما يمكن أن يقدمه لهم من جديد في الطرح والعرض لموضوعات العقيدة الإسلامية، كما أنّه مفيد للمعلمين الجدد في مجال تدريس التربية الإسلامية، إذ إنّه يُملِّك المعلمين الجدد مهارة تصميم الأنشطة وأوراق العمل المتنوعة في مجال العقيدة، ويقاس الأمر في الفروع الأخرى في مادة التربية الإسلامية، ولمعلمي ومشرفي النوادي والنشاطات الدينية؛ لما في الدليل من فعاليات وأنشطة تطبيقية يستطيع أي معلم ومربٍ تنفيذها بالطريقة التي يراها مناسبة وفق أهدافه التي ينطلق منها ووفق الفئة العمرية التي يتعامل معها.

وقد تكّون هذا الدليل من مدخل نظري، تمهيداً وتقديماً للمادة العملية، وقد تناولنا فيه الحديث عن واقع تدريس مباحث التربية الإسلامية عموماً، والعقيدة خصوصاً، وتأسيساً على ذلك سرنا بالحديث حول التعريف بهذا الدليل وبعملنا فيه، ثم تناولنا منهج القرآن الكريم والسنة النبوية في بناء العقيدة الإسلامية، ثم طرحنا بعض الممارسات غير الصحية في تدريس العقيدة الإسلامية، وبعض المعوقات المتكررة،

إضافة إلى تناول مسألة النمو الديني وخصائص المرحلة العمرية، ثم الحديث عن بعض الملامح في التربية الوجدانية، وأثر الاهتمام بالجانب الوجداني في بناء العقيدة في نفوس المتعلمين.

ثم جاء صلب الدليل وهو الجزء التطبيقي العملي حيث حرصنا على التركيز عليه؛ وقد حاولنا فيه توظيف العديد من المهارات المتنوعة والمصادر وتصميم الأنشطة المناسبة لها، ضمن أوراق العمل في القسم العملي التي تعطي للمعلم خيارات متعددة لتطبيق ما يراه مناسباً، فضلاً عن تنوع الأساليب وتعددها للدرس الواحد؛ كي يكون الخيار مفتوحاً بين يدي المعلم.

ومن الجدير بالذكر أن هذا الدليل ليس بكتاب عقيدة، بل هو دليل لتدريس العقيدة، فهو بمثابة المساند والمساعد للكتاب المدرسي المقرر، وتجدر الإشارة إلى أننا استفدنا من مناهج التربية الإسلامية للصفوف من الثامن حتى الأول الثانوي في الأردن، ومن مناهج التربية الإسلامية لبعض الدول العربية الأخرى.

لا يسعنا في هذا المقام إلا أن نتوجه بجزيل الشكر وأتمه إلى سعادة الأستاذ الدكتور فتحي ملكاوي - يحفظه الله - المدير الإقليمي للمعهد العالمي للفكر الإسلامي، وفضيلة الدكتور محمد نبيل العمري - يحفظه الله - أستاذ العقيدة الإسلامية في كلية الشريعة في الجامعة الأردنية، وفضيلة الدكتور إبراهيم حماد - يحفظه الله - أستاذ مناهج وأساليب تدريس التربية الإسلامية في كلية العلوم التربوية في الجامعة الأردنية؛ لتلطفهم بمراجعة مادة الكتاب وتزويدنا بملاحظاتهم القيمة عليه، والشكر موصول إلى معلمات قسم التربية الإسلامية في ثانوية البنات بالمدارس العمرية في عمان الأردن، المعلمات الفاضلات: أميرة فريحات، وهناء العساف، وعبير أبو عودة، وفاريهان مصلح، وسهاد جبر؛ لتلطفهن بتوظيف العديد من أوراق العمل والأنشطة المتضمنة في هذا الدليل وتزويدنا بالتغذية الراجعة التي أثرت هذا العمل، والشكر كذلك إلى المعلمة الفاضلة رفيف صوّان معلمة العلوم في المدارس العمرية؛ لتزويدنا بنماذج تطبيقية حول الرحلات المعرفية.

ختاماً: نتوجه إلى الـلـه العلي القدير أن يجعل هذا العمل خالصاً لوجهه الكريم، وأن يجعله في ميزان حسناتنا، ثم نأمل من الإخوة والأخوات المدرسين والمدرسات لمادة العقيدة ألا يبخلوا علينا بأية تعليقات أو ملحوظات أو استدراكات على هذا العمل.

شوال 1432 هـ

د. شفاء علي الفقيه
قسم الدراسات الإسلامية
جامعة الحدود الشمالية السعودية
shefaalfaqieh@yahoo.com

د. حمزة عبد الكريم حماد
كلية الشريعة والقانون
جامعة العلوم الإسلامية الماليزية
hamza041@yahoo.com

المدخل النظري

وقد تضمن هذا القسم النقاط الآتية:

- أولاً: رؤية ميدانية في واقع تدريس العقيدة الإسلامية.
- ثانياً: لماذا هذا الدليل؟
- ثالثاً: منهج القرآن الكريم والسنة النبوية في بناء العقيدة الإسلامية
- رابعاً: ممارسات غير صحية في تدريس العقيدة الإسلامية، ومعوقات على الطريق.
- خامساً: النمو الديني وخصائص المرحلة العمرية.
- سادساً: ملامح في التربية الوجدانية.
- سابعاً: الاهتمام بالجانب الوجداني وأثره في بناء العقيدة في نفوس المتعلمين.

أولاً:
رؤية ميدانية في واقع تدريس العقيدة الإسلامية

ظهرت في السنوات الماضية محاولات عدة لتوجيه المعلمين نحو أساليب حديثة في تدريس العقيدة الإسلامية، وقضايا الإيمان من خلال الدّراسات التي اهتمت بالحديث عن أساليب تدريس مادة التربية الإسلامية ومناهجها،[1] ومن خلال بعض الدّراسات التي تناولت الحديث عن منهجي القرآن الكريم والسنة النبوية[2] في عرض القضايا الإيمانية.

بيد أن تلك الدراسات - على فضلها - لا تُمَلِّك المعلم المهارات الكافية لتدريس

---

(1) منها على سبيل المثال لا الحصر:

– استراتيجيات معاصرة في تدريس التربية الإسلامية: رؤية نظرية تطبيقية، تأليف: أ.د.عبد الرحمن الهاشمي وآخرون، ونشرته دار عالم الثقافة، سنة 2010م.

– الاستراتيجيات الحديثة في تدريس التربية الإسلامية والقرآن الكريم ، تأيف: د.برهان نمر بلعاوي، وأ. هاني صلاح أبو جلبان، ونشرته دار حنين، سنة 2008م.

– طرائق تدريس مهارات التربية الإسلامية: أولوياتها، تخطيطها، تقويمها، أنشطتها، وتطبيقاتها العملية، تأليف: أ.د. عابد توفيق الهاشمي، ونشرته مؤسسة الرسالة، سنة 2006م.

– تدريس التربية الإسلامية: تخطيط - طرق - تقويم، تأليف: أ.د. سعدون محمود الساموك، ونشرته دار وائل، سنة 2005م.

– طرائق تدريس التربية الإسلامية وأساليبها وتطبيقاتها العملية، تأليف: أ.د. ناصر الخوالدة، وأ. يحيى عيد، ونشرته مكتبة الفلاح، وصدرت الطبعة الثانية سنة 2003م.

(2) منها:

– دراسة بلال سلامة عطار. (2006م)، الموسومة بـ: مناهج وأساليب عرض العقيدة من خلال الأحاديث الواردة في صحيح البخاري، رسالة ماجستير غير منشورة، جامعة آل البيت، الأردن.

– دراسة عاطف عبد السلام العثامين. (2005م)، الموسومة بـ: منهج سورة طه في عرض أصول العقيدة، رسالة ماجستير غير منشورة، جامعة آل البيت، الأردن.

– دراسة عمر حسن أبو قريق. (2004م)، الموسومة بـ: منهج القرآن الكريم في عرض العقيدة من خلال سورة الأحقاف: دراسة عقدية، رسالة ماجستير غير منشورة، جامعة آل البيت، الأردن.

العقيدة وبنائها في نفوس الطلبة، وتقتصر في كثير من الأحيان على الإطار النظري دون أن تعطي تصوراً شاملاً متكاملاً يُعين المعلم على التعامل مع قضايا العقيدة ومستجداتها، ولا توجهه للمصادر المناسبة لمعالجة ما يواجهه من مشكلات حقيقية مع الطلبة. الأمر الذي ينعكس سلباً على شريحة المتعلمين من خلال ضعف ترسيخ العقيدة في نفوسهم، وتهاوي فئة الشباب وتأثرهم بأية أفكار أخرى تعرض أمامهم بأسلوب منطقي وعقلاني؛ لعدم امتلاكهم القدرة على المحاكمة والتفكير بالأمور الإيمانية بصورتها الصحيحة.

وقد يعزى سبب القصور في هذه الدراسات إلى كون معظمها تركز على البعد النظري، أما الجزء العملي فجلُّ تلك الكتب تعرض درساً واحداً في التطبيق؛ وهذا أمر طبيعي؛ لأن تلك الكتب هدفت إلى عرض أساليب تدريس التربية الإسلامية، وجمهورها المستهدف هو طلبة المرحلة الجامعية الأولى غالباً، فلم تُوجَّه تلك الكتب إلى المعلمين في الميدان.

وإذا انتقلنا بالبحث ضمن الدراسات الجامعة؛ فنجد أن ثمّة رسائل وأطروحات قليلة[1] تفردت بالحديث عن أسلوب أو أكثر من أساليب تدريس العقيدة، غير أن المشكلة التي تعاني منها الدراسات العلمية في ميدان أساليب تدريس التربية الإسلامية

(1) منها:

- دراسة يوسف أحمد الشوبكي. (2008م)، الموسومة بـ: أثر طريقتي الاستنتاج والاكتشاف الموجه في تحصيل طلبة المرحلة الثانوية لمفاهيم العقيدة الإسلامية واتجاهاتهم نحوها في الأردن، أطروحة دكتوراه غير منشورة، جامعة عمان العربية، عمان، الأردن.
- دراسة أنور إبراهيم أبو دياك. (1994م)، الموسومة بـ: الأساليب المفردة في تعليم وتعلم العقيدة الإسلامية المستخلصة من الكتاب والسنة وأثرها في التحصيل الدراسي على طلبة الصف الأول ثانوي، رسالة ماجستير غير منشورة، جامعة اليرموك، الأردن، سنة 1994م.
- دراسة نسرين محمود الحديدي. (1990م)، الموسومة بـ: أثر المنظم المتقدم على التحصيل الفوري والمؤجل لطالبات الصف العاشر في وحدة العقيدة الإسلامية. رسالة ماجستير غير منشورة، الجامعة الأردنية، عمان، الأردن.

عمومـاً؛ محدوديـة انتشارهـا، فمعظـم الدراسـات الميدانيـة في مجـال أساليب تدريس التربيـة الإسلاميـة تبقـى محفوظـة على رفـوف المكتبات، ولا تنـزل إلى الميدان كي يستفيد منهـا المعلـم، وهـذه دعـوة نوجههـا إلى وزارة التربيـة والتعليـم بالتعـاون مع الجامعات في نشـر الأجـزاء التطبيقيـة، والأدلـة التدريبيـة المتضمنـة في تلـك الرسائـل، ويمكـن أن يتم ذلك عـن طريـق نشـرها إليكترونيـاً في موقـع وزارة التربيـة والتعليـم أو عبـر منظومـة التعلم الإلكتروني "eduwave".

كتب أساليب تدريس التربية الإسلامية/ العقيدة، والتفكير:

قامـت عياصـرة (2008م) بدراسـة هدفـت من خلالهـا إلى الكشـف عـن درجة تضميـن مهـارات التفكيـر في كتـب التربيـة الإسلاميـة للمرحلـة الأساسـية في الأردن، والتعـرف على مـدى تركيـز معلمـي التربيـة الإسلاميـة عليهـا، وقـد توصلـت إلى أن نسبة تركيـز مهـارات التفكيـر الناقـد في كتـب التربيـة الإسلاميـة كانـت (32.5%) وفي حصص المعلمين بلغـت (12.2%)، أمـا مهـارات التفكيـر الإبداعـي فقـد بلغـت نسبـة التركيـز في الكتب (22.8%) وفي حصـص المعلميـن بلغـت (6.1%)، أمـا فيمـا يتعلـق بمهـارات التفكيـر التأملي فقـد كانـت نسبـة التركيـز عليهـا في الكتـب (44.7%) وفي حصـص المعلميـن بلغت (13.4%)[1].

وقـد توصلـت دراسـة سلمـان (2007م) -التي هدفـت إلى الكشـف عـن واقـع الأسئلة التقويميـة في كتـب التربيـة الإسلاميـة للمرحلتيـن الأساسـية والثانويـة في الأردن-، إلى نتائج؛ منهـا: فيمـا يتعلـق بكتـب التربيـة الإسلاميـة في المرحلـة الأساسـية؛ احتـل المجال المعرفي المرتبـة الأولى من الأسئلـة بنسبـة (90.2%)، بينمـا نـال المجـال المهـاري نسبـة (5.3%)، في حيـن حصـل المجـال الوجـداني على أدنى نسبـة (4.5%)، وقـد جـاء توزيـع الأسئلـة على المستويـات المعرفيـة على النحـو الآتي: نـال المستـوى الأدنى من التفكيـر نصيبـاً كبيراً؛ فقد

---

(1) عياصـرة، عطـاف منصـور. (2008م)، **مهـارات التفكيـر المتضمنـة في كتـب التربيـة الإسـلامية للمرحلـة الأساسـية في الأردن**، أطروحـة دكتـوراه غير منشـورة، الجامعـة الأردنيـة، الأردن، ص الملخص.

حصل مستوى الفهم على نسبة (41.2%) والتذكر بنسبة (2.83%)، أما المستوى المتعلق بتوظيف المعلومات؛ فجاء في المرتبة الثانية؛ حيث إن نسبة مستوى التطبيق (15%)، ومستوى التحليل بنسبة (57%.)، وأخيراً المستوى المتعلق بحل المشكلات؛ وهما مستوى التركيب بنسبة (2%) والتقويم بنسبة (1.5%). أما المرحلة الثانوية فقد احتل المجال المعرفي كذلك المرتبة الأولى بنسبة (99%)، بينما نال المجال المهاري نسبة (1%)، في حين لم يسجل أي سؤال تقويمي في المجال الوجداني.وجاء توزيع الأسئلة على المستويات المعرفية على النحو الآتي: نال المستوى الأدنى من التفكير نصيباً كبيراً؛ فحصل مستوى الفهم على نسبة (49.1%) يلي ذلك مستوى التذكر بنسبة (24.8%)، أما المستوى المتعلق بتوظيف المعلومات فجاء في المرتبة الثالثة؛ حيث حصل مستوى التطبيق على نسبة (10.8%)، ومستوى التحليل بنسبة (8.9%)، وأخيراً المستوى المتعلق بحل المشكلات؛ وهما مستوى التركيب بنسبة (5.4%)، ومستوى التقويم بنسبة (1%).[1]

وأجرى العياصرة (2004م) دراسة هدفت إلى تحليل الأسئلة التقويمية الواردة في كتب التربية الإسلامية للحلقة الأولى من التعليم الأساسي في الأردن وسلطنة عُمان، وقد تكونت عينة الدراسة من ثمانية كتب؛ أربعة منها تمثل كتب التربية الإسلامية في الأردن، وبلغ مجموع أسئلتها (783) سؤالاً، في حين تمثل الأربعة الأخرى كتب التربية الإسلامية في عُمان، وبلغ مجموع أسئلتها (887) سؤالاً. وقد تمخضت الدراسة عن مجموعة من النتائج أبرزها: تركيز الأسئلة في كل من الأردن وعُمان على المجال المعرفي في مستوياته الدنيا. وبصفة عامة بلغت أسئلة المجال المعرفي في الأردن (85.4%) من مجموع الأسئلة الكلي بينما شكلت الأسئلة الوجدانية (3.2%) والنفس حركية (11.4%). وقاربت الأسئلة المقالية ثلثي الأسئلة بنسبة (68.1%). وفي عُمان بلغت نسبة الأسئلة المعرفية (69.3%) من مجموع الأسئلة الكلي بينما بلغت نسبة الأسئلة

(1) سلمان، خالد. (2007)، **الأسئلة التقويمية في كتب التربية الإسلامية للمرحلتين الأساسية والثانوية في الأردن - دراسة تحليلية**، أطروحة دكتوراه، غير منشورة، الجامعة الأردنية، عمان، الأردن، ص ل، 94-97.

الوجدانية (6.2%) والنفس حركية (24.5%). وأما الأسئلة المقالية فشكلت أيضاً ثلثي الأسئلة تقريباً وبنسبة (67.9%). [1]

كما قام الجلاد (2001م) بدراسة هدفت إلى تحليل الأسئلة التقويمية الواردة في كتب التربية الإسلامية للصفوف الثامن والتاسع والعاشر في الأردن. وقد حاول الباحث في دراسته التحقق من مدى شمول الأسئلة للجوانب المعرفية والوجدانية والنفس حركية، ومدى توزُّع الأسئلة على مستويات المجالات الثلاثة، كما هدفت إلى التعرف على نوعية الأسئلة من حيث كونها مقالية أم موضوعية، وأنواع الأسئلة الموضوعية المستخدمة. وقد حصر الباحث بعد عملية التحليل الأسئلة التي وردت في الكتب المذكورة حيث بلغت (1777) سؤالاً. أما أبرز النتائج التي تمخضت عنها الدراسة فتتلخص بأن تركيز الأسئلة كان على المجال المعرفي؛ إذ ورد فيه (96.7%) من مجموع الأسئلة في حين ورد (2.7%) منها في المجال الوجداني الإنفعالي و(0.6%) في المجال النفس حركي. وتركزت الأسئلة المعرفية في المستويات الدنيا بنسبة (85.9%) من مجموع الأسئلة؛ حيث احتل مستوى التذكر (65.1%) ومستوى الفهم (20.8%)، أما المستويات المعرفية العليا فبلغت نسبتها (14.1%) توزعت في ثلاثة مستويات هي: التطبيق (3.6%) والتحليل (2.6%) والتقويم (7.9%) بينما لم يرد على مستوى التقويم أي سؤال. كما أظهرت النتائج أن غالبية الأسئلة كانت من النوع المقالي وشكلت ما نسبته (83.9%) في حين شكلت الأسئلة الموضوعية (16.1%). [2]

---

(1) العياصرة، محمد عبد الكريم. (2004م)، تحليل الأسئلة التقويمية في كتب التربية الإسلامية للحلقـة الأولى من التعليم الأساسي في الأردن وسلطنة عُمان "دراسة مقارنة"، **مجلة جامعة الملك سعود**، العلوم التربوية والدراسات الإسلامية، م17، ع2، ص 683.

(2) الجلاد، ماجد. (2001م). تحليل الأسئلة التقويمية الـواردة في كتـب التربية الإسلامية للصفوف الثامن والتاسع والعاشر في الأردن، **أبحاث اليرموك**، سلسلة العلوم الإنسانية والاجتماعية، م17، ع1، ص63.

واقع أساليب تدريس التربية الإسلامية/ العقيدة:

بيّنت دراسة البلوي (2006م)، أن الواقع التربوي في المملكة العربية السعودية ما زال يقوم على استخدام المنهج التقليدي في تدريس مواد التربية الإسلامية في مختلف مراحل التعليم حيث يعتمد على إكساب الطالب مجموعة من المعلومات في مجالات المعرفة معتمداً على طريقة التلقين، ومن خلال خبرة الباحث-البلوي- في الميدان التربوي بصفته معلما للتربية الإسلامية؛ لاحظ أن غالبية معلمي التربية الإسلامية يعتمدون الطريقة الإلقائية أو التقليدية في هذه المادة. [1]

أما بخصوص ممارسة معلمي التربية الإسلامية لمهارات تنمية التفكير، ومنه التفكير الابتكاري؛ فقد خلصت دراسة الغامدي (2009م)، - التي هدفت إلى تحديد مدى ممارسة معلمي التربية الإسلامية في المرحلة الثانوية بمدينة مكة المكرمة لمهارات تنمية التفكير الابتكاري- إلى أنَّ متوسط أداء معلمي التربية الإسلامية (عينة الدراسة) الكلي لمهارات تنمية التفكير الابتكاري بلغ (1.61)، وتندرج هذه القيمة في المستوى (ضعيف)، وتدل على ضعف امتلاك معلمي التربية الإسلامية لمهارات تنمية مهارات التفكير الابتكاري، وعدم الكفاية التدريسية لمعلمي التربية الإسلامية للسلوكيات التدريسية التي يظهرها المعلمون في نشاطهم التعليمي داخل حجرة التدريس التي تعمل على استثارة وتنمية التفكير الابتكاري. [2]

وإذا تطرقنا إلى نقطة التعلم الإلكتروني في ميدان التربية الإسلامية؛ فتشير دراسة المشاعلة والطوالبة والخزاعلة (2010م) - التي هدفت إلى التعرف على مدى توظيف معلمي التربية الإسلامية للتعلم الإلكتروني في المرحلة الأساسية العليا في التدريس-

---

(1) البلوي، قاسم صالح. (2006م)، فاعلية استخدام طريقة العصف الذهني في تنمية التفكير الإبداعي في مادة التربية الإسلامية لدى عينة من طلبة الثالث الثانوي العلمي بمدينة تبوك، أطروحة ماجستير غير منشورة، جامعة مؤتة، الأردن، ص2.

(2) الغامدي، فريد بن علي. (2009م)، مدى ممارسة معلم التربية الإسلامية بالمرحلة الثانوية لمهارات تنمية التفكير الابتكاري، مجلة جامعة أم القرى للعلوم التربوية والنفسية، م1، ع1، ص310.

إلى أنَّ هناك (62%) من معلمي التربية الإسلامية لا يستثمرون أي وقت في توظيف التعلم الإلكتروني، وقد بلغ متوسط جميع تطبيقات معلمي التربية الإسلامية للتعلم الإلكتروني ساعة واحدة في الأسبوع.[1]

ومن خلال الخبرة الميدانية للباحثَين؛ تتجلى المشكلة في عدم إدراك الطلبة أهمية دراسة العقيدة، وأثرها في توجيه السلوك ومواجهة الحياة، فضلاً عن عدم وعي الطلبة والمعلمين بأثر العقيدة في مساعدتهم على مواجهة مشكلات الحياة النفسية والاجتماعية، إضافة إلى التكرار المستمر للمواد العلمية نفسها في المناهج المدرسية وخلوها من الجديد؛ ممّا يفقد الطلبة الدافعية لتعلّم دروس العقيدة الإسلامية، ويزيد الأعباء النفسية على المعلمين من عدم استفادة الطلبة منها بالصورة الصحيحة.

إن موضوع تطوير أساليب التدريس وفقاً لمقتضيات العصر الحديث موضوع في غاية الأهمية وفي غاية الخطورة كذلك، ولكن نحتاج أول ما نحتاج نحن المنشغلون بهمِّ التدريس أن نصنع نموذج الطالب الذي نريده، من هو؟ ما مواصفاته؟ ما نوع المعرفة التي نريد أن نضعها في ذهنه؟ هل نريد أن نحشو دماغه تماماً في كمٍّ من المعلومات ونتركه، أم نريد أن نقدم له عشاء، أم نعلمه صيد السمك؟ هل نريد أن نعلمه كيف يمارس النظر والبحث؛ لكي يواجه التحديات؛ أم نلقنه مجموعة من الجزئيات ونقول له: اذهب أنت وربك فقاتلا.[2]

نحن اليوم بحاجة ماسة إلى إعادة النظر في طرائق تدريسنا؛ ففي القرن الحادي

---

(1) تم تطبيق الدراسة في الفصل الثاني من العام الدراسي 2007/2006م، في المنطقة التابعة لمديرية عمان الرابعة في الأردن، وقد طبقت على عينة من معلمي التربية الإسلامية في المرحلة الأساسية العليا، وقد بلغ عددهم (66) معلماً ومعلمة. انظر:

- المشاعلة والطوالبة والخزاعلة، مجدي ومحمد وتيسير. (2010م)، مدى توظيف معلمي التربية الإسلامية في المرحلة الأساسية العليا للتعلم الإلكتروني، مجلة جامعة دمشق، م26، ع3، ص406، 419.

(2) العلواني، طه جابر. (1999م)، **التحديات التي تواجه الفقه الإسلامي**، المؤتمر الثاني لكلية الشريعة، تدريس الفقه الإسلامي في الجامعات، ط1، الزرقاء: جامعة الزرقاء الأهلية، ص172.

والعشرين؛ لم يعد التعليم الاختزالي الذي تعودنا عليه منذ قرون خلت صالح لهذا العصر، ففي ظل تضاعف المعرفة وسرعة نموها؛ نحتاج إلى التركيز على مفاتيح المعرفة، وقدرات البحث العلمي وقدرات الوصول إلى المعلومات والبحث عنها وتوظيفها، وتنمية القدرة على الربط بين الأشياء والتوصل إلى العلاقات التي تربط بين المجالات المختلفة، والقدرة على التحليل والاستنباط.[1]

فلا بد أن تربط المناهج بحاجات المجتمع فلا يليق بنا أن نجبر طلابنا على الانضمام إلى تعليم يمضون فيه سنوات طويلة، ثم ينسون غالبية ما تعلموه قبل أن يجف حبر كتابتهم على أوراق اختباراتهم النهائية، ولا بد كذلك أن تكون المناهج عملية، الممارسة فيها هي الأصل والتجريب فيها هو الأساس، والمشاركة في البحث عن المعلومة وتوظيفها وتطبيقها هو الجوهر الحقيقي للعملية التعليمية، ولا بد أيضاً أن تكون المناهج مرتبطة بتكنولوجيا العصر أكاديمياً وعلمياً، وبالواقع والمجتمع وحياة الناس، ومشاكلهم وهمومهم دراسة ومشاهدة وتعايشاً ومشاركة ونقداً وتطويراً.[2]

---

(1) غانم، سعيد محمد. (2003م)، إشكالية التعليم في العالم الإسلامي، ط1، قطر: وزارة الأوقاف والشؤون الإسلامية، ص265.

(2) المرجع السابق، ص266.

ثانياً: لماذا هذا الدليل؟

تأسيساً على ما سبق؛ فقد انطلقت فكرة هذا الدليل، محاولة من المؤلفَين سد ثغرة في الحقول التطبيقية في ميدان أساليب تدريس العقيدة الإسلامية.

وقد انطلقنا من مسألة هل نعد منهجاً في العقيدة، أم نبني على منهج قائم؛ فكان الاختيار البناء على منهج قائم، كي يتمركز الجهد على الطرائق.

وقد رأينا أنّ ثلاثة حروف من اللغة العربية أصابها الخمول في ميدان تدريس العقيدة؛ فحاولنا جرح خد هذا الخمول؛ لنبث في تلك الحروف الحياة، والحروف هي:

ط: طرق واستراتيجيات وأساليب.

م: مهارات.

ت: تفكير.

ط: طرق واستراتيجيات وأساليب.

تم تنفيذ عدد من الطرق والاستراتيجيات التي تركز على تنمية مهارات التفكير لدى الطلبة، محاولة منا لسد الثغرة بين البعد النظري لهذه الاستراتيجيات أو تلك، وميدان تدريس العقيدة الإسلامية؛ ومن جملة تلك الاستراتيجيات والطرق: طريقة التعلم التعاوني باستخدام طريقة المجموعات التركيبية[1]، وتفعيل التعلم التعاوني كذلك باستخدام طريقة عظم السمك، وإستراتيجية الخرائط المفاهيمية والمعرفية بأشكال وأنماط عدة؛ لأثره في تنظيم الأفكار والمعلومات وتنمية مهارات التفكير وإكساب مهارة التلخيص؛ فضلاً عن تنمية مهارة المقارنة المفتوحة والمغلقة، إضافة إلى استخدام إستراتيجية الـ(V)[2]، ودراسة الحالة الاستكشافية، وطريقة خيوط العنكبوت، وتوظيف التعلم الإلكتروني عبر الرحلة المعرفية تدريباً للطالب على البحث العلمي، وتفعيل

---

(1) Jigsaw.

(2) Vee Diagrams.

التعلم باللعب، وتفعيل أسلوب حل المشكلات، وتفعيل أسلوب دراسة الحالة، التجميعية؛ من خلال الاستعانة بالإحصائيات والدّراسات وتحليل أبرز النتائج المتعلقة بها، وتفعيل نموذج المعرفة السابقة والمكتسبة في التدريس،[1] فضلاً عن التركيز على أسلوب التحليل؛ بدلاً من التلقين.

م: مهارات

حاولنا في هذا الدليل تفعيل عدد من المهارات التي لمسنا مدى الحاجة إلى تفعيلها في الصفوف الدراسية؛ منها:

- ✓ مهارة الاستنتاج بديلاً عن تلقين المعلومة المباشر، بحيث يكتشف الطالب ويصنع المعلومة بنفسه، فلا يقدمها له المعلم جاهزة.
- ✓ تنمية مهارة التصنيف.
- ✓ مهارة المقارنة المفتوحة والمغلقة.
- ✓ مهارة التركيب.
- ✓ مهارة تحليل النّصوص"النصوص القرآنية والنبوية، والعلمية، والشعرية، والقصصية ...".
- ✓ مهارة الاستقراء.
- ✓ مهارة الربط، واستنتاج العلاقات.
- ✓ تنمية مهارة التلخيص.
- ✓ تنمية مهارة العرض والتقديم.
- ✓ تنمية مهارة الملاحظة والتأمل والاكتشاف.
- ✓ تفعيل مهارة التحليل.
- ✓ تفعيل مهارة اكتشاف المغالطات، وتصويبها.

---

(1) KWL: (know/want to know/Learned)

ت: التفكير

لم نقتصر على تنمية نوع واحد من أنواع التفكير، بل حاولنا تنمية عدة أنواع بما يقتضيه الموقف التعليمي؛ ومن هذه الأنواع:

- التفكير التحليلي.
- التفكير المنطقي.
- التفكير التأملي.
- التفكير الناقد.
- التفكير الإبداعي.

ونختم بالقول بأننا حاولنا توظيف العديد من المهارات المتنوعة والمصادر وتصميم الأنشطة المناسبة لها، ضمن أوراق العمل في القسم العملي التي تعطي للمعلم خيارات متعددة لتطبيق ما يراه مناسباً، فضلاً عن تنوع الأساليب وتعددها للدرس الواحد؛ كي يكون الخيار مفتوحاً بين يدي المعلم.

وقد حرصنا على التركيز على البعد التطبيقي العملي في هذا الدليل؛ حيث إن نسبته هي الغالبة، وقمنا بالتقديم لمادة نظرية يسيرة، تطرقنا من خلالها إلى الحديث عن المرحلة العمرية وخصائصها، ومنهج القران والسنة في عرض العقيدة الإسلامية، وتطرقنا كذلك إلى التربية الوجدانية، وقمنا بعرض ممارسات غير صحية في تدريس العقيدة الإسلامية.

ويمكننا القول إن:

- الهدف العام من الدليل هو: تأصيل منهج تطبيقي متكامل يسهم في بناء العقيدة وغرسها في نفوس الشباب من الفئة العمرية (13-17) سنة وهي المرحلة التي تحتاج أن تبنى العقيدة فيها بناءً سليماً.
- أهداف الدليل بالنسبة للمعلمين؛ فيتوقع أن يحقق الكتاب الأهداف الآتية:

• إعانة المعلمين على معالجة قضايا العقيدة، والتعامل مع تساؤلات الطلبة بالصورة الصحيحة.

- عرض القضايا الإيمانية التي تناسب كل مرحلة عمرية بحسب احتياجاتها.
- تفعيل التعليم القائم على تنمية مهارات التفكير، والخروج من دائرة التلقين.
- توجيه المعلم للمصادر التعليمية المناسبة لطرح قضايا العقيدة والإيمان؛ من مثل: المراجع، والنصوص، والقصص، والمواد الفلمية، وغيرها.
- توجيه المعلم لأنسب الأساليب والاستراتيجيات الحديثة في تدريس العقيدة، وكيفية توظيفها.
- تطبيق منهجي القرآن والسنة النبوية في تدريس العقيدة الإسلامية.
- عرض أوراق عمل ليقوم المعلم بتطبيقها أو بتعديلها ثم تطبيقها بناء على ما يراه مناسباً.

– أما أهداف الدليل بالنسبة للمتعلمين؛ فيتوقع أن يحقق الكتاب الأهداف الآتية:

- إكساب المتعلم القدرة على القراءة والتدريب على التفكير فيما يقرأ واستخلاص الأفكار.
- معالجة بعض القضايا الإيمانية الشائكة في نفوس المتعلمين.
- تدريب الطلبة على توظيف مهارات التفكير في التوصل إلى حلول لقضايا الإيمان.(التساؤلات الإيمانية المختلفة).
- تعزيز المفاهيم الإيمانية وترسيخها في النّفس.
- اكتساب القدرة على التفكير المنطقي، والتفكير التحليلي، والناقد.
- إثارة وعي المتعلمين بأهمية العقيدة الإسلامية وأثرها على حياتهم وتوجهاتهم في الحياة.

المصادر التي اعتمدنا عليها:

قمنا في هذا الدليل بتوظيف العديد من المصادر من خلال الأنشطة والفعاليات التعليمية المختلفة؛ بهدف لفت أنظار المعلمين إلى هذه المصادر، وإلى كيفية توظيفها والاستفادة منها في تدريس العقيدة الإسلامية، وهي مصادر نقترحها على المعلمين كذلك:

- الآيات القرآنية لاسيّما المكية التي اعتنت بموضوعات العقيدة.

- الأحاديث النبوية الشريفة التي تعلقت بالقضايا الإيمانية وتضمنت مواقف عملية.
- المراجع العلمية المتخصصة في مجال العقيدة.[1]
- القصص القرآني، لاسيّما قصص الأنبياء مع أقوامهم، وأساليب الحوار والهداية التي تضمنتها.
- قصص إسلام السابقين والصالحين.
- القصص الفلسفية من مثل: قصة حي بن يقظان لابن طفيل؛ وهي من القصص التأملية القليلة، وتكمن أهميّة استخدامها في تمليك المتعلمين مهارة التأمل التي دعا لها القرآن الكريم، وأراد أن يملكها لكل صاحب عقل مفكر.
- القصائد الشعرية التي تتناول القضايا الإيمانية المتعددة. سواء أكانت تتنافى مع الإيمان، أم تتحدث عن القضايا الإيمانية، وتلفت النّظر إليها.
- مواقف من واقع الحياة، تصمّم بحسب الأهداف والموضوعات.(دراسة الحالة).
- دلائل الإعجاز العلمي.
- الدّراسات العلمية الاجتماعية والإحصائيات المتنوعة.
- المقالات الصحفية المختلفة.
- الأخبار المحلية والعالمية.

---

(1) ننصح المعلم بعدم الاقتصار على الكتاب المدرسي فقط؛ كيلا يضيق أفق المعلم في المادة الدراسية.

ثالثاً:
منهج القرآن الكريم والسنة النبوية في بناء العقيدة الإسلامية

منهج القرآن الكريم في بناء العقيدة الإسلامية

إنَّ بناء العقيدة الإسلامية واحدة من أكبر القضايا والتحديات التي تواجه المعلم وكل مربٍ يسعى لغرس الإيمان الصحيح في نفوس الناشئة، ولعل أكثر ما ابتلينا به اليوم هو انحسار منهج التربية الإسلامي، الذي أدّى إلى حالة التخبط والعشوائية التي يسير عليها الكثير من المعلمين في تدريسهم للعقيدة الإسلامية، وغياب الصورة الواضحة والمنهج السليم، مما أثر سلباً على إيجاد جيل قوي الإيمان صحيح العقيدة، وسبب هذا هو غياب فهم المنهج الرباني فهماً سليماً، ولذا فإنّ عدم معرفة العديد من المعلمين بمنهج القرآن والسنة في تربية العقيدة وبنائها، ترك أثراً سلبياً على التربية والتعليم وقدرة المعلم على صنع متعلم معتز بدينه وعقيدته، متشرب لها، مؤمن بها، قادر على حماية عقيدته وركائز إيمانه من أي دخيل.

"وقد اهتم القرآن الكريم بتوضيح قضايا العقيدة توضيحاً بيّناً شاملاً، معتمداً في ذلك منهجاً فريداً يتسم بالدقة والاستدلال، ووضوح البينة، وببساطة الفكرة وعمق تأثيرها، وقوة سلطانها على قلب الإنسان وعقله على سواء، وابتعد المنهج القرآني عن صور التعقيد الذهني والعقلي كافة... تجعل من العقيدة موضوعاً شائكاً، وبحثاً عقلياً جامداً، لا يستثير كوامن الإنسان الفطرية، ولا يحرك مشاعره فهي وإن أفلحت في مخاطبة عقل الإنسان أهملت روحه ولم تلن قلبه أو تحرك وجدانه".[1]

وقد بنى القرآن الكريم منهجه في تأسيس العقيدة على مناهج عدة؛ منها:

---

(1) الجلاد، ماجد زكي. (2004م)، **تدريس التربية الإسلامية**، ط1، عمان: دار المسيرة، ص332-333.

1- المنهج الوجداني (مخاطبة الوجدان واستثارة كوامن الفطرة الإنسانية):

وهو منهج يرتكز على القلب ويحرك الشعور والوجدان، وقد ورد هذا المنهج في القرآن الكريم بطرق كثيرة على قضايا عقدية متنوعة؛ منها الشعور الفطري؛ فالإنسان مفطور على الإيمان مدفوع بفطرته إلى البحث عن خالق هذا الوجود، والإيمان به، واللجوء إليه، قال تعالى: ﴿ وَإِذْ أَخَذَ رَبُّكَ مِن بَنِي آدَمَ مِن ظُهُورِهِمْ ذُرِّيَّتَهُمْ وَأَشْهَدَهُمْ عَلَى أَنفُسِهِمْ أَلَسْتَ بِرَبِّكُمْ قَالُواْ بَلَى شَهِدْنَا أَن تَقُولُواْ يَوْمَ الْقِيَامَةِ إِنَّا كُنَّا عَنْ هَذَا غَافِلِينَ {172/7} ﴾ [الأعراف: 172].

وقد حرص القرآن الكريم على مخاطبة وجدان الإنسان واستثارة كوامنه الفطرية، عندما يصيبه المرض والألم، وتحيط به الشدة والبأس، ويمسه الضر، فيجد نفسه متوجهاً لله تعالى.[1] وقال الله تعالى: ﴿ قُلْ مَن يُنَجِّيكُم مِّن ظُلُمَاتِ الْبَرِّ وَالْبَحْرِ تَدْعُونَهُ تَضَرُّعاً وَخُفْيَةً لَّئِنْ أَنجَانَا مِنْ هَذِهِ لَنَكُونَنَّ مِنَ الشَّاكِرِينَ {63/6} قُلِ اللّهُ يُنَجِّيكُم مِّنْهَا وَمِن كُلِّ كَرْبٍ ثُمَّ أَنتُمْ تُشْرِكُونَ {64/6} ﴾ [الأنعام: 63-64]، وقال سبحانه: ﴿ وَإِذَا مَسَّ الإِنسَانَ الضُّرُّ دَعَانَا لِجَنبِهِ أَوْ قَاعِدًا أَوْ قَآئِمًا فَلَمَّا كَشَفْنَا عَنْهُ ضُرَّهُ مَرَّ كَأَن لَّمْ يَدْعُنَا إِلَى ضُرٍّ مَّسَّهُ كَذَلِكَ زُيِّنَ لِلْمُسْرِفِينَ مَا كَانُواْ يَعْمَلُونَ {12/10} ﴾ [يونس: 12].

وقد ظهر المنهج الوجداني في القرآن الكريم من خلال أساليب الترغيب والترهيب أيضاً، كذكر أهوال يوم القيامة وجزاء الأعمال يوم القيامة، وإحياء قضية الإيمان وبيان أثرها على حياة الإنسان.[2]

2- المنهج العقلي (مخاطبة العقل والإدراك):[3]

كما خاطب القرآن الكريم وجدان الإنسان ومشاعره، فقد خاطب قواه الإدراكية

---

(1) الجلاد، **تدريس التربية الإسلامية**، ص333.

(2) العثامين، عاطف عبد السلام عودة. (2005م)، **منهج سورة طه في عرض أصول العقيدة**، رسالة ماجستير غير منشورة، جامعة آل البيت، ص53.

(3) المرجع السابق، ص22.

والعقلية، معتمداً على أدلة الخلق والهداية والعناية، ومقرباً المعاني المجردة من خلال التمثيل لها بعالم الحس والمشاهدة، فوجود الله، الحقيقة العقدية الكبرى، تم إثباتها من خلال توجيه نظر الإنسان وعقله للتأمل والنظر في مشاهد الكون المحسوسة، فكل ما يشاهده الإنسان من أرض وسماء، وشمس وقمر...إلخ، أدلة شاهدة على وجود الله عز وجل وقدرته ووحدانيته. ولذا فقد حرص القرآن الكريم على توجيه الإنسان إلى التفكير والتأمل فيما يراه من مظاهر الكون وسننه، قال تعالى: ﴿وَمِنْ آيَاتِهِ خَلْقُ السَّمَاوَاتِ وَالْأَرْضِ وَاخْتِلَافُ أَلْسِنَتِكُمْ وَأَلْوَانِكُمْ إِنَّ فِي ذَٰلِكَ لَآيَاتٍ لِّلْعَالِمِينَ {22/30} وَمِنْ آيَاتِهِ مَنَامُكُم بِاللَّيْلِ وَالنَّهَارِ وَابْتِغَاؤُكُم مِّن فَضْلِهِ إِنَّ فِي ذَٰلِكَ لَآيَاتٍ لِّقَوْمٍ يَسْمَعُونَ {23/30}﴾ [الروم: 22-23].[1]

"ولَمّا كانت أسس القاعدة الإيمانية في الإسلام أسساً فكرية علمية منطقية؛ فإنّ الطريق إلى إنشاء هذه القاعدة إنشاءً صحيحاً، يجب أن يعتمد على منطق التفكير القويم والعلم الصحيح، وهذا ما لجأ إليه الإسلام في إنشاء قاعدته الإيمانية. وطريقة الإقناع القرآني بعناصر القاعدة الإيمانية، هي التي هدتنا إلى هذه الحقيقة. أمّا خطة الإنشاء فبدأت بتحرير أرضية النّفوس من كل العقائد الباطلة، التي ليس لها أساس منطقي أو علمي، وذلك بوسائل الإقناع الهادئ، والمناظرة الحكيمة الخالية من التعصب الذميم، ومن كل ظلال له، وقد اعتمد الإقناع على الوسائل المنطقية العقلية والعلمية."[2]

وقد ظهر هذا جلياً في حوار الأنبياء مع أقوامهم من خلال ما رصده القرآن الكريم، ومن خلال حوار النّبي ﷺ مع قومه، وهذا المنهج العقلي المنطقي هو المنهج الذي ينبغي على كل معلم وداعية أن يسلكه؛ اقتداءً بمنهج القرآن والأنبياء والمرسلين.

3- المنهج الجدلي في عرض العقيدة:

فقد تميّز القرآن بمعالجته لبعض القضايا الإيمانية من خلال أسلوب الجدال، من

---

(1) الجلاد، **تدريس التربية الإسلامية**، ص334.

(2) حبنكة، عبد الرحمن حسن الميداني. (2002م)، **العقيدة الإسلامية وأسسها**، ط11، دمشق: دار القلم، ص64.

مثل موضوعات إثبات وجود الله تعالى، ووحدانيته وإبطال ما عداها من الشرك، وإثبات النّبوة وغيرها من القضايا التي جادل القرآن الكريم بها، والجدال الذي استخدم في القرآن هو الجدال الحسن غير المذموم، القائم على إظهار الحق، بالأدلة والبراهين الصحيحة.[1]

﴿ ادْعُ إِلِى سَبِيلِ رَبِّكَ بِالْحِكْمَةِ وَالْمَوْعِظَةِ الْحَسَنَةِ وَجَادِلْهُم بِالَّتِي هِيَ أَحْسَنُ إِنَّ رَبَّكَ هُوَ أَعْلَمُ بِمَن ضَلَّ عَن سَبِيلِهِ وَهُوَ أَعْلَمُ بِالْمُهْتَدِينَ {125/16} ﴾ [النحل: 125].

4- المنهج الحسي المادي:

وهو المنهج الذي يرتكز على الحس، والمشاهدات والتجارب وقد استعمل هذا المنهج كثيراً في القرآن الكريم؛ من خلال الحديث عن الآيات الخارقة للعادة، وهي المعجزات التي هي أدلة حسية، تأتي مع الأنبياء صلوات الله وسلامه عليهم أجمعين لتدل على صدقهم.[2]

5- المنهج التقريري في عرض العقيدة:

وهذا المنهج استخدمه القرآن في توضيح قضايا عقدية هامة؛ كالقضايا الغيبية من مثل: تقرير أسماء الله وصفاته، فتحدث القرآن عن أسماء الله الحسنى، وصفاته العلى ووضحها، وكذلك تقريره لقضايا النبوات كاصطفاء الأنبياء وتنزيههم عن النقائص، وعصمتهم، وتقرير بعض قضايا اليوم الآخر.[3]

وبالإضافة إلى مخاطبة العقل، فقد تميّز منهج بناء العقيدة بالتدرج في إنشاء القاعدة الإيمانية حيث بدأ بما يقع منها موقع الأساس، وهو الإيمان بالله تعالى، وبوحدانيته، وبسائر صفاته العظمى، ثمّ انتقل إلى ما يلزم عن هذا الأساس الأول من عقائد، مع

---

(1) لمزيد من التفصيلات؛ انظر:
- العثامين، **منهج سورة طه في عرض أصول العقيدة**، ص69.

(2) العثامين، **منهج سورة طه في عرض أصول العقيدة**، ص41.

(3) العثامين، **منهج سورة طه في عرض أصول العقيدة**، ص89.

التدرج في ذلك وفق التسلسل المنطقي. والوسيلة الأولى إلى ذلك إقامة البراهين، والأدلة العقلية والعلمية المستندة إلى البدهيات المسلّمة لدى عقول المخاطبين: كقانون السببية المسيطر على أحداث الكون، وحاجة الحادث إلى محدث، وحاجة ظاهرة الإتقان إلى فاعل متقن، وحاجة ظاهرة العدل والحكمة إلى عليم عادل وهكذا.[1]

إنَّ المتأمل في منهج القرآن الكريم في تناول قضايا العقيدة يلاحظ التنوع الذي تميّز به القرآن الكريم في عرض العقيدة، فقد استخدم أساليب متعددة كالتأمل والتدبر، وإقامة الحجج والبراهين والمجادلة، والحوار والنقاش، وضرب الأمثلة والتشبيه... وغيرها.

تنويه هام:

هناك قضية في غاية من الأهمية ينبغي الإشارة إليها؛ وهي كيفية تحديد الأسلوب المناسب الذي يتم به طرح موضوع ما في العقيدة، ولعل المتأمل فيما سبق يلاحظ أنّ تعدد المناهج ارتبط بطبيعة الموضوعات، ذلك أنّ كل قضية عقدية يناسبها منهج ما دون آخر، وهذا أمر يحتاج من المعلم أن يقف عليه ويحاول معرفته، فاختيار المنهج أو الأسلوب يكون تبعاً لطبيعة الموضوع المراد طرحه، فعلى سبيل المثال موضوعات الغيب كالجنّة والنّار والشياطين تتطلب المنهج التقريري؛ إذ لا قدرة للعقل على معرفتها وحده، في حين قضايا وجود الله ووحدانيته عز وجل يناسبها المنهج العقلي الاستدلالي وهكذا.

وهناك أمر آخر هام جداً هو أنَّ هذه الأساليب ينبغي أن يراعى فيها قدرات المتعلمين العقلية، فليسوا جميعاً قادرين على فهم أسلوب القرآن في المجادلة والمحاورة، وليسوا جميعاً كذلك ممن يتأثرون بالمنهج الوجداني، فلا بد للمدرس أن يتعرف على مستويات طلابه العقلية والوجدانية؛ ليعرف كيف يتعامل معهم في إثبات قضايا العقيدة.

---

(1) انظر:

– حبنكة، **العقيدة الإسلامية وأسسها**، ص64-65.

منهج السنّة النبوية في عرض العقيدة وبنائها:

إن السنة تُعدّ المصدر الثاني للتشريع الإسلامي، وهي مؤكدة ومبيِّنة على الدوام لما جاء به القرآن الكريم؛ لذا فإنّ السنة النبوية اهتمت اهتماما كبيراً ببناء العقيدة الإسلامية وبقضاياها الإيمانية، فخاطبت النّاس بما خاطب به القرآن الكريم، وقد تنوعت أساليب الخطاب النّبوي ومناهجه في مخاطبة النّاس في أمور عقيدتهم، وفيما يأتي ذكر لبعض من هذه المناهج والجوانب التي اعتنت بها السنة النبوية:[1]

1- التأكيد على أصول بناء العقيدة، فكان المنهج الفطري والتأكيد على دليل الفطرة، نقطة رئيسة في المنهاج النّبوي. قال تعالى: ﴿ فَأَقِمْ وَجْهَكَ لِلدِّينِ حَنِيفًا فِطْرَةَ اللهِ الَّتِي فَطَرَ النَّاسَ عَلَيْهَا لَا تَبْدِيلَ لِخَلْقِ اللهِ ذَلِكَ الدِّينُ الْقَيِّمُ وَلَكِنَّ أَكْثَرَ النَّاسِ لَا يَعْلَمُونَ {30/30} ﴾ [الروم: 30]، وقال رسول الله ﷺ: "كُلُّ مَوْلُودٍ يُولَدُ عَلَى الْفِطْرَةِ؛ فَأَبَوَاهُ يُهَوِّدَانِهِ أَوْ يُنَصِّرَانِهِ أَوْ يُمَجِّسَانِهِ،"[2] والأحاديث التي سعت لتذكير الإنسان بحاجته لله وعودته إليه عند الشدة والحاجة، وعند الوقوع في المعصية كثيرة، وهذه تدل دلالة واضحة على وجود الله تعالى؛ منها حديث أبي هريرة س قَالَ: سَمِعْتُ النَّبِيَّ ﷺ قَالَ: "إِنَّ عَبْدًا أَصَابَ ذَنْباً، وَرُبَّمَا قَالَ: أَذْنَبَ ذَنْباً، فَقَالَ: رَبِّ أَذْنَبْتُ، وَرُبَّمَا قَالَ: أَصَبْتُ فَاغْفِرْ لِي، فَقَالَ رَبُّهُ:"أَعَلِمَ عَبْدِي أَنَّ لَهُ رَبًّا يَغْفِرُ الذَّنْبَ وَيَأْخُذُ بِهِ؛ غَفَرْتُ لِعَبْدِي، ثُمَّ مَكَثَ مَا شَاءَ اللهُ ثُمَّ أَصَابَ ذَنْباً أَوْ أَذْنَبَ ذَنْباً، فَقَالَ: رَبِّ أَذْنَبْتُ أَوْ أَصَبْتُ آخَرَ فَاغْفِرْهُ..."[3]

---

(1) انظر:
- العطار، بلال سلامة طاهر. (2006م)، **مناهج وأساليب عرض العقيدة من خلال الأحاديث النبوية الواردة في صحيح البخاري**، رسالة ماجستير، غير منشورة، جامعة آل البيت، ص ح الملخص.

(2) البخاري، أبو عبد الله، محمد بن إسماعيل. (ت. 256هـ)، **صحيح البخاري**، اعتنى به: أبو صهيب الكرمي، ط1، الرياض: بيت الأفكار الدولية، 1419هـ 1998م، كتاب: الجنائز، باب: ما قيل في أولاد المشركين، ص268، حديث رقم: 1385.

(3) البخاري، **صحيح البخاري**، كتاب التوحيد، باب: قَوْلِ اللهِ تَعَالَى﴿ يُرِيدُونَ أَن يُبَدِّلُوا كَلَامَ اللهِ ﴾، ص1430، حديث رقم: 7507.

2- ربطه لمسائل العقيدة بآثارها الحياتية؛ لذا فإنّ المتتبع للأحاديث النبوية كثيراً ما يجد قضايا العقيدة قد تم تناولها من خلال آثارها الحياتية على المسلمين، من خلال سلوكاتهم وتصرفاتهم، وقد كانت هذه نقطة مشتركة في منهج القرآن الكريم، والسنة النبوية، حيث تكرر الخطاب في الآيات بـ﴿ يَا أَيُّهَا الَّذِينَ آمَنُوا ﴾ وفي السنة بـ "و الله لا يؤمن".

3- مراعاة الفروق الفردية والجماعية بين النّاس، عند الخطاب والتوجيه. مع مراعاة أحوالهم وظروفهم عند إقناعهم بالقضايا الإيمانية.

4- مراعاة كينونة الإنسان، فخاطبته بقلبه وعقله وروحه، فلم تغلِّب جانباً على آخر، فهي منهج متوازن في خطابه؛ لذا فإنّ طريق بناء العقيدة يتطلب تفعيل خطاب العقل وخطاب الوجدان معاً، دون الاكتفاء بواحد على حساب الآخر.

5- استخدم النّبي ﷺ منهج الاستدلال العقلي المبني على قواعد التأمل والتفكير والقياس العقلي، وقد استخدمه النّبي ﷺ في إثبات الحقائق الإلهية، وأهمها وجود الخالق سبحانه وتعالى، فاعتمد على طريقين:

أ - الأولى: طريق التأمل والتفكير العقلي للوصول إلى النتائج السليمة.

ب- الثانية: طريق الجدال العقلي واستخدام الحجج العقلية للوصول إلى النتائج المطلوبة.

فإما أن يستدل الإنسان من ذاته عند تأمله على خالقه سبحانه وتعالى، وهذا الطريق الأول، وإمّا أن توصله الحجة المقنعة إلى الخالق، وهذه الطريق الثانية. فأكّد النّبي ﷺ من خلال توجيهاته اعتماد أسس التفكير العقلي السليم، بدءاً من الابتعاد عن التقليد الأعمى، ولفت الأنظار إلى ضرورة تقييم الموروث وإعادة التفكير به.[1] ومثال ذلك ما ورد عَنْ زَيْدِ بْنِ خَالِدٍ الْجُهَنِيِّ أَنَّهُ قَالَ: صَلَّى لَنَا رَسُولُ اللهِ ﷺ صَلَاةَ الصُّبْحِ بِالْحُدَيْبِيَةِ عَلَى إِثْرِ سَمَاءٍ كَانَتْ مِنَ اللَّيْلَةِ، فَلَمَّا انْصَرَفَ النَّبِيُّ ﷺ أَقْبَلَ عَلَى النَّاسِ

(1) العطار، **مناهج وأساليب عرض العقيدة**، ص 40.

فَقَالَ: "هَلْ تَدْرُونَ مَاذَا قَالَ رَبُّكُمْ؟" قَالُوا: اللـه وَرَسُولُهُ أَعْلَمُ. قَالَ: "أَصْبَحَ مِنْ عِبَادِي مُؤْمِنٌ بِي وَكَافِرٌ، فَأَمَّا مَنْ قَالَ: مُطِرْنَا بِفَضْلِ اللـه وَرَحْمَتِهِ؛ فَذَلِكَ مُؤْمِنٌ بِي كَافِرٌ بِالْكَوْكَبِ، وَأَمَّا مَنْ قَالَ: بِنَوْءِ كَذَا وَكَذَا؛ فَذَلِكَ كَافِرٌ بِي مُؤْمِنٌ بِالْكَوْكَبِ."[1] "يشير الحديث إلى بناء التفكير العلمي المنهجي الذي ينبني على أساس من التفكير العقلي السليم، فيكون الاعتقاد بأنّ هذه الكواكب هي سبب نزول المطر أمر ينكره العقل ويمنعه التفكير المنطقي السليم، فيستدل العقل أنّ وراء نزول المطر قوة ربانية عظيمة تفوق قوة الكواكب"[2]

فالنبي ﷺ يدعو في هذا الحديث بجلاء إلى إعادة النظر في الموروث، ونبذ التقليد الأعمى، والتسليم المطلق بما جاء به الآباء والأجداد، وعدم إتباع طرق الجاهلية وأهل الضلال، لما لها من تأثير على تعطيل العقل.

ومن الأمثلة على استخدام أسلوب الاستدلال العقلي في إثبات القضايا الغيبية (السمعيات) حديث ابْنِ عَبَّاسٍ رضي اللـه عنه عَنِ النَّبِيِّ ﷺ قَالَ: "قَالَ اللـه: كَذَّبَنِي ابْنُ آدَمَ وَلَمْ يَكُنْ لَهُ ذَلِكَ، وَشَتَمَنِي وَلَمْ يَكُنْ لَهُ ذَلِكَ؛ فَأَمَّا تَكْذِيبُهُ إِيَّايَ؛ فَزَعَمَ أَنِّي لاَ أَقْدِرُ أَنْ أُعِيدَهُ كَمَا كَانَ، وَأَمَّا شَتْمُهُ إِيَّايَ؛ فَقَوْلُهُ لِي وَلَدٌ، فَسُبْحَانِي أَنْ أَتَّخِذَ صَاحِبَةً أَوْ وَلَداً."[3]

فالنّبي ﷺ يدعو للتفكير في قدرة اللـه تعالى على البعث من خلال المنهج العقلي في القياس (قياس الأولى) على مسألة الخلق الأول، فاللـه تعالى هو من خلق الإنسان أول مرة من العدم، وهو قادرٌ على إعادة الخلق من جديد؛ لأن من يَقدر على الخلق يقدر على الإعادة والبعث، وهذا ما أكّده القرآن الكريم في قوله تعالى: ﴿ وَهُوَ الَّذِي

---

(1) البخاري. **صحيح البخاري**، كتاب: الاستسقاء، باب: قول اللـه تعالى: ﴿ وَتَجْعَلُونَ رِزْقَكُمْ أَنَّكُمْ تُكَذِّبُونَ ﴾ [الواقعة: 82]، ص206، حديث رقم: 1038.

(2) العطار، **مناهج وأساليب عرض العقيدة من خلال الأحاديث الواردة في صحيح البخاري**، ص46.

(3) البخاري، **صحيح البخاري**، كتاب: التفسير، باب: ﴿ وَقَالُواْ اتَّخَذَ اللـه وَلَدًا سُبْحَانَهُ ﴾ ص847، حديث رقم: 4482.

يَبْدَأُ الْخَلْقَ ثُمَّ يُعِيدُهُ وَهُوَ أَهْوَنُ عَلَيْهِ وَلَهُ الْمَثَلُ الْأَعْلَى فِي السَّمَاوَاتِ وَالْأَرْضِ وَهُوَ الْعَزِيزُ الْحَكِيمُ {27/30} ﴾ [الروم: 27]

6- وقد استخدم النّبي ﷺ المنهج التقريري في توضيح المبهم في القضايا الغيبية التي لا سبيل للعقل لمعرفتها وإدراكها، فاستخدم التبشير، وأسلوب التشويق والتحفيز في حديثه عن الجنّة ونعيمها، وفي ترغيب النّاس بالعبادة.

7- كما حرص على توجيه المسلمين إلى التيسير على النّاس وعدم التشدد، والمغالاة، كما في حديث أَبِي هُرَيْرَةَ عَنِ النَّبِيِّ ﷺ قَالَ: "إِنَّ الدِّينَ يُسْرٌ، وَلَنْ يُشَادَّ الدِّينَ أَحَدٌ إِلاَّ غَلَبَهُ، فَسَدِّدُوا وَقَارِبُوا وَأَبْشِرُوا..."[1].

8- وأكّد عليه السلام من خلال توجيهاته على ضرورة التدرج مع النّاس في معالجة القضايا الإيمانية؛ حتى لا يفتنوا، ويصدوا عن الإيمان، فتغيير الموروث وما اعتاد عليه النّاس لا يمكن أن يتغير بسهولة، ولعل في هذا لفت نظر للمعلمين عند محاولاتهم تصحيح بعض المعتقدات، والسلوكات، فالمسألة تحتاج لتدرج وتأنٍ مدروس وحكيم، ومن أمثلة ذلك حديثه ﷺ مع عائشة رضي الله عنها : "يَا عَائِشَةُ، لَوْلاَ قَوْمُكِ حَدِيثٌ عَهْدُهُمْ - قَالَ ابْنُ الزُّبَيْرِ بِكُفْرٍ- لَنَقَضْتُ الْكَعْبَةَ فَجَعَلْتُ لَهَا بَابَيْنِ بَابٌ يَدْخُلُ النَّاسُ، وَبَابٌ يَخْرُجُونَ."[2]

أما الأساليب التربوية والتعليمية التي وظفها النّبي ﷺ في تربية العقيدة وبنائها كثيرة؛ نذكر أبرزها فيما يأتي:

- أسلوب القصص، حيث كثر هذا في قضايا العقيدة، ومثالها قصة الثلاثة الذين أغلق عليهم باب الغار.[3]

---

(1) البخاري، **صحيح البخاري**، كتاب: الإيمان، باب: الدين يسر، ص31، حديث رقم: 39.

(2) البخاري، **صحيح البخاري**، كتاب: العلم، باب: مَنْ تَرَكَ بَعْضَ الِاخْتِيَارِ مَخَافَةَ أَنْ يَقْصُرَ فَهْمُ بَعْضِ النَّاسِ عَنْهُ فَيَقَعُوا فِي أَشَدَّ مِنْهُ، ص50، حديث رقم: 126.

(3) والحديث أخرجه البخاري في صحيحه، كتاب: المزارعة، باب: إذا زرع بمال قوم بغير إذنهم، ص438-439، حديث رقم: 2333.

أسلوب استثمار الأحداث والمواقف واغتنامها، وهذا من الأساليب الهامة التي ينبغي أن يلتفت لها المعلمون من خلال الوقوف على أي حدث، ومحاولة بث التوجيهات المناسبة من خلاله، وقد تكرّر ورود هذا في السنة النبوية من مثل قول النّبي ﷺ يوم الأحزاب: "أَيُّهَا النَّاسُ، لَا تَتَمَنَّوْا لِقَاءَ الْعَدُوِّ، وَسَلُوا اللَّهَ الْعَافِيَةَ، فَإِذَا لَقِيتُمُوهُمْ فَاصْبِرُوا، وَاعْلَمُوا أَنَّ الْجَنَّةَ تَحْتَ ظِلَالِ السُّيُوفِ، ثُمَّ قَالَ: اللَّهُمَّ مُنْزِلَ الْكِتَابِ، وَمُجْرِيَ السَّحَابِ، وَهَازِمَ الْأَحْزَابِ؛ اهْزِمْهُمْ وَانْصُرْنَا عَلَيْهِمْ."(1)

أسلوب التحدي الإيجابي، وإظهار عجز الطرف الثاني، كما في حديث رَسُولَ اللَّهِ ﷺ يَقُولُ اللَّهُ عز وجل: "وَمَنْ أَظْلَمُ مِمَّنْ ذَهَبَ يَخْلُقُ كَخَلْقِي، فَلْيَخْلُقُوا حَبَّةً، وَلْيَخْلُقُوا ذَرَّةً."(2)

أسلوب المقابلة والمقارنة؛ للتفكير بالأمور بصورة منطقية صحيحة، كما في حديث النَّبي ﷺ قَالَ: "لَيْسَ أَحَدٌ -أَوْ لَيْسَ شَيْءٌ- أَصْبَرَ عَلَى أَذًى سَمِعَهُ مِنَ اللَّهِ، إِنَّهُمْ لَيَدْعُونَ لَهُ وَلَدًا، وَإِنَّهُ لَيُعَافِيهِمْ وَيَرْزُقُهُمْ."(3)

أسلوب التصوير والتخيل (4) في توضيح بعض الأمور العقيدية كما في حديث أبي سعيد الخدري، عن النَّبي ﷺ قال: "يَدْخُلُ أَهْلُ الْجَنَّةِ الْجَنَّةَ، وَأَهْلُ النَّارِ النَّارَ، ثُمَّ يَقُولُ اللَّهُ تَعَالَى: أَخْرِجُوا مَنْ كَانَ فِي قَلْبِهِ مِثْقَالُ حَبَّةٍ مِنْ خَرْدَلٍ مِنْ إِيمَانٍ؛ فَيُخْرَجُونَ مِنْهَا قَدِ اسْوَدُّوا فَيُلْقَوْنَ فِي نَهَرِ الْحَيَا -أَوِ الْحَيَاةِ، شَكَّ مَالِكٌ- فَيَنْبُتُونَ كَمَا تَنْبُتُ الْحِبَّةُ فِي جَانِبِ السَّيْلِ، أَلَمْ تَرَ أَنَّهَا تَخْرُجُ صَفْرَاءَ مُلْتَوِيَةً."(5)

أسلوب لفت النَّظر إلى مضامين الأمور وتقديم الأهم فالأهم؛ (6) من مثل حديث أنس بن مالك أَنَّ رَجُلاً سَأَلَ النَّبِيَّ ﷺ عَنِ السَّاعَةِ، فَقَالَ: مَتَى السَّاعَةُ؟ قَالَ:

---

(1) البخاري، صحيح البخاري، كتاب: الجهاد، باب: كَانَ النَّبِيُّ ﷺ إِذَا لَمْ يُقَاتِلْ أَوَّلَ النَّهَارِ أَخَّرَ الْقِتَالَ حَتَّى تَزُولَ الشَّمْسُ، ص269، حديث رقم: 2966.

(2) البخاري، صحيح البخاري، كتاب: اللباس، باب: نقض الصور، ص1155، حديث رقم: 5953.

(3) البخاري، صحيح البخاري، كتاب: الأدب، باب: الصبر على الأذى، ص1178، حديث رقم: 6099.

(4) العطار، مناهج وأساليب عرض العقيدة، ص 154.

(5) البخاري، صحيح البخاري، كتاب الإيمان، باب: تفاضل أهل الإيمان في الأعمال، ص27-28، حديث رقم: 22.

(6) العطار، مناهج وأساليب عرض العقيدة، ص 157.

"وَمَاذَا أَعْدَدْتَ لَهَا؟" قَالَ: لاَ شَيءَ، إلاَّ أَنِّي أُحِبُّ اللـه وَرَسُولَهُ ﷺ؛ فَقَالَ: "أَنْتَ مَعَ مَنْ أَحْبَبْتَ،" قَالَ أَنَسٌ: فَمَا فَرِحْنَا بِشَيْءٍ فَرَحَنَا بِقَوْلِ النَّبِيِّ ﷺ: "أَنْتَ مَعَ مَنْ أَحْبَبْتَ". وهذا من الموجهات التي يحتاجها المعلم في غرس العقيدة إذ يقوم بعض الطلبة بطرح تساؤلات حول بعض القضايا السلوكية والمظاهر المخالفة للدين، فيستغرق المعلم في الخوض في هذه القضايا، ونسيان أنّ مثل هذه التساؤلات هي مؤشرات لوجود إبهام أو عدم فهم صحيح لبعض القضايا الإيمانية.

هذا بالإضافة إلى الأساليب التعليمية الأخرى التي استخدمها النّبي ﷺ في غرس العقيدة وبنائها؛ كأسلوب التعليم المباشر، والوعظ والإرشاد، وأسلوب الإنشاد الشعري، وأسلوب القياس العقلي، والتكرار، والتقريع والتهويل، وأسلوب الحوار والنقاش، وأسلوب السؤال والجواب، والتشبيه، والتقابل بين العمل والجزاء، والإجمال والتفصيل.[1]

إنَّ تعدد هذه الأساليب وتنوعها؛ يؤكد أهمية تنوع أسلوب بناء العقيدة، وعدم الاستقرار على وتيرة واحدة، أو نهج واحد من قِبل المعلم في طرحه وتناوله لموضوعات العقيدة، والقضايا الإيمانية؛ لِما في هذا من إضعاف للبناء ومخالفة لسنة النبي ﷺ، ومنهج القرآن الكريم؛ فالقرآن الكريم والسنة النبوية ممثلة بتوجيهات وأحاديث النّبي ﷺ قد سلكت منهجاً عميقاً في مخاطبة العقل والوجدان في قضايا العقيدة، وهذا أكبر تأكيد على ضرورة تمثل هذا المنهج القويم في البناء والذي من خلاله تبنى العقيدة الإسلامية في نفوس المتعلمين بناءً صحيحاً سليماً.

---

(1) انظر:
- العطار، **مناهج وأساليب عرض العقيدة**. ولمزيد من التفصيلات ينصح بالرجوع للمراجع الآتية:
  - جمعة، أمين عبد العزيز. (1993م)، **منهج القرآن الكريم في عرض عقيدة الإسلام**، ط3، الإسكندرية: دار الدعوة.
  - الزنيدي، عبد الرحمن بن زيد. (1998م)، **مناهج البحث في العقيدة الإسلامية في العصر الحاضر**، ط1، الرياض: دار إشبيليا.
  - عبيدات، عبد الكريم نوفان. (2000م)، **الدلالة العقلية ومكانتها في تقرير مسائل الاعتقاد**، ط1، عمان: دار النفائس.

رابعاً:
ممارسات غير صحية في تدريس العقيدة الإسلامية، ومعوقات على الطريق

على الرغم من أهمية العقيدة الإسلامية ودورها في بناء شخصية المسلم، إلاّ أنّ هناك ممارسات غير صحية يمارسها بعض المعلمين والمعلمات دون إدراك منهم لأثرها على العملية التعليمية التربوية، وهي ممارسات لا تتفق ومنهج القرآن الكريم والسنّة النبوية في بناء العقيدة، ونظراً لأثر هذه الممارسات غير الصحية على نشأة المتعلم الإيمانية؛ وجب التنبيه عليها لتفاديها، وفيما يأتي تنبيه على بعضها:[1]

- استهانة بعض معلمي التربية الإسلامية بموضوعات العقيدة وقضايا الإيمان، وعدم إعطائها حقها في العرض والمعالجة مع الطلبة، ولعل أكبر شاهد على ذلك الضعف الكبير الذي تعاني منه الأجيال في القدرة على فهم القضايا الإيمانية، وانعكاس أثر ذلك على السلوك والتصرفات.
- ركود المعلومات وقدمها، كثير من المعلمين يكتفي بما دَرَسه وقرأه في المرحلة الجامعية في مسائل العقيدة، ولا يجدد معلوماته، ولو بالرجوع لكتاب واحد معتمد من كتب العقيدة الإسلامية؛ ذلك أن نظرة الإنسان إلى الأمور والمسائل تختلف، وفرق كبير بين القراءة في فترات الدراسة لأجل الامتحان والاختبار، والقراءة لأجل التعمق والوصول إلى مزيد فهم، لامتلاك الدربة والقدرة على البناء والتوجيه وغرس العقيدة. ومثل هذا السلوك غير الصحي يسهم في وقوع المعلم في بعض الأخطاء العلمية، أو الاستشهاد ببعض القصص والمعلومات غير الموثقة.

---

(1) لا يهدف المؤلفان من خلال ما طرح توجيه النقد، وإنما لفت الانتباه والتنبيه على ممارسات يقع فيها بعض المعلمين، واستدراكها، ونحسب هذا من باب النَّصيحة وتبادل الخبرات، والنقد البنّاء الذي لا نريد منه سوى أن نرتقي جميعاً بأداء المعلم نحو الأفضل.

- رتابة العرض، وعدم تقديم الجديد من قبل بعض المعلمين، فهناك شريحة من المعلمين تكرر نفسها؛ وتبقى على نفس الأساليب، ونفس الأمثلة والقصص ذاتها، ولعل ما يكشف ضعف هذه الشريحة هو مرور الكثير من الطلبة في مراحلهم الدراسية على نفس المعلم، فيشعرون بالملل الشديد لعدم وجود طرح جديد لنفس المعلم ، فتجد أنَّ ما يطرحه بعض المعلمين من أمثلة على طلبة الصف السابع هو ما يطرحونه في الصف التاسع، وهكذا.

- عدم مراعاة بعض المعلمين لخصائص النمو الديني للمرحلة العمرية التي يدرسونها، إذ لا يعقل أن تتم مخاطبة الطلبة في مرحلة المراهقة بالأساليب نفسها التي يخاطب بها الأطفال في مرحلة الطفولة مثلاً، فلكل مرحلة احتياجاتها النمائية، وقدراتها العقلية، التي تتطلب من المعلمين الوعي التام لاختيار مستوى ونوع الخطاب المناسب، الذي يحقق الأهداف التربوية، ويسهم في بناء العقيدة بصورة صحيحة.

- عدم اختيار الأسلوب المناسب للموضوع المناسب، فتراه لا يعرف متى يستخدم الترغيب؟ ومتى يحتاج إلى استخدام الترهيب؟ ومتى يخاطب العاطفة والوجدان؟ ومتى يخاطب العقل ويستثير التفكير؟ وما الذي يناسب الطلبة وما الذي لا يناسبهم؟.

- غياب التوازن في استخدام الأساليب التعليمية والتربوية، فمنهج القرآن الكريم والسنة النبوية قام على التنويع والتوازن، ومراعاة ظروف المخاطبين زماناً ومكاناً، والاهتمام بأحوالهم، ومراعاة تفاوت المخاطبين في الأفهام، ولكن ما نجده على أرض الواقع هو خلاف هذا المنهج؛ فتجد أنّ بعض المعلمين يبالغون في استخدام أساليب معينة على حساب أساليب أخرى، إذ نرى بعض المعلمين يغرق في أساليب الوعظ الإرشاد، ولا ينمِّي التفكير والمنهج الاستدلالي العقلي، وآخر يبالغ في استخدام الترهيب، ويفرط في ذلك إلى حد تنفير وتخويف المتعلمين.

- غياب خطاب العقل، وتغليب الخطاب العاطفي الآني، ومشكلة هذا النوع من الخطاب أنّه لا يغير الاقتناع ولا يحل المشكلة، وإنما هو كجرعة المسكن يزول أثرها

بزوال مفعولها، فهي لا تقدم علاجاً ناجعاً، ولا تغرس عقيدة صحيحة، والحل في اتباع منهج القرآن والسنة في الاهتمام بنوعي الخطاب العقلي والوجداني.

- غياب عنصر الأمن في البيئة التعليمية لحصص العقيدة، فواقع الحال في كثير من المدارس وبخاصة فروع الذكور، عدم إعطاء المعلمين فرصاً حقيقية لطلبتهم للتعبير عمّا يعتريهم من مخاوف وشكوك، وأفكار تحتاج لمعالجة، واكتفاء المعلم بطرح ما في الدرس، أو بالأحرى تسميع ما في الدرس وتنظيم الأفكار، والتنبيه على ما سيأتيهم في الاختبارات المدرسية، وقمع أية مشاركات أو قضايا، وبمقابل ذلك تجد بعض المدرسين يبدعون في عرض موضوعات أخرى كالفقه والسيرة النبوية والحديث عن الغزوات والبطولات، ويمرون مرور الكرام على قضايا العقيدة والإيمان على اعتبار أنها مُسلَّمات في نظرهم ولا حاجة للوقوف عليها، وفتح المجال للطلبة لئلا يؤدي هذا إلى إحداث مشاكل معينة، وإثارة بعض الفتن، في حال قام الطلبة بطرح بعض القضايا الفكرية الشائكة، وتكمن خطورة هذه الممارسات في أنَّ لها تأثيراً في إضعاف روح النقد والتحكيم لشخصيات الطلبة الأمر الذي يجعلهم عرضة للتأثر بأية أفكار مسمومة أو مخالفة للشرع، وعدم تحكيمها وتقييمها، لاسيّما في المرحلة الجامعية.

- عدم مواكبة القضايا المستجدة وربط قضايا العقيدة بها، والاكتفاء بالعرض الجاف الذي يشعر الطالب بعدم أهمية ما يدرسه لحياته، مما ينعكس على تفاعله واستفادته مما يعرض عليه. وهذا الأمر يتطلب من المعلم أن يتابع الأخبار المحلية وواقع أحوال المجتمع، والقضايا العالمية وأهم المشكلات والمستجدات على الساحة، ولا نريد من هذا أن تنقلب الحصص فرصة للتشتت، بقدر ما يحدث اختلاف كبير عندما ينطلق المعلم من قضية أو مشكلة اجتماعية بالنقد والتحليل وربطها بقضايا الإيمان، الأمر الذي يكسب الطالب دربة حقيقية على تعلم كيفية التفكير الصحيح فيما يدور حوله.

معوقات على الطريق

ماذا أفعل؟!

قد يعترض البعض قائلاً: إنّ مسألة تدريس العقيدة وبنائها مسألة ليست سهلة، وإنما هي مسألة شائكة تحتاج إلى إعداد وتهيئة وتدريب. ولكننا نقول بأنها ليست مسألة صعبة أيضاً أو غير ممكنة، حتى لو اعترضت طريق المعلم بعض المعيقات، فعلى الرغم من وجود بعض المعوقات في بعض البيئات التعليمية والتربوية إلا أنها لا تمنع من غرس العقيدة والإيمان بالصورة الصحيحة، وفيما يأتي إشارة إلى بعضها، ومحاولة وضع اقتراحات تعين المعلم على تجاوزها.

هل أسمح أو لا أسمح للطلبة بطرح:

- شكوكهم.
- مخاوفهم.
- أفكارهم.

الإجابة:

يتحدد هذا بناء على أمور عدة؛ منها:

• مدى قدرة المعلم واقتناعه بأنّه قادر على مواجهة ما يمكن أن يطرح.

ولذا ينصح المعلم بالآتي:

• عدم الاكتفاء بالطرح وإنما المعالجة.
• عدم تجاهل أيِّ قضية إيمانية، وفي حال عدم وجود إجابة (حاضرة) وواضحة في ذهن المعلم وهذا يحدث مع الكثيرين، نخرج من الموقف بكياسة وحسن تصرف، ونَعِدُ بإيجاد الحلول.
• عدم التردد في اللجوء إلى أصحاب الاختصاص من أساتذة العقيدة، بالإضافة إلى المحاضرات والندوات المتخصصة في مثل هذه القضايا الإيمانية؛ لإزالة أي لبس وشكوك.

قد يؤدي السؤال إلى إثارة شكوك في نفوس الطلبة؟

الإجابة:

- في هذه الحالة يستمع المعلم بإيجاز للطالب، ويطلب منه جلسة منفردة لمناقشته في تساؤلاته هذه، وهذا في حال شعر المعلم بوجود تأثير سلبي من قبل هذا الطالب على بقية زملائه أو كان لدى هذا الطالب إشكالات كبيرة تتعلق بالعقيدة لظروف خاصة به وهذا يحدث في بعض الأحيان.

- ويمكن للمعلم أن يجعل ما يطرح من مسائل واستفسارات قضية للبحث من قبل الطلبة، يمنحها وقتا للمناقشة والعرض في الحصص التالية.

معوقات أخرى على الطريق:

تكرار المادة أو الموضوعات على الطلبة.

هذه مشكلة تتكرر في كثير من المناهج الدراسية، ولكن حل هذه المشكلة يبدأ بتعرف المعلم على الأهداف التربوية والوجدانية للمادة العلمية، والحاجات النمائية والدينية، ومن ثمّ يستعين بالأنشطة المناسبة للمرحلة العمرية والخصائص النمائية، حتى يستطيع المعلم مواجهة هذه المشكلة؛ أيّ إنّ تنويع المعلم للأنشطة والفعاليات التي يطبقها داخل الغرفة الصفية يعدُّ أفضل وسيلة لمواجهة التكرار في منهاج التربية الإسلامية، ويغير من انطباعات الطلبة حول المادة، فيشعرون بالاستفادة المتجددة مع كل نشاط يقومون به.

ضيق الوقت.

إن هذه مشكلة قد تكون خارجة عن إرادة المعلم كقلة عدد الحصص المخصصة للمادة، ولكن بالإمكان حلها بصورة صحيحة، إذ إنّ تفعيل الأنشطة المبرمجة والموجهة نحو الأهداف المرجو تحقيقها قد يساعد في تجاوز مسألة ضيق الوقت؛ فذلك أفضل من استنفاذ الكثير من الوقت في استخدام أسلوب الوعظ والإرشاد، وتكرار ما قد قيل سابقاً، ونود لفت انتباه المعلم إلى خطأ اعتقاد بعض المعلمين من أنّ الأنشطة وأوراق

العمل تهدر وقت المعلم وتضيعه، والصواب هو أنّ توظيف الأنشطة المنظمة يضبط الأمور، ويوجهها بصورة صحيحة بعيداً عـن الاستطرادات والمـداخلات، والتوسـع في بعض القضايا على حساب معالجة الموضوع محل النقاش.

محدودية المصادر.

يحصر بعض المعلمين أنفسهم في دائرة محدودة مـن المصادر، متـذرعين بضعـف الإمكانات، وقلة الموارد، وعدم وجود ما يمكن أن يساعد المعلم في بناء العقيدة، وفي هذا الدليل سيكتشف المعلـم وفـرة المصـادر التـي يستطيع اللجوء إليها في تـدريس العقيدة الإسلامية.

كثرة عدد الطلبة.

إنّ تفريد التعليم وتحميل الفرد مسؤولية تعلمه، أمر يعين المعلم والمتعلم عـلى تحقيق الأهداف التربوية، وهـذا يتطلب تصميم حصص صفية تنمّي عند المتعلم مهارة التفكير، والتأمل والبحث والاستنتاج بنفسـه، وما قدم في هـذا الـدليل وما تـم تصميمه من أنشطة وأوراق عمـل وأفكار مقترحة؛يساعد المعلـم عـلى مواجهـة هـذا المعيق، وإفادة الطلبة من خلال ما تم تصميمه؛ لأنّ ما تضمنه هـذا الـدليل يمكن أن ينفذ بأكثر من صورة، إذ يمكن توظيفه في مجال التعلم التعاوني، والتعلم الـذاتي، ومـن يحدد ذلك هو المعلم بحسب حاجة طلبته.

خامساً:

النمو الديني وخصائص المرحلة العمرية

في سبيل الوصول لفهم صحيح عن الخصائص النمائية والاحتياجات الدينية للمراحل المختلفة؛ فقد تناولنا مراحل النمو الديني، لتتضح الصورة أكثر أمام المعلم، ذلك أنّ تعرّف المعلم على الاحتياجات الدينية للطلاب، وطبيعة التغييرات التي تطرأ عليهم بسبب مراحل النمو المختلفة، يساعد المعلم على فهم طلبته وتصميم أنشطة تعليمية تناسب مراحلهم العمرية، وخصائص النمو الديني لديهم.

إن الإنسان يمر بمراحل نمائية مختلفة خلال فترات حياته الأولى، لاسيّما من عمر الطفولة إلى النضج والشباب، وقد اهتمت الدراسات المتخصصة في مجال علم النفس التربوي الحديث عن هذه المراحل وما تعتريها من تغييرات وحاجات ينبغي على المعلم والمربي الناجح أن يطلع عليها ويعي متطلباتها؛ لما في ذلك من مساعدة له في التعامل مع هذه الخصائص النمائية بصورة صحيحة، تختصر عليه الوقت والجهد، وتفتح أبواب التواصل والتفاهم بين الطلبة ومعلميهم، وتُنجح العملية التعليمية وهذه المراحل النمائية لها تأثيرها على النمو العقلي والانفعالي والديني أيضاً، فكما أنّ الإنسان يمر بمراحل نمو جسمي وفسيولوجي وحركي وحسي وعقلي وانفعالي، فإنّ هناك مراحل نمو ديني؛ تتطلب كل مرحلة منها احتياجات وأساليب تختلف عن الأخرى.

وفيما يأتي جدول زمني يوضح التطور في النمو الديني لمرحلة الطفولة، تبعاً للمرحلة العمرية والتغيرات التي تطرأ على كل مرحلة منذ الطفولة المبكرة:

المرحلة العمرية	النمو الديني
الطفولة المبكرة "وكما يسميها البعض مرحلة السؤال" (3-6) سنوات	• تتبلور بالتدريج الانفعالات والعواطف حول موضوع الدين مثل حب الله ورسوله والخوف من الله. • تظهر لدى الطفل الأسئلة الدينية/ فالطفل يسأل من هو الله؟ وما هو شكله؟ ولماذا لا نراه؟ ومن هم الملائكة؟ ومن هم الأنبياء والرسل؟ • يتأثر الشعور الديني بالتفكير والتخيل، ويحاول كثير من الأطفال في هذه المرحلة ربطها بالأمور المحسوسة حيث يحاول رسم صورة معينة للملائكة والشياطين مثلاً. • يكون الدين شكلي لفظي حركي، ويكون أداء الشعائر تقليداً ومسايرة للمجتمع.[1]
الطفولة المتوسطة (6-9)	• تستمر مرحلة التساؤلات والبحث عن إجابات. • يؤدي التلقين دوراً هاماً في تكوين أفكار الطفل الدينية. • يتشرب الطفل الأفكار التي تقال له وتصبح أفكاره الشخصية، يدافع عنها ويغار عليها، وتحدد سلوكه، وهي مرحلة مناسبة للبث الديني وغرس الإيمان.[2]
الطفولة المتأخرة (9-12)	• يتجه نحو الشعور الديني ونحو البساطة، ويبتعد عن الانفعالات، ويقترب من المنطق والعقل. • يتأثر بالبيئة الاجتماعية التي يتربى فيها؛ فإن كانت متدينة نشأ على ما تربى عليه وتطبع بذلك. • يربط بين الله وذاته والعالم في آن واحد، فيعرف أنّ الله تعالى ليس ربه وحده، وإنما هو إله النّاس، ويفهم معنى الوحدانية وعدم المثلية، ووجود الله في كل مكان.

---

(1) زهران، حامد عبد السلام. (1999م)، **علم نفس النمو**، ط5، القاهرة: عالم الكتب، ص229-230. بتصرف.

(2) المصدر نفسه، ص261-262

المرحلة العمرية	النمو الديني
	• يهتم كثيراً بوجود الجنة والنار وما يتعلق بها من تفاصيل. • تعتمد التربية الدينية في هذه المرحلة على عدة أمور؛ من أبرزها القدوة الحسنة.(1)

ج إنَّ إيمان الطفل في هذه المرحلة يكون أول الأمر شعورياً؛ أي ليس مفهوماً عقلياً بل اتجاهاً وجدانياً، أقرب ما يكون إلى حاجات الطفل ودوافعه الذاتية، ومن هنا تبرز ضرورة اهتمام المدرسة والأسرة بمراعاة جانب الوجدان في نفس الطفل والحرص على جانب الترغيب والتحبيب بالله تعالى، وتقدير نعمه على النّاس، والحذر من جانب التهديد والإرهاب، وقرن اسم الله تعالى بالقوة والجبروت والإهانة والتعذيب؛ فهذا يولّد شعوراً سلبياً في نفس الطفل، وردة فعل غير مرغوب بها خاصة إذا كانت هي الأساس الذي يستخدمه بعض المعلمين والآباء في بناء العقيدة في نفوس الأطفال.

ولا نقصد بهذا ألا يلجأ لموضوع التخويف من الله تعالى، ولكننا قصدنا ألا تكون هي المحور والموجه في بناء العلاقة بين الطفل وخالقه، وعليه فإنّه حين تستقر عاطفة المحبة بين الطفل والله تعالى، فلا بأس من طرح الجانب الآخر لتتولد مخافة الله في نفوس الطلاب، ولكنها مخافة إله يحبونه، ويتذكرون فضله ونعمته عليهم، فتكون مخافته نابعة من حرصهم على دوام علاقة الرضى والمحبة بينهم كعباد، وبينه تعالى المعبود، مع التذكير بأنّهم لا زالوا حتى في هذه المرحلة دون سن التكليف الشرعي فلا ثواب عليهم من قِبل ربهم ولا عقاب، فلا حاجة للتخويف المستمر من العقاب قبل سن البلوغ والتكليف.(2)

ويمتاز المتعلمون في المرحلة الأساسية الدنيا بأنّهم يتعلمون من خلال الأشياء

---

(1) زهران، **علم نفس النمو**، ص284-285. بتصرف.

(2) ريان، محمد هاشم. (2002م)، **التربية الإسلامية**، ط1، عمان: دار الرازي، ص257-258.

المحسوسة دون الرموز والمفهومات، ويحتاجون إلى الاستعانة بوسائل حسية يرونها بـأعينهم أو يلمسونها بأيديهم، كالصـور وغيرهـا.[1] بالإضافة إلى حـاجتهم للخطاب المبسط والبعيد عن التعقيد.

وفيما يأتي توضيح لأنسب الأساليب التي ينبغـي أن تستخدم مـع هـذه الفئـة العمرية:

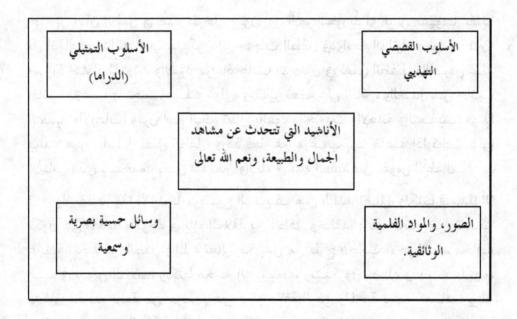

وأمّا المرحلة العليا حيث تبلغ عقول المتعلمين درجة أكبر مـن التجريـد وتتعامـل مـع المفهومات والرموز فتمتاز بالخصائص الدينية الآتية في مرحلتي المراهقة:

---

(1)   الخوالدة وعيد، **طرائق تدريس التربية الإسلامية**، ص172.

النمو الديني	المرحلة
• تبعاً للتطور والنمو الذي يحدث في هذه الفترة فإنّه يحدث تغيير وتطور ونمو في الشعور الديني لدى المراهق في هذه المرحلة. • نشاهد إعادة تقييم القيم الدينية. • وقد يشاهد ازدواج الشعور الديني، حيث يكون لدى المراهق شعور ديني مركب مزدوج يحوي عناصر متناقضة، فقد يوجد حب الله إلى جانب الخوف منه، وقد يوجد الإيمان بالموت إلى جانب كرهه كنهاية لا مفر منها. • وقد يشاهد تعدد الاتجاهات الدينية، فهناك فئة يكون إيمانها تقليدياً، وأخرى متحمسة للدين، ومنهم من يساوره الشك؛ فقد وجد أنّ 50% من البنين يكون إيمانهم تقليدياً، وأنّ 25% منهم يكونون متحمسين، وأنّ 24% منهم يساوره الشك، وأنّ 1% منهم ملحدون، ووجد أيضاً أنّ حوالي 61% من الفتيات يكون إيمانهن تفكيرياً، وأنّ 26% منهن يكنّ متحمسات للدين، وأنّ 13% منهن يراودهن الشك، ولا يلاحظ الإلحاد بينهن.[1]	المراهقة المبكرة (12-13-14)
• تشاهد اليقظة الدينية العامة، حيث يسود روح التأمل، والنشاط الديني العملي. • تجريد ذات الله من التشبيه والتجسيم وتصوره سبحانه تصوراً معنوياً مجرداً. • الانشغال بصفات الله تعالى وآثاره وأفعاله أكثر من الانشغال بشكله وصورته.	المراهقة الوسطى (15-16-17)

(1) زهران، علم نفس النمو، ص367.

(2) المصدر نفسه، ص397.

المرحلة	النمو الديني
	• قد يشاهد الشك، حيث يلاحظ ميل بعض المراهقين إلى الشك (يتراوح بين النقد العابر والارتياب الحاد في كل العقائد). • وقد يشاهد الإلحاد، وهو إنكار وجود الله، ويصاحب هذا عادة صراع وقلق، وقد يتباهى بعض المراهقين بالإلحاد، ولكنه ليس إلحاداً حقيقياً، لكنه رغبة في الاستقلال والتحرر والعدوان على المجتمع، وقد يكون مجرد ظاهرة عابرة لا تلبث أن تتغير. وغالباً تؤدي التنشئة الاجتماعية دوراً هاماً في تحديد الاتجاه الديني لدى المراهق سواء أكان تحمساً، أم شكاً، أم إلحاداً.(2)

من خلال ملاحظة ما سبق من سمات النمو الديني في مرحلة المراهقة؛ نجد أنّ هناك متغيرات حقيقية يتعرض لها المتعلم خلال نموه، الأمر الذي يستلزم توظيف الأدوات والأساليب الصحيحة، والمناسبة لكل مرحلة من مراحل النمو الديني لبناء العقيدة بناءً سليماً، ومن الجدير بالذكر أنّ مرحلة المراهقة من (13-17) تمتاز بظهور نمط التفكير الناقد، وإعادة تقييم القيم الدينية، وظهور الشكوك، وما هذه الأعراض إلا أعراض وتغييرات طبيعية للعقل الإنساني، الأمر الذي يحتم تغيير أسلوب الطرح والعرض والمعالجة لقضايا العقيدة حتى يتلائم ويتسق مع الاحتياجات الجديدة للمتعلم؛ لذا فعلى المعلم اللجوء إلى أساليب مخاطبة العقل وتنمية التفكير التأملي، ليصل المتعلم إلى تصوّر صحيح لقضايا العقيدة، ويتوصل بنفسه إلى إجابات لشكوكه، وحلول لمشكلاته، فتستقر نفسه، ويثبت إيمانه.

وفيما يأتي توضيح لأهم خصائص النمو العقلي التي يمتاز بها المتعلمون في فترتي المراهقة.

المراهقة المبكرة (12-13-14)	المراهقة الوسطى (15-16-17)
▪ تصبح القدرات العقلية في هذه المرحلة أكثر دقة في التعبير؛ مثل القدرة اللفظية والقدرة العددية. ▪ تنمو القدرة على التعلم واكتساب المهارات والمعلومات. ▪ ينمو التذكر بالاعتماد على الفهم واستنتاج العلاقات والمتعلقات. ▪ تزداد القدرة على التخيل المجرد المبني على الألفاظ، ويتجه من المحسوس إلى المجرد. ▪ ينمو التفكير المجرد، وتزداد القدرة على الاستدلال والاستنتاج والحكم على الأشياء وحل المشكلات. ▪ تنمو القدرة على التحليل والتركيب، والقدرة على تكوين التصميمات الدقيقة. ▪ تنمو المفاهيم المعنوية؛ مثل الخير والفضيلة والعدالة...إلخ، ويميل المراهق إلى رؤية الأشياء على مستوى "مفاهيمي" بينما كان وهو طفل يميل إلى رؤيتها على مستوى "إدراكي".[2]	✓ ينمو التفكير المجرد والابتكاري. ✓ تتسع المدارك وتنمو المعارف ويستطيع المراهق وضع الحقائق مع بعضها البعض، بحيث يصل إلى فهم أكثر من مجرد الحقائق نفسها بل يصل إلى ما وراءها. ✓ تزداد القدرة على التحصيل وعلى نقد ما يقرأ من معلومات، وتكون لديه الرغبة في القراءة التي تزوده بالمعلومات والخبرة في ظل ميوله وخبراته. ✓ تتحسن ميوله نحو الكتابة فيميل عادة إلى التعبير عن نفسه وتسجيل أفكاره وذكرياته في مذكرات، وخطابات، وشعر وقصص قصيرة. ✓ تنمو الميول والاهتمامات وتتأثر بالعمر الزمني والذكاء والجنس والبيئة والثقافة وبنمط الشخصية العام للمراهق. ✓ يظهر لدى المراهق بوضوح الاعتزاز بالذات وتقدير النفس.[1]

(1) زهران، **علم نفس النمو**، ص375-380. بتصرف.

(2) المصدر نفسه، ص348-350. بتصرف.

وبناءً على خصائص النمو العقلي التي تتميز بها هذه المرحلة فإنّ منهج الاستدلالات العقلية، ومناقشة النّصوص الشرعية، واستخلاص الأفكار والعبر، وإصدار الأحكام والنقد؛ هي أجدى الأساليب التي ينبغي توظيفها في بناء العقيدة في هذه المرحلة، وهذا لا يعني إهمال الوسائل التعليمية، بل يمكن الاستفادة من الأفلام العلمية وكتابة التقارير وعرضها ومناقشتها في المواقف التعليمية. بالإضافة إلى الاستفادة من التقنيات الحديثة في المواقف الصفية، والاستعانة بمصادر التعلم والمؤسسات التعليمية ذات العلاقة. [1]

---

(1)   الخوالدة وعيد، طرائق تدريس التربية الإسلامية، ص172.

سادساً: ملامح في التربية الوجدانية:[1]

دعا الإسلام - وما زال- إلى النظر والتأمل في النفس البشرية دعوة صريحة ﴿ وَفِي أَنفُسِكُمْ أَفَلَا تُبْصِرُونَ {21/51} ﴾ [الذاريات: 21]؛ لفهم أبعادها وإدراك حقيقتها، ومن خلال تلك المعرفة يستطيع الإنسان السيطرة على شهواته؛ فيسهل عليه ترويض نفسه والسير بها في الطريق القويم للوصول إلى معرفة الله والارتباط به سبحانه وتعالى. وقد أظهر القرآن الكريم أنَّ الوجدان منبع أساسي لإيمان العبد بربه ولسكينة القلب، وأنَّه مكان الطمأنينة والسكينة, ومكان التقوى والطهارة, والاستقرار والخشوع. وتُعدّ الأهداف الوجدانية أهم من الأهداف المعرفية والمهارية في ظل مفهوم التربية، وهو الأمل الذي يسعى لإعداد الفرد الصالح من جميع الجوانب، فلو قصَّر المعلم في دعم الجانب المعرفي أو المهاري داخل الفصل فقد يعوضه الطالب بالجهد والمذاكرة ومساعدة الأسرة له. أما الهدف الوجداني فلا يستطيع الطالب تعويضه إذا أغفله المعلم؛ لأنه يخاطب القلوب.

وإذا انتقلنا إلى واقع التطبيق؛ نجد أن نسبة كبيرة من المعلمين تركّز في المقام الأول على الأهداف المعرفية تليها المهارية، أما الوجدانية فهي الأقل حظاً وعناية في مدارسنا، ويمكن أن يعزى ذلك إلى صعوبة قياس تحقق تلك الأهداف الوجدانية؛ باعتبارها تغييرات داخلية من الصعب ملاحظتها وقياسها.

---

(1) انظر:

- حلس، داود درويش، **الأهداف الوجدانية الأقل حظاً وعناية في حجرات الدراسة**، ص1، ص4-6. منشور في صفحة د. داود، ضمن موقع الجامعة الإسلامية، غزة ، site.iugaza.edu.ps/dhelles/files/2010/02/SObject.doc
- الشهري، محمد علي. (1430هـ)، **التربية الوجدانية للطفل وتطبيقاتها التربوية في المرحلة الابتدائية**، رسالة ماجستير غير منشورة، جامعة أم القرى، مكة المكرمة، ص125وما بعدها.

ويمكن عرض التطبيقات التربوية للتربية الوجدانية من خلال النقاط الآتية:

- التطبيقات التربوية للتربية الوجدانية من خلال الأهداف التربوية.
- التطبيقات التربوية للأهداف الوجدانية في المحتوى.
- التطبيقات التربوية للتربية الوجدانية من خلال طريقة التدريس.
- التطبيقات التربوية والوجدانية في الأنشطة المدرسية.

التطبيقات التربوية للتربية الوجدانية من خلال الأهداف التربوية.

تُعدّ الأهداف ركيزة أساسية لأيّ عمل من الأعمال ومعياراً يحتكم إليه عند إجراء عمليات التقويم، وما لم تكن الأهداف واضحة ومحددة فإن كثيراً من الجهود المبذولة قد تتعرض للكثير من الإخفاقات نتيجة لعشوائية العمل، وضبابية الرؤية، فضلاً عن كون وضوح الأهداف يساهم بشكل فعّال في تمكين المعلم من اختيار أنسب البرامج والوسائل لتحقيق تلك الأهداف، ومن أهم التطبيقات التربوية للتربية الوجدانية من خلال الأهداف التربوية:

- تحديد الأهداف مما يساعد على وضوح الرؤية والتخطيط السليم للمحتوى واختيار أفضل طرائق التدريس، وكذلك سهولة التقويم وتحديد مستوى الأداء للطلاب.
- الاهتمام بالأهداف التي تثير المشاعر والأحاسيس والوجدان لدى الطلاب؛ لأنها تُعد بمثابة المحركات للسلوك الإنساني؛ حيث إن الطالب في استجاباته للمواقف اليومية التعليمية وغيرها إنما يعتمد على المحركات والدوافع التي بداخله.
- عدم عزل الجوانب الوجدانية عن الجوانب المعرفية؛ لأنهما مكملان لبعضهما، ولأن كلاً منهما يؤثر في الآخر.
- وضع الأهداف في صور إجرائية يمكن أن تشكل ألواناً من النشاط الذي يمارسه الطلاب تحقيقاً لهذه الأهداف.
- إعطاء كل مستوى من مستويات الأهداف الوجدانية الخمسة (الاستقبال، الاستجابة، التقييم، التنظيم، تشكيل الذات) حقه من العناية والاهتمام، وعدم إهمال أي مستوى من تلك المستويات؛ لأن كلاً منها يعالج جانباً من الجوانب الوجدانية لدى الطلاب.

- ضرورة الاهتمام بالأهداف الوجدانية كيفاً لا كماً، أي عدم الإكثار منها أو المبالغة في صياغتها عند تحضير كل درس بل يكتفي بهدفين أو ثلاثة، كي يتمكن المعلم من إعدادها ذهنياً ومن ثم دعمها مع الإشارة إليها داخل حجرة الصف. [1]

التطبيقات التربوية للأهداف الوجدانية في المحتوى.

يكتسب المحتوى أهمية بالغة في المجال التربوي؛ لارتباطه الوثيق بمختلف جوانب العملية التربوية، ومن التطبيقات التربوية للأهداف الوجدانية في المحتوى:

- مراعاة خصائص نمو المتعلمين واستعداداتهم الجسمية والوجدانية والانفعالية، وحاجاتهم ورغباتهم وميولهم وقدراتهم المختلفة.

- ويراعي عند اختيار النصوص ألا يكون الاختيار مبنياً على أساس المقدرة على الحفظ، بل يكون الأساس سهولة النصوص والمعنى والتصورات والمفاهيم، وقربها من لغة المتعلم وتصوره ومفاهيمه ومداركه.

- جمع النصوص القرآنية والأحاديث النبوية الشريفة في المادة ومحاولة فهمها ومعرفة تفسيرها مع ربطها بالواقع؛ لدعم الهدف الوجداني المراد شرحه، ولا يمنع أن يقتبس المعلم نصوصاً أخرى غير موجودة بالكتاب المدرسي؛ ليدعم بها الأهداف الوجدانية مع مراعاة المرحلة التي يدرسها المعلم, ولا يتأتى ذلك إلا بالقراءة والإطلاع. [2]

التطبيقات التربوية للتربية الوجدانية من خلال طريقة التدريس.

إنَّ الطريقة الفاعلة للتربية الوجدانية تتضمن أكثر من مجرد تقديم مجموعة منفصلة من المعلومات، فهي تتطلب فهماً وعمقاً للمستويات العقلية والنفسية للمتعلمين وسلوك طريقة تدريس مع كل منهم تتناسب مع مستوياتهم، وتعمل في الوقت ذاته

---

(1) انظر:
– حلس، مرجع سابق، ص5.
– الشهري، مرجع سابق، ص 125 وما بعدها.
(2) انظر: الشهري، مرجع سابق، ص 133 وما بعدها.

على تنمية قدراتهم العقلية والوجدانية، وتحفزهم على النشاط، ومن التطبيقات التربوية للتربية الوجدانية في طرائق التدريس:

- تطوير طريقة التدريس من مجرد التلقين غير المؤثر في وجدان الطلاب إلى الربط بالأمثلة الحية.

- استخدام طريقة إثارة الانفعال بالتشويق مما يثير انتباه الطالب وتجعله ذا صلة بالموضوع وشوق لمتابعته حتى النهاية.

- التركيز على إثارة طريقة العاطفة لتعميق الجانب الوجداني في نفوس الطلاب؛ مما يتطلب من المعلم الإلمام بالحقائق النفسية للطلاب وخصائص نموهم العمرية.

- استخدام طريقة التربية بالقدوة؛ لأن تربية الوجدان تتطلب أن يكون هناك أنموذجاً يحتذى به.

- استخدام طريقة التربية بالقصة؛ لما لها من الأثر الواضح على وجدان الطفل فهي تسمو بالخيال وتلهب المشاعر وتدفع إلى الاقتداء بالنماذج الموجودة بها مما يؤثر على سلوك الطفل. وتُعدّ القصة من أهم الوسائل لدعم الأهداف الوجدانية. وتجدر الإشارة إلى ضرورة مراعاة بعض الضوابط في استخدام طريقة القصة؛ منها:

- أن تتوافر في القصة عوامل الجدة والإثارة كاستخدام الإشارات والحركات المناسبة، مع الاستعانة بتعبيرات الوجه؛ لشد انتباه المستمعين مع مراعاة وحدة الموضوع، ومعرفة موضوع القصة وبدايتها ثم نهايتها مع عدم الإطالة في سردها.

- أن تقدم القصة بأسلوب سهل لا لبس فيه أو غموض مع البعد عن الألفاظ الصعبة ومراعاة حال المستمعين من حيث السن وطبيعة المرحلة.

- طرح الأسئلة بعد انتهاء القصة؛ للوقوف على الأهداف المرجوة من ذكرها.

- التأكد من صحة القصة والبعد عن الأساطير والخرافات، مع البعد عن القصص الموضوعة أو الضعيفة. [1]

---

[1] انظر: الشهري، مرجع سابق، ص 140 وما بعدها.

التطبيقات التربوية والوجدانية في الأنشطة المدرسية.

يُعدّ النشاط المدرسي من الوسائل التربوية التي تجعل من المدرسة مجتمعاً متكاملاً، فهو يشتمل على خبرات ومواقف تكمل بعض الجوانب التربوية في العملية التعليمية، فعـن طريـق النشـاط يمكـن اكتشـاف ميـول الطـلاب وقدراتهم، ومعرفـة حاجـاتهم، وغـرس الصـفات الحميـدة في نفوسـهم، ومعرفـة اتجاهاتهم العلمية والاجتماعية والأخلاقية. وتتكون شخصية الطالب أثنـاء النشـاط الاجتماعـي داخل المدرسة وخارجها كما تتكون أثنـاء الـدروس، ومـن أهـم التطبيقـات التربويـة للتربية الوجدانية من خلال الأنشطة المدرسية:

- اعتماد الأنشطة النابعة من احتياجات الطلاب النفسية والوجدانية، التي من شأنها المساعدة في تحقيق أهداف المحتوى للتربية الوجدانية.

- توفر الصفات الوجدانية في المعلم المسؤول عن النشاط، كصفة الرحمـة والتواضـع؛ مما يقوي العلاقة بين المعلم والطالب، فيكون بمثابة القدوة للطلاب.

- تفعيل الإذاعة المدرسية للمساهمة في تحقيق الأهداف الوجدانية، وذلك بعرض مـا يساعد على تنمية الجانب الوجداني والعاطفي لـدى الطـلاب، كالآيـات والأحاديـث النبوية، وكلمة الصباح ذات العلاقة بهذا الجانب.

- تفعيل الرحلات المدرسية والزيارات الميدانية لبعض المعالم والآثار والأماكن، حسـب الإمكانات المتاحة، ويمكن تعويض ذلك بعرض الأفلام وأشرطة (الفيـديو)؛ فعنـدما يتكلم المعلم عن أحوال القبر، يمكن عرض مقطع مسجل للدفن، لنقل صورة واقعيـة للطلاب. [1]

_____

(1) انظر: الشهري، مرجع سابق، ص 146 وما بعدها.

سابعاً:
الاهتمام بالجانب الوجداني
وأثره في بناء العقيدة في نفوس المتعلمين

إنّ تغيير نظرة المعلم للمتعلم، وتوجيه اهتمامه للجانب الوجداني للمتعلم؛ يحدث أثراً كبيراً في تحسين التعلم وجعله إيجابياً، وكي تتضح الصورة، ينبغي أن نراجع معاً مهمة التعليم الأساسية، وعلاقتها بالجانب الانفعالي الوجداني؛ فمهمة التعليم هي تنمية "الطالب" كوحدة متكاملة، وتنقسم هذه الوحدة إلى ثلاثة أجزاء:

1- ما يفكر فيه الطالب ويعرفه (المجال المعرفي The Cognitive Domain).
2- ما يشعر به نحو ما يفكر فيه ويعرفه (المجال الانفعالي The Cognitive Domain).
3- ما يفعله الطالب نتيجة لخبراته المعرفية، وأفكاره، ومشاعره (المجال النفسي الحركي The Psychomotor Domain)(1).

ولو طرحنا التساؤل الآتي على المعلمين وهو: أيُّ المجالات الثلاثة ما يُحدث التغير في السلوك والتوجهات؟ فماذا ستكون الإجابة؟

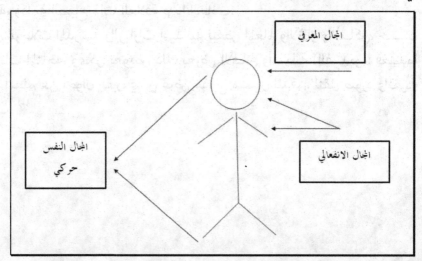

(1) مورجان وساكستون، نورا جوليانا. (2011م)، **أسئلة أفضل فهم أعمق**، ط1، مصر: دار النهضة، ص6.

وحتى نعرف الإجابة لا بد أنّ نقر بأمر هام هو أنّ هذه المجالات الثلاثة تتكامل لتشكل شخصية المتعلم، ولكن مما يؤسف له أنّ معظم المعلمين يركزون على تنمية المجال المعرفي والمجال النفسي الحركي للطلاب كما ذكر سابقاً، ويغضون الطرف عن المجال الانفعالي الوجداني وتتركونه ينمو ويتطور من تلقاء نفسه!

وفي هذا إساءة إلى طلبتنا فالمعلمين بهذا السلوك يلتفتون إلى ثلثي مكونات الشخصية فقط، فمخاطبة العقل وحده غير كافية لتحقيق تعلم فعال. والحقيقة في حد ذاتها شيء عام، والمعرفة أيضاً شيء عام، وهناك عوامل مشتركة بين الحقيقة والمعرفة في أنهما تقاسان بشكل موضوعي (في معظم الأحيان)، ولكن ينظر إلى:

- انفعالات المرء،
- ومواقفه،
- وقيمه،
- ومعتقداته،

على أنها جوانب شخصية، ومن ثمَّ فهي تتسم بالخصوصية، ولا يمكن لهذه الجوانب إلا أن تُقيَّم من منظور ذاتي، إذا كان يمكن قياسها أساسًا.

ولارتباط هذه الجوانب بالناحية الروحية؛ فقد أهملت في مجال التعليم على اعتبار صعوبة قياسها، حتى وإن كانت هنا وهناك إشارات لها من خلال ما ظهر من دعوات بالاهتمام بالجوانب الانفعالية والأهداف الوجدانية، إلا أنّ الاهتمام بالجانب المعرفي بقي طاغياً في القرن التاسع عشر وامتد للقرن العشرين وما يزال.

وعلى الرغم من اختلاف الرؤية في أواخر القرن العشرين بشكل كبير، فاليوم تقع التربية الصحية والمهنية والأخلاقية والأسرية للطلاب ضمن مسؤوليات المعلمين في المدارس الابتدائية والثانوية؛ ويعود ذلك للتغيير الذي طرأ على الأنماط المجتمعية وإضفاء نظام العالمية الحقيقي على التعليم، ومع ذلك فلا تزال مساحة التغيير قليلة، ولا يزال المعلمون يدرِّسون بالطريقة نفسها التي تعلموا بها، ولا زال اعتقاد الكثير منهم بأنّه ما عليهم سوى تقديم المعرفة الواقعية فحسب؛ الأمر الذي يؤدي إلى إهمال المجال الانفعالي الوجداني في معظم الحالات.

وعلى الرغم من وجود العديد من الدراسات العلمية الأكاديمية التي تشير إلى أهمية المجال الانفعالي، إلا أنّ معظم التطبيقات التي تجري على التعليم لا تزال تبدو متأثرة بالفكر التقليدي الموروث الذي يقول: "إنَّ الطالب ما هو إلا قطعة إسفنج تمتص المعلومات، وإنه صفحة بيضاء يكتب عليها المعلم، وإنّه وعاءٌ يجب ملؤه بالمعرفة".[1]

وعلى الصعيد الآخر؛ فقد تبيّن أنّ المشاعر الإيجابية يمكنها أن تعزز المهارات العقلية والبدنية؛ فالجو المواتي يعزز النجاح الدّراسي، ويتضح شعور الطلاب بالاعتداد بالنفس عندما يطبقون ما يتعلمون، ولكن إذا اقتصر ما يتعلمونه على مجرد المعرفة دون ربط بالواقع فإنّ هذا تعلم لا انعكاس له على الواقع. وعندها يصبح هؤلاء الطلبة عازفين عن التعلم؛ لعدم وجود دافع أو حافز نحوه. ولكن عند حثِّ هؤلاء الطلبة ليصبحوا مشاركين نشيطين في التفاعل الجاري بقاعة الدّراسة تكون فرصتهم عظيمة في أن يصبحوا متعلمين أكثر نشاطاً وشعوراً بالمسؤولية تجاه ما يتعلمونه، وعندها يصبح التعليم إيجابياً.

والتعليم الإيجابي: هو التعليم المعتمد على الإقرار بأن التعلم الفعّال يكون عندما يصير للطلاب مشاركة فعالة فيما "يجري في الفصل" ، وهذا يتطلب من المعلمين بناء خططهم في التعليم على مبدأ دعوة الطلاب للمشاركة الفعالة وتدعيمه بطرح تجارب تثير فيهم التفكير والشعور؛ مما يولد بداخلهم الحاجة للتعبير عمّا يدور بخلدهم.

(1) انظر:

– مورجان وساكستون، **أسئلة أفضل فهم أعمق**، ص7-8.

فلا نريد أن يكتفي المعلم بالاستحواذ على انتباه الطالب والتأثير فيه وحسب، وإنّما العمل معه بشكل حيوي وفعال، وأخذ مبادراته في الاعتبار وتشجيع غيره من الطلاب، وكذلك طرح أسئلة وإدراك أنّ للطالب كامل الحق (وكذلك المسؤولية) في الإسهام بأفكاره وتجاربه ومشاعره حول محتوى الدرس وأساليبه.[1]

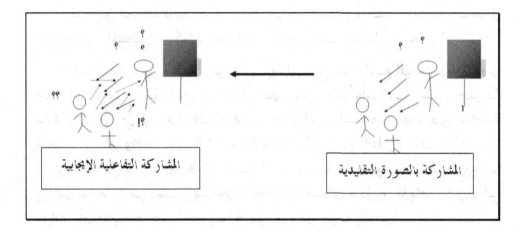

وبما أنّ الطلاب لهم حق المشاركة في تعليمهم؛ فيجب أن تقدم لهم الوسائل التي تمكنهم من المشاركة في المسؤولية من أجل تعلمهم؛ لذا فإنّ أهمية هذا الجانب توجّه المعلمين إلى ضرورة إيلائه الاهتمام اللازم حتى يصبح التعليم ذا أثر فاعل على الطالب، وهذا يتطلب أن يربط المعلم جزءاً من أهدافه التربوية بالمجال الانفعالي الوجداني، فيضع دوماً أهدافاً وجدانية واضحة يخطط لها ويصمم أنسب الوسائل المعينة على تحقيقها.

وهذا يتطلب أن يبذل المعلم جهده في مراقبة تعلّم الطلبة لقياس مدى تحقق أهدافه التربوية. وهناك مراحل تمر بها مرحلة التعلم للطالب، حيث يُعدّ وعي المعلم وإدراكه لها وسيلة تسهم في مراقبة التعلم وتحسينه، وتبدأ بملاحظة مدى اهتمام الطلبة، ومن ثمّ اندماجهم ومشاركتهم بالبدء بالمشاركة، وبعدها تأتي مرحلة الالتزام فتظهر

---

(1) مورجان وساكستون، **أسئلة أفضل فهم أعمق**، ص8.

جدية الطلبة ومشاركتهم بأفكار جديدة وخلاقة، ومن ثمّ ربط تعلّمهم بواقع حياتهم وما يواجهونه (مرحلة الدمج)، والانتقال بعدها إلى محاولة تفسير ذلك بتوضيحه لمن حولهم من زملائهم (مرحلة التفسير)، وانتهاءً بتطبيق وتوظيف ما تعلموه في مواقف جديدة، قد يتعرضون لها.

وفيما يأتي مخطط يصوّر هذه المستويات في الاندماج في التعلم بحسب تسلسل ظهورها عند المتعلمين أو كما يسميه البعض بـ (تصنيف الاندماج الشخصي). [1]

وهذه الصورة من التفاعل الوجداني الإيجابي هي ما نطمح للوصول إليها من خلال إعداد هذا الدليل الذي اقترحنا فيه على المعلم طرقاً وأساليب ليست بجديدة عليه، بالقدر الذي قمنا فيه بتقديم نماذج تطبيقية، تساعده وتشجعه على ممارسة التعليم الإيجابي وتفعيل دور الطالب، والشعور بالفرق بين الطرح التقليدي لقضايا العقيدة، وطرح جديد يهدف إلى تنشيط التعلم والمتعلم، فيكون المتعلم إيجابياً يتفاعل مع ما يتعلم فيشعر بمسؤوليته تجاه هذا التعلم، وتطبيق ما يتعلّمه في واقع حياته؛ لأنّ ما يتعلمه من قضايا إيمانية هي جزء من حياته بالفعل.

---

(1) مورجان وساكستون، **أسئلة أفضل فهم أعمق**، ص22. وانظر:

– الجلاد، **تدريس التربية الإسلامية**، ص143-146.

وتجدر الإشارة إلى إن هذا المخطط يقرأ من الأدنى إلى الأعلى.

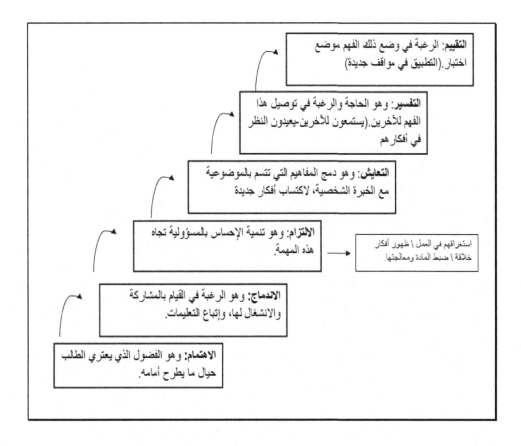

التقييم: الرغبة في وضع ذلك الفهم موضع اختبار.(التطبيق في مواقف جديدة)

التفسير: وهو الحاجة والرغبة في توصيل هذا الفهم للآخرين.(يستمعون للآخرين-يعيدون النظر في أفكارهم

التعايش: وهو دمج المفاهيم التي تتسم بالموضوعية مع الخبرة الشخصية، لاكتساب أفكار جديدة

الالتزام: وهو تنمية الإحساس بالمسؤولية تجاه هذه المهمة.

استغراقهم في العمل \ ظهور أفكار خلاقة \ ضبط المادة ومعالجتها

الاندماج: وهو الرغبة في القيام بالمشاركة والانشغال لها، وإتباع التعليمات.

الاهتمام: وهو الفضول الذي يعتري الطالب حيال ما يطرح أمامه.

التطبيقات العملية

وتضم هذه التطبيقات النقاط الآتية:

- أولاً: مقدمة في أركان "الإيمان" العقيدة الإسلامية
- ثانيا: الإيمان بالله
- ثالثا: الإيمان بالملائكة عليهم السلام
- رابعا: عالم الجن
- خامسا: الإيمان بالكتب الإلهية
- سادسا: الإيمان بالرسل
- سابعا: الإيمان باليوم الآخر
- ثامنا: الإيمان بالقضاء والقدر
- تاسعا: خصائص رسالة الإسلام/ خصائص العقيدة الإسلامية
- عاشرا: دور العقل في إدراك حقائق العقيدة
- حادي عشر: المحافظة على نقاء العقيدة الإسلامية
- ثاني عشر: الأجل بيد الله (الموت) والتوبة
- ثالث عشر: أثر العقيدة الإسلامية في حياة الفرد
- رابع عشر: أثر العقيدة الإسلامية في حياة المجتمع

أولاً:

مقدمة في أركان "الإيمان" العقيدة الإسلامية

التخطيط للمواقف التعليمية والفعاليات التدريسية
"طريقة التعلم التعاوني الجكسو"

الأهداف:

يتوقع من الطالب بعد الانتهاء من دراسة هذا الموضوع أن يكون قادراً على أن:

- يستنتج المفاهيم الواردة في الدرس (الإيمان بالله تعالى، الإيمان بالكتب الإلهية، الإيمان بالرسل، الإيمان بالملائكة، الإيمان باليوم الآخر، الإيمان بالقضاء والقدر).

- يتعرَّف على أركان العقيدة الإسلامية.

- يستنتج العلاقة بين الإيمان والإسلام والإحسان.

التخطيط للمواقف التعليمية والفعاليات:

- تفعيل طريقة التعلم التعاوني أو المجموعات التركيبية في التعرف على أركان العقيدة الستة. [1]

---

(1) "Jigsaw" الترجمة الحرفية لها طريقة مجموعات التركيب، وتركز هذه الطريقة على نشاط الطالب في إطارين: مجموعة الأم ومجموعة التخصص، بحيث ينقسم الصف إلى مجموعات في كل مجموعة من 5- 6 طلاب، ويأخذ كل طالب من المجموعة جزءاً من مادة عامة، تبدأ هذه الطريقة بتوزيع المهام نفسها على جميع الفرق الأم، المهام الخمس أو الست، وبعدها يتجمع الطلاب في فرق التخصص ببحث المهمة التي أوكل بها كل واحد منهم، ثم يعود كل طالب من فرقة التخصص إلى فرقة الأم التي جاء منها، وفي فرقة الأم يحاول كل طالب تخصص في مهمة معينة أن ينقل لأفراد فرقته المعلومات التي توصلت إليها فرقة التخصص التي ناقشت المهمة نفسها، وهذه المرحلة تسمى مرحلة تعليم "طالب- طلاب"؛ بحيث يمثل الطالب الواحد دور المعلم، ويعلم فرقته عن الموضوع الذي تخصص به، وهذا يعني أن المهمة التي أوكل بها لم تكن مقصورة على تعلمه لها فقط ولنفسه، وإنما يتعلمها كي يعلمها لغيره، وهذا يتطلب بذل جهد أكبر من أجل إتقان المهمة، والمهم أن يصل كل طالب في الفرقة الأم إلى تعلم جميع جوانب المادة التي حددتها المهام التعليمية، وفي داخل الفرقة يجري نقاش وأسئلة للتأكد من أن كل فرد فيها أصبح ملماً في جميع المادة، ومن هنا جاء اسم الطريقة؛ لأن المهمة العامة توزع إلى أقسام، كل طالب تخصص في قسم وعند العودة للعمل في فرقة الأم؛ يحاول أعضاء الفرقة تركيب هذه الأقسام
==

- تقوم كل مجموعة متخصصة من المجموعات التعليمية؛ بمناقشة ورقة العمل المتعلقة بركن الإيمان الذي تخصصت به.
- أسلوب تدريس المفاهيم، بالطريقة الاستقرائية من خلال تحليل النّصوص.

المهارات:

- التفكير التحليلي وتفعيل مهارة التركيب.

أسباب استخدام هذه الفعالية:

- تحمّل كل طالب مسؤولية تعلمه، وتبادل خبرات الطلبة مع بعضهم البعض؛ وهذا يفيد في حالة مراجعة موضوع أركان الإيمان.

إجراءات الحصّة الصفية:

1- يمهّد المعلم للدرس من خلال عدة أمور:

- طرح الفرق بين أركان العقيدة وأركان الإسلام.
- تحليل حديث النّبي ﷺ مع جبريل عليه السلام حول أركان الإيمان، وتحديد هذه الأركان.
- يطرح المعلم على طلبته السؤال الآتي: "لماذا اقتصرت أركان الإيمان على هذه الأركان الستة؟".

= =

بشكل ينتج عنه الشكل العام للمادة فهو يشبه لعبة التركيب puzzle، في إعطاء الصورة الكاملة للمادة في نهاية عمل فرقة الأم، ثم ينتهي العمل أولاً بعرض نتائج العمل من قبل الفرق المختلفة ومناقشته وإجماله، بحيث تعرض كل فرقة مهمة واحدة، يشارك أعضاء الفرق الأخرى باستكمالها عن طريق إضافة ملحوظات وتعليقات. انظر:

- أبو حرب والموسوي وأبو الجبين، يحيى وعلي وعطا.(2004م)، **الجديد في التعلم التعاوني لمراحل التعليم والتعليم العالي**، ط1، الكويت: مكتبة الفلاح، ص36.
- موقع: http://www.dahsha.com/old/viewarticle.php?id=27635

2- تقسيم الطلبة إلى مجموعات، عـدد أفـراد كـل مجموعـة (سـتة)، وهـذه تسـمى المجموعة الأم.

3- إعداد بطاقات على عدد الطلبة مقسّمة على أركان الإيمان الستة، بحيث يأخذ كل طالب ركناً من أركان الإيمان الستة، فتصبح كل مجموعة من الطلبة موزعاً عليها هذه الأركان. وهذه تشكل المجموعة المتخصصة.

4- تكليف الطلبة بالتَّجمع بناءً عـلى أركان الإيمـان السـتة، فكـل مـن يحمـل (ركـن الإيمان باللـه تعالى) يجلـس في مكان يحدده المعلم، ومن يحمـل ركـن الإيمان بالملائكة يجلس في المكان المحـدد، حتـى يتـوزع الصـف عـلى سـت مجموعـات متخصصة.

5- تقوم كل مجموعة متخصصة بمناقشة ورقة العمل الخاصـة بهـا، وكتابـة مـا تصـل إليه من نتائج، ومدة إنجاز هذه المرحلة (10د.)

6- تقوم كل مجموعة متخصصة بأداء المهمة المطلوبة منها، ويبيّن المعلم للطلبة أثناء عملهم ومن خلال بطاقة المهام أو ورقة العمل أنّهم مسؤولون عن تعليـم مفهـوم هذا الركن إلى بقية زملائهم.

7- يقوم المعلم بمتابعة عمل المجموعات ومستوى أداء كـل مجموعـة، وبعـد انتهـاء المجموعات يقوم بتقويم فهم المجموعات من خـلال طـرح أسـئلة متنوعـة حـول الموضوعات.

ورقة عمل رقم (1/أ): مفهوم الإيمان بالله تعالى

الهدف: يستنتج الطالب مفهوم الإيمان بالله تعالى.

الأسلوب المستخدم: العصف الذهني.

يقوم كـل طالـب بكتابـة كلمـة تتعلـق بمـا يعرفـه عـن اللـه تعـالى (وجـوده ووحدانيته، وصفاته وأسماؤه) -وتقسّم الدائرة بحسب عدد الطلبة- ومن ثـمّ يتعـاون أفراد المجموعة في تشكيل مفهوم الإيمان بالله تعالى بحسب ما كتب من مشاركات:

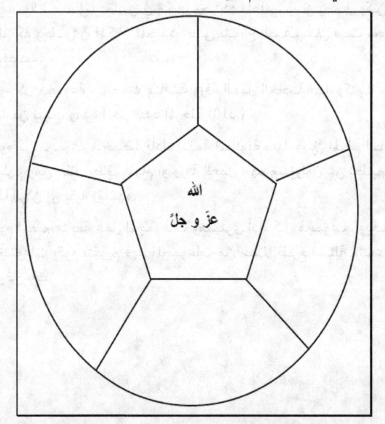

– اكتب مفهوم الإيمان بالله تعالى بالاستعانة بما دُوِّن في المخطط الذي أمامك.

....

ورقة عمل رقم (1/ب): الإيمان بالملائكة: المفهوم والخصائص

الهدف: يستنتج الطلبة مفهوم الإيمان بالملائكة، وأهم الخصائص المتعلقة بهم.

الأسلوب: تفعيل مهارة تحليل النّصوص، ومهارة التصنيف.

أمامك مجموعة من النّصوص الشرعية تضمّنت خصائص متعددة عن الملائكة، قم بتحليلها أنت ومجموعتك، ثمّ قم بكتابة ما توصّلت إليه في موضعه المناسب من الجدول الذي أمامك.

- ✓ ﴿ وَإِذْ قَالَ رَبُّكَ لِلْمَلاَئِكَةِ إِنِّي جَاعِلٌ فِي الأَرْضِ خَلِيفَةً ﴾ [البقرة: 30].
- ✓ ﴿ عَلَّمَهُ شَدِيدُ الْقُوَى {5/53} ذُو مِرَّةٍ فَاسْتَوَى {6/53} ﴾ [النجم: 5-6].
- ✓ ﴿ الْحَمْدُ لِلَّهِ فَاطِرِ السَّمَاوَاتِ وَالْأَرْضِ جَاعِلِ الْمَلَائِكَةِ رُسُلًا أُولِي أَجْنِحَةٍ مَّثْنَى وَثُلَاثَ وَرُبَاعَ يَزِيدُ فِي الْخَلْقِ مَا يَشَاء إِنَّ اللَّه عَلَى كُلِّ شَيْءٍ قَدِيرٌ {1/35} ﴾ [فاطر: 1].
- ✓ ﴿ أَمْ خَلَقْنَا الْمَلَائِكَةَ إِنَاثًا وَهُمْ شَاهِدُونَ {150/37} أَلَا إِنَّهُم مِّنْ إِفْكِهِمْ لَيَقُولُونَ {151/37} ﴾ [الصافات: 150-151].
- ✓ ﴿ يُسَبِّحُونَ اللَّيْلَ وَالنَّهَارَ لَا يَفْتُرُونَ {20/21} ﴾ [الأنبياء: 20].
- ✓ ﴿ بِأَيْدِي سَفَرَةٍ {15/80} كِرَامٍ بَرَرَةٍ {16/80} ﴾ [عبس: 15-16].
- ✓ ﴿ وَلَقَدْ جَاءتْ رُسُلُنَا إِبْرَاهِيمَ بِالْبُشْرَى قَالُواْ سَلاَمًا قَالَ سَلاَمٌ فَمَا لَبِثَ أَن جَاء بِعِجْلٍ حَنِيذٍ {69/11} ﴾ [هود: 69].
- ✓ ﴿ وَإِنَّ عَلَيْكُمْ لَحَافِظِينَ {10/82} كِرَامًا كَاتِبِينَ {11/82} ﴾ [الانفطار: 10-11].
- ✓ ﴿ وَجَاء رَبُّكَ وَالْمَلَكُ صَفًّا صَفًّا {22/89} ﴾ [الفجر: 22].
- ✓ ﴿ يَخَافُونَ رَبَّهُم مِّن فَوْقِهِمْ وَيَفْعَلُونَ مَا يُؤْمَرُونَ {50/16} ﴾ [النحل: 50].
- ✓ ﴿ لَهُ مُعَقِّبَاتٌ مِّن بَيْنِ يَدَيْهِ وَمِنْ خَلْفِهِ يَحْفَظُونَهُ مِنْ أَمْرِ اللَّه ﴾ [الرعد: 15].

جدول لتصنيف الخصائص التي يستخلصها الطلبة من تحليل النّصوص السابقة:

صفاتهم الْخَلْقية	
صفاتهم الْخُلُقية	
قدراتهم	
مهامهم	
عددهم	
زمن خلقهم	

–   بناءً على ما سبق هل تستطيع كتابة مفهوم الإيمان بالملائكة فيما يأتي؟

....

....

....

....

....

....

ورقة عمل رقم (1/ج) الإيمان بالكتب الإلهية: المفهوم والخصائص

الهدف: يستنتج الطلبة مفهوم الإيمان بالكتب الإلهية، وأهم الخصائص المتعلقة بها.

الأسلوب: مهارة تحليل النّصوص، والمقارنة باستخدام الأشكال التوضيحية.

✓ ﴿ نَزَّلَ عَلَيْكَ الْكِتَابَ بِالْحَقِّ مُصَدِّقاً لِّمَا بَيْنَ يَدَيْـهِ وَأَنـزَلَ التَّـوْرَاةَ وَالإِنجِيـلَ {3/3} ﴾ [آل عمران: 3].

✓ ﴿ وَلَقَدْ كَتَبْنَا فِي الزَّبُورِ مِن بَعْـدِ الـذِّكْرِ أَنَّ الْأَرْضَ يَرِثُهَـا عِبَـادِيَ الصَّـالِحُونَ {105/21} ﴾ [الأنبياء: 105].

﴿ صُحُفِ إِبْرَاهِيمَ وَمُوسَى {19/87} ﴾ [الأعلى: 19].

من خلال النصوص القرآنية السابقة:

- استخرج الكتب الإلهية التي ذكرتها الآيات الكريمة.

....

- ما الحكمة من إنزال الـلـه تعالى للكتب السماوية على أنبيائه؟

....

- هل هذه الكتب السماوية المذكورة هي فقط ما أنزلـه الـلــه تعـالى عـلى الأنبيـاء والمرسلين؟ وضّح إجابتك.

....

- بالتّعاون مع مجموعتك ناقش قوله تعالى: ﴿ قُولُواْ آمَنَّا بِالـلـه وَمَآ أُنزِلَ إِلَيْنَا وَمَا أُنـزِلَ إِلَى إِبْرَاهِيمَ وَإِسْمَاعِيلَ وَإِسْحَقَ وَيَعْقُوبَ وَالأسْـبَاطِ وَمَـا أُوتِيَ مُـوسَى وَعِـيسَى وَمَـا أُوتِيَ النَّبِيُّونَ مِن رَّبِّهِمْ ﴾ [البقرة: 136]، ثمّ اكتب مفهومك للإيمان بالكتب الإلهية.

....

....

....

- هل الكتب الإلهية باقية إلى يومنا الحالي كما أنزلت على المرسلين؟

....

– أنزل اللـه تعالى إلى كل قوم من الأقوام كتاباً إلهياً محـدداً، فَلِـمَ لَـمْ ينـزل القـرآن الكريم على قوم بعينهم؟

....

....

– استخرج أوجه التشابه والاختلاف بين الكتب الإلهية، والقرآن الكريم:[1]

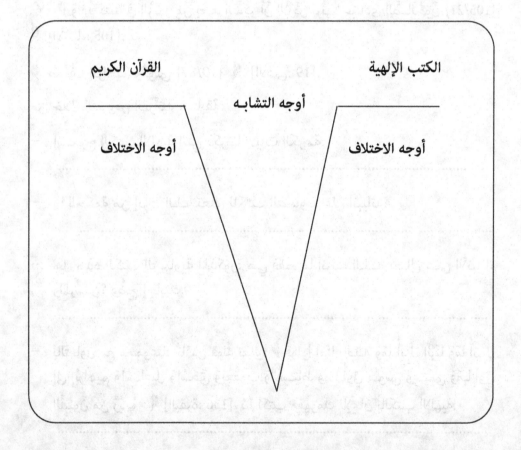

الكتب الإلهية   القرآن الكريم

أوجه التشابه

أوجه الاختلاف   أوجه الاختلاف

---

(1) يسمى هذا المخطط باستراتيجية الـ (Vee) وهي طريقة ابتكرها جوين (Gowin، 1977م)، وتُعدّ وسيلة مشجعة على التعلم الذاتي، وتكوين المعرفة وبنيتها، واستخداماتها متعددة. انظر:
–نوفاك، وجووين، جوزيف وبوب (1995م)، **تعلم كيف تتعلم**، ترجمة: أحمد عصام الصفدي، وإبراهيم محمد الشافعي، ط1، الرياض: جامعة الملك سعود، ص7.

ورقة عمل رقم (1/د): مفهوم الإيمان بالرسل

الهدف: يستنتج الطلبة مفهوم الإيمان بالرسل.

الأسلوب: تحليل النّصوص، واستقراء مفهوم الإيمان بالرسل من خلال مهارة التركيب.

1- تجلّت عدالة اللـه تعالى للأمـم السابقة بـأن أرسـل لهـا رسـلاً وأنبيـاءً، يـدعونهم للتوحيد وعبادة اللـه تعالى، وفيما يأتي مجموعة من النّصوص القرآنية التي تمثل حقائق تتعلق بالإيمان بالرسل والأنبياء. بالتعاون مع مجموعتك قم باستخراجها.

الرقم	الآيات الكريمة	الحقائق الرئيسة التي دلت عليها
1	﴿ إِنَّا أَرْسَلْنَاكَ بِالْحَقِّ بَشِيرًا وَنَذِيرًا وَإِن مِّنْ أُمَّةٍ إِلَّا خَلَا فِيهَا نَذِيرٌ {24/35} ﴾ [فاطر:24].	
2	﴿ وَلَقَدْ أَرْسَلْنَا رُسُلًا مِّن قَبْلِكَ مِنْهُم مَّن قَصَصْنَا عَلَيْكَ وَمِنْهُم مَّن لَّمْ نَقْصُصْ عَلَيْكَ ﴾ [غافر: 78].	
3	﴿ قُولُواْ آمَنَّا بِاللـه وَمَآ أُنزِلَ إِلَيْنَا وَمَا أُنزِلَ إِلَى إِبْرَاهِيمَ وَإِسْمَاعِيلَ وَإِسْحَقَ وَيَعْقُوبَ وَالأَسْبَاطِ وَمَا أُوتِيَ مُوسَى وَعِيسَى وَمَا أُوتِيَ النَّبِيُّونَ مِن رَّبِّهِمْ ﴾ [البقرة: 136].	
4	﴿ مَّا كَانَ مُحَمَّدٌ أَبَا أَحَدٍ مِّن رِّجَالِكُمْ وَلَكِن رَّسُولَ اللـه وَخَاتَمَ النَّبِيِّينَ وَكَانَ اللـه بِكُلِّ شَيْءٍ عَلِيمًا {40/33} ﴾ [الأحزاب: 40].	

2- بناءً على ما سبق؛ تعاون مع مجموعتك في تركيب مفهوم الإيمان بالرسل.

....

ورقة عمل رقم (1/هـ): الإيمان باليوم الآخر: المفهوم والخصائص

الهدف: يستنتج الطلبة مفهوم الإيمان باليوم الآخر، وأهم خصائصه.

الأسلوب: تحليل النّصوص، واستقراء مفهوم الإيمان باليوم الآخر من خلال مهارة التركيب.

1- تعاون مع مجموعتك في اكتشاف خصائص اليوم الآخر بحسب ما تضمّنته الآيات الكريمة الآتية:

الرقم	الآية	الخصائص
1	﴿ قُلِ اللَّهُ يُحْيِيكُمْ ثُمَّ يُمِيتُكُمْ ثُمَّ يَجْمَعُكُمْ إِلَى يَوْمِ الْقِيَامَةِ لَا رَيْبَ فِيهِ وَلَكِنَّ أَكْثَرَ النَّاسِ لَا يَعْلَمُونَ {26/45} ﴾ [الجاثية: 26].	
2	﴿ إِنَّ الَّذِينَ يَضِلُّونَ عَن سَبِيلِ اللَّهِ لَهُمْ عَذَابٌ شَدِيدٌ بِمَا نَسُوا يَوْمَ الْحِسَابِ {26/38} ﴾ [ص: 26].	
3	﴿ يَوْمَ تُبَدَّلُ الأَرْضُ غَيْرَ الأَرْضِ وَالسَّمَاوَاتُ وَبَرَزُواْ للهِ الْوَاحِدِ الْقَهَّارِ {48/14} ﴾ [إبراهيم: 48].	
4	﴿ كُلُّ مَنْ عَلَيْهَا فَانٍ {26/55} وَيَبْقَى وَجْهُ رَبِّكَ ذُو الْجَلَالِ وَالْإِكْرَامِ {27/55} ﴾ [الرحمن: 26-27].	
5	﴿ وَنُفِخَ فِي الصُّورِ فَإِذَا هُم مِّنَ الْأَجْدَاثِ إِلَى رَبِّهِمْ يَنسِلُونَ {51/36} ﴾ [يس: 51].	
6	﴿ يَسْأَلُونَكَ عَنِ السَّاعَةِ أَيَّانَ مُرْسَاهَا قُلْ إِنَّمَا عِلْمُهَا عِندَ رَبِّي لاَ يُجَلِّيهَا لِوَقْتِهَا إِلاَّ هُوَ ﴾ [الأعراف: 187].	

2- بناءً على ما استخلصته من خصائص من الآيات التي أمامك قم بصياغة مفهوم الإيمان باليوم الآخر.

....

ورقة عمل رقم (1/ و): مفهوم الإيمان بالقدر

الهدف: استقراء مفهوم الإيمان بالقدر.

الأسلوب: مهارة تركيب المفهوم.

عزيزي الطالب: أمامك كلمات مفتاحية تتعلق بالقدر، بالتعاون مع مجموعتك ناقش هذه الكلمات، ثمّ قم بصياغة مفهوم للقدر.

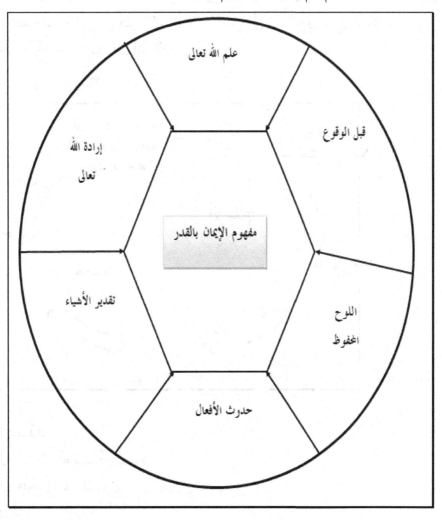

أوراق عمل إثرائية لموضوع: أركان الإيمان

ورقة عمل رقم (1) العلاقة بين الإيمان والإسلام والإحسان

الهدف: يستنتج الطلبة العلاقة بين الإيمان والإسلام والإحسان

عن عُمَرُ بْنُ الْخَطَّابِ قَالَ: بَيْنَمَا نَحْنُ عِنْدَ رَسُولِ اللـه ﷺ ذَاتَ يَوْمٍ؛ إِذْ طَلَعَ عَلَيْنَا رَجُلٌ شَدِيدُ بَيَاضِ الثِّيَابِ، شَدِيدُ سَوَادِ الشَّعَرِ، لا يُرَى عَلَيْهِ أَثَرُ السَّفَرِ، ولا يَعْرِفُهُ مِنَّا أَحَدٌ حَتَّى جَلَسَ إِلَى النَّبِيِّ ﷺ فَأَسْنَدَ رُكْبَتَيْهِ إِلَى رُكْبَتَيْهِ وَوَضَعَ كَفَّيْهِ عَلَى فَخِذَيْهِ وَقَالَ: يَا مُحَمَّدُ أَخْبِرْنِي عَنْ الإسلام؟

فَقَالَ رَسُولُ اللـه ﷺ:

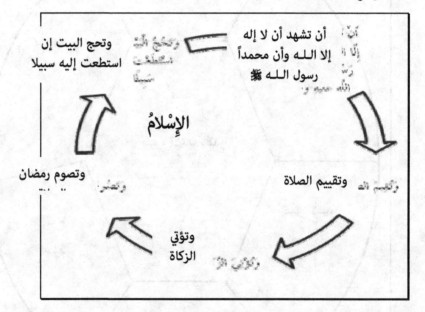

قَالَ: صَدَقْتَ.

قَالَ: فَعَجِبْنَا لَهُ يَسْأَلُهُ وَيُصَدِّقُهُ.

قَالَ: فَأَخْبِرْنِي عَنْ الإِيمَانِ،

قَالَ أَنْ:

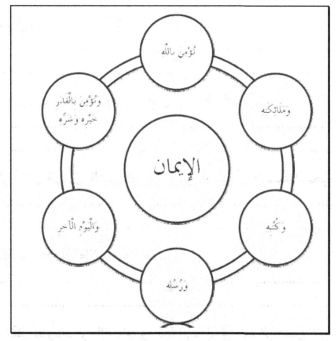

قَالَ: صَدَقْتَ.

قَالَ: فَأَخْبِرْنِي عَنْ الْإِحْسَانِ.

قَالَ: أَنْ تَعْبُدَ اللـه كَأَنَّكَ تَرَاهُ فَإِنْ لَمْ تَكُنْ تَرَاهُ فَإِنَّهُ يَرَاكَ.[1]

قال اللـه تبارك وتعالى: ﴿ آمَنَ الرَّسُولُ بِمَا أُنـزِلَ إِلَيْـهِ مِـن رَّبِّـهِ وَالْمُؤْمِنُـونَ كُـلٌّ آمَـنَ بِاللـه وَمَلآئِكَتِهِ وَكُتُبِهِ وَرُسُلِهِ لاَ نُفَرِّقُ بَيْنَ أَحَدٍ مِّن رُّسُلِهِ وَقَالُواْ سَمِعْنَا وَأَطَعْنَا غُفْرَانَكَ رَبَّنَا وَإِلَيْكَ الْمَصِيرُ {285/2} ﴾ [البقرة: 285].

من خلال مجموعتك:

تأمل في الحديث أعلاه، ثم الآية القرآنية التي تلته، وأجب عما يليهما من أسئلة:

(1) مسلم، أبو الحسين، مسلم بن الحجاج. (ت. 261هـ)، **صحيح مسلم**، اعتنى به: أبو صهيب الكرمي، ط1، الرياض: بيت الأفكار الدولية، 1419هـ 1998م، كتاب: الإيمان، باب: بيان الإيمان والإسلام والإحسان، ص36، حديث رقم: 1-(8).

1- ما الرابط بين الآية والحديث؟

....

....

2- ما دلالة الترتيب بالنسبة لأركان الإيمان في الآية والحديث؟

....

....

3- علل ذكر أركان الإيمان بالنَّص الصريح عليها في القرآن والسنَّة الصحيحة.

....

....

4- ما العلاقة بين الإيمان والإسلام والإحسان؟

....

....

حدد على الشكل الآتي: دائرة الإسلام، ودائرة الإيمان، ودائرة الإحسان.

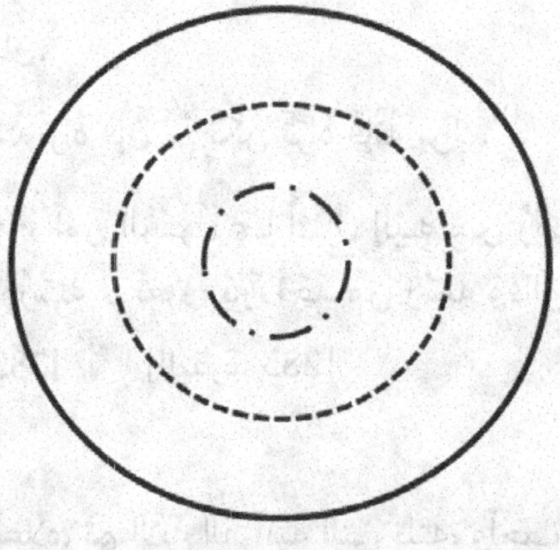

الآن: استنتج قواعد رياضية من خلال هذا الشكل.

....

....

....

....

ورقة عمل رقم (2) العلاقة بين الإيمان والعمل (الهجرة النبوية نموذجاً)

الهدف: أن يستنتج الطالب العلاقة بين الإيمان والعمل.

الأسلوب: دراسة الحالة الاستكشافية.[1]

لَمَّا هاجر النبي ﷺ من مكة إلى المدينة؛ كان بإمكانه أن يدعو الله عز وجل فينقله الله تعالى بقدرته من مكة إلى المدينة، على البراق مثلاً كما في حادثة الإسراء والمعراج، لكنّ هذا الأمر لم يحدث بل سافر النَّبي ﷺ بنفسه، بعد أنّ أعدّ العدّة وخطط للهجرة من كل النّواحي.
من خلال المجموعة:
أ. لماذا لم يقم النبي ﷺ بالدعاء إلى الله عز وجل أن ينقله من مكة إلى المدينة؟ .... إذا افترضنا أنَّ النبي ﷺ قام بالدّعاء إلى الله عز وجل، ثم نقله الله تعالى بقدرته من مكة إلى المدينة. - فما النتائج التي تتوقعها؟ .... - هل كان سيؤثر ذلك على المسلمين فيما بعد؟ .... ب. ما المبدأ الإيماني الذي تستخلصه من هذا الأمر لحياتك؟ ....

(1) انظر: سعادة وآخرون، جودت أحمد. (2006)، **التعلم النّشط بين النّظرية والتطبيق**، ط1، عمان: دار الشروق، ص236.

ورقة عمل رقم (3) العلاقة بين الإيمان والعمل (نموذج من واقع الحياة)

الهدف: أن يستنتج الطالب العلاقة بين الإيمان والعمل.

الأسلوب: دراسة الحالة الناقدة.[1]

ريم ورنا، طالبتان تدرسان في الجامعة، وقد التزمت ريم بحجابها منذ سنوات حرصاً على طاعة الله ورسوله ورغبة في نيل الأجر والثواب، وقد حاولت ريم توجيه صديقتها رنا للبس الحجاب والالتزام به، لكن رنا كانت ترفض الاستجابة مبررة رفضها بأنّ الإيمان في القلب، وليس بالضرورة الالتزام بالحجاب لإثبات ذلك، فهي لا تقطع فريضة، وتحرص على كل العبادات.
من خلال المجموعة:
أ. ما رأيك فيما تقوله رنا ومبررها في رفض الحجاب؟ .... ب. هل يحدث هذا في الواقع؟ اذكر أمثلة تدلل بها على إجابتك. .... ج. يعتقد البعض أنّ مسألة العمل تأتي مع الوقت والمهم هو ما في قلب الإنسان من إيمان وحب لله تعالى، ماذا يترتب من نتائج على العمل والإيمان إذا افترضنا جدلاً صحة هذا المبدأ الذي يكرره البعض؟ ....

(1) انظر:

- سعادة وآخرون، **التعلم النشط بين النظرية والتطبيق**، ص236.

ورقة عمل رقم (4) العلاقة بين الإيمان والعمل (جهاد النّبي ﷺ)

الهدف: أن يستنتج الطالب العلاقة بين الإيمان والعمل.

الأسلوب: دراسة الحالة الاستكشافية.

كان النّبي ﷺ يُعدّ العـدة الماديـة في تجهيـز الجـيش لأي غـزوة، ثـم يتوجّـه إلى اللــه بالدعاء.
من خلال المجموعة:
أ - لماذا كان النّبي ﷺ يشغل نفسه بإعداد كل ما يستطيعه هـو والمؤمنـون لتجهيـز الجيش الإسلامي في كل غـزوة، عـلى الـرغم مـن أنّـه كـان مجاب الـدعاء، وكـان بإمكانه الاكتفاء بالدعاء على قريش واليهود؟ .... ب- ماذا تتوقع أن يحدث إذا اكتفـى النّبـي ﷺ بالـدعاء دون إعـداد العُـدة للجـيش للقاء العدو؟ .... ج- برأيك هل ثمّة تعارض بين الإيمان باللـه تعالى والعمل؟ ....

ورقة عمل رقم (5) العلاقة بين الإيمان والعمل (مواقف من حياة الأنبياء)

الهدف: أن يستنتج الطالب العلاقة بين الإيمان والعمل.

الأسلوب: مهارة الربط، واستنتاج العلاقات.

** يأمر الله عز وجل سيدنا موسى ﷺ بقوله تبارك وتعالى: ﴿ } فَأَوْحَيْنَا إِلَى مُوسَى أَنِ اضْرِب بِّعَصَاكَ الْبَحْرَ فَانفَلَقَ فَكَانَ كُلُّ فِرْقٍ كَالطَّوْدِ الْعَظِيمِ {63/26} ﴾ [الشعراء: 63] ** ويأمر الله تعالى السيدة مريم عليها السلام فيقول: ﴿ وَهُزِّي إِلَيْكِ بِجِذْعِ النَّخْلَةِ تُسَاقِطْ عَلَيْكِ رُطَبًا جَنِيًّا {25/19} ﴾ [مريم: 25]. ** ويصف الله تبارك وتعالى المؤمنين بقوله: ﴿ إِلَّا الَّذِينَ آمَنُوا وَعَمِلُوا الصَّالِحَاتِ ﴾ [العصر: 3].(1)
من خلال مجموعتك: - فكّر، ما الرابط بين هذه الآيات؟ .... - اكتب فقرة بأسلوبك الخاص تعبّر فيه عن كيفية تطبيقك لهذا المبدأ في حياتك، مضمناً حديثك أمثلة توضيحية. ....

(1) نقترح على المعلم في حالة وجود صعوبة في تنفيذ الورقة؛ أن يقدم بعض مفاتيح الإجابة للوصول إلى العلاقة بين الإيمان والعمل، وأنَّ العمل شرط في كمال الإيمان، وينبغي التنويه إلى أنَّ العلماء حكموا بفسق من ترك العمل وهو غير منكر له أو ارتكب المنكر وهو غير مستحل له، ولا يخرج بذلك من دائرة الإيمان ولا يخلد في النار.

ورقة عمل رقم (6) منهج القرآن الكريم والسنة النبوية في بناء العقيدة

"إنّ أسس القاعدة الإيمانية في الإسلام أسس فكرية علمية منطقية؛ لذلك فإنّ الطريق إلى إنشاء هذه القاعدة إنشاءً صحيحاً يجب أن يعتمد على منطق التفكير القويم والعلم الصحيح، وهذا ما لجأ إليه الإسلام في إنشاء قاعدته الإيمانية، وطريقة الإقناع القرآني بعناصر القاعدة الإيمانية، هي التي هدتنا إلى هذه الحقيقة. أمّا خطة الإنشاء فبدأت بتحرير أرضية النّفوس من كل العقائد الباطلة، التي ليس لها أساس منطقي أو علمي، وذلك بوسائل الإقناع الهادئ، والمناظرة الحكيمة الخالية من التعصب الذميم، ومن كل ظلال له، وقد اعتمد الإقناع على الوسائل المنطقية العقلية والعلمية."[1]

وقد ظهر هذا جليّاً في حوار الأنبياء مع أقوامهم من خلال ما رصده القرآن الكريم، ومن خلال حوار النّبي ﷺ، وهذا المنهج العقلي المنطقي هو المنهج الذي ينبغي على كل معلم وداعية أن يسلكه؛ اقتداءً بمنهج القرآن والسنة النبوية والأنبياء والمرسلين، إضافة إلى مخاطبة العقل، فقد تميّز منهج بناء العقيدة بالتدرج في إنشاء القاعدة الإيمانية حيث بدأ بما يقع منها موقع الأساس، وهو الإيمان بالله تعالى وبوحدانيته، وبسائر صفاته العظمى، ثمّ الانتقال إلى ما يلزم عن هذا الأساس الأول من عقائد، مع التدرج في ذلك وفق التسلسل المنطقي. والوسيلة الأولى إلى ذلك إقامة البراهين، والأدلة العقلية والعلمية المستندة إلى البدهيات المسلّمة لدى عقول المخاطبين؛ كقانون السببية المسيطر على أحداث الكون، وحاجة الحادث إلى محدث، وحاجة ظاهرة الإتقان إلى فاعل متقن، وحاجة ظاهرة العدل والحكمة إلى عليم عادل وهكذا، ثمّ تأتي بعد ذلك وسيلتا الترغيب والترهيب من العقوبة، العاجل من ذلك والآجل.[2]

وقد تميز منهج البناء في عرض العقيدة الإسلامية بالبساطة والوضوح، مع تنويع

(1) الميداني، عبد الرحمن حسن حبنكة. (2002م)، **العقيدة الإسلامية وأسسها**، ط11، دمشق: دار القلم، ص64.

(2) انظر: المصدر نفسه، ص64-65.

الأساليب، فضلاً عن خلوه مـن التعقيـدات، وقـد اسـتخدم أسـلوب القصـة، والحـوار، وضرب الأمثال، وتوظيف أسلوب القدوة وغيرها التي تتناسب مع الحاجـات والطبـائع البشرية المختلفة والمتفاوتة.

والأنشطة المقترحة الآتية تتناول طرق مخاطبة العقل، حيث اعتمد القرآن الكريم والسنة النبوية على عدة طرق في مخاطبة وتوجيه العقل؛ منها:

– الاعتماد على الدليل من خلال الدعوة للتفكر والتأمل.

– رفض التقليد لما فيه من تعطيل للعقل عن التفكير والاختيار.

– التحليل والاستنباط الذي يعمق الفكرة في النفوس، ويرسخها في العقول.

– رفض الخرافات والأساطير التي سيطرت على عقول الكثيرين.

– لفت النّظر إلى الأمم السابقة التي كفرت باللـه تعالى وكذبت رسله.

– النّهي عن الخوض في ما لا يمكن إدراكه من أمور الغيب.

وبما أنّ الموضوع يتعلق بالعقل فيفضـل أن يـدرب المعلـم طلبتـه عـلى اسـتخدام العقل في التفكير والتحليل والتوصل للنتائج بأنفسهم.

منهج القرآن الكريم والسنة النبوية في بناء العقيدة

الهدف: استنتاج منهج القرآن الكريم والسنة النبوية في بناء العقيدة.

الأسلوب: تحليل النصوص.

[يمكن للمعلم تقسيم الطلاب إلى ستة مجموعات، بحيث تضم كل مجموعـة (4-6) طلاب]

المجموعة الأولى: "مجموعة ...."

اقرأ الآيات الكريمة الآتية ثمّ أجب عمّا يليها: ﴿ وَلاَ تَقْفُ مَا لَيْسَ لَكَ بِهِ عِلْمٌ إِنَّ السَّمْعَ وَالْبَصَرَ وَالْفُؤَادَ كُلُّ أُولئِكَ كَانَ عَنْهُ مَسْـؤُولاً {36/17} ﴾ [الإسراء: 36].
• عن ماذا نهت الآية الكريمة؟ .... • استخرج ثلاثة مصادر للمعرفة الإنسانية ذكرتها الآية الكريمة. .... • ما المبدأ الذي أشارت الآية إليه؟ ....
﴿ قُلْ هَاتُواْ بُرْهَانَكُمْ إِن كُنتُمْ صَادِقِينَ {111/2} ﴾ [البقرة: 111].
• كيف أقام القرآن الكريم الحجة على المشركين؟ .... • ما ميزات الإيمان الذي يبنى على التأمل والتفكر؟ ....

المجموعة الثانية: "مجموعة ...."

اقرأ الآيات الكريمة الآتية، ثمّ أجب عمّا يليها:

﴿ أَفَلَمْ يَنظُرُوا إِلَى السَّمَاء فَوْقَهُمْ كَيْفَ بَنَيْنَاهَا وَزَيَّنَّاهَا وَمَا لَهَا مِن فُرُوجٍ {6/50} وَالْأَرْضَ مَدَدْنَاهَا وَأَلْقَيْنَا فِيهَا رَوَاسِيَ وَأَنبَتْنَا فِيهَا مِن كُلِّ زَوْجٍ بَهِيجٍ {7/50} تَبْصِرَةً وَذِكْرَى لِكُلِّ عَبْدٍ مُّنِيبٍ {8/50} ﴾ [ق: 6-8].

- دعت الآيات الكريمة إلى النظر في السماوات والأرض، والتفكر في خلقهن؛ استخرج من الآيات أربعة مظاهر تدل على إتقان الله في خلق السموات والأرض.

....

- لماذا ختمت الآيات الكريمة بقوله تعالى: ﴿ تَبْصِرَةً وَذِكْرَى لِكُلِّ عَبْدٍ مُّنِيبٍ {8/50} ﴾ ؟

....

- هل هناك فرق بين من يؤمن بالله تعالى عن يقين وعلم ودليل، ومن يؤمن بالله تعالى مقلداً لمن حوله؟ وضِّح إجابتك.

....

- استخرج من القرآن الكريم آيتين دعا فيهما القرآن الكريم إلى التفكر.

....

المجموعة الثالثة: "مجموعة ...."

اقرأ الآيات الكريمة الآتية ثمّ أجب عمّا يليها: ﴿ وَإِذَا قِيلَ لَهُمُ اتَّبِعُوا مَا أَنزَلَ اللـه قَالُواْ بَلْ نَتَّبِـعُ مَـا أَلْفَيْنَا عَلَيْـهِ آبَاءنَـا أَوَلَـوْ كَـانَ آبَاؤُهُمْ لاَ يَعْقِلُونَ شَيْئاً وَلاَ يَهْتَدُونَ {170/2} ﴾ [البقرة: 170].
• ما سبب رفض المشركين دعوى الإيمان؟ .... • هل يتفق هذا السلوك مع توظيف الإنسان لعقله في التفكير؟ .... • بيّن موقف القرآن الكريم من هذا السلوك. .... • كيف استطاع القرآن الكريم إقامة الحجة على المشركين؟ .... • استخرج من القرآن الكريم آيات أخرى عرضت للموضوع نفسه. ....

المجموعة الرابعة: "مجموعة ...."

اقرأ الآيات الكريمة الآتية ثمّ أجب عمّا يليها: ﴿ أَفَرَأَيْتُم مَّا تَحْرُثُونَ {63/56} أَأَنتُمْ تَزْرَعُونَهُ أَمْ نَحْنُ الزَّارِعُونَ {64/56} لَوْ نَشَاء لَجَعَلْنَاهُ حُطَامًا فَظَلَلْتُمْ تَفَكَّهُونَ {65/56} إِنَّا لَمُغْرَمُونَ {66/56} بَلْ نَحْنُ مَحْرُومُونَ {67/56} أَفَرَأَيْتُمُ الْمَاء الَّذِي تَشْرَبُونَ {68/56} أَأَنتُمْ أَنزَلْتُمُوهُ مِنَ الْمُزْنِ أَمْ نَحْنُ الْمُنزِلُونَ {69/56} لَوْ نَشَاء جَعَلْنَاهُ أُجَاجًا فَلَوْلَا تَشْكُرُونَ {70/56} أَفَرَأَيْتُمُ النَّارَ الَّتِي تُورُونَ {71/56} أَأَنتُمْ أَنشَأْتُمْ شَجَرَتَهَا أَمْ نَحْنُ الْمُنشِؤُونَ {72/56} ﴾ [الواقعة: 63-72].
• أشارت الآيات الكريمة إلى أدلة متعددة على قدرة الله تعالى، وعنايته بخلقه، ما فائدة ذكر هذه الأدلة؟ .... • حدِّد الآيات التي أشارت إلى عجز الإنسان وضعفه. .... • ما الفكرة التي يسعى القرآن الكريم إلى إظهارها؛ من خلال إبراز عجز الإنسان وضعفه أمام الله تعالى؟ .... • استخرج آيات أخرى من كتاب الله الكريم استخدمت أسلوب التحليل والاستنباط. ....

المجموعة الخامسة: "مجموعة ...."

اقرأ النصوص الشرعية الآتية، ثمّ أجب عمّا يليها:

1- عَنْ عَائِشَةَ رضي الله عنها قَالَتْ: سَأَلَ رَسُولَ الله ﷺ نَاسٌ عَنْ الْكُهَّانِ، فَقَالَ: "لَيْسَ بِشَيْءٍ." فَقَالُوا: يَا رَسُولَ الله، إِنَّهُمْ يُحَدِّثُونَا أَحْيَاناً بِشَيْءٍ فَيَكُونُ حَقًّا؛ فَقَالَ رَسُولُ الله ﷺ: "تِلْكَ الْكَلِمَةُ مِنْ الْحَقِّ يَخْطَفُهَا مِنْ الْجِنِّيِّ فَيَقُرُّهَا فِي أُذُنِ وَلِيِّهِ فَيَخْلِطُونَ مَعَهَا مِائَةَ كَذْبَةٍ."[1]

2- قَالَ رَسُولُ الله ﷺ: "لا عَدْوَى ولا طِيَرَةَ ولا غُولَ."[2]

3- عَنْ زَيْدِ بْنِ خَالِدٍ الْجُهَنِيِّ أَنَّهُ قَالَ: صَلَّى لَنَا رَسُولُ الله ﷺ صَلاَةَ الصُّبْحِ بِالْحُدَيْبِيَةِ عَلَى إِثْرِ سَمَاءٍ كَانَتْ مِنَ اللَّيْلَةِ، فَلَمَّا انْصَرَفَ النَّبِيُّ ﷺ أَقْبَلَ عَلَى النَّاسِ فَقَالَ: "هَلْ تَدْرُونَ مَاذَا قَالَ رَبُّكُمْ؟" قَالُوا: الله وَرَسُولُهُ أَعْلَمُ. قَالَ: "أَصْبَحَ مِنْ عِبَادِي مُؤْمِنٌ بِي وَكَافِرٌ، فَأَمَّا مَنْ قَالَ: مُطِرْنَا بِفَضْلِ الله وَرَحْمَتِهِ؛ فَذَلِكَ مُؤْمِنٌ بِي كَافِرٌ بِالْكَوْكَبِ، وَأَمَّا مَنْ قَالَ: بِنَوْءِ كَذَا وَكَذَا؛ فَذَلِكَ كَافِرٌ بِي مُؤْمِنٌ بِالْكَوْكَبِ."[3]

- بماذا أجاب رسول الله ﷺ من سأل عن الكهان؟

....

- هل غضب رسول الله ﷺ من أسئلة الناس واستفساراتهم حول الكهان، ولماذا؟

....

(1) البخاري، **صحيح البخاري**، كتاب: الطب، باب: الكهانة، ص1128، حديث رقم: 5762.

(2) مسلم، **صحيح مسلم**، كتاب: السلام، باب: لا عدوى ولا طيرة...، ص914، حديث رقم: 107-(2222).

(3) البخاري. **صحيح البخاري**، كتاب: الاستسقاء، باب: قول الله تعالى: ﴿ وَتَجْعَلُونَ رِزْقَكُمْ أَنَّكُمْ تُكَذِّبُونَ ﴾ [الواقعة: 82]، ص206، حديث رقم: 1038.

- كيف أجاب النبي ﷺ على الشبهة التي علقت في أذهان البعض حول الكهان؟

....

- ما الأسلوب الذي استخدمه النبي ﷺ في الحديث الثالث؟

....

- ما أثر التصديق بالخرافات والأساطير على:

- فهم الإنسان للكون.

....

- إيمان الإنسان بالله تعالى.

....

المجموعة السادسة: "مجموعة ...."

اقرأ الآيات الكريمة الآتية، ثمّ أجب عمّا يليها:

﴿ أَلَمْ تَرَ كَيْفَ فَعَلَ رَبُّكَ بِعَادٍ {6/89} إِرَمَ ذَاتِ الْعِمَادِ {7/89} الَّتِي لَمْ يُخْلَقْ مِثْلُهَا فِي الْبِلَادِ {8/89} وَثَمُودَ الَّذِينَ جَابُوا الصَّخْرَ بِالْوَادِ {9/89} وَفِرْعَوْنَ ذِي الْأَوْتَادِ {10/89} الَّذِينَ طَغَوْا فِي الْبِلَادِ {11/89} فَأَكْثَرُوا فِيهَا الْفَسَادَ {12/89} فَصَبَّ عَلَيْهِمْ رَبُّكَ سَوْطَ عَذَابٍ {13/89} ﴾ [الفجر: 6-13].

- اذكر ثلاثة أقوام أنزل الله عليها العذاب.

....

- لماذا أنزل الله العذاب على هذه الأقوام؟

....

- علل: ذكر الله تعالى قصص الأمم السابقة في القرآن الكريم.

....

- ما علاقة ذكر القرآن الكريم لقصص السابقين ببناء العقيدة الإسلامية؟

....

✓ قَالَ رَسُولُ الله ﷺ: "لَنْ يَبْرَحَ النَّاسُ يَتَسَاءَلُونَ حَتَّى يَقُولُوا: هَذَا الله خَالِقُ كُلِّ شيء فَمَنْ خَلَقَ الله؟"(1)

✓ قَالَ رَسُولُ الله ﷺ: "يَأْتِي الشَّيْطَانُ أَحَدَكُمْ فَيَقُولُ: مَنْ خَلَقَ كَذَا؟ مَنْ خَلَقَ كَذَا؟ حَتَّى يَقُولَ مَنْ خَلَقَ رَبَّكَ؟ فَإِذَا بَلَغَهُ؛ فَلْيَسْتَعِذْ بِالله، وَلْيَنْتَهِ."(2)

---

(1) البخاري، **صحيح البخاري**، كتاب: الاعتصام، باب: ما يكره من كثرة السؤال، وتكلُّف ما لا يعنيه، ص1391، حديث رقم: 7296.

(2) البخاري، **صحيح البخاري**، كتاب: بدء الخلق، باب: صفة إبليس وجنوده، ص627، حديث رقم: 3276.

✓ ﴿ قُلْ هَلْ عِندَكُم مِّنْ عِلْمٍ فَتُخْرِجُوهُ لَنَا إِن تَتَّبِعُونَ إِلاَّ الظَّنَّ وَإِنْ أَنتُمْ إَلاَّ تَخْرُصُونَ {148/6} ﴾ [الأنعام: 148].

- عن ماذا تتحدث النّصوص الشرعية السابقة؟

....

- لماذا نهى النبي ﷺ المؤمن عن الخوض في الأمور المذكورة؟

....

- هل يمكن أن يصل الإنسان إلى إجابات شافية فيما لا يمكن إدراكه من أمور الغيب؟ ولماذا؟

....

ثانياً:   الإيمان بالله تعالى

الأهداف المتوقعة:

يتوقع من الطالب أن يحقق الأهداف الآتية:

1- يربط بين وحدانية الله تعالى وانتظام الكون.

2- يتعرف على منهج القرآن الكريم في إثبات وحدانية الله تعالى.

3- يستنتج ما يأتي:

• وسائل الهداية.

• مستلزمات الإيمان بالله تعالى.

• الأدلة على وحدانية الله تعالى.

4- يربط بين الإيمان بأسماء الله تعالى وصفاته، والإيمان بالله تعالى ومعرفته.

5- يؤمن بوجود الله تعالى ووحدانيته.

6- يستشعر رقابة الله تعالى وأهمية إتقان العمل لنيل رضى الله تعالى.

7- يؤيد استخدام أساليب الدعوة الصحيحة لهداية النّاس.

الفعاليات المقترحة:

تم توظيف العديد من المهارات المتنوعـة وتصميم الأنشطة المناسبة لهـا، التـي تعطي للمعلم خيارات متعددة لتطبيق ما يراه مناسباً كالآتي:

1- توظيف الآيات القرآنية في استخلاص منهجيـة القرآن الكريم في إثبـات وحدانيـة الله تعالى.

2- توظيف النّصوص الأدبية في التأكيد على وحدانية الله تعالى.

3- توظيف النّصوص القصصية في للاستدلال على وحدانية الله تعالى، ودلالات هـذه الوحدانية في النّظام الكوني.

4- توظيف التفكير المنطقي للاستدلال على أهمية التعرّف على أسماء الله وصفاته.

5- توظيف الخرائط المعرفية في تنظيم الأفكار وتنمية التفكير، واكتساب مهارات التلخيص.

6- توظيف الرحلة المعرفية في البحث عن الأدلة على وجود الله تعالى.

ورقة عمل رقم (1) منهج القرآن الكريم في إثبات وحدانية اللـه

الهدف: استخلاص منهج القرآن الكريم في إثبات وحدانية اللـه.

السؤال الأول:

اتبع القرآن الكريم منهجاً دقيقا مترابطاً في إثبات وحدانية اللـه تعالى، كان منه الإقرار بوحدانية اللـه تعالى، ونفـي الشريك، والـدّعوة إلى النّظر والتفكـر في الكـون والمخلوقات للاستدلال على وحدانيته تعالى، والتحذير من الإشراك، واستخدام أسـلوب الترهيب بالعذاب، وطلب الأدلة على تعدد الآلهة كما في الشكل الآتي:

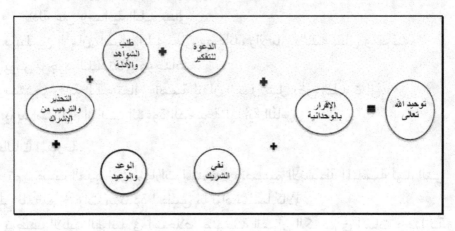

أولاً: من خلال تدبر الآيات الكريمة الآتية قم بتحديد الأسلوب الـذي اسـتخدم في إثبات وحدانية الـلـه تعالى مستعيناً بالشكل السابق:[1]

- ﴿ أَمَّنْ خَلَقَ السَّمَاوَاتِ وَالْأَرْضَ وَأَنزَلَ لَكُم مِّنَ السَّمَاءِ مَاءً فَأَنبَتْنَا بِهِ حَدَائِقَ ذَاتَ بَهْجَةٍ مَّا كَانَ لَكُمْ أَن تُنبِتُوا شَجَرَهَا أَإِلَٰهٌ مَّعَ الـلـه بَلْ هُمْ قَوْمٌ يَعْدِلُونَ {60/27} ﴾ [النمل: 60].

....

- ﴿ فَلَا تَدْعُ مَعَ الـلـه إِلَٰهًا آخَرَ فَتَكُونَ مِنَ الْمُعَذَّبِينَ {213/26} ﴾ [الشعراء: 213].

....

- ﴿ أَمَّن جَعَلَ الْأَرْضَ قَرَارًا وَجَعَلَ خِلَالَهَا أَنْهَارًا وَجَعَلَ لَهَا رَوَاسِيَ وَجَعَلَ بَيْنَ الْبَحْرَيْنِ حَاجِزًا أَإِلَٰهٌ مَّعَ الـلـه بَلْ أَكْثَرُهُمْ لَا يَعْلَمُونَ {61/27} ﴾ [النمل: 61].

....

- ﴿ أَمَّن يُجِيبُ الْمُضْطَرَّ إِذَا دَعَاهُ وَيَكْشِفُ السُّوءَ وَيَجْعَلُكُمْ خُلَفَاءَ الْأَرْضِ أَإِلَٰهٌ مَّعَ الـلـه قَلِيلًا مَّا تَذَكَّرُونَ {62/27} ﴾ [النمل:62].

....

- ﴿ أَمَّن يَهْدِيكُمْ فِي ظُلُمَاتِ الْبَرِّ وَالْبَحْرِ وَمَن يُرْسِلُ الرِّيَاحَ بُشْرًا بَيْنَ يَدَيْ رَحْمَتِهِ أَإِلَٰهٌ مَّعَ الـلـه تَعَالَى الـلـه عَمَّا يُشْرِكُونَ {63/27} ﴾ [النمل: 63].

....

- ﴿ أَمَّن يَبْدَأُ الْخَلْقَ ثُمَّ يُعِيدُهُ وَمَن يَرْزُقُكُم مِّنَ السَّمَاءِ وَالْأَرْضِ أَإِلَٰهٌ مَّعَ الـلـه قُلْ هَاتُوا بُرْهَانَكُمْ إِن كُنتُمْ صَادِقِينَ {64/27} ﴾ [النمل: 64].

....

(1) يمكن للمعلم عرض هذه الآيات جميعها أو بعضها وفق ما يراه مناسباً.

- ﴿ } أَلْقِيَا فِي جَهَنَّمَ كُلَّ كَفَّارٍ عَنِيدٍ {24/50} مَّنَّاعٍ لِّلْخَيْرِ مُعْتَدٍ مُّرِيبٍ {25/50} الَّذِي جَعَلَ مَعَ اللـه إِلَهًا آخَرَ فَأَلْقِيَاهُ فِي الْعَذَابِ الشَّدِيدِ {26/50} ﴾ [ق: 24-26].

....

- ﴿ وَلَا تَجْعَلُوا مَعَ اللـه إِلَهًا آخَرَ إِنِّي لَكُم مِّنْهُ نَذِيرٌ مُّبِينٌ {51/51} ﴾ [الذاريات: 51].

....

- ﴿ الَّذِينَ يَجْعَلُونَ مَعَ اللـه إِلَهًا آخَرَ فَسَوْفَ يَعْلَمُونَ {96/15} ﴾ [الحجر: 96].

....

- ﴿ قُلْ أَيُّ شَيْءٍ أَكْبَرُ شَهَادةً قُلِ اللـه شَهِيدٌ بِيْنِي وَبَيْنَكُمْ وَأُوحِيَ إِلَيَّ هَذَا الْقُرْآنُ لأُنذِرَكُم بِهِ وَمَن بَلَغَ أَئِنَّكُمْ لَتَشْهَدُونَ أَنَّ مَعَ اللـه آلِهَةً أُخْرَى قُل لاَّ أَشْهَدُ قُلْ إِنَّمَا هُوَ إِلَهٌ وَاحِدٌ وَإِنَّنِي بَرِيءٌ مِّمَّا تُشْرِكُونَ {19/6} ﴾ [الأنعام: 19].

....

- ﴿ فَاعْلَمْ أَنَّهُ لَا إِلَهَ إِلَّا اللـه وَاسْتَغْفِرْ لِذَنبِكَ وَلِلْمُؤْمِنِينَ وَالْمُؤْمِنَاتِ {19/47} ﴾ [محمد: 19].

....

- ﴿ هَذَا خَلْقُ اللـه فَأَرُونِي مَاذَا خَلَقَ الَّذِينَ مِن دُونِهِ بَلِ الظَّالِمُونَ فِي ضَلَالٍ مُّبِينٍ {31/ 11} ﴾ [لقمان: 11].

....

ثانياً: استنتج الحكمة من تنوع أساليب القرآن الكريم في عرض وإثبات وحدانية اللـه.

....

....

....

ورقة عمل رقم (2) الأدلة الكونية على وحدانية الـلـه تعالى

الهدف: يستنتج الطالب الأدلة على وحدانية الـلـه تعالى.

قال أبو العتاهية:[1]

فيا عجباً كيف يعصى الإلـه أم كيـف يجحـده الجاحـد
ولـلـــه في كــل تحريكــة وفي كــل تســكينة شــاهد
وفي كــل شيء لــه آيـــةٌ تــدلُّ عــلى أنّــه الواحــد

وقال الشاعر:[2]

تأمَّــل في نبــات الأرض وانظــر إلى آثــار مــا صــنع المليــك
عيـــون مـــن لُجَـــين نـــاظرات بأحداقٍ هي الذهب السبيك
على قضـب الزَّبَرْجَـد شاهـداتٌ بـأنَّ الـلـه لـيس لـه شريـك

بعد قراءتك للأبيات الشعرية التي أمامك أجب عمّا يأتي:

- لفتت الأبيات الشعرية السابقة الأنظار إلى مصدر من المصادر الدالة على وحدانية الـلـه تعالى، ما هو؟

....

- كيف دلّت المشاهدات والصور التي تضمنتها أبيات الشعر على وحدانيـة الـلـه تعالى؟

....

(1) أبو العتاهية، إسماعيل بن القاسم. (ت. 210هـ)، **ديوان أبي العتاهية**، ط1، بيروت: دار بيروت للطباعة والنشر، 1406هـ 1986م، ص122.

(2) عيسى، أحمد بن إبراهيم. (1406هـ)، **توضيح المقاصد وتصحيح القواعد في شرح قصيدة الإمام ابن القيم**، تحقيق: زهير الشاويش، ط3، بيروت: المكتب الإسلامي، ص18.

ورقة عمل رقم (3) وسائل الهداية للإيمان بالله تعالى

الهدف: التّعرف على أساليب الهداية ومقتضيات الإيمان.

الأسلوب المستخدم: القصة.

اقرأ القصّة الآتية ثمّ أجب عمّا يليها:

قصة إسلام عابد الصنم

"حُكي عن عبد الواحد بن زيد أنه قال: كنت في مركب فطرحتنا الريح إلى جزيرة وإذا فيها رجل يعبد صنماً

فقلنا له: يا رجل من تعبد؟

فأومأ إلى الصنم.

فقلنا: إن معنا في المركب من يسوى مثل هذا وليس هذا إله يعبد.

قال: فأنتم لمن تعبدون؟

قلنا: الله.

قال: وما الله؟!

قلنا: الذي في السماء عرشه، وفي الأرض سلطانه، وفي الأحياء والأموات قضاؤه.

فقال: كيف علمتم به؟!

قلنا: وجه إلينا هذا الملك رسولاً كريماً فأخبر بذلك.

قال: فما فعل الرسول؟!

قلنا: أدَّى الرسالة، ثم قبضه الله.

قال: فما ترك عندكم علامة؟

قلنا: بلى، ترك عندنا كتاب الملك.

فقال: أروني كتاب الملك، فينبغي أن تكون كتب الملوك حساناً؛ فأتيناه بالمصحف.

فقال ما أعرف هذا! فقرأنا عليه سورة من القرآن، فلم نـزل نقـرأ ويـبكي حتـى ختمنـا السورة.

فقال: ينبغي لصاحب هذا الكلام أن لا يعصى.

ثمَّ أسلم وحملناه معنا وعلمناه شرائع الإسلام وسوراً من القرآن، وكنّا حـين جـنَّ الليـل وصلينا العشاء وأخذنا مضاجعنا؛ قال لنا: يا قـوم هـذا الإلـه الـذي دللتمـوني عليـه إذا جنَّه الليل؛ ينام؟!

قلنا: لا، يا عبد الله هو عظيم قيوم لا ينام.

قال: بئس العبيد أنتم تنامون ومولاكم لا ينام.

فأعجبنا كلامه فلما قدمنا عبادان؛[1]

قلت لأصحابي: هذا قريب عهد بالإسلام، فجمعنا له دراهم وأعطيناه.

فقال: ما هذا؟!

قلنا: تنفقها.

فقال: لا إله إلا الـله دللتمـوني على طريق سلكتموها، أنا كنـت في جزائر البحر أعبـد صنماً من دونه ولم يضيعني، أيضيعني وأنا أعرفه."[2]

_____

(1) اسم مكان.

(2) ابن قدامة المقدسي، أبو محمد، عبد الـله بن أحمد، (ت. 620هـ)، التوابين، تحقيق: عبد القادر الأرنؤوط، بيروت: دار الكتب العلمية، 1403هـ 1983م، ص301.

فيما يأتي أسئلة مقترحة لتحليل أحداث القصّة:

1- هل أعجبتكم القصّة؟

....

2- ما أكثر شيء أعجبكم في القصّة؟

....

3- كيف عَرَّف عبد الواحد ورفاقه الأعرابي بالـلـه تعالى؟

....

4- ما الذي دفع الأعرابي إلى عبادة الصنم؟

....

5- ماذا نسمي هذا الإحساس أو الحاجة التي دفعت الأعرابي لاتخاذ الصنم إلهاً يُعبَد؟

....

6- استخرج من النّص أربع وسائل لـلـهداية تضمَّنتها أحداث القصة السابقة.

....

7- ما الذي جعل الأعرابي يترك عبادة الصنم ويؤمن بالـلـه تعالى؟

....

8- لماذا استنكر الأعرابي بعد إسلامه نوم عبد الواحد وأصحابه عن قيام الليل؟

....

9- ما الذي كان يدفع هذا الأعرابي لقضاء الليل في العبادة والتوجّه لـلـه تعالى؟

....

10- هل كنت ستقوم بنفس ما فعله الأعرابي بعد إسلامه؟ ولماذا؟

....

11- كيف أقنع هذا الأعرابي عبد الواحد وأصحابه بعدم حاجته للمال الذي جمعوه له؟

....

12- ما الفوائد التي تستخلصها من قصّة إيمان الأعرابي؟

....

....

ورقة عمل رقم (4) الأدلّة على وجود اللـه تعالى

طريقة خيوط العنكبوت/ طريقة لتنمية التفكير الإبداعي.[1]

الإجراءات:

- يقسم الطلبة إلى مجموعات.

- يعلن المعلم الموضوع الرئيس، وهو استخراج الأدلة على وجود اللـه تعالى (مـن خـلال عـالم النباتـات، والحيـوان، والإنسـان، والأرض والسـماوات) وبالإمكـان أن تتخصص كل مجموعة بمجال من هذه المجالات.

- تُسلّم كل مجموعة لوحة كرتونية مرسوم في وسطها دائرة.

- يُدِّون الطلبة الفكرة الرئيسة المتعلقة بالنشاط في وسط الدائرة.

- يطلب المعلم إلى جميع أفراد المجموعات تكوين واستحضار صور ذهنية، ووضعها في سياق كلمات، تصف أو توضِّح الأدلة على وجود اللـه تعالى.

- ثم بعد قيامهم بالتفكير العميق تتم كتابة ما يتوصلون إليه من أفكار حول الفكرة الرئيسة على الدائرة بحيث تصبح مثل شبكة العنكبوت.

- بعد انتهاء الوقت المحدد تلصـق اللوحـات الكرتونية بجوار بعضها وتعرض كـل مجموعة ما توصلت له نتائج.

كما في الشكل الآتي.

---

(1) أبو حرب والموسوي، **الجديد في التعلم التعاوني**، ص131. "ومـن الجـدير بالـذكر أنّ هـذه الاسـتراتيجية تستخدم لمراجعة مادة سابقة، وأحياناً يمكن استخدامها للتعرف الأولي علـى المعلومـات الموجـودة عنـد الطلبة، وتستخدم عند المراجعة في ظروف الامتحانات."

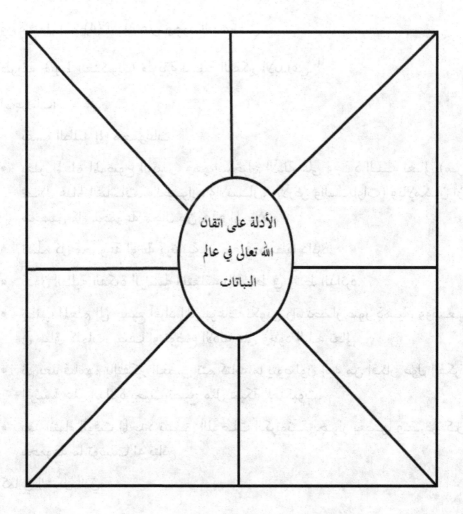

الأدلة على اتقان الله تعالى في عالم النباتات

ورقة عمل (5) الإيمان بوجود اللـه تعالى "دليل السببية"

الهدف: استخلص الأدلة على وجود اللـه تعالى.

الأسلوب: تفعيل التفكير المنطقي، للاستدلال على وجود اللـه تعالى من خلال مهارة التحليل.

أمامك نصّ من قصة حيّ بن يقظان لابن طفيل المتوفى سنة (581هـ =1185م)، وهي قصة طفل نشأ في جزيرة نائية وترعرع فيها بعد أن نجّاه اللـه تعالى من الغرق، فعاش فيها وحيداً بين مخلوقات الجزيرة، واعتنت به ظبية فقدت وليدها، فاتخذته طفلاً لها، فيما يأتي فقرة من تأملات حي بن يقظان في رحلته للبحث عن حقيقة هذا الوجود ومصدره.[1]

تأمّل النّص الآتي ثمّ أجب عما يليه من أسئلة:

"...ثم إنه تتبع الصور التي كان قد عاينها قبل ذلك، صورة صورة، فرأى أنها كلها حادثة، وأنها لا بد لها من فاعل، ثم نظر إلى ذوات الصور، فلم ير أنها شيء أكثر من استعداد الجسم لأن يصدر عنه ذلك الفعل مثل الماء، فإنه إذا أفرط عليه بالتسخين استعد للحركة إلى فوق وصلح لها. فذلك الاستعداد هو صورته، إذ ليس ها هنا إلا جسم وأشياء تحس عنه، بعد أن لم تكن...فصلوح الجسم لبعض الحركات دون بعض، هو استعداده بصورته، ولاح له مثل ذلك في جميع الصور، فتبين له أن الأفعال الصادرة عنها، ليست في الحقيقة لها، وإنما هي لفاعل يفعل بها الأفعال المنسوبة إليها،... فجعل يطلب هذا الفاعل على جهة المحسوسات، وهو لا يعلم بعد هل هو واحد أو كثير؟ فتصفح جميع الأجسام التي لديه، وهي التي كانت فكرته أبداً فيها، فرآها كلها تتكون تارة وتفسد أخرى، وما لم يقف على فساد جملته، وقف على فساد

(1) ابن طفيل القيسي الأندلسي، أبو بكر، محمد بن عبد الملك، (ت. 851هـ)، **حيّ بن يقظان**، تحقيق: فاروق سعد، ط6، بيروت: دار الأفاق الجديدة، 1995م.

أجزائه؛ مثل الماء والأرض، فإنه رأى أجزاءهما تفسد بالنار، وكذلك الهواء رآه يفسد بشدة البرد، حتى يتكون منه الثلج فيسيل ماء.

وكذلك سائر الأجسام التي كانت لديه، ولم ير منها شيئاً بريئاً عن الحدوث والافتقار إلى الفاعل المختار، فاطّرحها كلها وانتقلت فكرته إلى الأجسام السماوية،... وبعد طول تأمل وتفكر علم أن السماء وما فيها من كواكب ما هي إلا أجسام؛ لأنها ممتدة في الأقطار الثلاثة: الطول، والعرض، والعمق؛ لا ينفك شيء منها عن هذه الصفة، وكل ما لا ينفك عن هذه الصفة، فهو جسم؛ فهي إذن كلها أجسام، ولا بد أن يكون الفاعل أمراً مختلفاً عن هذه الأجسام، لا حدود له، إذ لو كان له حدود لكان أيضاً جسماً من الأجسام."[1]

1- ما النتيجة التي توصل لها حيّ بن يقظان حول الأجسام المحيطة بنا في هذه الحياة؟

....

....

2- "تتفاوت المخلوقات في قدراتها، ولو كانت قدراتها ذاتية لما تفاوتت قدرات المخلوقات من نفس الجنس فبعضها قوي وبعضها ضعيف،" على ماذا يدل هذا؟

....

....

3- لماذا انتقل حيّ بن يقظان إلى تأمل عالم السماوات؟

....

....

4- ما الذي جعل حيّ بن يقظان يتخلى عن فكرة أنّ مصدر الخلق هو جرم من الأجرام السماوية التي يراها؟

....

....

(1) ابن طفيل، **حيّ بن يقظان**، ص164.

5- ما أهم الصفات التي ينبغي أن تتحقق في خالق هذا الوجود وتوصل لها حيّ بـن يقظان من خلال تأمله؟

....

....

6- تتبع حيّ بن يقظان في تأمله أسباب الحدوث فوجد أنّ لكل حادث من الحـوادث مُحْدِثاً، ماذا نسمي هذا الدليل، وما أهميته في الاستدلال على وجود اللـه تعالى؟

....

....

ورقة عمل (6) الإيمان بوجود الـلـه تعالى

مناظرة مع بعض الملاحدة

جاء بعض الملاحدةِ إلى حلقةِ أحدِ العلماء، جاءوا يريـدون التشـويش عـلى النـاس بأسئلتهم، حيث قال كبيرهم: لدي أسئلة وأحب سماع جوابك عنها.

قال الشيخ: هات ما عندك؟

قال: حتى أؤمن

✔ لا بد أن أرى الـلـه أولاً .. !!؟

✔ وإذا كان الشيطان من نار، فكيف ستعذب النارُ النارَ!!؟

✔ وما دام الخير والشر مقدّران على الإنسان؛ فلماذا الثواب والعقاب!؟

فقال الشيخ بهدوء: إن الإجابة عن أسئلتكم تحتاج إلى وسيلةِ إيضاحٍ مناسبة! وطلب إحضار طينٍ، وخلطَ فيه ماء، وكوّره، وانتظره حتى يجـف تحـت حـرارة الشـمس، ثـم هوى به على رأس زعيمهم المتكلم عنهم .. !! وصاح هذا من شدة الألم مستنجداً ..!

فقال له الشيخ: لا تغضب ..! إن ضربك على هذه الصورة، كـان وسيلة لتوضيح الإجابة عن أسئلتكم الثلاثة جميعها!

قالوا: كيف؟

قال: هل أحدثت لك هذه الضربة ألماً؟

قال: - وهو يتحسس رأسه المشجوج- نعم.

قال الشيخ: وأين هو هذا الألم!؟

قال الملحد: في الجرح!

قال الشيخ مبتسماً: إذن أرني الألم الموجود في الجرح؛ لأريك أنا الـلـه سبحانه! أمـا الجرح فما هو إلا أثر وعلامة ..! ولكني أريد أن أرى الألم نفسه! فبهت الذي كفر!

قال الشيخ: والطوبة التي ضربتك بها من طين، والإنسان مخلوق من الطين، فكيـف عذّب الطين الطين! وكذلك سيعذب اللـه الشيطان بالنار مع أنه مخلوق من نار، وإنما المثال للتقريب، وإلا فإن اللـه على كل شيءٍ قدير!

فوجم الملحد وأصحابه، وسكت الشيخ.

فقالوا له: بقي الجواب عن السؤال الأخير.

قال: وما هو؟ أعيدوا سؤالكم؟

قالوا: ما دام الخير والشر مقدران على الإنسان، فلمَ الثواب والعقاب!؟

قال: ما دام ضربك مقدراً فلماذا استغثت واستنجدت!؟ كل شيء مقدر إذن عليك أن تسكت وتصمت ولا تشكو!!!

فما كان من هؤلاء الملاحدة إلا أن تابوا وأنابوا.

من خلال المجموعة:

1- هل أعجبتك القصة، ولماذا؟

....

2- ما رأيك بالأسلوب الذي استخدمه الشيخ في حواره مع الملاحدة؟

....

3- هل الحوار مع المخالف لنا في الدين يحتاج إلى الغضب والانفعال، ولماذا؟

....

4- لماذا استخدم الشيخ وسيلة إيضاح، وهـل يمكـن أن تـذكر أمثلـة لوسائل إيضاح استخدمها النبي ﷺ في محاوراته؟

....

5- ما المنهج الذي استخدمه الشيخ للإجابة عن الأسئلة، وهـل يمكـن أن تـذكر أمثلـة أخرى تتفق مع مثال الشيخ؟

....

ورقة عمل (7) الإيمان بوجود الـله تعالى

قصة حدثت في العصر الحاضر[1]

كان أحد العلماء يقدّم دروساً في بريطانيا، وكان شيخاً مؤثراً، وذات يوم وهو يقف أمام الناس في درسه، دخلت امرأة انجليزية تهرول وتصيح، فطلب الشيخ الهدوء؛ ليسمع من المرأة، فإذا بها تقول -وهي تشير إلى رجل في الحلقة-: هذا زوجي وقد جاء اليوم ليسمع منك ويدخل في الإسلام، وجئت خلفه لأمنعه بسؤالك بعض الأسئلة.

فقال لها الشيخ: ولماذا لا تدعيه يسلم فإن في ذلك خير لك وله؟

قالت: كلا لأني أحبه جداً، وإذا أسلم فلن أبقى معه، وعلى قدر حبي لـه فإني أبغضك؛ لأنك ستكون سبب التفريق بيننا!

قال: إذن نسمع أسئلتك.

قالت: أرني الـله الذي تتحدث عنه، ثم كم طول الـله وعرضه ووزنه!؟

فهاج الناس واضطرب المجلس، فعاد الشيخ يعمل على تهدئتهم،

وقال في هدوء: تزعمين أنك تحبين زوجك، أليس كذلك ؟

قالت: بلى، أشد الحب.

قال: فإني أرغب أن أرى هذا الحب الذي تتحدثين عنه!!

قالت: مجيئي إلى هنا لأمنعه من الدخول في الإسلام!!

ابتسم الشيخ وقال: هذه علامة على الحب، وليس الحب بعينه! أريني الحب بعينه وشحمه ودمه!! أخرجي الحب من قلبك وقولي: هذا هو الحب!

---

(1) هذه القصص نماذج مقترحة على المعلم تساعده في عرض بعض أساليب وطرق الرد على منكري وجود الـله تعالى. ويستطيع المعلم أن يعرض القصص أمام الطلبة أو يستفيد من الأفكار التي عرضت لإقامة الحجة والإجابة عن التساؤلات.

فحملقت فيه ولم تجد جواباً، فعاد يسألها من جديد: تقولين أنك تكرهينني، أليس كذلك؟

قالت: بلى.

قال: فأريني هذا الكره الذي تتحدثين عنه!

قالت: أصفعك، أشتمك!!

قال الشيخ: كل هذه علامات على البغض والكره، وليست هي بعينهـا، إنمـا أريـد أن أرى الكراهية بشحمها ودمها!!!

فعادت المرأة تحملق في ذهول، ثم قالت: هذه أمور لا ترى!!

فقال الشيخ: إذا كانت هذه الأمور وهي مخلوقة للـه سبحانه لا تُـرى، فيكـف تطمعين أن تري الخالق ذاته، وأنت قد عجزتِ عن رؤية المخلوق!!؟

قالت: جميل، فبقي السؤال الآخر: كم وزن اللـه، كم طوله وكم عرضه!!

ابتسم الشيخ وقال: أعود إلى الحب والكره، كم كيلو تحبين زوجـك!!؟ وكـم طـول هذا الحب، وكـم عرضـه!!؟ وكـم كيلـو تكرهيننـي؟ وكـم طـول هـذه الكراهيـة، وكـم عرضها!!؟ فإذا كان هذه مخلوقات للـه لا تقـاس ولا تـوزن، فاللـه سبحانه وتعـالى أجل! ﴿ لَـيْسَ كَمِثْلِـهِ شَيْءٌ وَهُـوَ السَّـمِيعُ البَصِـيرُ ﴾ [الشـورى: 11]، فبهتـت المـرأة .. وطأطأت رأسها ..

تقول الرواية: ولم تخرج المرأة من الدرس إلا ويدها في يد زوجها وقد أسلما معاً!

من خلال المجموعة:

1- هل أعجبتك القصة، ولماذا؟

....

....

2- لو قدّر اللـه لك أن تكون مكان هذا الشيخ، هل كنت ستضبط نفسك في حـوارك
   معها؟ ولماذا؟

....

....

3- هل الحوار مع المخالف لنا في الدين يحتاج إلى الغضب والانفعال، ولماذا؟

....

....

4- لماذا استخدم الشيخ وسيلة إيضاح، وهل يمكن أن تـذكر أمثلـة لوسـائل إيضـاح
   استخدمها النبي ﷺ في محاوراته؟

....

....

5- ما المنهج الذي استخدمه الشيخ للإجابة عن الأسئلة، وهل يمكن أن تـذكر أمثلـة
   أخرى تتفق مع مثال الشيخ؟

....

....

ورقة عمل رقم (8) آثار الإيمان بالله تعالى

الهدف: أن يستنتج الطالب آثار الإيمان بالله تعالى.

الأسلوب: تحليل النصوص.

قال الشاعر إيليا أبو ماضي [1] في قصيدة الطلاسم:

جئت لا أعلم من أين ولكني أتيت. [2]

ولقد أبصرت قدامي طريقاً فمشيت.

وسأبقى ماشياً إن شئت هذا أم أبيت.

كيف جئت؟ كيف أبصرت طريقي؟

لست أدري!

أجديد أم قديم أنا في هذا الوجود.

هل أنا حر طليق أم أسير في قيود.

هل أنا قائد نفسي في حياتي أم مقود؟

أتمنى أنني أدري ولكن ...

لست أدري!

---

(1) إيليا ظاهر أبو ماضي شاعر عربي لبناني مسيحي، يعتبر من أهم شعراء المهجر في أوائل القرن العشرين، ولد سنة 1889م وتوفي سنة 1957م. انظر ترجمته في:

http://ar.wikipedia.org/wiki/%D8%A5%D9%8A%D9%84%D9%8A%D8%A7_%D8%A3%D8%A8%D9%88_%D9%85%D8%A7%D8%B6%D9%8A

(2) تجدر الإشارة بضرورة ربط القصيدة بقول الله تعالى: ﴿ أَفَحَسِبْتُمْ أَنَّمَا خَلَقْنَاكُمْ عَبَثًا وَأَنَّكُمْ إِلَيْنَا لَا تُرْجَعُونَ {115/23} ﴾ [المؤمنون: 115] وغيرها من الآيات التي عالجت الإشكالات التي أثارتها القصيدة.

وطريقي ما طريقي؟ أطويل أم قصير؟
هل أنا أصعد أم أهبط فيه وأغور؟
أأنا السائر في الدرب أم الدرب يسير؟
أم كلانا واقف والدهر يجري؟
لست أدري!

ليت شعري وأنا في عالم الغيب الأمين.
أتراني كنت أدري أنني فيه دفين.
وبأني سوف أبدو وبأني سأكون.
أم تراني كنت لا أدرك شيئاً؟
لست أدري!

أتراني قبلما أصبحت إنساناً سوياً.
أتراني كنت محواً أم تراني كنت شيأً؟
ألهذا اللغز حل أم سيبقى أبدياً؟
لست أدري ..... ولماذا لست أدري؟
لست أدري!

إنني جئتُ وأمضي وأنا لا أعلمُ.
أنا لغزٌ، وذهابي كمجيئي طلسمُ.
والذي أوجد هذا اللغز لغزٌ مبهمُ.
لا تجادل ..ذو الحجى من قال: إني
لست أدري ......

من خلال مجموعتك:

1- ما الذي يعاني منه الشاعر؟

....

2- ما سبب هذه المعاناة؟

....

3- ما القضايا التي تُحيِّر الشاعر؟

....

4- ما سبب هذه الحيرة؟

....

5- كيف تؤثر هذه الحالة التي يعاني منها الشاعر على حياته ومستقبله؟

....

6- هل الشاعر سعيد في حياته؟ وكيف عرفت ذلك؟

....

7- هل سبق وأن مررت بمثل هذه الحالة ولو لفترة؟

....

8- ما رأيك بحالة التيه التي يعاني منها الشاعر؟

....

9- كيف يمكن للإيمان باللـه تعالى أن تخرج الإنسان من هذه الحالة؟

....

10- ما رأيك فيما يقوله الشاعر؟

....

ورقة عمل رقم (9) أسماء اللـه تعالى وصفاته

الهدف: يستنتج الطلبة أسماء اللـه تعالى وصفاته وأثرها في حياة المسلم.

الأسلوب: تحليل النصوص.

أولاً: من خلال مجموعتك اقرأ النصوص القرآنية الآتية، ثم استخرج منها أسماء اللـه تعالى وصفاته.

الرقم	الآية	الأسماء والصفات
1	قال اللـه تعالى: ﴿ فَتَعَالَى اللـه الْمَلِكُ الْحَقُّ لَا إِلَهَ إِلَّا هُوَ رَبُّ الْعَرْشِ الْكَرِيمِ {116/23} ﴾ [المؤمنون: 116].	
2	قال اللـه تعالى: ﴿ تَنزِيلُ الْكِتَابِ لَا رَيْبَ فِيهِ مِن رَّبِّ الْعَالَمِينَ {2/32} ﴾ [السجدة: 2].	
3	قال اللـه تعالى: ﴿ ذَلِكَ عَالِمُ الْغَيْبِ وَالشَّهَادَةِ الْعَزِيزُ الرَّحِيمُ {6/32} ﴾ [السجدة: 6].	
4	قال اللـه تعالى﴿ قَدْ سَمِعَ اللـه قَوْلَ الَّتِي تُجَادِلُكَ فِي زَوْجِهَا وَتَشْتَكِي إِلَى اللـه وَاللـه يَسْمَعُ تَحَاوُرَكُمَا إِنَّ اللـه سَمِيعٌ بَصِيرٌ {1/58} ﴾ [المجادلة:1].	

ثانياً: في ضوء ما توصّلت إليه من أسماء الله تعالى وصفاته، قم - من خلال المجموعة - بالإجابة عن الأسئلة الآتية:

1- ما فائدة معرفة اتصاف الله تعالى بهذه الصفات؟

....
....
....

2- هل معرفة هذه الصفات والأسماء الحسنى يؤثر على علاقة الإنسان بالله تعالى؟

....
....
....

3- هل لهذه الأسماء والصفات أثر على حياة المسلم وعلاقته بالآخرين؟

....
....
....

4- ماذا تتوقع أن يحدث لو أنّ الله تعالى لم يخبرنا باتصافه بهذه الأسماء الحسنى والصفات؟

....
....
....

ورقة عمل رقم (10) موقع التوحيد في العقيدة

الهدف: استنتاج موقع التوحيد في العقيدة.

عن عُمَرُ بْنُ الْخَطَّابِ قَالَ: بَيْنَمَا نَحْنُ عِنْدَ رَسُولِ اللـه ﷺ ذَاتَ يَوْمٍ إِذْ طَلَعَ عَلَيْنَا رَجُلٌ شَدِيدُ بَيَاضِ الثِّيَابِ، شَدِيدُ سَوَادِ الشَّعَرِ، لا يُرَى عَلَيْهِ أَثَرُ السَّفَرِ، ولا يَعْرِفُهُ مِنَّا أَحَدٌ حَتَّى جَلَسَ إِلَى النَّبِيِّ ﷺ فَأَسْنَدَ رُكْبَتَيْهِ إِلَى رُكْبَتَيْهِ وَوَضَعَ كَفَّيْهِ عَلَى فَخِذَيْهِ

وَقَالَ: يَا مُحَمَّدُ أَخْبِرْنِي عَنْ الإسلام؟

فَقَالَ رَسُولُ اللـه ﷺ:

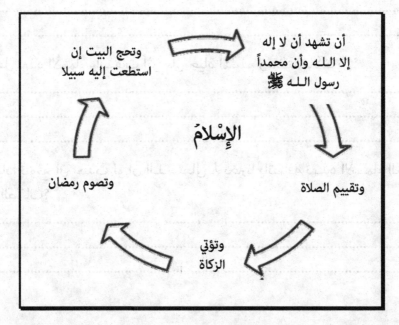

قَالَ: صَدَقْتَ.[1]

(1) مسلم، **صحيح مسلم**، كتاب: الإيمان، باب: بيان الإيمان والإسلام والإحسان، ص36، حديث رقم: 1-(8).

من خلال مجموعتك:

تأمل في الحديث الآتي، ثم أجب عن الأسئلة الآتية:

1- ما الرابط بين هذه الأركان؟

....

....

....

2- ما دلالة الترتيب بالنسبة لأركان الإسلام؟

....

....

....

3- علل ابتدأت الأركان بالشهادتين.

....

....

....

استخدم مهاراتك الفنية في رسم شكل يوضِّح أركان الإسلام.

ورقة عمل رقم (11) أهمية الالتزام بالعبادات

الهدف: أن يستنتج الطالب أهمية الالتزام بأداء العبادات.

فيصل وكريم، طالبان في المرحلة الثانوية، منذ سنوات التزم فيصل بأداء الصلوات جميعها؛ التزاماً بأوامر الله ورسوله ﷺ، وكثيراً ما حاول فيصل توجيه صديقه كريم إلى الالتزام بالصلاة، بيد أن كريماً كان يرفض دوماً، مبرراً ذلك الرفض بأنه مسلم يشهد أن لا إله إلا الله وأن محمداً رسول الله، ويستشهد بقول رَسُولَ الله ﷺ: "مَنْ شَهِدَ أَنْ لا إِلَهَ إِلا الله وَأَنَّ مُحَمَّدًا رَسُولُ الله؛ حَرَّمَ الله عَلَيْهِ النَّارَ".[1]

من خلال المجموعة:

1- ما رأيك فيما يقوله كريم، ومبرره في رفض أداء الصلاة؟

....

....

....

2- هل يحدث هذا في الواقع؟ اذكر أمثلة تدلل بها على إجابتك.

....

....

....

3- يظن البعض أن الإنسان ما دام أنه يشهد أن لا إله إلا الله وأنَّ محمداً رسول الله، فلا حاجة إلى أداء العبادات؛ من صلاة وزكاة،... إذا افترضنا جدلاً صحة هذا القول؛ فماذا تتوقع أن يترتب عليه من نتائج؟

....

....

....

---

(1) مسلم، **صحيح مسلم**، كتاب: الإيمان، باب: الدليل على أنّ من مات على التوحيد دخل الجنة، ص45-46، حديث رقم: 47-(29).

4- هل النّطق بالشهادتين كافٍ للقيام بحق الـلـه تعالى من عبادات؟

....

....

....

5- كيف توفق بين الحديث النبوي الشريف حول الشهادتين، وتكليف الـلـه تعالى الناس بالعبادات؟

....

....

....

6- برأيك: ما السبب الذي يمنع الكثيرين من الالتزام بالعبادات المطلوبة منهم؟

....

....

....

7- هـل لأداء العبـادات أثـرٌ عـلـى إيمـان الإنسـان وقربـه مـن الـلـه تعـالى؟

....

....

....

8- ما النّصيحة التي تقدمها لمن لا يزال مُقصِّراً في تأدية العبادات المفروضة عليه؟

....

....

....

ورقة عمل رقم (12) الرابط بين دعوة الأنبياء والرسل

الهدف: أن يستنتج الطالب الرابط بين دعوة الأنبياء والرسل.

✓ قال اللـه تعالى: ﴿ وَإِلَى عَادٍ أَخَاهُمْ هُوداً قَالَ يَا قَوْمِ اعْبُدُواْ اللـه مَا لَكُم مِّنْ إِلَـهٍ غَيْرُهُ أَفَلَا تَتَّقُونَ {65/7} ﴾ [الأعراف: 65].

✓ قال اللـه تعالى: ﴿ وَإِلَى ثَمُودَ أَخَاهُمْ صَالِحًا قَالَ يَا قَوْمِ اعْبُدُواْ اللـه مَا لَكُم مِّنْ إِلَهٍ غَيْرُهُ ﴾ [الأعراف: 73].

✓ قال اللـه تعالى: ﴿ وَإِلَى مَدْيَنَ أَخَاهُمْ شُعَيْبًا قَالَ يَا قَوْمِ اعْبُدُواْ اللـه مَا لَكُم مِّنْ إِلَهٍ غَيْرُهُ ﴾ [الأعراف: 85].

✓ قَالَ اللـه تعالى: ﴿ وَلَقَدْ أَرْسَلْنَا نُوحًا إِلَى قَوْمِهِ فَقَالَ يَا قَوْمِ اعْبُدُوا اللـه مَا لَكُم مِّنْ إِلَهٍ غَيْرُهُ أَفَلَا تَتَّقُونَ {23/23} ﴾ [المؤمنون: 23].

قال اللـه تعالى: ﴿ ثُمَّ أَنشَأْنَا مِن بَعْدِهِمْ قَرْنًا آخَـرِينَ {31/23} فَأَرْسَـلْنَا فِيهِمْ رَسُـولًا مِنْهُمْ أَنِ اعْبُدُوا اللـه مَا لَكُم مِّنْ إِلَـهٍ غَـيْرُهُ أَفَـلَا تَتَّقُـونَ {32/23} ﴾ [المؤمنون: 31-32].

من خلال مجموعتك:

1- تدور هذه الآيات حول موضوع واحد، ما هو؟

....

....

....

....

2- برأيك: لماذا أكّد القرآن الكريم على هذا الموضوع؟

....

....

....

....

ورقة عمل رقم (13) الأدلة العقلية على وحدانية الـلـه تعالى

[يتم توزيع الطلاب إلى أربعة مجموعات، كل مجموعة تناقش آية واحدة]

الهدف: أن يستنتج الطلبة الأدلة العقلية الدّالّة على وحدانية الـلـه تعالى

المجموعة الأولى "مجموعة ...."

ناقش القرآن الكـريم فكـرة تعـدد الآلهـة بأسـاليب عـدّة وأثبـت بطلانها بأدلـة متعددة، مستخدماً إثارة التفكير المنطقي للتوصل إلى بطلان هذه الفكـرة. ومـن هـذه الأدلة؛ قوله تبارك وتعالى: ﴿ مَا اتَّخَذَ الـلـه مِن وَلَدٍ وَمَا كَانَ مَعَـهُ مِـنْ إِلَـهٍ إِذًا لَّـذَهَبَ كُلُّ إِلَهٍ بِمَا خَلَقَ وَلَعَـلَا بَعْضُـهُمْ عَـلَى بَعْـضٍ سُـبْحَانَ الـلــه عَـمَّا يَصِـفُونَ {91/23} ﴾ [المؤمنون: 91].

تتناول هذه الآية العلاقة بين الانتظام الكـوني وفرضـية تعـدد الآلهـة. مـن خـلال مجموعتك:

- ناقش هذا الدليل العقلي، ووضِّحه.
- قدِّم أمثلة من واقع الحياة اليومية على هذه الفكرة.

....
....
....
....
....
....
....
....
....
....
....
....

المجموعة الثانية: "مجموعة ...."

ناقش القرآن الكريم فكرة تعدد الآلهة بأساليب عدّة وأثبت بطلانها بأدلة متعددة، مستخدماً إثارة التفكير المنطقي للوصول إلى بطلان هذه الفكرة. ومن هذه الأدلة؛ قوله تبارك وتعالى: ﴿ يَا أَيُّهَا النَّاسُ ضُرِبَ مَثَلٌ فَاسْتَمِعُوا لَهُ إِنَّ الَّذِينَ تَدْعُونَ مِن دُونِ اللهِ لَن يَخْلُقُوا ذُبَابًا وَلَوِ اجْتَمَعُوا لَهُ ﴾ [الحج: 73].

وقد اتخذ الإنسان عبر التاريخ البشري صوراً متعددة للآلهة؛ كالنار، والشمس، والأصنام، وعبادة بعض الحيوانات كالبقر. من خلال مجموعتك، بيّن كيف ناقشت هذه الآية بطلان هذه الفرضية؟

....

....

....

....

....

....

....

....

....

....

....

....

....

....

....

....

المجموعة الثالثة: "مجموعة ...."

ناقش القرآن الكـريم فكـرة تعـدد الآلهـة بأسـاليب عـدّة وأثبـت بطلانهـا بأدلـة متعددة، مستخدماً إثارة التفكير المنطقي للتوصل إلى بطلان هذه الفكـرة. ومـن هـذه الأدلة؛ قوله تبارك وتعالى: ﴿ قُلْ أَرَأَيْتُم مَّا تَدْعُونَ مِن دُونِ اللَّـه أَرُونِي مَاذَا خَلَقُوا مِـنَ الْأَرْضِ أَمْ لَهُمْ شِرْكٌ فِي السَّمَاوَاتِ ائْتُونِي بِكِتَابٍ مِّن قَبْلِ هَذَا أَوْ أَثَارَةٍ مِّنْ عِلْمٍ إِن كُنتُمْ صَادِقِينَ {4/46} ﴾ [الأحقاف: 4].

تتضمن هذه الآية مقدمة ونتيجة، نـاقش مـع زملائـك في المجموعـة هـذا الأمـر، مبيّناً وجه الاستدلال على بطلان فرضية وجود آلهة غير الـلـه سبحانه وتعالى.

....

....

....

....

....

....

....

....

....

....

....

....

....

....

....

....

....

....

المجموعة الرابعة: "مجموعة ...."

ناقش القرآن الكريم فكرة تعدد الآلهة بأساليب عدّة وأثبت بطلانها بأدلة متعددة، مستخدماً إثارة التفكير المنطقي للتوصل إلى بطلان هذه الفكرة. ومن هذه الأدلة؛ قوله تبارك وتعالى: ﴿ أَلَمْ تَرَ إِلَى الَّذِي حَآجَّ إِبْرَاهِيمَ فِي رِبِّهِ أَنْ آتَاهُ اللـه الْمُلْكَ إِذْ قَالَ إِبْرَاهِيمُ رَبِّيَ الَّذِي يُحْيِي وَيُمِيتُ قَالَ أَنَا أُحْيِي وَأُمِيتُ قَالَ إِبْرَاهِيمُ فَإِنَّ اللـه يَأْتِي بِالشَّمْسِ مِنَ الْمَشْرِقِ فَأْتِ بِهَا مِنَ الْمَغْرِبِ فَبُهِتَ الَّذِي كَفَرَ وَاللـه لاَ يَهْدِي الْقَوْمَ الظَّالِمِينَ {258/2} ﴾ [البقرة: 258].

تتضمن هذه الآية حواراً بين النمرود وسيدنا إبراهيم عليه السلام، من خلال مجموعتك: استنتج من هذا الحوار بطلان فرضية وجود آلهة غير اللـه سبحانه وتعالى.

....

....

....

....

....

....

....

....

....

....

....

....

....

....

....

....

....

ورقة عمل رقم (14) الأدلة العقلية على وحدانية الـلـه تعالى

الهدف: يستنتج الطلبة الأدلة العقلية الدالة على وجود الـلـه تبارك وتعالى.

[يتم تقسم الصف إلى خمسة مجموعات، تتكون كل مجموعة من 5-6 طلاب]

المجموعة الأولى: مجموعة ...."

من خلال مجموعتك اقرأ الأبيـات الشـعرية الآتيـة، واسـتنبط وجـه الدلالـة عـلى وجود الـلـه تعالى.

لـلـــه في الآفـــاق آيـــات لعـــل	أقلهـــا هـــو مـــا إليـــه هـــداكَ
ولعــل مــا في الــنفس مــن آياتــه	عجــب عجــاب لــو تــرى عينــاكَ
والكـــون مشـــحون بـــأسرار إذا	حاولْـــتَ تفســـيراً لهـــا أعيـــاكَ
قــل للطبيــب تخطَّفتــه يــد الــردى	مـــن يـــا طبيـــب بطبِّـــه أرْدَاكَ؟
قــل للمــريض نجــا وعُــوفيَ بعــدما	عجزت فنون الطب: مـن عافـاكَ؟
قــل للصــحيح يمــوت لا مــن علــة	مــن بالمنايــا يــا صــحيح دهــاكَ؟
قــل للبصــير وكــان يحــذر حفــرة	فهَوَى بهـا: مـن ذا الـذي أهـواكَ؟
بل سائل الأعمى خَطَا بـين الزحـام	بـلا اصـطدام: مـن يقـود خطـاكَ؟

....

....

....

....

....

....

....

....

....

المجموعة الثانية: مجموعة ...."

من خلال مجموعتك اقرأ الأبيات الشعرية الآتية، واستنبط وجه الدلالة على وجود الله تعالى.

لله في الآفاق آيات لعل ... أقلها هو ما إليه هداكَ
ولعل ما في النفس من آياته ... عجب عجاب لو ترى عيناكَ
والكون مشحون بأسرار إذا ... حاولْتَ تفسيرًا لها أعياكَ
قل للجنين يعيش معزولاً بلا ... راعٍ ومرعى: ما الذي يرعاكَ؟
قل للوليد بكى وأجهش بالبكاء ... لدى الولادة: ما الذي أبكاكَ؟
وإذا ترى الثعبان ينفث سمَّهُ ... فاسأله: من ذا بالسموم حَشَاكَ؟
واسأله: كيف تعيش يا ثعبان ... أو تحيى وهذا السمُّ يملأ فَاكَ؟
واسأل بطون النَّحل: كيف تقاطرت ... شهدًا، وقل للشهد: من حلاَّكَ؟

....
....
....
....
....
....
....
....
....
....
....
....
....
....

المجموعة الثالثة: مجموعة ...."

من خلال مجموعتك اقرأ الأبيـات الشـعرية الآتيـة، واسـتنبط وجـه الدلالـة عـلى وجود اللـه تعالى.

للـــه في الآفــاق آيــات لعــل	أقلهــا هــو مــا إليــه هــداكَ
ولعــل مــا في الــنفس مــن آياتــه	عجــب عجــاب لــو تــرى عينــاكَ
والكــون مشــحون بــأسرار إذا	حاولْــتَ تفســيرًا لهــا أعيــاكَ
بــل ســائل اللــبن المُصَــفَّى كــان	بين دم وفـرث: مـا الـذي صـفَّاكَ؟
وإذا رأيــت الحــي يخــرج مــن	حَنَايا ميتٍ فاسـأله: مـن أحيـاكَ؟
قل للــهواء تحثُّـه الأيـدي ويخفـى	عــن عيــون النــاس: مــن أخفــاكَ؟
قــل للنبــات يجــفُّ بعــد تعهُّــدٍ	ورعايــة: مــن بالجفــاف رَمَــاكَ؟
وإذا رأيــت النَّبــت في الصــحراء	يربو وحـده فاسـأله: مـن أَرْبَـاكَ؟

....

....

....

....

....

....

....

....

....

....

....

....

....

المجموعة الرابعة: مجموعة ...."

من خلال مجموعتك اقرأ الأبيات الشعرية الآتية، واستنبط وجه الدلالة على وجود الله تعالى.

لله في الآفاق آيات لعل — أقلها هو ما إليه هداكَ
ولعل ما في النفس من آياته — عجب عجاب لو ترى عيناكَ
والكون مشحون بأسرار إذا — حاولْتَ تفسيرًا لها أعياكَ
وإذا رأيت البدر يسري ناشرًا — أنواره فاسأله: من أسْرَاكَ؟
واسأل شعاع الشمس يدنو وهي — أبعد كل شيء: ما الذي أدناكَ؟
قل للمرير من الثمار من الذي — بالمرِّ من دون الثمار غذاكَ؟
وإذا رأيت النخل مشقوق النوى — فاسأله: من يا نخل شقَّ نواكَ؟
وإذا رأيت النار شبَّ لهيبها — فاسأل لهيب النار: من أوراكَ؟

....
....
....
....
....
....
....
....
....
....
....
....
....
....

المجموعة الخامسة: مجموعة ...."

من خلال مجموعتك اقرأ الأبيات الشعرية الآتية، واستنبط وجه الدلالة على وجود الله تعالى.

لله في الآفاق آيات لعل ... أقلها هو ما إليه هداكَ
ولعل ما في النفس من آياته ... عجب عجاب لو ترى عيناكَ
والكون مشحون بأسرار إذا ... حاولْتَ تفسيرًا لها أعياكَ
وإذا ترى الجبل الأشَمَّ مناطحًا ... قِمَمَ السَّحاب فسَلْه: من أرساكَ؟
وإذا ترى صخرًا تفجر بالمياه ... فسله: من بالماء شقَّ صَفَاكَ؟
وإذا رأيت النهر بالعذب الزُّلال ... جرى فسَلْه: من الذي أجراكَ؟
وإذا رأيت البحر بالملح الأُجاج ... طغى فسَلْه: من الذي أطغاكَ؟
وإذا رأيت الليل يغشى داجياً ... فاسأله: من يا ليل حاك دُجاكَ؟
وإذا رأيت الصُّبح يسفر ضاحياً ... فاسأله: من يا صبح صاغ ضُحَاكَ؟

....
....
....
....
....
....
....
....
....
....
....
....

ورقة عمل رقم (15) الإيمان بأسماء اللـه وصفاته

الهدف: يستنتج الطالب اتصاف اللـه تعالى بصفات الكمال، دون صفات النقص.

تابع النّص الآتي من قصة حي بن يقظان وبحثه عن مصدر هذا الوجود:

"ثمّ أدرك حي بن يقظان أنّ ذلك الفاعل لا يمكن أن يـدرك بشيء مـن الحـواس؛ لأنه لو أدرك بشيء من الحواس لكان جسماً من الأجسام، ولو كان جسماً من الأجسام؛ لكان من جملة العالم، وكان حادثاً واحتاج إلى محدث، ولـو كـان ذلك المحـدث الثاني أيضاً جسماً، لاحتاج إلى محدث ثالث، والثالث إلى رابع، ويتسلسل ذلك إلى غير نهايةً وهو باطل.

فإذن لا بد للعالَم من فاعل ليس بجسم، وإذا لم يكن جسـماً فليـس إلى إدراكـه لشيء من الحواس سبيل؛ لأن الحواس الخمس لا تدرك إلا الأجسام،... وإذا كـان لا يمكـن أن يحس فلا يمكن أن يتخيل؛ لأن التخيل ليس شيئاً إلا إحضـار صـور المحسوسات بعـد غيبتها، وإذا لم يكن جسماً فصفات الأجسام كلها تستحيل عليه، وأول صفات الأجسـام هو الامتداد في الطول والعرض والعمق، وهو منزه عن ذلك، وعن جميع ما يتبـع هـذا الوصف من صفات الأجسام...".[1]

بعد قراءتك للنّص السابق أجب عما يلي:

1- يؤكّد النّص السابق حقائق مهمّة عن كنه اللـه تعالى وذاته، هل تستطيع أن تذكرها؟

....

....

....

2- أمامك عدد من الآيات القرآنية التي تناولت الحديث عـن حقيقـة اللـه تعـالى، ابحث في النّص السابق عـن عبارات أكّـدت نفس المعنـى الـذي ذكرتـه الآيات الكريمة.

---

(1) ابن طفيل، حيّ بن يقظان، ص172.

✓ ﴿ لَيْسَ كَمِثْلِهِ شَيْءٌ وَهُوَ السَّمِيعُ الْبَصِيرُ ﴾ [الشورى: 11].

....

✓. ﴿ لاَّ تُدْرِكُهُ الأَبْصَارُ وَهُـوَ يُـدْرِكُ الأَبْصَـارَ وَهُـوَ اللَّطِيـفُ الْخَبِـيرُ {103/6} ﴾ [الأنعام: 103].

....

✓ ﴿ سُبْحَانَ الـلـه عَمَّا يَصِفُونَ {91/23} ﴾ [الصافات: 159].

....

3- لماذا لا يصلح التخيل لإدراك حقيقة الـلـه تعالى؟

....

....

....

4- في حديث أبي هُرَيْرَةَ س: قَالَ رَسُولُ الـلـه ﷺ: "يَأْتِي الشَّيْطَانُ أَحَدَكُمْ فَيَقُـولُ: مَـنْ خَلَقَ كَذَا, مَنْ خَلَقَ كَذَا, حَتَّى يَقُولَ: مَنْ خَلَقَ رَبَّكَ؟ فَـإِذَا بَلَغَـهُ فَلْيَسْـتَعِذْ بِالـلـه وَلْيَنْتَهِ؛"[1]

علِّل: أمر النّبي ﷺ من تعتريه هذه التساؤلات عن الخلق وعن الخالق جل وعلا أن يستعين بالـلـه بالتعوذ، ويتوقف عن التساؤلات.

....

....

5- ما علاقة الفكرة الرئيسة التي وردت في نص قصة حيّ بن يقظان، وما تناوله الحديث النّبوي الشريف حول البحث عن حقيقة خالق الوجود؟

....

....

....

(1) البخاري، **صحيح البخاري**، كتاب: بدء الخلق، باب: صفة إبليس وجنوده، ص627، حديث رقم: 3276.

6- هل تستطيع أن تعلل سبب تعريف الله تعالى عن ذاته عز وجل في الآيات القرآنية، من مثل قوله تعالى: ﴿ هُوَ اللَّهُ الَّذِي لَا إِلَهَ إِلَّا هُوَ الْمَلِكُ الْقُدُّوسُ السَّلَامُ الْمُؤْمِنُ الْمُهَيْمِنُ الْعَزِيزُ الْجَبَّارُ الْمُتَكَبِّرُ سُبْحَانَ اللَّهِ عَمَّا يُشْرِكُونَ {23/59} هُوَ اللَّهُ الْخَالِقُ الْبَارِئُ الْمُصَوِّرُ لَهُ الْأَسْمَاءُ الْحُسْنَى يُسَبِّحُ لَهُ مَا فِي السَّمَاوَاتِ وَالْأَرْضِ وَهُوَ الْعَزِيزُ الْحَكِيمُ {24/59} ﴾ [الحشر: 23-24].

....

....

....

....

رحلة البحث عن وجود الله تعالى "رحلة معرفية"

الموضوع: الظواهر الكونية الدالة على وجود الله تعالى.

الأسلوب: التعلم الالكتروني (رحلة معرفية قصيرة المدى).[1]

المهارات:

- تنمية مهارة التفكير التأملي.
- تنمية مهارة التلخيص.
- تنمية مهارة العرض والتقديم.

مدة الرحلة: أربع حصص صفية.[2]

المقدمة:

قررت إدارة المدارس تبني مشروع (الداعية إلى الله) لطلبة الصف العاشر بهدف إعداد الطلبة وإكسابهم مهارات الدعوة وأساليبها، وفي سبيل ذلك أعلنت عن رحلة معرفية بعنوان: (البحث عن وجود الله تعالى) خطوة أولى من خطوات هذا المشروع.

التعريف بالرحلة:

إنّ رحلة البحث عن الحقيقة رحلة كل إنسان باحث عن الحق، وعن سر هذا الوجود، من أين جئنا؟ ومن أوجدنا؟ وإلى أين المصير؟ هذه التساؤلات وغيرها يثيرها العقل الإنساني الذي يبحث عن فهم هذا الوجود، كيف وجد؟ ولماذا وجد؟ وهل هو وجود أزلي أم سينتهي ويزول في يوم ما؟ وما هي دلالات العلماء على زوال هذا الوجود ومصيره؟ تساؤلات سنبحر بها عبر رحلة معرفية نجول من خلالها في عالم

---

(1) سيتم توظيف التعلم التعاوني والتعلم النشط خلال هذه الرحلة المعرفية.

(2) عدد الحصص مقترح، ولكن يلزم المعلم حصة صفية واحدة كحد أدنى للإشراف على قيام الطلبة بمهمات الرحلة إن رغب أن يتم الموضوع تحت إشرافه، إلا إذا كان تنفيذ المهمات خارج نطاق الحصص الصفية، ويحتاج لعرض أعمال المجموعات ومناقشتها على الأقل حصتين.

المعرفة والكون من خلال الشبكة العنكبوتية وما يتوفر لنا من مصادر ومعارف؛ نحاول أن نصل من خلالها إلى إجابات لتساؤلاتنا، لنزداد بها إيماناً ويقيناً بوجود الخالق وقدرته في هذا الكون العظيم الذي يحمل في أركانه أدلة ومشاهدات حية تدل صراحة على وجود الله تعالى.

الأهداف:

تهدف هذه الرحلة المعرفية إلى تحقيق ما يأتي:

1- إكساب الطالب مهارة التأمل والملاحظة، من خلال البحث عن الحقائق العلمية الدالة على وجود الله تعالى.

2- تعميق إيمانه بوجود الله تعالى.

3- إثارة دافعية الطالب نحو مزيد من البحث حول الظواهر الكونية، وعالم الكائنات الحية وغيرها.

4- تعريف الطالب بدلائل وجود الله تعالى.

الإجراءات:

1- تقسيم الطلبة إلى مجموعات بحسب ما يراه المعلم مناسباً.

2- تكليف كل مجموعة بتنفيذ الرحلة المعرفية من خلال تتبع المهمات المطلوبة من كل مجموعة ، في الحصص الصفية، ولها الحق في متابعة مهام الرحلة في المنزل.

3- تستخدم كل مجموعة المواقع الإلكترونية المقترحة عليها عند كل مهمة، وللمجموعات الاستفادة من المصادر والمواقع الأخرى المقترحة في قائمة المصادر.

4- يتعاون أفراد المجموعة في أداء المهمات، ويقدم قائد كل مجموعة تقريراً يوضِّح فيه كيفية إنجاز الأعمال، ودور كل فرد من المجموعة.

5- يتفق أفراد المجموعة الواحدة على أسلوب العرض الذي يفضلونه على أن يكون ضمن الاقتراحات المقدمة لهم.

6- يستطيع الطلبة الاستفادة من المواد الفلمية والعروض الموجودة على المواقع الالكترونية، شريطة أن يظهر جهد الطلبة في التعديل والإضافة والتصميم، ولا يتم الاعتماد على ما يتوفر لهم من مواد معدة بشكل كامل، مع ضرورة الإشارة إلى المصدر.

7- أن لا تتجاوز مدة عرض كل مجموعة عن (15د.).

عرض المجموعات:

تختار كل مجموعة طريقة من طرق العرض الآتية:

الطريقة الأولى:

• عرض تقديمي "Power point" يتضمن التساؤلات والموضوعات التي بحثت عنها المجموعة وتوصلت لها. ويرجى مراعاة شروط العرض التقديمي المرفق في التقويم.

الطريقة الثانية:

• إعداد مادة فلمية باستخدام برنامج صانع الأفلام "Movie Maker"، يتضمن شرائح تعرض أهم النتائج والحقائق التي توصلت لها المجموعة، مع توظيف لمصادر المعرفة المختلفة المرئية والمسموعة.

الطريقة الثالثة:

• تصميم صفحة إلكترونية "Web page" تتضمن أبرز الأعمال والنتائج التي توصلت لها المجموعة، مع عرض المواد الفلمية والصور فيها.

المهمات:

المهمة الأولى:

﴿ إِنَّ فِي خَلْقِ السَّمَاوَاتِ وَالأَرْضِ وَاخْتِلاَفِ اللَّيْلِ وَالنَّهَارِ لآيَاتٍ لِّأُوْلِي الألْبَابِ {190/3} ﴾ [آل عمرن: 190].

أنت عالم في مجال الجيولوجيا وعلوم الأرض، وطلب منك أن تعطي محاضرة حول حقائق خلق الكون، وماذا يقول العلماء حول خلقه؟ متى خلق؟ وكيف وجد؟ وهل لوجوده بداية؟ هل ذكر القرآن الكريم شيئاً عن خلق الكون وبداية نشأته؟ وما علاقة إثبات بداية خلق الكون ووجوده بنهاية العالم وبحقيقة حدوث اليوم الآخر؟

المهمة الثانية:

﴿ سَنُرِيهِمْ آيَاتِنَا فِي الْآفَاقِ وَفِي أَنفُسِهِمْ ﴾ [فصلت: 53].

﴿ وَفِي أَنفُسِكُمْ أَفَلَا تُبْصِرُونَ {21/51} ﴾ [الذاريات: 21].

كلِّفت أنت وزملاؤك في قسم العلوم الحياتية بالحديث عن مظاهر قدرة الله تعالى في خلق الإنسان، وعرض حقائق خلق الله تعالى للقلب، واللسان، والكبد، وغيرها من الأعضاء الموجودة في جسم الإنسان، مع الاستشهاد بالقرآن الكريم على ما ذكره حول هذه الأعضاء. تعاون مع زملائك في تتبع أهم وأبرز الحقائق والأسرار عن ذلك.

المهمة الثالثة:

﴿ وَتَرَى الْجِبَالَ تَحْسَبُهَا جَامِدَةً وَهِيَ تَمُرُّ مَرَّ السَّحَابِ صُنْعَ اللَّهِ الَّذِي أَتْقَنَ كُلَّ شَيْءٍ إِنَّهُ خَبِيرٌ بِمَا تَفْعَلُونَ {88/27} ﴾ [النمل: 88].

أنت عالم فلك، طلب منك أن تقدم أدلة على وجود نظام متوازن في خلق المجرّات والنجوم والكواكب، وخلق الأرض، قم بالتعاون مع مجموعتك بتتبع هذه الأدلة التي تدل على دقة صنع الله تعالى وإبداعه في الخلق، مستعيناً بالمصادر المرفقة.

المهمة الرابعة:

﴿ هَذَا خَلْقُ اللـه فَأَرُونِي مَاذَا خَلَقَ الَّذِينَ مِن دُونِـهِ بَـلِ الظَّـالِمُونَ فِي ضَـلَالٍ مُّبِـينٍ ﴾ [لقمان: 11].

بصفتك عالم أحياء، فباستطاعتك أن تثبت وجود نظام متوازن بديع أوجده اللـه تعالى بين المخلوقات بعضها مع بعض كـما في عـالم الجـوارح والحيوانـات المفترسـة والـذباب وغيره، قم بالتجول في عالم الحيوان والطيور والحشرات، وابحث عن أدلة ماديـة تؤكـد وجود هذا التوازن في علاقات هذه المخلوقات وحاجة بعضـها لـبعض واعتمادهـا عـلى بعضها البعض.

المهمة الخامسة:

﴿ قَالَ رَبُّنَا الَّذِي أَعْطَى كُلَّ شَيْءٍ خَلْقَهُ ثُمَّ هَدَى ﴾ [طه: 50].

إنّ المتأمل في هذا الكون وفيما فيه من مخلوقات أوجدها اللـه تعـالى؛ يـرى أنّ لهـذه المخلوقـات منظومـة متكاملـة وقـوانين تتبعهـا في عيشـها وغـذائها وتكاثرهـا وأدائهـا لوظيفتها. من خلال المصادر المرفقة، تتبع أهم حقـائق هدايـة عـالمي النحـل، والنمـل وخلقهما.

المهمة السادسة:

﴿ الَّذِي خَلَقَ فَسَوَّى {2/87} وَالَّذِي قَدَّرَ فَهَدَى {3/87} ﴾ [الأعلى: 2-3].

كل شيء من الكائنـات في هـذا الوجـود يحتـاج إلى هدايـة، حتـى يـتمكن مـن البقـاء، والقيام بوظيفته التي وجد من أجلها، وهذه الهداية هي ضرورة لاستمرار الحياة عـلى الأرض. بالاستعانة بالمصـادر المرفقـة حـاول أن تعـرض نمـاذج مـن خلـق اللــه تعـالى للمخلوقات وتنظيمه لحياتها وهدايتها لحاجتها في المأكل والمسكن والحماية وغيره.

المصادر

المهمة الأولى

1- كتاب بدء الخلق في صحيح البخاري.

http://www.islamweb.net/newlibrary/display_book.php?idfrom=3022&idto=3150&bk_no=0&ID=2013

2- براهين الإيمان بالإعجاز العلمي في خلق الكون، الجزء الأول.

http://www.youtube.com/watch?v=Tc1t7MJioQc

3- علامات يوم القيامة

http://www.youtube.com/watch?v=emVH8nnu_Uc&feature=related

4- موسوعة الإعجاز العلمي في القرآن والسنة

http://quran-m.com/

5- بعض من صور الإعجاز العلمي في الكون

http://www.ibtesama.com/vb/showthread-t_253553.html

6- مصير الكون

http://ar.wikipedia.org/wiki/%D9%85%D8%B5%D9%8A%D8%B1_%D8%A7%D9%84%D9%83%D9%88%D9%86

المهمة الثانية:

1- معلومات عن قلب الإنسان

http://wrod.cinebb.com/t15491-topic

2- فيلم عن معجزة خلق الإنسان

http://sa.harunyahya.tv/videoDetail/Lang/17/Product/1248/%D9%85%D8%B9%D8%AC%D8%B2%D8%A9_%D8%AE%D9%84%D9%82_%D8%A7%D9%84%D8%A5%D9%86%D8%B3%D8%A7

3- معلومات طبية

http://www.tbeeb.net/ask/showthread.php?t=91881

http://www.wasfacare.com/vb/showthread.php?t=625

المهمة الثالثة:

التوازن في الخلق.

http://www.dar-alquran.com/dar_alquran/details.asp?id=1035

http://www.harunyahya.com/arabic/article11_delicate_balance_on_eart
h.html

http://www.nogooom.com/forums/t18386.html

http://www.kaheel7.com/modules.php?name=Mygroups&file=articles&
topicid=29&gid=1

المهمة الرابعة:

1- التعايش بين المخلوقات

http://www.arab-

2- الإعجاز العلمي في خلق النجوم

http://tafsirs.com/islamic-reseaches/86-islam-miracle-in-sky-
creation.html

http://vb.we3rb.com/showthread.php?t=78033

المهمة الخامسة:

http://www.kaheel7.com/modules.php?name=News&file=article&sid=7
31

http://www.ibtesama.com/vb/showthread-t_87186.html

http://forum.stop55.com/146262.html

http://forum.stop55.com/225072.html

المهمة السادسة:

http://forum.stop55.com/185205.html

http://forum.stop55.com/286637.html

مصادر ومواقع مشتركة:

1- موسوعة الإعجاز العلمي في القرآن والسنة
http://quran-m.com./

2- موقع هارون يحيى
http://harunyahya.com/arabic/sa.m_book_index.php

3- موقع زغلول النجار للإعجاز العلمي
http://www.elnaggarzr.com/

4- موقع عبد الدائم الكحيل
http://www.kaheel7.com/ar/

مراجع وكتب حول الموضوع:

1- الله يتجلى في عصر العلم، كريس موريسون.
http://islamport.com/w/amm/Web/375/1.htm

2- الله جل جلاله، سعيد حوى.

3- خلق الإنسان، هارون يحيى.

التقييم:

سلم تقدير عددي للعروض التي سيقوم الطلبة بتصميمها، مع بيان المعايير التـي ينبغي مراعاتها:

الرقم	معايير ينبغي مراعاتها	علامة كل نقطة	م1	م2	م3	م4	م5	م6
1	عـدد الشرائـح يتناسـب مـع حجـم المعلومات والموضوع.							
2	الألوان والخلفيات وتنسيق النصوص.							
3	إدراج الصـور والأشـكال لتناسـب الموضوع.							
4	تنظـيم المعلومـات، وعرضـها بصـورة نقاط.							
5	الحركات المخصصة والمراحل الانتقالية للشرائح.							
6	عدم التكرار أو الإطالة أو الخروج عـن الموضوع.							
7	إتقان العمل المقدم.							
8	تنوع مصادر التعلم من صور مرتبطـة بالموضوع ومواد فلمية وأناشيد.							
9	الاستشهاد بأقوال العلماء وآرائهم.							
10	تضمين العرض آيات قرآنية وأحاديـث نبوية تتعلق بالموضوع.							
	العلامة المقدرة لكل مجموعة							

الخاتمة

في نهاية هذه الرحلة يتوقع من الطلبة الأعزاء أن يكونوا قد تعرفوا على مظاهر متعددة على وجود اللـه تعالى، واكتسبوا القدرة على التأمل في بديع صنع اللـه تعالى في خلق الكون والسموات والأرض، وفي خلق الإنسان والحيوانات، مع قدرتهم على اكتشاف التـوازن العظيم والـترابط في علاقات المخلوقات بعضها ببعض مـن خـلال الشواهد العلمية على الخلق، ومن خلال الأدلة العلمية التي وقفوا عليها خـلال هـذه الرحلة المعرفية.

ثالثاً: الإيمان بالملائكة عليهم السلام

الأهداف المتوقعة:

يتوقع من الطالب أن يحقق الأهداف الآتية:

1- يستنتج حقيقة الملائكة الكرام.

2- يفرِّق بين صفات الملائكة وأعمال الملائكة.

3- يستنتج أثر الإيمان بالملائكة وأهمية وجودهم بالنسبة للبشر.

الفعاليات المقترحة:

1- تفعيل نشاط حول (أهمية وجود الملائكة في حياتنا)، مـن خـلال تكليـف الطلبـة بالتعبير عـن مشـاعرهم تجـاه وجـود الملائكـة في حياتنـا، بالاستئنـاس بالخريطـة الذهنية المرفقة، وباستخدام أداة من أدوات التعبير الآتية:كتابـة خـاطرة، مقالـة، قصة قصيرة، التعبير بالرسم، التمثيل.

2- تحليل النّصوص الشرعية التي تحدثت عن حقيقـة الملائكـة واستخلاص مـا دلّـت عليه.

3- تفعيل التعلم باللعب (التعلم النّشط) من خلال تجهيز بطاقات دونت فيها النّصوص التي تحدثت عن صفات الملائكة وأعمالهم، وتوزيعها على الطلبة إمّا بصورة فرديـة، أو توزيعها على المجموعات وتكليفهم بإلصاقها في الموضع الصحيح فيما إذا كانت صفات أم أعمالاً.

ورقة عمل رقم (1) خلق الملائكة وأهميتهم في حياتنا

الهدف: يقوم الطلبة بالتعبير عن خلق الملائكة وأهميتهم في حياتنا، باستخدام أيٍّ من الطرق الآتية للتعبير (كتابة خاطرة- مقالة- قصة قصيرة-التعبير بالرسم، التمثيل) بالاعتماد على الكلمات المفتاحية الموجودة في الخريطة الآتية:

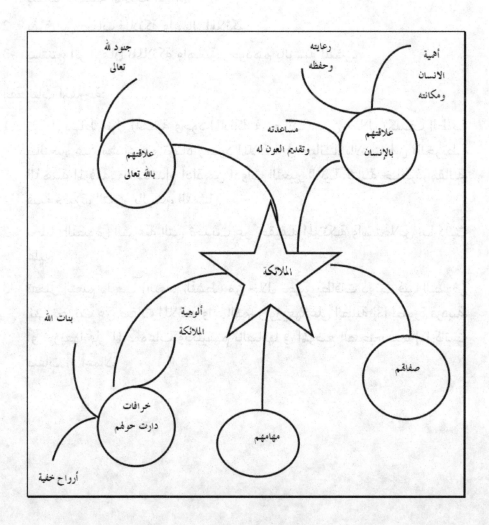

ورقة عمل رقم (2) الملائكة: الصفات والقدرات والوظائف

الهدف: أن يتعرّف الطلبة على الملائكـة مـن حيـث صـفاتهم الخَلقيـة، والصـفات الخُلقية، وقدراتهم، والوظائف.[1]

المهارة: يقوم على تصنيف المعلومات الآتية إلى مجالاتهـا فـيما إذا كانـت صـفات للملائكة، أو قدرات تتعلّق بطبيعة خلقهم، أو مهاماً ووظائف موكلة بهم للقيام بها.

خطوات التنفيذ:

1- يجهز المعلم لوحات كرتونية كتب على كل منها معلومة تتعلق بالملائكة.

2- يقسم السبورة أربعة أقسام، ويعطي بطاقة لكل طالب.

3- يوضِّح المقصود بالعناصر التي ستصنف البطاقة على أساسها.

4- يقوم المعلم بإعطاء كل طالب بطاقة ومنحـه دقيقتـين للتفكـير، ومـن ثـم إلصـاق هذه البطاقة في موضعها المناسب.

مخلوقات نورانية لطيفة
لا يستطيع البشر رؤيتهم
للملائكة أجنحة
خلقتهم جميلة
للملائكة مقامات متفاوتة عند اللـه تعالى
لا يوصفون بالذكورة والأنوثة
لا يأكلون ولا يشربون

(1) ينصح المعلم بأنّ يرجع لكتاب من كتب العقيدة، وقد استعنا هنا بالنسبة للصفات والقدرات المتعلقة بالملائكة بكتاب أ.د. عمر الأشقر، (2005م)، الموسوم بـ: **عالم الملائكة الأبرار**، ط13، عمان: دار النفائس، ص9-80.

لا يملّون ولا يتعبون
لا يعلم عددهم إلا اللـه تعالى
لهم أسماء أخبرنا ببعضها اللـه تعالى
يموتون كما يموت الإنس والجن عند النفخة
كرام بررة خلقهم كريم حسن شريف، وأخلاقهم بارة طاهرة كاملة
الحياء خلق من أخلاقهم
أعطاهم اللـه القدرة على أن يتشكلوا بغير أشكالهم
سرعتهم تفوق سرعة الضوء
عندهم علم وفير علمهم اللـه إياه
يختصمون فيما بينهم فيما خفي عليهم من وحي ربها
منظمون في كل شؤونهم، ومنظمون في عباداتهم
حراستهم للبشر، ولكل إنسان
سفراء اللـه إلى رسله وأنبيائه
كتابة أعمال العباد في السجلات
نزع أرواح العباد عندما تنتهي آجالهم
صلاتهم على المؤمنين (معلم الناس الخير، ومن ينتظر صلاة الجماعة، وعلى من يصلون في الصف الأول)
التأمين على دعاء المؤمنين
استغفارهم للمؤمنين
شهودهم مجالس العلم وحلق الذكر وحفهم أهلها بأجنحتهم.
يقاتلون مع المؤمنين ويثبتونهم في حروبهم
حمايتهم لمكة والمدينة من الدجال
شهود جنازة الصالحين

ورقة عمل رقم (3) الملائكة: المفهوم والخصائص

الهدف: يستنتج الطلبة مفهوم الإيمان بالملائكة، وأهم الخصائص المتعلقة بهم.

الأسلوب: تفعيل مهارة التصنيف.

أمامك مجموعة من النصوص الشرعية تضمنت خصائص متعددة عن الملائكة، قم بتحليلها أنت ومجموعتك، ثمّ قم بكتابة ما توصلت إليه في موضعه المناسب من الجدول الذي أمامك.

- ✓ ﴿ وَإِذْ قَالَ رَبُّكَ لِلْمَلاَئِكَةِ إِنِّي جَاعِلٌ فِي الأَرْضِ خَلِيفَةً ﴾ [البقرة:30].
- ✓ ﴿ عَلَّمَهُ شَدِيدُ الْقُوَى {5/53} ذُو مِرَّةٍ فَاسْتَوَى {6/53} ﴾ [النجم:5-6].
- ✓ ﴿ الْحَمْدُ لِلَّهِ فَاطِرِ السَّمَاوَاتِ وَالْأَرْضِ جَاعِلِ الْمَلَائِكَةِ رُسُلًا أُولِي أَجْنِحَةٍ مَّثْنَى وَثُلَاثَ وَرُبَاعَ يَزِيدُ فِي الْخَلْقِ مَا يَشَاء إِنَّ اللَّهَ عَلَى كُلِّ شَيْءٍ قَدِيرٌ {1/35} ﴾ [فاطر: 1].
- ✓ ﴿ أَمْ خَلَقْنَا الْمَلَائِكَةَ إِنَاثًا وَهُمْ شَاهِدُونَ {150/37} أَلَا إِنَّهُم مِّنْ إِفْكِهِمْ لَيَقُولُونَ {151/37} ﴾ [الصافات: 150-151].
- ✓ ﴿ يُسَبِّحُونَ اللَّيْلَ وَالنَّهَارَ لَا يَفْتُرُونَ {20/21} ﴾ [الأنبياء: 20].
- ✓ ﴿ بِأَيْدِي سَفَرَةٍ {15/80} كِرَامٍ بَرَرَةٍ {16/80} ﴾ [عبس: 15-16].
- ✓ ﴿ وَلَقَدْ جَاءتْ رُسُلُنَا إِبْرَاهِيمَ بِالْبُشْرَى قَالُواْ سَلاَمًا قَالَ سَلاَمٌ فَمَا لَبِثَ أَن جَاء بِعِجْلٍ حَنِيذٍ {69/11} فَلَمَّا رَأَى أَيْدِيَهُمْ لاَ تَصِلُ إِلَيْهِ نَكِرَهُمْ وَأَوْجَسَ مِنْهُمْ خِيفَةً قَالُواْ لاَ تَخَفْ إِنَّا أُرْسِلْنَا إِلَى قَوْمِ لُوطٍ {70/11} ﴾ [هود: 69-70].
- ✓ ﴿ وَإِنَّ عَلَيْكُمْ لَحَافِظِينَ {10/82} كِرَامًا كَاتِبِينَ {11/82} ﴾ [الانفطار: 10-11].
- ✓ ﴿ وَجَاء رَبُّكَ وَالْمَلَكُ صَفًّا صَفًّا {22/89} ﴾ [الفجر: 22].

✓ ﴿ يَخَافُونَ رَبَّهُم مِّن فَوْقِهِمْ وَيَفْعَلُونَ مَا يُؤْمَرُونَ {50/16} ﴾ [النحل: 50].

✓ ﴿ لَهُ مُعَقِّبَاتٌ مِّن بَيْنِ يَدَيْهِ وَمِنْ خَلْفِهِ يَحْفَظُونَهُ مِنْ أَمْرِ اللـه ﴾ [الرعد: 11].

✓ ﴿ وَمَا يَعْلَمُ جُنُودَ رَبِّكَ إِلَّا هُوَ ﴾ [المدثر: 31].

✓ ﴿ كُلُّ شَيْءٍ هَالِكٌ إِلَّا وَجْهَهُ ﴾ [القصص:88].

✓ ﴿ وَنَادَوْا يَا مَالِكُ لِيَقْضِ عَلَيْنَا رَبُّكَ قَالَ إِنَّكُم مَّاكِثُونَ {77/43} ﴾ [الزخرف: 77].

✓ عَنْ أَبِي سَلَمَةَ بْنِ عَبْدِ الرَّحْمَنِ بْنِ عَوْفٍ قَالَ: سَأَلْتُ عَائِشَةَ أُمَّ الْمُؤْمِنِينَ بِأَيِّ شَيْءٍ كَانَ رَسُولُ اللـه ﷺ يَفْتَتِحُ صَلاتَهُ إِذَا قَامَ مِنْ اللَّيْلِ؟ قَالَتْ: كَانَ إِذَا قَامَ كَبَّرَ وَيَقُولُ: اللـهمَّ رَبَّ جِبْرِيلَ وَمِيكَائِيلَ وَإِسْرَافِيلَ فَاطِرَ السَّمَوَاتِ وَالْأَرْضِ عَالِمَ الْغَيْبِ وَالشَّهَادَةِ أَنْتَ تَحْكُمُ بَيْنَ عِبَادِكَ فِيمَا كَانُوا فِيهِ يَخْتَلِفُونَ؛ اهْدِنِي لِمَا اخْتَلَفْتُ فِيهِ مَنْ الْحَقِّ بِإِذْنِكَ إِنَّكَ تَهْدِي مَنْ تَشَاءُ إِلَى صِرَاطٍ مُسْتَقِيمٍ".(1)

✓ ﴿ فَأَرْسَلْنَا إِلَيْهَا رُوحَنَا فَتَمَثَّلَ لَهَا بَشَرًا سَوِيًّا ﴾ [مريم: 17].

---

(1) ابن حنبل، أحمد. (ت. 241هـ)، **المسند**، تحقيق: الشيخ شعيب الأرنؤوط وآخرون، ط1، بيروت: مؤسسة الرسالة، 1421هـ 2001م، ج42، ص127، حديث رقم: 25225، وحكم عليه الشيخ الأرنؤوط بأن إسناده صحيح.

	صفاتهم الخَلْقية
	صفاتهم الخُلُقية
	قدراتهم
	مهامهم
	عددهم
	زمن خلقهم
	أسماؤهم
	موتهم

رابعاً: عالم الجن

الأهداف المتوقعة:

يتوقع من الطالب أن يحقق الأهداف الآتية:

1- يُفرِّق بين الملائكة والجنّ من حيث: المفهوم، وطبيعة الخلق، والصفات.

2- يستنتج أساليب الشيطان في الغواية.

3- يتعرّف على الوسائل المعينة لمحاربة الشيطان.

الفعاليات المقترحة:

1- تفعيل أسلوب حل المشكلات، وربطه بالفهم الصحيح لعالم الجن.

2- تلخيص أهم الأفكار المتعلقة بعالم الجنّ.

3- تحليل قصة إغواء الشيطان لسيدنا آدم عليه السلام والأساليب التي استخدمها لذلك، وطرح الأسئلة المناسبة.

4- تفعيل أسلوب دراسة الحالة، لمناقشة جوانب المسؤولية الفردية وكيفية القيام بها، ومن ثمّ حدود تأثير الشيطان على الإنسان.

ورقة عمل رقم (1) الجنّ

الهدف: أن يستقصي الطالب آثار الفهم الخطأ لعالم الجنّ، ويقترح الحلول لها.

الأسلوب: حل المشكلات، من خلال دراسة الحالة.

اقرأ الموقف الآتي ثمّ أجب عما يليه:

> "منذ ليالٍ عدة لم يستطع أيهم أن ينام؛ لكثرة ما يخطر في باله من تخيلات حول عالم الجن، فقد أخبرهم معلم التربية الإسلامية عن الكثير من الأمور المتعلقة بهم، الأمر الذي جعله لأيام لا يفكر إلا في هذا الموضوع الذي سيطر على أفكاره، فتسربت مشاعر الخوف والقلق إلى نفسه ولم يعد قادراً على إغماض عينيه طوال الليل إلى حين طلوع الفجر، الأمر الذي أدى إلى خوفه من النهوض من فراشه لأداء صلاة الفجر وحده".

1- ما المشكلة التي يعاني منها أيهم؟

....

....

2- هل سبق وأن مر بك أو بأحد ممن حولك هذا الموقف؟

....

....

3- حاول أن تفكّر بأسباب ظهور هذه المشكلة عند أيهم؟

....

....

4- لو كنت مكان أيهم ماذا ستفعل للتخلص من هذه المشكلة؟

....

....

ورقة عمل رقم (2) الجـنُّ

الهدف: تفعيل مهارة التلخيص، باستخدام الخرائط الذهنية.

أمامك المخطط الآتي قم بإكماله واستيفاء الأمثلة التي توضِّح العناصر الرئيسة فيه.

* باستطاعة المعلم أن يقوم بتفعيل هذا المخطط في بداية الحصّة الصفية وأثنائهـا، أو على سبيل التقويم.

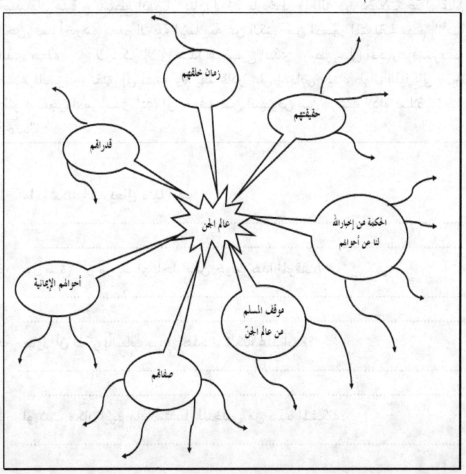

ورقة عمل رقم (3) أساليب الشيطان في الغواية

الهدف: أن يستنتج الطالب أساليب إضلال الإنسان وغوايته.

الأسلوب: تحليل قصة آدم عليه السلام مع الشيطان في الجنّة.

عزيزي الطالب: اقرأ الآيات الآتية ثمّ تعاون مـع مجموعتـك في مناقشـة الأسـئلة التـي تليها:

﴿ وَلَقَدْ عَهِدْنَا إِلَى آدَمَ مِن قَبْلُ فَنَسِيَ وَلَمْ نَجِدْ لَهُ عَزْمًا {115/20} وَإِذْ قُلْنَا لِلْمَلَائِكَةِ اسْجُدُوا لِآدَمَ فَسَجَدُوا إِلَّا إِبْلِيسَ أَبَى {116/20} فَقُلْنَا يَا آدَمُ إِنَّ هَذَا عَدُوٌّ لَّكَ وَلِزَوْجِكَ فَلَا يُخْرِجَنَّكُمَا مِنَ الْجَنَّةِ فَتَشْقَى {117/20} إِنَّ لَكَ أَلَّا تَجُوعَ فِيهَا وَلَا تَعْرَى {118/20} وَأَنَّكَ لَا تَظْمَأُ فِيهَا وَلَا تَضْحَى {119/20} فَوَسْوَسَ إِلَيْهِ الشَّيْطَانُ قَالَ يَا آدَمُ هَلْ أَدُلُّكَ عَلَى شَجَرَةِ الْخُلْدِ وَمُلْكٍ لَّا يَبْلَى {120/20} فَأَكَلَا مِنْهَا فَبَدَتْ لَهُمَا سَوْآتُهُمَا وَطَفِقَا يَخْصِفَانِ عَلَيْهِمَا مِن وَرَقِ الْجَنَّةِ وَعَصَى آدَمُ رَبَّهُ فَغَوَى {121/20} ثُمَّ اجْتَبَاهُ رَبُّهُ فَتَابَ عَلَيْهِ وَهَدَى {122/20} قَالَ اهْبِطَا مِنْهَا جَمِيعًا بَعْضُكُمْ لِبَعْضٍ عَدُوٌّ فَإِمَّا يَأْتِيَنَّكُم مِّنِّي هُدًى فَمَنِ اتَّبَعَ هُدَايَ فَلَا يَضِلُّ وَلَا يَشْقَى {123/20} ﴾ [طه:115-123]

1- استخرج الآية الكريمة التي دلّت على تحذير اللـه تعالى لسيدنا آدم من الشيطان.

....

....

2- ما الأساليب التي استخدمها الشيطان لدفع آدم عليه السلام للأكل من الشجرة التي منعه اللـه منها؟

....

....

3- هل كانت الشجرة التي منع اللـه تعالى آدم عليه السلام من الأكل منها شجرة الخلد حقاً؟

....

....

4- لَمَّا خلق الله تعالى آدم في الجنّة سمح له بالإقامة فيها، وبيّن له عظم النعم التي أوتيها فيها، ولكنّ الله تعالى نهاه عن أمر واحد فقط هو الأكل من الشجرة، قال تعالى: ﴿ وَقُلْنَا يَا آدَمُ اسْكُنْ أَنتَ وَزَوْجُكَ الْجَنَّةَ وَكُلاَ مِنْهَا رَغَداً حَيْثُ شِئْتُمَا وَلاَ تَقْرَبَا هَذِهِ الشَّجَرَةَ فَتَكُونَا مِنَ الظَّالِمِينَ {35/2} ﴾ [البقرة:35]، وفي آية أخرى قال الله تعالى: ﴿ وَيَا آدَمُ اسْكُنْ أَنتَ وَزَوْجُكَ الْجَنَّةَ فَكُلاَ مِنْ حَيْثُ شِئْتُمَا وَلاَ تَقْرَبَا هَـذِهِ الشَّجَرَةَ فَتَكُونَا مِنَ الظَّالِمِينَ {19/7} ﴾ [الأعراف: 19]. والسؤال هل كان تكليف الله تعالى لآدم عليه السلام تكليفاً شاقاً وتضييقاً عليه؟ وضِّح إجابتك، مبيناً العلاقة بين ما حدث في القصة وما يدعيه البعض من تشدد الإسلام في التحريم.

....

....

5- تتبع من خلال الآيات الكريمة عاقبة مخالفة آدم لأوامر الله تعالى.

....

....

6- هل كان إغواء الشيطان لسيدنا آدم مبرراً لعدم محاسبة الله تعالى له؟

....

....

7- لماذا عاقب الله تعالى آدم عليه السلام على ما فعل؟

....

....

8- علامَ يدلّ هذا؟[1]

....

....

9- ما أقوى الوسائل التي تعين المسلم على مقاومة تأثير الشيطان على الإنسان؟

....

....

---

(1) إن الهدف من الأسئلة (6، 7، 8) هو التأكيد على مبدأ تحمل المسؤولية رغم وجود أثر للشيطان في الإغواء.

10- برأيك ما الداعي إلى إخبار اللـه تعالى لنا بأحداث هذه القصة، وما جرى فيها؟

....

....

11- استخرج من القصة ثلاثة دروس تفيدها لنفسك في الحياة.

....

....

ورقة عمل رقم (4) التدريب على مهارة التعليل

الهدف: التدريب على مهارة التعليل

من خلال مجموعتك، علل الأمور الآتية:

1- تسمية الجن بهذا الاسم.

....

....

2- كفر الشيطان بالله رب العالمين.

....

....

3- يقوم الشيطان بغواية الإنسان.

....

....

4- خلق الله تعالى للجنّ.

....

....

ورقة عمل رقم (5) خصائص الجن

الهدف: يستنتج الطلبة أهم الخصائص المتعلقة بالجن.

عزيزي الطالب: أمامك مجموعة من الآيات القرآنية تضمنت خصائص متعددة للجـن، قم بتحليلها أنت ومجموعتك، ثمّ قم بكتابة ما توصلت إليه في موضعه المناسـب مـن الجدول الذي أمامك.

- ✓ قال اللـه تعالى: ﴿ وَإِذْ قُلْنَا لِلْمَلَائِكَةِ اسْجُدُوا لِآدَمَ فَسَجَدُوا إِلَّا إِبْلِيسَ كَانَ مِنَ الْجِنِّ فَفَسَقَ عَنْ أَمْرِ رَبِّهِ أَفَتَتَّخِذُونَهُ وَذُرِّيَّتَهُ أَوْلِيَاء مِن دُونِي وَهُمْ لَكُمْ عَدُوٌّ بِئْسَ لِلظَّالِمِينَ بَدَلًا {50/18} ﴾ [الكهف:50].

- ✓ قال اللـه تعالى: ﴿ قَالَ عِفْرِيتٌ مِّنَ الْجِنِّ أَنَا آتِيكَ بِهِ قَبْلَ أَن تَقُومَ مِن مَّقَامِكَ وَإِنِّي عَلَيْهِ لَقَوِيٌّ أَمِينٌ {39/27} ﴾ [النمل: 39].

- ✓ قال اللـه تعالى﴿ وَأَنَّا لَمَسْنَا السَّمَاء فَوَجَدْنَاهَا مُلِئَتْ حَرَسًا شَدِيدًا وَشُهُبًا {8/72} ﴾ [الجن: 8].

- ✓ قال اللـه تعالى: ﴿ وَلِسُلَيْمَانَ الرِّيحَ غُدُوُّهَا شَهْرٌ وَرَوَاحُهَا شَهْرٌ وَأَسَلْنَا لَهُ عَيْنَ الْقِطْرِ وَمِنَ الْجِنِّ مَن يَعْمَلُ بَيْنَ يَدَيْهِ بِإِذْنِ رَبِّهِ وَمَن يَزِغْ مِنْهُمْ عَنْ أَمْرِنَا نُذِقْهُ مِنْ عَذَابِ السَّعِيرِ {12/34} يَعْمَلُونَ لَهُ مَا يَشَاءُ مِن مَّحَارِيبَ وَتَمَاثِيلَ وَجِفَانٍ كَالْجَوَابِ وَقُدُورٍ رَّاسِيَاتٍ اعْمَلُوا آلَ دَاوُودَ شُكْرًا وَقَلِيلٌ مِّنْ عِبَادِيَ الشَّكُورُ {13/34} ﴾ [سبأ: 12-13].

- ✓ قال اللـه تعالى: ﴿ إِنَّ عِبَادِي لَيْسَ لَكَ عَلَيْهِمْ سُلْطَانٌ إِلاَّ مَنِ اتَّبَعَكَ مِنَ الْغَاوِينَ {42/15} ﴾ [الحجر: 42].

- ✓ قال اللـه تعالى: ﴿ وَمَا خَلَقْتُ الْجِنَّ وَالْإِنسَ إِلَّا لِيَعْبُدُونِ {56/51} ﴾ [الذاريات: 56].

جدول لتصنيف نتائج تحليل الآيات الكريمة المتعلقة بموضوع الجن:

قدراتهم	
مهامهم	
زمن خلقهم	

ورقة عمل رقم (6) طرق غواية الشيطان للإنسان

الهدف: يستنتج الطلبة طرق غواية الشيطان للإنسان

عزيزي الطالب: أمامك مجموعة من الآيات القرآنية تضمنت طرقاً يقوم من خلالها الشيطان بغواية الإنسان. قم بتحليل الآيات أنت ومجموعتك، ثمّ استخرج طرق الغواية.

1- قال الله تعالى: ﴿ قَالَ أَرَأَيْتَ إِذْ أَوَيْنَا إِلَى الصَّخْرَةِ فَإِنِّي نَسِيتُ الْحُوتَ وَمَا أَنسَانِيهُ إِلَّا الشَّيْطَانُ أَنْ أَذْكُرَهُ وَاتَّخَذَ سَبِيلَهُ فِي الْبَحْرِ عَجَبًا {63/18} ﴾ [الكهف: 63].

....

....

2- قال الله تعالى: ﴿ اسْتَحْوَذَ عَلَيْهِمُ الشَّيْطَانُ فَأَنسَاهُمْ ذِكْرَ اللَّهِ أُوْلَئِكَ حِزْبُ الشَّيْطَانِ أَلَا إِنَّ حِزْبَ الشَّيْطَانِ هُمُ الْخَاسِرُونَ {19/58} ﴾ [المجادلة: 19].

....

....

3- قال الله تعالى: ﴿ وَقَاسَمَهُمَا إِنِّي لَكُمَا لَمِنَ النَّاصِحِينَ {21/7} ﴾ [الأعراف: 21].

....

....

4- قال الله تعالى: ﴿ وَإِذْ زَيَّنَ لَهُمُ الشَّيْطَانُ أَعْمَالَهُمْ وَقَالَ لاَ غَالِبَ لَكُمُ الْيَوْمَ مِنَ النَّاسِ وَإِنِّي جَارٌ لَّكُمْ فَلَمَّا تَرَاءتِ الْفِئَتَانِ نَكَصَ عَلَى عَقِبَيْهِ وَقَالَ إِنِّي بَرِيءٌ مِّنكُمْ إِنِّي أَرَى مَا لاَ تَرَوْنَ إِنِّيَ أَخَافُ اللَّهَ وَاللَّهُ شَدِيدُ الْعِقَابِ {48/8} ﴾ [الأنفال: 48].

....

....

5- قال الله تعالى: ﴿ قَالَ رَبِّ بِمَآ أَغْوَيْتَنِي لأُزَيِّنَنَّ لَهُمْ فِي الأَرْضِ وَلأُغْوِيَنَّهُمْ أَجْمَعِينَ {39/15} ﴾ [الحجر: 39].

....

....

6- قال الله تعالى: ﴿ تَاللَّهِ لَقَدْ أَرْسَلْنَا إِلَى أُمَمٍ مِّن قَبْلِكَ فَزَيَّنَ لَهُمُ الشَّيْطَانُ أَعْمَالَهُمْ فَهُوَ وَلِيُّهُمُ الْيَوْمَ وَلَهُمْ عَذَابٌ أَلِيمٌ {63/16} ﴾ [النحل: 63].

....

7- قال الله تعالى: ﴿ فَوَسْوَسَ إِلَيْهِ الشَّيْطَانُ قَالَ يَا آدَمُ هَلْ أَدُلُّكَ عَلَى شَجَرَةِ الْخُلْدِ وَمُلْكٍ لَّا يَبْلَى {120/20} ﴾ [طه: 120].

....

....

.

ورقة عمل رقم (7) تصنيف طرق غواية الشيطان للإنسان

الهدف: تدريب الطلبة على مهارة التصنيف.

عزيزي الطالب: أمامك مجموعة من الآيات القرآنية تضمنت طرقاً يقوم من خلالها الشيطان بغواية الإنسان. قم بتصنيفها أنت ومجموعتك، بناء على الخريطة المعرفية الآتية.

☒ قال الله تعالى: ﴿ فَوَسْوَسَ إِلَيْهِ الشَّيْطَانُ قَالَ يَا آدَمُ هَلْ أَدُلُّكَ عَلَى شَجَرَةِ الْخُلْدِ وَمُلْكٍ لَّا يَبْلَى {120/20} ﴾ [طه: 120].

☒ قال الله تعالى: ﴿ وَإِذْ زَيَّنَ لَهُمُ الشَّيْطَانُ أَعْمَالَهُمْ وَقَالَ لاَ غَالِبَ لَكُمُ الْيَوْمَ مِنَ النَّاسِ وَإِنِّي جَارٌ لَّكُمْ فَلَمَّا تَرَاءتِ الْفِئَتَانِ نَكَصَ عَلَى عَقِبَيْهِ وَقَالَ إِنِّي بَرِيءٌ مِّنكُمْ إِنِّي أَرَى مَا لاَ تَرَوْنَ إِنِّيَ أَخَافُ اللّه وَاللّه شَدِيدُ الْعِقَابِ {48/8} ﴾ [الأنفال: 48].

☒ قال الله تعالى: ﴿ اسْتَحْوَذَ عَلَيْهِمُ الشَّيْطَانُ فَأَنسَاهُمْ ذِكْرَ اللَّه أُوْلَئِكَ حِزْبُ الشَّيْطَانِ أَلَا إِنَّ حِزْبَ الشَّيْطَانِ هُمُ الْخَاسِرُونَ {19/58} ﴾ [المجادلة: 19].

☒ ﴿ قَالَ أَرَأَيْتَ إِذْ أَوَيْنَا إِلَى الصَّخْرَةِ فَإِنِّي نَسِيتُ الْحُوتَ وَمَا أَنسَانِيهُ إِلَّا الشَّيْطَانُ أَنْ أَذْكُرَهُ وَاتَّخَذَ سَبِيلَهُ فِي الْبَحْرِ عَجَبًا {63/18} ﴾ [الكهف: 63].

☒ قال الله تعالى: ﴿ وَقَاسَمَهُمَا إِنِّي لَكُمَا لَمِنَ النَّاصِحِينَ {21/7} ﴾ [الأعراف: 21].

☒ قال الله تعالى: ﴿ تَاللّه لَقَدْ أَرْسَلْنَا إِلَى أُمَمٍ مِّن قَبْلِكَ فَزَيَّنَ لَهُمُ الشَّيْطَانُ أَعْمَالَهُمْ فَهُوَ وَلِيُّهُمُ الْيَوْمَ وَلَهُمْ عَذَابٌ أَلِيمٌ {63/16} ﴾ [النحل: 63].

☒ قال الله تعالى: ﴿ قَالَ رَبِّ بِمَآ أَغْوَيْتَنِي لأُزَيِّنَنَّ لَهُمْ فِي الأَرْضِ وَلأُغْوِيَنَّهُمْ أَجْمَعِينَ {39/15} ﴾ [الحجر: 39].

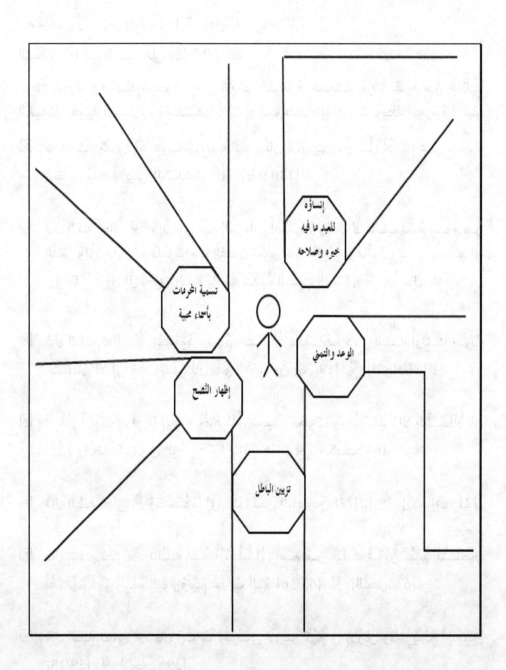

ورقة عمل رقم (8) المقارنة بين الملائكة والجن والبشر

الهدف: يقارن الطلبة بين الملائكة والجن.

الأسلوب: مقارنة مغلقة.

من خلال مجموعتك؛ قارن بين الملائكة والجن وفق الجدول الآتي:

	المفهوم	الصفات	الوظائف
الملائكة			
الجن			
البشر			

ورقة عمل رقم (9) مقارنة مفتوحة بين الملائكة والجن والبشر

الهدف: يقارن الطلبة بين الملائكة والجن والبشر.

من خلال مجموعتك؛ قارن بين الملائكة والجن والبشر وفق المخطط الآتي:

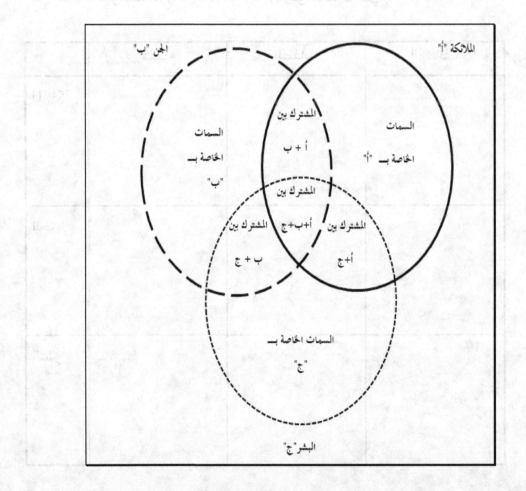

خامساً: الإيمان بالكتب الإلهية

الأهداف المتوقعة:

يتوقع من الطالب أن يحقق الأهداف الآتية:

1- يستنتج الطلبة مفهوم الإيمان بالكتب الإلهية.

2- يقارن بين الكتب الإلهية، والقرآن الكريم.

3- يقدّر أهميّة حفظ الـلـه تعالى للقرآن الكريم من التحريف.

4- يؤمن بالكتب الإلهية جميعها.[1]

5- يؤيد أهمية إرسال الكتب الإلهية على الرسل لهداية النّاس.

6- يعتز بعقيدته الإسلامية، وبتسامح الإسلام مع أصحاب الديانات الأخرى.

7- يؤيد حرية التدين، ويحترم الديانات الأخرى.

8- يعي كيف يتعامل مع أصحاب الديانات الأخرى.

الفعاليات المقترحة:

تم توظيف العديد من المهارات المتنوعـة وتصـميم الأنشـطة المناسـبة لهـا، التـي تعطي للمعلم خيارات متعددة لتطبيق ما يراه مناسباً كالآتي:

1- تفعيل المهارات الآتية: تحليل النّصوص، مهارة المقارنة، مهارة التعليل.

2- تنمية مهارات التفكير؛ التفكير الناقد، ومهارات التفكير الإبداعي، الطلاقة الفكرية.

3- توظيف خرائط المعرفة.

4- توظيف المقالات، والحقائق التاريخية.

---

(1) تجدر الإشارة إلى أننا نؤمن بالكتب السماوية جملة وتفصيلاً، وبأن الـلـه أنزل كتباً سماوية ولكنه تعالى لم يحفظ سوى القرآن الكريم أما بقية الكتب فلم يتكفل بحفظها؛ لذلك كتبت هـذه الكتـب بأيـدي أتبـاع الديانات ومن ذاكراتهم.

ورقة عمل رقم (1) تنمية مهارة الطلاقة الفكرية ضمن موضوع الإيمان بالكتب الإلهية

الهدف: تنمية مهارة الطلاقة الفكرية/ مهارات التفكير الإبداعي

اكتب أكبر قدر ممكن من النتائج المترتبة على فرضية أنَّ القرآن الكريم لم يُجمع في مصحف واحد وبقي محفوظاً في صدور الصحابة رضوان الله تعالى عليهم.

....

....

....

....

....

....

ورقة عمل رقم (2) تنمية مهارة الطلاقة الفكرية ضمن موضوع الإيمان بالكتب الإلهية

الهدف: تنمية مهارة الطلاقة الفكرية/ مهارات التفكير الإبداعي

اكتب أكبر قدر ممكن من النتائج المترتبة على فرضية لو أنّ الله تعالى أرسل رسلاً إلى البشر؛ ولم يرسل معهم كتباً سماوية.

....

....

....

....

....

....

ورقة عمل رقم (3) المقارنة بين الكتب الإلهية، واستنتاج سمات رسالة الإسلام (موافقته للعقل والحقائق العلمية)

الهدف: أن يقارن الطالب بين الكتب الإلهية، ويستنتج سمات رسالة الإسلام.

الأسلوب: تفعيل التفكير النّاقد.

يقول الطبيب موريس بوكاي:

"قمت بدراسة القرآن الكريم وذلك دون أي فكر مسبق وبموضوعية تامة باحثاً عن درجة اتفاق نص القرآن ومعطيات العلم الحديث. وكنت أعرف قبل هذه الدراسة - عن طريق الترجمات- أن القرآن يذكر أنواعاً كثيرة من الظواهر الطبيعية، وبفضل الدراسة الواعية للنص العربي استطعت أن أحقق قائمة أدركت بعد الانتهاء منها أنّ القرآن لا يحتوي على أية مقولة قابلة للنقد من وجهة نظر العلم في العصر الحديث"

ويتابع بوكاي قوله: "وبنفس الموضوعية قمت بفحص العهد القديم والأناجيل؛ أمّا بالنسبة للعهد القديم فلم تكن هناك حاجات للذهاب إلى أبعد من الكتاب الأول؛ أي سفر التكوين، فقد وجدت مقولات لا يمكن التوفيق بينها وبين أكثر معطيات العلم رسوخاً في عصرنا، عدا عن الأخطاء التاريخية وتناقض النّصوص بعضها مع بعض".

"وأمّا بالنسبة للأناجيل فما نكاد نفتح الصفحة الأولى منها حتى نجد أنفسنا دفعة واحدة في مواجهة مشكلة خطيرة ونعني بها شجرة أنساب المسيح. وذلك أنّ نص إنجيل متى يناقض بشكل جلي إنجيل لوقا Luc، وأنّ هذا الأخير يقدم لنا صراحة أمراً لا يتفق مع المعارف الحديثة الخاصة بقدم الإنسان على الأرض". [1]

---

(1) بوكاي، موريس، (1991م)، **دراسة الكتب المقدسة في ضوء المعارف الحديثة والعلم**، ط1، بيروت: دار الأفكار، ص13.

1- كيف تفسّر عدم وجـود أي تنـاقض بـين الظـواهر الطبيعيـة التـي ذكرهـا القرآن الكريم والعلم في العصر الحديث.

....

....

2- ما سبب وجود التناقضات بين أبرز معطيات العلم الحديث وأكثرهـا رسـوخاً، ومـا جاء في التوراة حولها؟

....

....

3- استخلص الإشكاليات التي وجدها الطبيب بوكاي في الأناجيل، وحاول أن تفسّر سبب وجودها.

....

....

4- هل هذه الإشكالات موجودة في القرآن الكريم ولماذا؟

....

....

5- يُعدّ القرآن الكريم مصدراً من مصادر العقيدة والتشريع الإسلامي، ما السمات التي اتصفت بها العقيدة الإسلامية بناءً على ما قرأت؟

....

....

6- ما رأيك بالنتيجة التي توصّل لها (موريس بوكاي) حول القرآن الكريم؟

....

....

ورقة عمل (4) التمييز بين رسالة الإسلام وغيرها من الرسالات

(خلوها من التناقض)

الهدف: أن يستنتج الفرق بين رسالة الإسلام وغيرها من الرسالات.
الأسلوب: التفكير الناقد

"يحتوي كل من الأناجيل الأربعة على عدد هام مـن الروايـات التـي تسرد أحـداثاً قـد تكون مذكورة في إنجيل واحد فقط، أو تذكر في عـدة أناجيـل أو فيهـا كلهـا. ويـدهش القارئ عندما ينفرد واحد من الأناجيل بذكر حدث هام مـن مثـل صـعود المسـيح إلى السماء يوم القيامة، يضاف إلى ذلك أن كثـيراً مـن الأحـداث مسرودة بشـكل مختلـف، وأحياناً بشكل مختلف جداً لدى اثنين أو أكثر من المبشرين أصحاب الأناجيـل، وكثـيراً ما يدهش المسيحيون عندما يكتشفون وجود التناقضات بين الأناجيل، خاصة مـا وقـع في هذه الأناجيل من تناقضات وتضـارب حـول الأحـداث الأخـيرة التـي طبعـت حيـاة المسيح والتي تلت آلامه؛ من مثل التضارب الذي وقع في تحديد موعد العشـاء الأخير الذي ودع فيه المسيح حوارييه، فيما إذا كان قبل عيد الفصح أم بعده؛ فإنجيـل يوحنـا يقول بوقوعه (قبل عيد الفصح)، والأناجيل الأخرى تقول (بوقوعه أثناء عيد الفصـح)، ومن مثل ذكر إنجيل (لوقا) بظهور المسيح في النّاصرة، في حين يـذكر في إنجيـل (متـى) أنّه ظهر بالجليل."[1]

1- ما رأيك بواقع الحال بالنسبة لهذه الأناجيل؟

....

....

....

(1) بوكاي، **دراسة الكتب المقدسة في ضوء المعارف الحديثة**، ص117، ص122.

2- ما أسباب وجود هذا التناقض بين الأناجيل؟

....

....

....

3- ما أثر هذه التناقضات والتضارب بين الأناجيل على النّصارى عند اكتشافهم ذلك؟

....

....

....

4- هل يوجد في القرآن الكريم مثل هذا التضارب؟ اذكر أدلة على كلامك.

....

....

....

5- هل يوجد في العقيدة الإسلامية (قضايا الإيمان) أمور تتناقض مع بعضها البعض، وما دلالة ذلك؟

....

....

....

موقف الإسلام من العقائد الأخرى [1]

يتمركز هذا الموضوع حول القواعد العامة لضوابط العلاقة بين المسلمين وغيرهم، من أهل الكتاب ومن غيرهم، مع ذكر أمثلة على تسامح الإسلام مع غير المسلمين في التاريخ الإسلامي، فضلاً عن بيان موقف الإسلام من المعارضين له بعدم إجبارهم على الدخول فيه، وعدم التعرض لهم بالتعذيب والقتل لمخالفتهم له.

يستلزم عرض هذا الموضوع من المعلم تدريب الطلبة على مهارة التحليل والمقارنة، لذا فإننا ننصح المعلم بتوظيف مصادر تعليمية مناسبة لهذا الغرض؛ ففي مجال المقارنة في التعامل الحضاري بين المسلمين وغيرهم لاسيّما في التعامل مع الأسرى؛ فيمكن اقتباس بعض النصوص للمقارنة بين الموقفين، ومن أمثلة الكتب التي يمكن الرجوع إليها: كتاب: من روائع حضارتنا، د. مصطفى السباعي، وكتاب: حضارة العرب للمستشرق غوستاف لوبون، وكتاب شمس العرب تسطع على الغرب للمستشرقة زيغريد هونكة.

كما بإمكان المعلم أن يوجّه طلبته إلى متابعة ما ينشر ويعرض في وسائل الإعلام المختلفة من صحف وأخبار دولية وعالمية على المحطات الأرضية والفضائية، المتعلقة بممارسات الدول الغربية تجاه حقوق الإنسان، وما يحدث داخل السجون وغيرها في الحروب التي تدور، ثمّ مقارنتها بما أرساه الإسلام من قواعد نظمت العلاقة بين المسلمين وغيرهم، ومثل هذه الأنشطة تثير اهتمام الطلبة بالأخبار ومستجدات الساحة العالمية، وتكسبهم القدرة على الرصد وجمع المعلومات والقدرة على التحليل والمقارنة.

وفيما يأتي أنشطة مقترحة حول الموضوع:

---

(1) قمنا بمناقشة بعض القضايا المتعلقة بالكتب السماوية موضوع خصائص الإسلام.

ورقة عمل (1) احترام الإسلام للعقائد الأخرى

الأهداف: - تعميق اعتزاز الطالب بعقيدته الإسلامية.

- تعزيز قناعة الطالب باحترام الإسلام لحرية الأديان، واحترام العقائد الأخرى.

الأسلوب: مهارة التحليل.

يقول سيرت.و. آرنولد:[1] "ويمكننا أن نحكم من الصلات الودية التي قامت بين المسيحيين والمسلمين من العرب بأنّ القوة لم تكن عاملاً حاسماً في تحويل النّاس إلى الإسلام، فمحمد نفسه قد عقد حلفاً مع بعض القبائل المسيحية، وأخذ على عاتقه حمايتهم ومنحهم الحرية في إقامة شعائرهم الدينية، كما أتاح لرجال الكنيسة أن ينعموا بحقوقهم ونفوذهم القديم في أمن وطمأنينة."[2]

عزيزي الطالب:

استخلص من النّص السابق أبرز القواعد التي تضمَّنها كلام (سيرت. أرنولد) حول علاقة الإسلام بأهل الكتاب، ومن ثمّ طابق القواعد التي استخلصتها بما ذكره القرآن الكريم[3] ودعا له لتنظيم علاقة المسلمين بأهل الكتاب، كما يأتي:

القواعد التي تضمنّها النص	الآيات القرآنية التي دلّت على هذه القواعد

(1) أرنولد، توماس ووكر، (1864-1930م) مستشرق بريطاني.

(2) أرنولد، سيرت.و. (1971م)، **الدعوة إلى الإسلام، بحث في تاريخ نشر العقيدة الإسلامية**، ترجمة: حسن إبراهيم، وعبد المجيد عابدين، ط3، مصر: دار النهضة المصرية، ص48.

(3) يمكن للمعلم توجيه الطالب للرجوع إلى المعاجم الموضوعية للقرآن الكريم، مثل: المعجم الموضوعي للآيات القرآن الكريم، للباحث حسان عبد المنان.

ورقة عمل رقم (2) احترام حرية التدين والاعتقاد في حالتي السلم والحرب

الهدف: أن يفرق بين موقف الإسلام من العقائد الأخرى، وموقف العقائد الأخرى من المسلمين.

الأسلوب: التفكير الناقد التحليلي.

عزيزي الطالب: اقرأ النّصوص الآتية، واستخرج المفارقات بين الموقفين فيما يتعلق باحترام حرية العقائد وحقوق الإنسان، ثمّ عبّر عن رأيك حول ما قرأت.

النّص الأول: "ولما بلغ الجيش الإسلامي وادي الأردن، وعسكر أبو عبيدة في فحل سنة (13هـ)، كتب الأهالي المسيحيون في هذه البلاد إلى العرب يقولون: "يا معشر المسلمين، أنتم أحب إلينا من الروم، وإن كانوا على ديننا، أنتم أوفى لنا، وأرأف بنا وأكفُّ عن ظلمنا وأحسن ولاية علينا، ولكنهم غلبونا على أمرنا."[1]

النص الثاني: تقول زيغريد هونكه:[2] "إنَّ العرب لم يفرضوا على الشعوب المغلوبة الدخول في الإسلام، فالمسيحيون...واليهود الذين لاقوا أبشع أمثلة للتعصب الديني وأفظعها؛ سمح لهم جميعاً دون أي عائق يمنعهم ممارسة شعائر دينهم، وترك المسلمون لهم بيوت عبادتهم وأديرتهم وكهنتهم وأحبارهم دون أن يمسوهم بأدنى أذى... لقد أعطى العرب لمن لم يعتنقوا الإسلام من شعوب البلدان التي فتحوها حرية الديانة وحريتهم كمواطنين ما داموا يؤدون فقط ضريبة الرأس ويطيعون حكامهم...ولأول مرة يتحرر أصحاب المذاهب المسيحية؛ كالنساطرة والقائلين بطبيعة واحدة للمسيح من

---

(1) الكلاعي، أبو الربيع، سليمان بن موسى الأندلسي (ت. 634هـ)، **الاكتفاء بما تضمنه من مغازي رسول الله والثلاثة الخلفاء**، تحقيق: د. محمد كمال الدين عز الدين علي، ط1، بيروت: عالم الكتب، 1417هـ، ج3، ص183. بتصرف.

(2) زيجريد هونكه (1913م-1999م)، مستشرقة ألمانية.

اضطهاد كنيسة الدولة فتنتشر مذاهبهم بحرية ويسر... والأديرة المسيحية في سورية التي كادت أن تنمحي في عصر الحكم المسيحي وصلت إلى ذروة عظمتها في الدولة الإسلامية."[1]

النّص الثالث: "عندما استولى الإسبان على مدينة غرناطة بعد أن نقضوا معاهدة الصلح التي أبرموها مع آخر ملوك إسبانيا من المسلمين أبو عبدالله بن أبي الحسن ملك غرناطة صباح يوم 1492/1/2م ظهرت محاكم التفتيش تبحث عن كل مسلم لتحاكمه على عدم تنصره، فهام المسلمون على وجوههم في الجبال، وأصدرت محاكم التفتيش الإسبانية تعليماتها للكاردينال (سيسزوس) تنصير بقية المسلمين في إسبانيا، والعمل السريع على إجبارهم على أن يكونوا نصارى، وأحرقت المصاحف وكتب التفسير والحديث والفقه والعقيدة، وكانت محاكم التفتيش تصدر أحكاماً بحرق المسلمين على أعواد الحطب وهم أحياء في ساحة من ساحات مدينة غرناطة أمام الناس، ونزع أظافرهم وسمل عيونهم، وتقطيع أوصالهم، وقد استمرت هذه الحملة الظالمة على المسلمين حتى العام 1577م، وراح ضحيتها حسب بعض المؤرخين الغربيين أكثر من نصف مليون مسلم، حتى تم تعميد جميع الأهالي بالقوة."[2]

---

(1) هونكه، زيغريد. (1993م)، شمس العرب تسطع على الغرب"أثر الحضارة العربية في أوروبا"، ترجمة: فاروق بيضون، وكمال دسوقي، ط8، بيروت: دار الجيل، ودار الآفاق الجديدة، 364-368.

(2) مجلة الوعي الكويتية، العدد 532، تاريخ العدد: 3-9-2010م. محاكم التفتيش: أسوأ الحقب دموية بحق المسلمين.من موقع: http://alwaei.com/topics/view/article.php?sdd=310&issue=455

ورقة عمل رقم (3) موقف الإسلام من العقائد الأخرى"المبادىء الدولية الإنسانية"

الهدف: أن يستخلص الطالب المبادئ الدولية الإنسانية التي يدعو لها الإسلام، ويطبقها مع أصحاب العقائد الأخرى.

عزيزي الطالب: أمامك نصوص تتحدث عـن ممارسـات الصـليبيين في الحمـلات الصـليبية على بيت المقدس، وموقف السلطان صلاح الدين الأيـوبي مـن الصـليبيين بعـد تحريـر بيت المقدس منهم. اقرأ النّصوص الآتية، ثمّ أجب عمّا يليها.

يقول وليم الصوري: "إنّ بيت المقدس شهد عند دخول الصليبيين مذبحة رهيبـة حتـى أصبح البلد مخاضة واسعة من دماء المسلمين". ويوضح المؤرخ الراهـب روبـرت الـذي كان مع الصليبيين الذين دخلوا بيت المقـدس فيقـول: "كـان قومنـا يجوبـون الشـوارع والميادين وسطوح البيـوت لـيرووا غلـيلهم مـن التقتيـل... وكـانوا لا يسـتبقون إنسـاناً، وكانوا يشنقون أناساً كثيرين بحبل واحد بغية السرعة... وكانت الدماء تسـيل كالأنهـار في طرق المدينة المغطاة بالجثث... ثمّ أحضر جميع الذين اعتقلوا إلى برج القصر، وأمر بضرب رقاب عجائزهم وشيوخهم وضعافهم وبسوق فتيانهم وكهولهم إلى أنطاكية لكي يباعوا فيها."[1]

"وفي يوم الجمعة الثاني من تشرين الأول/أكتوبر 1187م، الموافق للسابع والعشرين من رجب عام 583هـ..كان دخول السلطان صلاح الدين الرسمي إلى المدينة المقدّسة، وكان أمراؤه وجنوده مزوّدين بأوامر محدّدة وصارمة: عدم التعرض لأي مسيحي، سواء أكان إفرنجيا أم شرقياً. والحقّ أنّه لم يحدث ذبـح ولا نهـب، وطالـب بعـض المتـزمّتين بهـدم كنيسة القيامة عقاباً على التعدّيات التي ارتكبها الإفرنج، ولكـنّ صـلاح الـدين أوقفهـم عند حـدّهم، بـل إنّـه ضـاعف مـن الحراسـة عـلى أمكنـة العبـادة وأعلـن أنّ في وسـع

(1) عاشور، فايد حمّاد محمد. (1985م)، **جهـاد المسـلمين في الحـروب الصـليبية، العـصر الفـاطمي السـلجوقي والزنكي**، ط3، بيروت: مؤسسة الرسالة، ص113-114. وقد كانت أنطاكية في ذلك الوقت قد وقعت تحت سيطرة الصليبيين سنة 1099م/492هـ.

ويستطيع المعلم أن يكلف طلبته بالبحث عن حقائق أخرى توضح مواقف الصليبيين مـن المسـلمين في بيت المقدس.

الإفرنج أنفسهم أن يقدموا للحج إذا شاءوا... وأذن صلاح الدين بتحرير ألف شخص من الفقراء الصليبيين بلا فدية، ثمّ أطلق سراح ألف ومائتين منهم بالإضافة للعد الأول، ثمّ أعلن صلاح الدين الأيوبي بأن في وسع المسنين أن يذهبوا من دون أن يدفعوا، وتمّ كذلك تحرير أرباب العائلات من الأسر. وأمّا الأرامل والأيتام الإفرنج فإنّه لم يكتف بإعفائهم من الدفع، بل زوّدهم بالهدايا قبل رحيلهم، وغادر بطرك القدس المدينة مصحوباً بعدّة عربات محملة بالذهب والسجّاد وكل أنواع المتاع النفيس".[1]

وقد اعترض على صلاح الدين من قِبل العديدين، فرد عليهم: "علينا أن نطبّق المواثيق التي قطعناها بحذافيرها فلا يستطيع إنسان اتهام المسلمين بخيانة عهودهم، بل إنّ المسيحيين سوف يتذكّرون أينما حلّوا ما غمرناهم به من إحسان."[2]

عبّر بأسلوبك عن الفرق بين موقف الإسلام والصليبيين في التعامل مع أسرى الحروب.

	الحملات الصليبية على بيت المقدس	زمن تحرير السلطان صلاح الدين الأيوبي بيت المقدس
احترام حرية العقائد وحقوق الإنسان		
أحداث وحقائق توضح وجه المقارنة		
ماذا تستخلص من رد صلاح الدين الأيوبي على من اعترض عليه من المسلمين بسبب طريقة تعامله مع الصليبيين بعد تحرير بيت المقدس منهم؟		

(1) معلوف، أمين. (1989م)، **الحروب الصليبية كما رآها العرب**، ترجمة: عفيف دمشقية، ط: بدون، دمشق: دار الفارابي، دمشق، ص249-250.

(2) المصدر نفسه، ص250.

ورقة عمل رقم (4) قواعد الإسلام في تعامله مع أصحاب العقائد الأخرى

الهدف: أن يكتسب الطالب مهارة التلخيص.

أمامك مجموعة من الكلمات المفتاحية التي لها تعلق بالقواعد الأساسية التـي ينطلـق منها الإسلام في نظرته للعقائد المختلفة، وضِّح أمام كـل كلمـة القاعـدة التـي ارتبطـت فيها.

وحدة الجنس البشري:

المساواة:

الديانات الإلهية:

الدخول في الإسلام:

حقوق الآخرين:

حقوق المسلمين:

دخول الجنة:

الأنبياء:

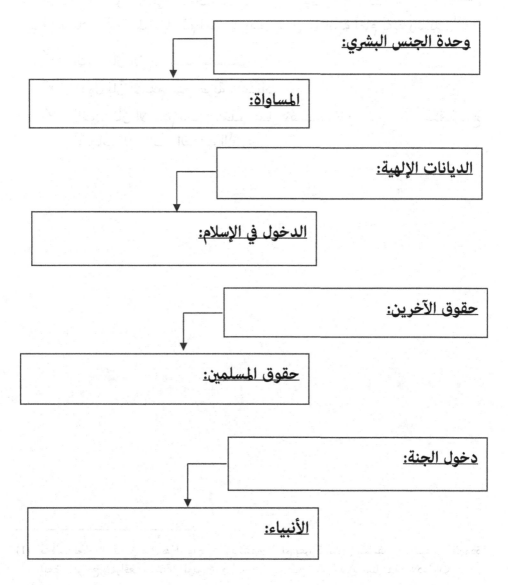

ورقة عمل رقم (5) شبهات حول موقف الإسلام من العقائد الأخرى

الهدف: يكتسب الطالب مهارة النّقد.

الأسلوب: الحوار والمناقشة.

عزيزي الطالب:

أمامك عدد من الشبهات، اختر شبهة واحدة وقم بمناقشتها مع مجموعتك، مؤيداً إجابتك بالأدلة المناسبة، ثمّ اختر طريقة العرض المناسبة أمام بقية زملائك.[1]

- ✓ القول بأنّ الإسلام انتشر بالسيف.
- ✓ القول بأنّ الإسلام يمنع حرية الاعتقاد.
- ✓ القول بأنّ الإسلام دين منغلق على نفسه، ولا يسمح ببناء علاقة مع أصحاب الديانات والعقائد الأخرى.

---

(1) يتطلب نجاح الطلبة في مثل هذا الواجب أن يكلفهم المعلم بقراءة الدّرس مسبقاً، أو تكليفهم بالعودة لبعض المراجع والمواقع المتعلقة بالموضوع، وذلك حتى يستطيع الطلبة تفنيد مثل هذه الإدعاءات.

سادساً: الإيمان بالرسل

الأهداف المتوقعة:

يتوقع من الطالب أن يحقق الأهداف الآتية:

1- يستنتج مفهوم الإيمان بالرسل.

2- يقارن بين مفهوم النّبي والرسول.

3- يعلل أسباب حاجة النّاس للرسل.

4- يكتشف الحكمة من بشرية الأنبياء والرّسل.

5- يتتبع أحداث قصص الأنبياء الآتية:

- سيدنا هود عليه السلام.
- سيدنا صالح عليه السلام.
- يونس عليه السلام.
- إبراهيم عليه السلام.

6- يؤيد ضرورة إرسال الرسل للنّاس لهدايتهم.

7- يستشعر رحمة الـلـه وحبه لعباده بإرسال الرسل والأنبياء لهداية النّاس.

8- يؤمن بنبوة الأنبياء والمرسلين جميعهم.

9- يقدّر تضحيات الرّسل والأنبياء في سبيل الدعوة.

10- يحرص على الاقتداء بالأنبياء في سلوكهم وصبرهم على دعوة أقوامهم.

الفعاليات المقترحة:

تم توظيف العديد من المهارات المتنوعة وتصميم الأنشطة المناسبة لها التي تعطي للمعلم خيارات متعددة لتطبيق ما يراه مناسباً كالآتي:

1- مهارة تحليل النصوص، حيث تم توظيف الآيات القرآنية، والأحاديث النبوية.

2- تفعيل طريقة الاستقراء في التوصل للمفاهيم.

3- مهارات المقارنة، والربط ، والاستنتاج.

4- توظيف خرائط المعرفة.

5- توظيف التعلّم باللعب.

6- توظيف مصادر تكنولوجيا التعليم.

7- توظيف الرحلة المعرفية في قصص الأنبياء.

ورقة عمل رقم (1) المقارنة بين النبي والرسول

الهدف: استنتاج أوجه الاتفاق والافتراق بين النبي والرسول.

﴿ وَاذْكُرْ فِي الْكِتَابِ إِسْمَاعِيلَ إِنَّهُ كَانَ صَادِقَ الْوَعْدِ وَكَانَ رَسُولًا نَّبِيًّا {54/19} ﴾ [مريم: 54].

﴿ يَا أَيُّهَا النَّبِيُّ إِنَّا أَرْسَلْنَاكَ شَاهِدًا وَمُبَشِّرًا وَنَذِيرًا {45/33} وَدَاعِيًا إِلَى اللَّهِ بِإِذْنِهِ وَسِرَاجًا مُّنِيرًا {46/33} ﴾ [الأحزاب: 45-46].

﴿ يَا أَيُّهَا الرَّسُولُ بَلِّغْ مَا أُنزِلَ إِلَيْكَ مِن رَّبِّكَ وَإِن لَّمْ تَفْعَلْ فَمَا بَلَّغْتَ رِسَالَتَهُ وَاللَّهُ يَعْصِمُكَ مِنَ النَّاسِ إِنَّ اللَّهَ لاَ يَهْدِي الْقَوْمَ الْكَافِرِينَ {67/5} ﴾ [المائدة: 67].

﴿ وَمَا أَرْسَلْنَا مِن قَبْلِكَ مِن رَّسُولٍ وَلَا نَبِيٍّ ﴾ [الحج: 52].

﴿ أَلَمْ تَرَ إِلَى الْمَلإِ مِن بَنِي إِسْرَائِيلَ مِن بَعْدِ مُوسَى إِذْ قَالُواْ لِنَبِيٍّ لَّهُمُ ابْعَثْ لَنَا مَلِكًا نُّقَاتِلْ فِي سَبِيلِ اللَّهِ قَالَ هَلْ عَسَيْتُمْ إِن كُتِبَ عَلَيْكُمُ الْقِتَالُ أَلاَّ تُقَاتِلُواْ {246/2} ﴾ [البقرة: 246].[1]

من خلال هذه الآيات؛ استنتج أوجه الاتفاق والافتراق بين النبي والرسول؛ مستعيناً بالشكل أدناه.

---

(1) تشير الآية الكريمة إلى أحد الأنبياء الذين لم يكونوا في عداد الرسل، ذلك أنّه لم تتنزل على بني إسرائيل رسالة سماوية أخرى بعد رسالة موسى عليه السلام.

فيما يأتي بعض النقّاط التي توضح العلاقة بين الرسول والنبي:

- إن كلاً من النبوة والرسالة فيض إلهي، واصطفاء رباني، وإنّ أياً منهما لا يكون أمراً يكتسب اكتساباً بالاجتهاد والرياضة.
- إنّ الوصف بالرسالة مغاير للوصف بالنبوة، ويشهد لذلك وصف الله بهما معاً.
- إنّ الاصطفاء بالنبوة سابق على الاصطفاء بالرسالة، فلا يتم الاصطفاء بالرسالة إلا لمن تم اصطفاؤه بالنّبوة.

انظر:

- حبنكة، العقيدة الإسلامية وأسسها، ص268.

خصائص الأنبياء وأمثلة عليها
خصائص الرسل وأمثلة عليها
أوجه التشابه
أوجه الاختلاف
أوجه الاختلاف

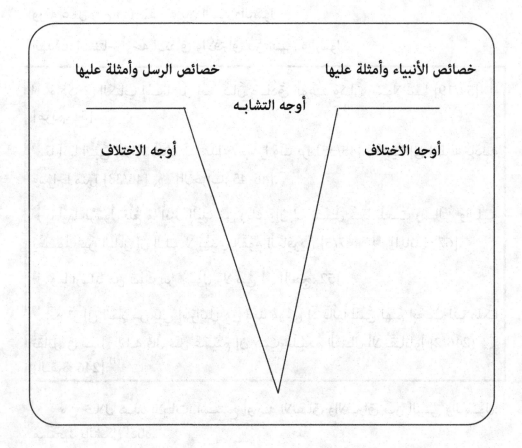

ورقة عمل رقم (2) حاجة الناس إلى الرسل

الهدف: استنتاج أسباب حاجة الناس إلى الرسل.

الأسلوب: تحليل النّصوص.

تحدثنا كتب السيرة عن شخصية عاشت وماتت قبل بعثة النبي عليه الصلاة والسلام، ألا وهو: "زَيْدُ بْنُ عَمْرِو بْنِ نُفَيْلٍ"[1] وتبدأ القصة في يوم حيث اجْتَمَعَ وَرَقَة بْنِ نَوْفَلٍ، وَعُبَيْد اللـه بْنِ جَحْشٍ، وَعُثْمَان بْنِ الْحُوَيْرِثِ، وَزَيْد بْنِ عَمْرِو بْنِ نُفَيْلٍ، فَقَالَ بَعْضُهُمْ لِبَعْضٍ: تَعَلمُون وَاللـه مَا قَوْمُكُمْ عَلَى شَيْءٍ، لَقَدْ أَخْطَأوا دِينَ أَبِيهِمْ إبْرَاهِيمَ، مَا حَجَرٌ نُطِيفُ بِهِ لا يَسْمَعُ ولا يُبْصِرُ ولا يَضُرّ ولا يَنْفَعُ، يَا قَوْمِ الْتَمِسُوا لِأَنْفُسِكُمْ دِينًا، فَإِنّكُمْ وَاللـه مَا أَنْتُمْ عَلَى شَيْءٍ.

فَتَفَرّقُوا فِي الْبُلْدَانِ يَلْتَمِسُونَ الْحَنِيفِيّةَ دِينَ إبْرَاهِيمَ، فَأَمّا وَرَقَةُ بْنُ نَوْفَلٍ فَاسْتَحْكَمَ فِي النّصْرَانِيّةِ، وَاتّبَعَ الْكُتُبَ مِنْ أَهْلِهَا، حَتّى عَلِمَ عِلْمًا مِنْ أَهْلِ الْكِتَابِ. وَأَمّا عُبَيْدُ اللـه بْنُ جَحْشٍ ، فَأَقَامَ عَلَى مَا هُوَ عَلَيْهِ مِنْ الِالْتِبَاسِ حَتّى أَسْلَمَ، ثُمّ هَاجَرَ مَعَ الْمُسْلِمِينَ إلَى الْحَبَشَةِ، وَمَعَهُ امْرَأَتُهُ أُمّ حَبِيبَةَ بِنْتُ أَبِي سُفْيَانَ مُسْلِمَةً فَلَمّا قَدِمَهَا تَنَصّرَ وَفَارَقَ الْإِسْلَامَ حَتّى هَلَكَ هُنَالِكَ نَصْرَانِيّاً. وَأَمّا عُثْمَانُ بْنُ الْحُوَيْرِثِ فَقَدِمَ عَلَى قَيْصَرَ مَلِكِ الرّومِ، فَتَنَصّرَ وَحَسُنَتْ مَنْزِلَتُهُ عِنْدَهُ.

أما زَيْدُ بْنُ عَمْرِو بْنِ نُفَيْلٍ فهذا الرجل بعدما بحث في الأديان السائدة في زمنه؛ انتهى إلى التوقف؛ فَلَمْ يَدْخُلْ فِي يَهُودِيّةٍ ولا نَصْرَانِيّةٍ وَفَارَقَ دِينَ قَوْمِهِ؛ فَاعْتَزَلَ الْأَوْثَانَ وَالْمَيْتَةَ وَالدّمَ وَالذّبَائِحَ الّتِي تُذْبَحُ عَلَى الْأَوْثَانِ وَنَهَى عَنْ قَتْلِ الْمَوْؤدَةِ، وَقَالَ: أَعْبُدُ رَبّ إبْرَاهِيمَ؛ وَبَادَى قَوْمَهُ بِعَيْبِ مَا هُمْ عَلَيْهِ.

---

(1) إن سبب اختيار هذه القصة كونها تعدُّ أنموذجاً ممتازاً للباحث عن الحقيقة والمتأمل في حال قومه، حيث أرشده عقله إلى بطلان ما كان عليه أهل مكة وأهل الأديان الآخرى.

وتروي السيدة أَسَمَاءَ بِنْتِ أَبِي بَكْرٍ ب، قَالَتْ: لَقَدْ رَأَيْت زَيْدَ بْنَ عَمْرِو بْنِ نُفَيْلٍ شَيْخًا كَبِيراً مُسْنِدًا ظَهْرَهُ إلَى الْكَعْبَةِ، وَهُوَ يَقُولُ: يَا مَعْشَرَ قُرَيْشٍ، وَاَلّذِي نَفْسُ زَيْدِ بْنِ عَمْرٍو بِيَدِهِ مَا أَصْبَحَ مِنْكُمْ أَحَدٌ عَلَى دِينِ إبْرَاهِيمَ غَيْرِي، ثُمّ يَقُولُ: اللّهمّ لَوْ أَنّي أَعْلَمُ أَيّ الْوُجُوهِ أَحَبّ إلَيْك عَبَدْتُك بِهِ وَلَكِنّي لا أَعْلَمُهُ ثُمّ يَسْجُدُ عَلَى رَاحَتِهِ.(1)

من خلال مجموعتك:

✓ ما الذي دفع هذه المجموعة إلى الحكم بأن قريشاً قد أخطأت دين سيدنا إبراهيم عليه الصلاة والسلام، ومن ثمّ البحث عن دين آخر؟

....

....

....

....

✓ استنتج أسباب عبادة قريش للأصنام.

....

....

....

....

✓ استنتج سبب اعتزال زيد بن عمرو الأوثان والميتة والدم والذبائح التي تُذبح على الأوثان.

....

....

....

....

(1) ابن هشام، أبو محمد، عبد الملك بن هشام، (ت. 218هـ)، **السيرة النبوية**، تحقيق: عمر تدمري، ط3، بيروت: دار الكتاب العربي، 1410هـ 1990م، ج1، ص251 وما بعدها.

✓ هل قرار زيد بن عمرو بالتوقف جاء فجأة، أم بُني على اقتناع وصـل بـه؟ وضِّح إجابتك

....

....

....

....

✓ من خلال النص السابق، استنتج أسباب إرسال الرسل إلى البشر.

....

....

....

....

✓ برأيك لماذا قرر زيد بن عمرو التوقف عن البحث عن الدين الحق؟

....

....

....

....

✓ على الـرغم مـن أن اليهوديـة والنصرانيـة (المسيحية) هـي ديانـات سماوية -في أصلها- إلا أن زيد بن عمرو لم يقبلها، هل لك أن تكشف عن أسباب ذلك.

....

....

....

....

ورقة عمل رقم (3) الرابط بين دعوة الأنبياء والرسل

الهدف: أن يستنتج الطالب الرابط بين دعوة الأنبياء والرسل.

- قال الله تعالى: ﴿ وَإِلَى عَادٍ أَخَاهُمْ هُوداً قَالَ يَا قَوْمِ اعْبُدُواْ اللّهَ مَا لَكُم مِّنْ إِلَهٍ غَيْرُهُ أَفَلاَ تَتَّقُونَ {65/7} ﴾ [الأعراف: 65].
- قال الله تعالى: ﴿ وَإِلَى ثَمُودَ أَخَاهُمْ صَالِحًا قَالَ يَا قَوْمِ اعْبُدُواْ اللّهَ مَا لَكُم مِّنْ إِلَهٍ غَيْرُهُ ﴾ [الأعراف: 73].
- قال الله تعالى: ﴿ وَإِلَى مَدْيَنَ أَخَاهُمْ شُعَيْبًا قَالَ يَا قَوْمِ اعْبُدُواْ اللّهَ مَا لَكُم مِّنْ إِلَهٍ غَيْرُهُ ﴾ [الأعراف: 85].
- قال الله تعالى: ﴿ وَلَقَدْ أَرْسَلْنَا نُوحًا إِلَى قَوْمِهِ فَقَالَ يَا قَوْمِ اعْبُدُوا اللَّهَ مَا لَكُم مِّنْ إِلَهٍ غَيْرُهُ أَفَلَا تَتَّقُونَ {23/23} ﴾ [المؤمنون: 23].
- قال الله تعالى: ﴿ ثُمَّ أَنشَأْنَا مِن بَعْدِهِمْ قَرْنًا آخَرِينَ {31/23} فَأَرْسَلْنَا فِيهِمْ رَسُولًا مِنْهُمْ أَنِ اعْبُدُوا اللَّهَ مَا لَكُم مِّنْ إِلَهٍ غَيْرُهُ أَفَلَا تَتَّقُونَ {32/23} ﴾ [المؤمنون: 31-32].

من خلال مجموعتك:

- لماذا كانت دعوة الأنبياء جميعهم واحدة؟

....

....

- إذا كانت دعوة الأنبياء واحدة، فهل كان هناك ضرورة تستدعي إرسال رسالة الإسلام؟

....

....

- ما علاقة وحدة الدعوة بين الأنبياء ووجود الرسالة الخاتمة للرسالات؟

....

....

ورقة عمل رقم (4) العلاقة بين الأنبياء ومعجزاتهم

الهدف: تعليل العلاقة بين الأنبياء ومعجزاتهم

حقائق: ✓ كانت معجزة سيدنا صالح عليه السلام: إخراج الناقة من الصخر. ✓ كانت معجزة سيدنا موسى عليه السلام: العصا التي تتحول إلى أفعى. ✓ من معجزات سيدنا عيسى عليه السلام: إبراء الأبرص. ✓ معجزة سيدنا محمد ﷺ: القرآن الكريم.

من خلال مجموعتك:

1- علل اختصاص كل رسول بمعجزة تختلف عن بقية المعجزات.

....

....

....

....

2- ماذا تتوقع أن يحدث لو كانت معجزة سيدنا صالح عليه السلام العصا التي تتحول إلى أفعى، وكانت معجزة سيدنا موسى عليه السلام إخراج الناقة من الصخر.

....

....

....

....

ورقة عمل رقم (5) أهمية إرسال الرسل

الهدف: تنمية مهارة الطلاقة الفكرية/ مهارات التفكير الإبداعي.

الوسيلة: استخدام لوحة الأفكار.[1]

اكتب أكبر قدر ممكن من النتائج المترتبة على فرضية أنّ اللـه تعـالى لم يرسل رسلاً إلى البشر.

أسماء الطلبة	الفكرة 1	الفكرة 2	الفكرة 3
أحمد			
محمد			
سعيد			
حسام			
عماد			

---

(1) تقوم هذه الفكرة على أساس إعداد مصفوفة يكتب فيها الطلبة آراءهم في الزاوية الخاصة بهـم، وتقسـم المصفوفة بحسب عدد الطلاب وما يرغبون من أفكار يودون طرحها، وهي وسيلة مرنة لطلاقة التفكير إذ بإمكان كل طالب أن يضيف خانات جديدة إن رغب بكتابة المزيد، والهدف من استخدام هـذه الوسيلة هو تدريب الطلبة على تحمّل مسؤولية أفكارهم، ومسؤولية عرضها ومناقشتها، وتفعيـل دور جميـع الطلبة، فلا يقتصر الأمر على الطلبة المتفوقين وأصحاب الرأي، وإنما يلزم الكل بالمشاركة وتدوين آرائهم، مقابل أسمائهم. ويمكن تنفيذها بكل سهولة على لوحات كرتونية لكل مجموعة، أو على السـبورة وهكـذا يكتب فيها الطلبة مباشرة آراءهـم، أو يكتبـون كل فكرة على ورقة منفصلة ويلصقونها في الخانات المخصصة للأفكار.

ورقة عمل رقم (6) أهمية الرسل وحاجة النّاس لهم

الهدف: التدريب على مهارة الطلاقة الفكرية/ مهارات التفكير الإبداعي.

ماذا تتوقع أن يحدث لو أن اللـه تعالى أنزل القرآن الكريم على الكعبة، ثم نادى منادٍ من السماء: "أيها العـرب، هـذا كتـابكم مـن ربكـم، فاعملوا بـه"، ولم يبعـث إلى العرب رسولاً.

....
....
....
....
....
....
....
....
....
....
....
....
....
....
....
....
....
....
....
....
....
....

ورقة عمل رقم (7) خصائص الرسل (بشرية الرسل)

الهدف: التدريب على مهارة الطلاقة الفكرية/ مهارات التفكير الإبداعي.

قال الـلـه تعالى: ﴿ وَمَا مَنَعَ النَّـاسَ أَن يُؤْمِنُـواْ إِذْ جَـاءهُمُ الْهُـدَى إِلاَّ أَن قَـالُواْ أَبَعَـثَ الـلـه بَشَرًا رَّسُولاً {94/17} قُل لَّوْ كَانَ فِي الأَرْضِ مَلآئِكَةٌ يَمْشُونَ مُطْمَئِنِّينَ لَنَزَّلْنَـا عَلَـيْهِم مِّنَ السَّمَاء مَلَكًا رَّسُولاً {95/17} ﴾ [الإسراء: 94-95].

تناقش الآية السابقة وجهة نظر بعض الناس في الاعتراض على بشرية الرسل، وبناء عليه؛ رفض الإيمان بهم وبما أتوا به. من خلال مجموعتك:

1- بيّن كيفية الرد العقلي على هذه الفكرة.

....

....

....

....

2- ماذا تتوقع أن يحدث لو أن الـلـه تعالى أرسل رسلاً من الملائكة إلى البشر؟

....

....

....

....

3- ما وجه العلاقة بين هذه الآية وواقع النّاس اليوم؟[1]

....

....

....

....

(1) الهدف من هذا السؤال تسليط الضوء على الحجج الواهية التي يتخذها البعض مبرراً للصد عن الدين وعدم الالتزام بأحكام الإسلام.

قصة سيدنا هود عليه الصلاة والسلام
مع قومه

الأهداف المتوقعة:

يتوقع من الطالب بعد الانتهاء من دراسة هذا الموضوع أن يكون قادراً على أن:

1- يسرد أحداث قصة هود عليه السلام.

2- يُعلل سبب وحدة دعوة الأنبياء.

3- يستخلص حجج رفض الدعوة .

4- يتعرّف على معوقات قبول دعوة الحق.

التخطيط للمواقف التعليمية والفعاليات:

1- توظيف التعلم النشط في تنظيم أحداث قصة هود عليه السلام، وتنمية مهارة التصـنيف باستخدام خرائط المعرفة.

2- تنمية مهارات التفكير بتوظيف الأوراق المقترحة التي تم التركيز فيها على جوانـب وقضايا تربوية قيمية، وبإمكان المعلم توظيفها كبطاقـات تعليميـة، أو مـن خـلال عمل المجموعات.

ورقة عمل رقم (1) أحداث القصة وتفاصيلها

الهدف: التّعرف على أهم أحداث وتفاصيل قصة هود عليه السلام

الأسلوب: التعلم النشط من خلال تصنيف البطاقات التعليمية التي تضمنت أجزاء من قصة هود عليه السلام، وإلصاقها في موضعها الصحيح من الخريطة،[1] وتكليف الطالب الذي قام بالإلصاق بالحديث عن المعلومة التي صنفها.

قصة هود عليه الصلاة والسلام

- اسم النّبي: ....
- نسبه: ....
- مكان حدوث القصة: ....
- اسم القبيلة: ....
- عباداتهم: ....
- تجاراتهم: ....
- صفاتهم: ....
- ثرواتهم: ....
- أساليب الدعوة التي استخدمها هود عليه السلام لهداية قومه: ....
- مواقف قبيلة عاد من دعوة نبيهم هود عليه السلام: ....
- عاقبة رفضهم دعوة الحق: ....

(1) خريطة معرفة على شكل صندوق، وهناك أفكار متعددة لتنفيذ هذا النشاط من مثل الخرائط الذهنية، وما نعرضه هو مقترح للمعلم.

ورقة عمل رقم (2) حجج رفض الدعوة

الهدف: أن يستنتج الطالب حجج رفض الدعوة.

**في قصة سيدنا صالح عليه السلام ﴿ وَلَقَدْ أَرْسَلْنَا نُوحًا إِلَى قَوْمِهِ فَقَالَ يَا قَوْمِ اعْبُدُوا اللَّهَ مَا لَكُم مِّنْ إِلَهٍ غَيْرُهُ أَفَلَا تَتَّقُونَ {23/23} فَقَالَ الْمَلَأُ الَّذِينَ كَفَرُوا مِن قَوْمِهِ مَا هَذَا إِلَّا بَشَرٌ مِّثْلُكُمْ يُرِيدُ أَن يَتَفَضَّلَ عَلَيْكُمْ وَلَوْ شَاء اللَّهُ لَأَنزَلَ مَلَائِكَةً مَّا سَمِعْنَا بِهَذَا فِي آبَائِنَا الْأَوَّلِينَ {24/23} ﴾ [القمر: 9] وقال سبحانه: ﴿ كَذَّبَتْ قَبْلَهُمْ قَوْمُ نُوحٍ فَكَذَّبُوا عَبْدَنَا وَقَالُوا مَجْنُونٌ وَازْدُجِرَ {9/54} ﴾ [القمر: 9] وقال سبحانه: ﴿ قَالُوا إِنَّمَا أَنتَ مِنَ الْمُسَحَّرِينَ {153/26} مَا أَنتَ إِلَّا بَشَرٌ مِّثْلُنَا فَأْتِ بِآيَةٍ إِن كُنتَ مِنَ الصَّادِقِينَ {154/26} ﴾ [الشعراء: 153-154].

** في قصة سيدنا شعيب عليه السلام قال الله تعالى: ﴿ إِذْ قَالَ لَهُمْ شُعَيْبٌ أَلَا تَتَّقُونَ {177/26} إِنِّي لَكُمْ رَسُولٌ أَمِينٌ {178/26} ﴾ [الشعراء: 177-178] وقال الله تعالى: ﴿ قَالُوا إِنَّمَا أَنتَ مِنَ الْمُسَحَّرِينَ {185/26} وَمَا أَنتَ إِلَّا بَشَرٌ مِّثْلُنَا وَإِن نَّظُنُّكَ لَمِنَ الْكَاذِبِينَ {186/26} فَأَسْقِطْ عَلَيْنَا كِسَفًا مِّنَ السَّمَاء إِن كُنتَ مِنَ الصَّادِقِينَ {187/26} ﴾ [الشعراء: 184-187].

** في قصة سيدنا إبراهيم عليه السلام، قال الله تعالى: ﴿ وَإِذْ قَالَ إِبْرَاهِيمُ لِأَبِيهِ وَقَوْمِهِ إِنَّنِي بَرَاء مِّمَّا تَعْبُدُونَ {26/43} إِلَّا الَّذِي فَطَرَنِي فَإِنَّهُ سَيَهْدِينِ {27/43} وَجَعَلَهَا كَلِمَةً بَاقِيَةً فِي عَقِبِهِ لَعَلَّهُمْ يَرْجِعُونَ {28/43} بَلْ مَتَّعْتُ هَؤُلَاء وَآبَاءهُمْ حَتَّى جَاءهُمُ الْحَقُّ وَرَسُولٌ مُّبِينٌ {29/43} وَلَمَّا جَاءهُمُ الْحَقُّ قَالُوا هَذَا سِحْرٌ وَإِنَّا بِهِ كَافِرُونَ {30/43} وَقَالُوا لَوْلَا نُزِّلَ هَذَا الْقُرْآنُ عَلَى رَجُلٍ مِّنَ الْقَرْيَتَيْنِ عَظِيمٍ {31/43} ﴾ [الزخرف: 26-31].

** في قصة سيدنا موسى عليه السلام، قال الله تعالى: ﴿ وَفِي مُوسَى إِذْ أَرْسَلْنَاهُ إِلَى فِرْعَوْنَ بِسُلْطَانٍ مُّبِينٍ {38/51} فَتَوَلَّى بِرُكْنِهِ وَقَالَ سَاحِرٌ أَوْ مَجْنُونٌ {39/51} ﴾ [الذاريات: 38-39].

من خلال مجموعتك:

1- رفض كثير من الأقوام دعوات أنبيائهم عليهم السلام متذرعين بحجج متعددة، استخلص من الآيات الكريمة هذه الحجج .--

....

....
....
....
....

2- علل: وجه تشابه في بعض هذه الحجج.

....
....
....
....

3- استخرج حجج قريش في عدم الإيمان بدعوة النبي محمد ﷺ.

....
....
....
....

4- ما وجه التشابه بين حجج قريش وحجج الأقوام السابقة؟

....
....
....

5- هل هذه الحجج والمبررات لعدم الاستجابة للحق ستخفف عنهم عذاب الله يوم القيامة؟ وضح إجابتك.

....
....
....

6- يتذرع الكثير من النّاس بحجج كثيرة لتبرير تقصيرهم في الصلاة، وبغيرها من الطاعات، ويقنعون أنفسهم بذلك.

• اذكر أمثلة من واقع حياتك على هذا الأمر.

....
....
....

• ما الذي يدفع هؤلاء إلى اللجوء إلى التبرير الدائم لتقصيرهم؟

....

....

....

• ما أثر تمسك الإنسان بهذه المبررات والبقاء على ما هو فيه من تقصير؟

....

....

....

• ما النصيحة التي تستطيع أن تقدمها لهم؛ لمساعدتهم على إصلاح أحوالهم؟

....

....

....

ورقة عمل رقم (3) موقع قبيلة عاد وإرم

الهدف: أن يحدد الطالب موقع قبيلة عاد وإرم على خريطة العالم اليوم.

قم بالبحث في برنامج http://maps.google.com
وحدد مكان قبيلة عاد وإرم.

ورقة عمل رقم (4) الربط بين الاغترار بالدنيا وقبول الحق

الهدف: أن يربط بين الاغترار بالدنيا والركون إليها وضعف التمسك بالعقيدة وقبول الحق.

الأسلوب: تفعيل مهارتي التحليل والربط.

أقرأ الفقرة الآتية وأجب عمّا يليها:

إن اغترار الإنسان بما لديه من نِعم، وقوة ورخاء أحد الأسباب التي تمنع من قبول الحق، ودعوة الخير، وتؤثر على التزام الإنسان بدينه؛ ففي حديث أَبِي سَعِيدٍ الْخُدْرِيِّ س يُحَدِّثُ أَنَّ النَّبِيَّ ﷺ جَلَسَ ذَاتَ يَوْمٍ عَلَى الْمِنْبَرِ وَجَلَسْنَا حَوْلَهُ فَقَالَ: "إِنِّي مِمَّا أَخَافُ عَلَيْكُمْ مِنْ بَعْدِي مَا يُفْتَحُ عَلَيْكُمْ مِنْ زَهْرَةِ الدُّنْيَا وَزِينَتِهَا"، فَقَالَ رَجُلٌ: يَا رَسُولَ اللهِ أَوَ يَأْتِي الْخَيْرُ بِالشَّرِّ، فَسَكَتَ النبي ﷺ فَقِيلَ لَهُ: مَا شَأْنُكَ تُكَلِّمُ النَّبِيَّ ﷺ وَلاَ يُكَلِّمُكَ فَرَأَيْنَا أَنَّهُ يُنْزَلُ عَلَيْهِ. قَالَ: - فَمَسَحَ عَنْهُ الرُّحَضَاءَ- فَقَالَ: "أَيْنَ السَّائِلُ؟" وَكَأَنَّهُ حَمِدَهُ. فَقَالَ: "إِنَّهُ لاَ يَأْتِي الْخَيْرُ بِالشَّرِّ... وَإِنَّ هَذَا الْمَالَ خَضِرَةٌ حُلْوَةٌ، فَنِعْمَ صَاحِبُ الْمُسْلِمِ مَا أَعْطَى مِنْهُ الْمِسْكِينَ وَالْيَتِيمَ وَابْنَ السَّبِيلِ -أَوْ كَمَا قَالَ النَّبِيُّ ﷺ وَإِنَّهُ مَنْ يَأْخُذُهُ بِغَيْرِ حَقِّهِ كَالَّذِي يَأْكُلُ وَلاَ يَشْبَعُ، وَيَكُونُ شَهِيدًا عَلَيْهِ يَوْمَ الْقِيَامَةِ."(1)

1- مما حذّر النّبي ﷺ أصحابه في الحديث الشريف؟ ولماذا؟

....

....

2- تتبع أحداث قصة قبيلة عاد قوم هود عليه السلام، وبيّن التشابه بينها وبين ما ورد في حديث النّبي ﷺ.

....

....

(1) البخاري. **صحيح البخاري**، كتاب: الزكاة، باب: الصدقة على اليتامى، ص285، حديث رقم: 1465.

قصة سيدنا صالح عليه الصلاة والسلام

مع قومه

الأهداف المتوقعة:

يتوقع من الطالب بعد الانتهاء من دراسة هذا الموضوع أن يكون قادراً على أن:

1. يعرّف بسيدنا صالح عليه السلام.
2. يسرد أحداث قصة صالح عليه السلام.
3. يستنتج أهمية منطقتي بلاد الشام والحجاز في التاريخ البشري.
4. يستخلص مواطن العظة والعبرة في قصة صالح عليه السلام.
5. يقارن بين أحداث قصة هود وصالح ومحمد عليهم صلوات الله وسلامه.

التخطيط للمواقف التعليمية والفعاليات:

1- توظيف خرائط المعرفة في تنظيم أحداث قصة صالح عليه السلام، وعقد المقابلات بين قصص الأنبياء.

2- تفعيل التفكير التحليلي، والتفكير الناقد، من خلال الوقوف على الأحداث وملابساتها في قصة صالح عليه السلام وربطها بالواقع الحالي؛ من خلال تنفيذ أوراق عمل وأنشطة مقترحة.

ورقة عمل رقم (1) بطاقة تعريفية بسيدنا صالح عليه الصلاة والسلام

الهدف: التعريف بسيدنا صالح عليه السلام.

الأسلوب: استخدام الجداول (خرائط معرفة) في تنظيم المعلومات، يقترح على المعلم أن يوظف هذه الطريقة إمّا في أوراق العمل، أو على اللوح العادي أو التفاعلي.

البطاقة الشخصية لسيدنا صالح عليه السلام	
اسمه ونسبه عليه السلام	
جنسيته عليه السلام	
اسم قومه	
المنطقة التي بُعث فيها	
معجزاته عليه السلام	
أهم أساليبه الدعوية	
أسباب رفض قومه دعوته	
نوع العذاب الذي نزل على قومه	

ورقة عمل رقم (2) التدريب على مهارة الترميز

الهدف: تدريب على مهارة الترميز، أو التدريب على مهارة إيجاد مساندات التذكر.

درست سابقاً قصة سيدنا هود عليه السلام، وقصة سيدنا صالح السلام، ومن المعلومات التي درستها:

سيدنا هود أرسل إلى قوم: عاد، وإرم، وكان العذاب ريحاً شديدة.

أما سيدنا صالح فقد أرسل إلى قبيلة ثمود، وكانت معجزته هي الناقة، أما عذاب قومه فقد كان بالصيحة والرجفة."

من خلال مجموعتك، فكّر في طريقة تمكّنك من حفظ هذه المعلومات وتخزينها في الذاكرة طويلة الأمد.

حل مقترح:

	عدد الحروف		عدد الحروف
هود	3	صالح	4
عاد	3	ناقة	4
إرم	3	صيحة	4
ريح	3	رجفة	4

ورقة عمل رقم (3) الروابط بين مناطق وجود الأنبياء والرسل

الهدف: استنتاج الروابط بين مناطق وجود الأنبياء والرسل.

عزيزي الطالب: بين يديك مجموعـة مـن الخـرائط،[1] تأملهـا، ثـم أجـب عـن الأسـئلة الواردة أدناها.

---

(1)   مصدر هذه الخرائط هو: المغلوث، سامي بن عبد اللـه. (2005م)، **أطلس تـاريخ الأنبيـاء والرسـل**، ط6، الرياض: مكتبة العبيكان، ص60-63.

الأنبياء والرسل الذين بعثهم الله في
أرض مصر وذكروا في القرآن الكريم
أرض
كنعان
عيون
الخليل
الإسكندرية
رشيد
دمياط
المنصورة
العريش
العمالقة
السويس
صحراء سيناء
بركة قارون
نهر
مصر
منطقة الطور
جبل كاترينه
الطور
مدين
يوسف
هارون
موسى
بحر القلزم
(الأحمر)
النيل

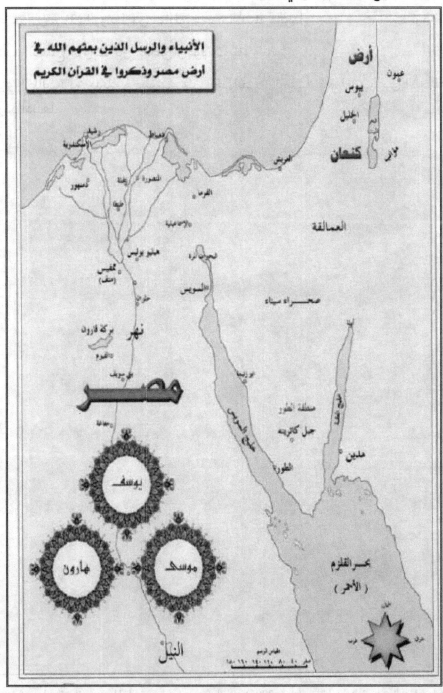

الأنبياء والرسل الذين بعثهم الله سبحانه وتعالى في جزيرة العرب وورد ذكرهم في القرآن الكريم
جاء في حديث أبي ذر رضي الله عنه عن رسول الله صلى الله عليه وسلم في حديثه الطويل عن ذكر الأنبياء والمرسلين أنه قال فيه (منهم أربعة من العرب هود وصالح وشعيب ونبيك يا أباذر) رواه ابن حبان في صحيحه.
آدم عليه السلام
شعيب عليه الصلاة والسلام
إسماعيل عليه الصلاة والسلام
صالح عليه الصلاة والسلام
هود عليه الصلاة والسلام
محمد صلى الله عليه وسلم
ملاحظة ..سوف يتم وضع خريطة لكل نبي يتم من خلالها توضيح نطاق بعثه
شبه الجزيرة العربية
أرض الشام
أرض الرافدين
بلاد الفرس
البحرين
خليج عمان
أرض عمان
عمان
الربع الخالي
نجران
أرض اليمن
مكة المكرمة
يثرب
تبوك
أرض السودان
المحيط الهندي

الأنبياء والرسل الذين بعثوا في العراق
وورد ذكرهم في القرآن الكريم
أرض العراق
إدريس
نوح
إبراهيم
يونس
خليج البحرين
كاظمة

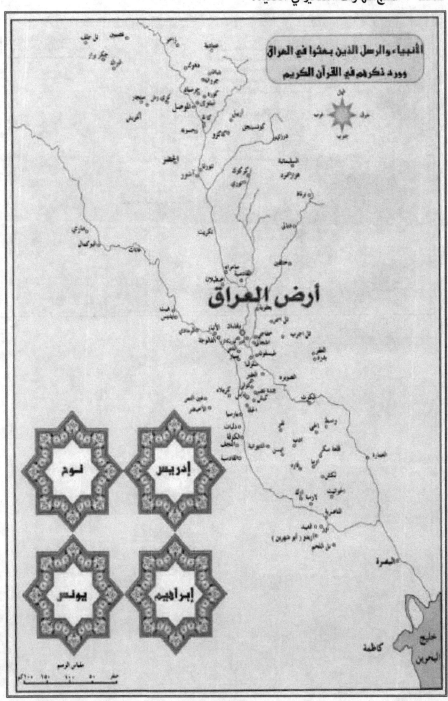

آسيا الصغرى
شمال العراق
البحر الكبير
(المتوسط)
الآراميون
بادية الشام
دمشق
العموريون
(الأموريون)
لـوط
إسحاق
يعقوب
أيوب
ذو الكفل
داود
سليمان
إلياس
اليسع
زكريا
يحيى
عيسى
الأنبياء والرسل الذين بعثوا في بلاد الشام
وفلسطين وذكروا في القرآن الكريم

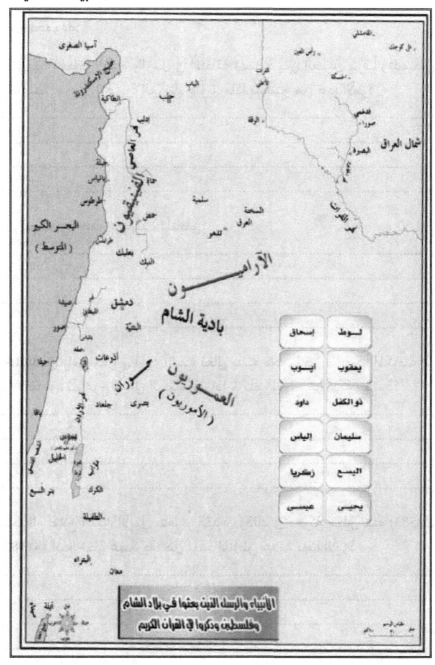

من خلال المجموعة:

- تركز وجود معظم الأنبياء والرسل في المنطقة الممتدة بين العراق شرقاً وفلسطين غرباً، ومصر مروراً بالجزيرة العربية جنوباً. ماذا تستنتج من هذا الأمر؟

....

....

....

....

- ما الرابط الذي يجمع بين هذه المناطق؟

....

....

....

....

- في حادثة الإسراء والمعراج، أسرى الله تعالى بنبيه محمداً ﷺ من مكة المكرمة إلى بيت المقدس، ثم عرج به إلى السماء، فلماذا لم يتم المعراج من مكة مباشرة؟

....

....

....

....

- عندما قام صلاح الدين الأيوبي بتحرير القدس وذلك في معركة حطين سنة (583هـ = 1187م) اتبع خطة عسكرية؛ هل لهذه المناطق علاقة بهذا الأمر؟

....

....

....

....

ورقة عمل رقم (4) الربط بين قصة سيدنا صالح مع قومه، والواقع الحالي.

الهدف: أن يربط الطالب بين قصة سيدنا صالح مع قومه، والواقع الحالي.

من خلال المجموعة: بعد قراءتك لأحداث قصة صالح عليه السلام، نـاقش مـع مجموعتـك الأسئلة الآتية:

1- عاشت قبيلة ثمـود حيـاة تـرف وبـذخ، وغرقـوا في ألـوان النعـيم، هـل كـان لهـذه الظروف أثر على موقفهم من دعوة صالح عليه السلام؟

....

....

2- كيف يؤثر الترف على الإنسان ويجعله يصدّ عن الحق؟

....

....

3- هل هناك نماذج من واقعنا المعاصر مشابهة لما حدث مع ثمود؟ اذكرها.

....

....

4- لَمَّا طلبت قبيلة ثمود معجزة من نبيها صالح عليه السلام؛ أخرج لهم اللـه تعـالى الناقـة من الصخرة، واختبرهم بها.

✓ هل كان هذا الاختبار فوق طاقتهم؟

....

....

✓ ما السبب الذي دفع قبيلة ثمود لقتل النّاقة؟

....

....

5- استخلص من أحداث القصة المؤامرات التي حاكتها قبيلة ثمـود ضـد نبـيهم صـالح عليه السلام. وعلى ماذا يدل هذا.

....

....

6- لماذا تكرر وصف قوم ثمود بالمكر في قوله تعالى: : ﴿ وَمَكَرُوا مَكْرًا وَمَكَرْنَا مَكْرًا وَهُمْ لَا يَشْعُرُونَ {50/27} فَانظُرْ كَيْفَ كَانَ عَاقِبَةُ مَكْرِهِمْ أَنَّا دَمَّرْنَاهُمْ وَقَوْمَهُمْ أَجْمَعِينَ {51/27} ﴾ [النمل:50-51].

....

....

7- كان العناد من أقوى الأسباب التي منعت قوم ثمود من الإقرار بدعوى صالح عليه السلام.

✓ ما هو العناد؟

....

....

....

✓ هل مر بك موقف كان العناد فيه سبباً في عدم الإقرار بالحق؟ تحدث عنه.

....

....

....

✓ استخلص من قصة صالح عليه السلام أسلوباً تربوياً واجه به صالح عليه السلام عناد قومه عن الحق، وبيّن رأيك فيه.

....

....

....

....

....

....

ورقة عمل رقم (5) موقع قبيلة ثمود على خارطة العالم اليوم

الهدف: أن يحدد الطالب موقع قبيلة ثمود على خريطة العالم اليوم.

قم بالبحث في برنامج http://maps.google.com وحدد مكان قبيلة ثمود.

ورقة عمل رقم (6) مقارنة مفتوحة بين قصة سيدنا صالح، وقصة سيدنا هـود، عليهما الصلاة والسلام، وقصة سيدنا محمد ﷺ.

الهدف: يقارن الطلبة بين قصة سيدنا صالح، وقصة سيدنا هود، عليهما الصلاة والسلام، وقصة سيدنا محمد ﷺ.

من خلال مجموعتك؛ قارن بين قصة سيدنا صالح، وقصة سيدنا هـود، عليهما الصلاة والسلام، وقصة سيدنا محمد ﷺ، وفق المخطط الآتي:

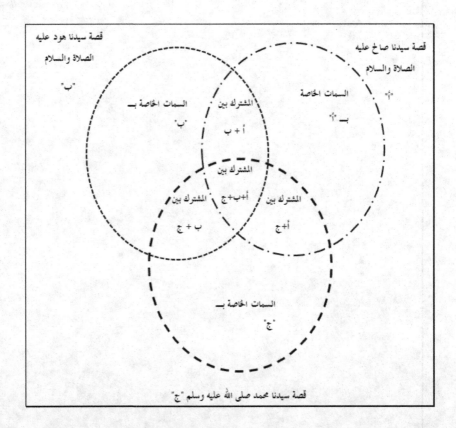

قصة سيدنا يونس عليه الصلاة والسلام

الأسلوب: رحلة معرفية قصيرة المدى.(1)

الفئة المستهدفة: طلاب الصف التاسع الأساسي.

الزمن اللازم: حصتان صفيتان.

التمهيد:

يهدف هذا الدّرس إلى تحقيق الطالب للأهداف الآتية:

1- يتعرف على شخصية يونس عليه السلام وطبيعة الحياة التي عاشها.

2- يحدد مكان وزمان أحداث القصة.

3- يتعرّف على خصائص أهل نينوى.

4- يتتبع أحداث قصة يونس عليه السلام ودعوته لقومه وهدايته لهم.

5- يستخرج أساليب الدعوة التي استخدمها يونس عليه السلام لهداية قومه.

6- يكشف الأسرار التي دفعت يونس عليه السلام للخروج من قريته.

7- يفسر معجزة ابتلاع الحوت ليونس عليه السلام وعدم أكله له.

8- يتتبع أحداث قصة يونس عليه السلام.

9- يقدّر تضحيات الأنبياء في سبيل الدعوة والهداية.

---

(1) الرحلة المعرفية أو الويب كويستWEB QUEST هي: "نموذج تربوي محكم، لتنظيم المعلومات، بصورة تسهِّل على المتعلم استكشاف واستنتاج المعرفة، باستخدام الحاسوب، ومصادر المعرفة المتاحة، على شبكة الإنترنت، كما تسهل تقييم أداء المتعلم، وقياس تطور المهارات العقلية العليا، حسب تصنيف بلوم للعمليات العقلية؛ مثل: التحليل، والتركيب، والتقييم." وفي تعريف آخر هي: "أنشطة تربوية، عبر الويب، تعتمد في المقام الأول على عمليات البحث في الإنترنت، بهدف الوصول الصحيح والمباشر للمعلومة، بأقل جهد ممكن؟" وفي تعريف ثالث هي: "نشاط قائم على الاستقصاء، يتيح للطلاب استخدام المصادر، والأدوات القائمة على شبكة الإنترنت، لجعل التعليم حقيقيًا، وذا معنى". والويب كويست، كنظام استراتيجي تربوي، يتسم بالمرونة، بحيث يمكن استخدامه في جميع المراحل الدراسية، وفي المواد والتخصصات كافة. ويعود الفضل في ظهوره، إلى الأمريكيين بيرني دودج Bernie Dodge، وتوم مارش.Tom March وهو مبني على المبادئ الـ 13، المميزة لأساليب التفكير Thinking styles، التي وضعها ستيرنبرج Sternberg ، عام 1990م. انظر موقع:

http://www.mohyssin.com/forum/showthread.php?t=9033

المقدمة:

ذكر القرآن الكريم العديد من قصص الأنبياء للعظة والعبرة، والاستفادة من تجاربهم التي مروا بها، وتُعدّ قصة يونس عليه السلام نموذجاً من نماذج القصص القرآني الذي عرض فيه جهود الأنبياء ودعوتهم لأقوامهم؛ ولهذه القصة أسرار كبيرة وجهود للعلماء في الكشف عن القرية التي عاش فيها يونس عليه السلام، فما هي التحديات التي واجهت سيدنا يونس عليه السلام؟ وما الوسائل والأساليب التي سعى من خلالها لهداية قومه؟ وما هي مبررات رفض أهل نينوى دعوة نبيهم؟، ماذا كان مصير قوم يونس عليه السلام؟ وماذا حصل مع يونس عليه السلام بعد أن ترك قومه؟.أسئلة كثيرة وأمور غامضة سنحاول الكشف عنها من خلال رحلتنا المعرفية.

التعليمات (الإجراءات):

- ✓ **أولاً**: تقسيم الطلاب إلى خمسة مجموعات تحتوي كل مجموعة على خمسة طلاب. (سيتم تقسيم الطلبة بحسب مهمات الباحثين من خلال بطاقات مكررة مكتوب على كل خمسة منها إحدى المهمات، ويختار كل طالب بطاقة واحدة (مستكشف آثار، مصوّر، محاضر، صحفي، محلل سياسي).
- ✓ **ثانياً**: تلتزم كل مجموعة بطريقة العرض للمهمة والوقت اللازم لكل مهمة، على أن يتم تقسيم الأدوار بين الطلبة بحيث يحقق المشاركة من الجميع.
- ✓ **ثالثاً**: إذا لم يحدد طريقة عرض؛ تستطيع المجموعة اختيار الطريقة المناسبة لعرض نتائج المهمة.
- ✓ **رابعاً**: الالتزام بأهداف كل مهمة والمصادر المعدة لذلك، كما يمكن للطلبة استخدام مصادر أخرى إذا رأت المجموعة أنّها ذات فائدة.
- ✓ **خامساً**: تقوم كل مجموعة بتوثيق خطوات العمل والمصادر بشكل واضح خلال العمل في المهمات.

✔ **سادساً:** تُعدّ كل مجموعة عرضاً تقديمياً تعرض من خلاله ما توصلت له في رحلتها المعرفية، على أن تتنافس المجموعات في إعداد عرض مميز مراع لشروط إعداد العروض التقديمية.

✔ **سابعاً:** ستكون عملية التقويم خلال المهمات للمجموعات والأفراد، ويمكن الاطلاع على معايير التقويم في خانة التقييم.

المهمات:

المهمة الأولى:

- أنتم مجموعة باحثين تعملون مع عالم آثار وتسعون لاكتشاف أبرز الحقائق عن قرية نينوى وتاريخها، متى وجدت هذه القرية؟ وفي أي فترة زمنية عرفت؟
- في أي منطقة كانت؟ هل يمكن تحديد موقعها على خارطة العالم اليوم؟
- كيف عاش أهلها؟ ومتى بادت هذه القرية؟
- هل بحث العلماء عن هذه القرية الصغيرة واستطاعوا إيجادها، أم لا زالت في طي المجهول؟
- بالاستعانة بالمواقع الآتية حاول أن تكتشف مع مجموعتك أسرار هذه القرية.

- http://www.digitalnineveharchives.org/text_only.html#timeline1
- http://slamoon.com/vb/t27980.html
- http://ar.wikipedia.org/wiki/%D9%86%D9%8A%D9%86%D9%88%D9%89_%28%D9%85%D8%AD%D8%A7%D9%81%D8%B8%D8%A9%29

المهمة الثانية:

أنت مصوّر تعمل في صحيفة عالمية، وترغب بتعريف القراء بقرية نينوى قرية النّبي يونس عليه السلام، بالتعاون مع مجموعتك قم بجمع أكبر قدر من الخرائط والصور التوضيحية التي تتحدث عن هذه القرية التاريخية، مستعيناً بالمواقع الآتية

- http://www.marefa.org/index.php/%D8%A7%D9%84%D9%85%D9%88%D8%B5%D9%84
- http://www.eyeiraq.com/newsDetails_ar.aspx?info=true&detailid=25518
- http://www.mmzaki.net/forum/showthread.php?t=539
- http://www.iq-alaml.com/vb/showthread.php?t=839

المهمة الثالثة:

أنت باحث أكاديمي وطلب منك إعداد محاضرة تتحدث فيها عن قصة يونس عليه السلام، وما واجهه مع قومه من متاعب ومصاعب، حتى خروجه من قرية نينوى، وتضمن محاضرتك الإجابة عن التساؤلات الآتية:

- لماذا بعث الله تعالى يونس عليه السلام لأهل نينوى؟
- ما الأسباب التي جعلت أهل القرية يرفضون دعوة نبيهم؟
- ما الأساليب التي استخدمها يونس عليه السلام لهداية قومه؟

بالتعاون مع زملائك قم بالبحث في المواقع الآتية لإعداد محاضرة شيّقة حول الموضوع تتبع فيها أحداث القصة من خلال إعداد عرض تقديمي مشوق ومنظم.

- http://www.mmagreb.com/vb/showthread.php?t=16667
- http://www.midad.me/arts/view/sub/1605

قصة يونس كرتونياً بالصلصال.

الجزء الأول:

- http://www.youtube.com/watch?v=L77rQK-IMfo

الجزء الثاني:

- http://www.youtube.com/watch?v=lfkMtkygSwA&NR=1

الجزء الثالث:

- http://www.youtube.com/watch?v=kwFy4882DBI&NR=1

الجزء الرابع:

- http://www.youtube.com/watch?v=e9yDFClW9eo&NR=1

قصة سيدنا يونس عليه السلام، الشيخ نبيل العوضي.

- http://www.youtube.com/watch?v=O8o2q4pulFk

قصة سيدنا يونس، عليه السلام، طارق سويدان.

الجزء الأول:

- http://www.youtube.com/watch?v=WKZ7mcCNj0Q

الجزء الثاني:

- http://www.youtube.com/watch?v=_2fTX37Oxh8&NR=1

تلاوة للشيخ ياسر الدوسري، لآيات قصة سيدنا يونس، مع عرض صور للحوت.

- http://www.youtube.com/watch?v=7TRJEStdSQ4

المهمة الرابعة:

أنت محقق خاص تعمل في مجال البحث والتحري، لفت انتباهك ما حدث في قصة يونس عليه السلام، وكيف خرج من قريته بعد أن دعا على قومه بنزول العذاب، ومن ثمّ تعرضه لحادثة ابتلاع الحوت له، ومن خلال طبيعة عملك أحببت أن تجمع الملابسات والأحداث كافة حول قصة ابتلاع الحوت لسيدنا يونس عليه السلام، وفي نفسك تساؤلات كثيرة حول ما حدث:

- ✓ هل هناك آيات عرضت لهذه الحادثة في القرآن الكريم؟
- ✓ كانت قصة يونس عليه السلام سبباً في إسلام رجل في عهد النّبي ﷺ، حاول أن تكتشف من هو؟
- ✓ ما الأسباب التي دفعت يونس عليه السلام لترك قريته؟
- ✓ هل كنت ستتخذ نفس القرار الذي اتخذه يونس عليه السلام؟
- ✓ تتبع ما حدث مع يونس عليه السلام بعد خروجه من قريته نينوى؟
- ✓ هل كان إلقاء يونس عليه السلام في البحر جريمة مقصودة من ركاب السفينة، أم أمراً خارجاً عن إرادة الركاب؟

استعن بالمواقع الآتية للإجابة عن هذه الأسئلة:

- http://www.islamweb.net/hadith/display_hbook.php?bk_no=629&hid= 222&pid=138957
- /http://www.qurancomplex.org

المهمة الخامسة:

أنت محلل سياسي وناقد فـذ، أردت أن تتعـرف عـلى الحِكَـم مـن وراء مـا حـدث مـع يونس عليه السلام وقصة القرية التي حـاول هـدايتها، وكيـف يمكـن أن يسـتفيد النّـاس مـن هذه القصّة من خلال إعداد مقال في الموضوع، يتضمن الإجابة عن الأسئلة الآتية:

- ما تحليلك لابتلاع الحوت يونس عليه السلام، وهل هنـاك حكمـة وفوائـد مـن خـلال مـا حدث؟ وما مدى الصعوبات التي واجهت يونس عليه السلام في بطن الحوت؟
- هل تعتقد أنّ يونس بن متى عليه السلام قد خالف الأَوْلَى في فعله بالخروج من قريته؟
- ما رأيك بما حدث مع قوم يونس عليه السلام بعد خروج نبيهم؟
- توافقت روايات قصص الأنبياء على إخبارنا بإصرار الأقـوام عـلى كفـرهم وعنـادهم حتى لحقهم العذاب الشديد، إلا قوم يونس نفعهم إيمانهم، ما دلالات ذلك؟

بالاستعانة بالمواقع الآتية حاول أن تجد إجابات عن هذه التساؤلات.

- http://www.islamweb.net/newlibrary/display_book.php?idfrom=1329&idto=1329&bk_no=61&ID=1342
- http://forsanelhaq.com/showthread.php?p=1357503

المصادر:

المواقع الالكترونية:

- http://www.islamweb.net/hadith/display_hbook.php?bk_no=629&hid=222&pid=138957

- http://www.mmagreb.com/vb/showthread.php?t=16667

- http://www.midad.me/arts/view/sub/1605

- http://www.marefa.org/index.php/%D8%A7%D9%84%D9%85%D9%88%D8%B5%D9%84

- http://www.digitalnineveharchives.org/text_only.html#timeline1
- http://slamoon.com/vb/t27980.html
- http://ar.wikipedia.org/wiki/%D9%86%D9%8A%D9%86%D9%88%D9%89_%28%D9%85%D8%AD%D8%A7%D9%81%D8%B8%D8%A9%29
- http://www.youtube.com/watch?v=L77rQK-IMfo
- http://www.youtube.com/watch?v=lfkMtkygSwA&NR=1
- http://www.youtube.com/watch?v=kwFy4882DBI&NR=1
- http://www.youtube.com/watch?v=e9yDFClW9eo&NR=1
- http://www.youtube.com/watch?v=O8o2q4pulFk
- http://www.youtube.com/watch?v=WKZ7mcCNj0Q
- http://www.youtube.com/watch?v=_2fTX37Oxh8&NR=1
- http://www.youtube.com/watch?v=7TRJEStdSQ4
- http://www.qurancomplex.org/

الكتب:

قصص الأنبياء لابن كثير.

- http://www.prophetstory.com/documents%5Cyunus_books_28.pdf

- موقع القصص القرآني/ الأحاديث والآيات القرآنية.

- http://www.prophetstory.com/p_prophets.aspx?p_name_english=yunus

التقييم: فيما يأتي نموذج مقترح لعرض أعمال الطلبة وتقييم منجزاتهم.

إستراتيجية التقييم: التقييم المعتمد على الأداء للمجموعات.

أداة التقييم: سلم تقدير لفظي.

	الرقم	الأداء	ممتاز (3)	جيد جداً (2)	جيد (1)	علامة المجموعة
عرض المجموعة	1	اللغة المستخدمة	اللغة سليمة خالية من الأخطاء اللغوية تماماً	اللغة معظمها سليمة، وفيها القليل من الأخطاء اللغوية	اللغة غير سليمة، فيها الكثير من الأخطاء اللغوية	
	2	أسلوب العرض	لا يستخدم الشرائح في المناقشة	يقرأ النقاط الرئيسية من العرض	يعتمد على العرض في القراءة	
	3	التواصل البصري	يتواصل بصرياً بشكل دائم مع زملائه	يتواصل بصرياً معظم الوقت	لا يتواصل بصرياً	
	4	الالتزام بالوقت	تلتزم المجموعة بالوقت المحدد لها وهو 10 دقائق	احتاجت المجموعة 5 دقائق إضافية	احتاجت المجموعة 10 دقائق إضافية	

	الرقم	الأداء	ممتاز (3)	جيد جداً (2)	جيد (1)	علامة المجموعة
تصميم العرض التقديمي	5	تنسيق الشرائح	الشرائح متسلسلة والمعلومات فيها منظمة	الشرائح متسلسلة والمعلومات فيها غير منظمة	الشرائح غير متسلسلة لكن المعلومات منظمة داخلها	
	6	المحتوى	محتوى الشرائح يغطي جوانب الموضوع كافة	المحتوى يغطي معظم الجوانب	المحتوى يغطي بعض الجوانب فقط	
	7	التشويق	الشرائح تحتوي صوراً واضحة وحركات مؤثرة مناسبة	الشرائح تحتوي صوراً واضحة والحركات كثيرة ومشتتة	الشرائح لا تحتوي صوراً والحركات مناسبة	
	8	التلخيص	يوجد شريحة خاصة لعرض التلخيص.	التلخيص موزع على عدة شرائح	لا يوجد شريحة مخصصة للتلخيص	
مجموع العلامات للمجموعة:						

ملاحظات:

أسماء الطلبة في المجموعة

-1 .... -2 ....

-3 .... -4 ....

-5 .... -6 ....

الخـــاتمة

أرجو أن تكون عزيزي الطالب بعد رحلتك المعرفية عن قصة النبـي يـونس ﷺ قد تمكنت من حل أسرار هذه القصة، وتعرفت على أهم الأحداث، واستخلصت العبر والدروس الكثيرة التي تدل على حكمة اللـه وسعة رحمته بعباده، والتي لأجلها أخبرنا اللـه تعالى بتفاصيل هذه القصة الشيقة والجميلة، والتي فيها عبرة لحياتنا وواقعنا، وما يمكن أن يواجهه الإنسان في دعوته وهدايته للآخرين. ولا شـك فإنّ هـذه القصـة فيها دلائل على عظم التضحيات التـي بـذلها الأنبيـاء لأجـل هدايـة النّـاس ودعـوتهم للحق.

قصة سيدنا إبراهيم عليه الصلاة والسلام

الأسلوب: رحلة معرفية قصيرة المدى.[1]

الفئة المستهدفة: طلاب الصف العاشر الأساسي.

الزمن اللازم: حصتان صفيتان.

التمهيد:

يهدف هذا الدّرس إلى تحقيق الطالب للأهداف الآتية:

1- يتعرف على شخصية إبراهيم عليه السلام وطبيعة الحياة التي عاشها.
2- يحدد أماكن أحداث القصة وأزمنتها.
3- يتعرّف على خصائص أهل بابل.
4- يتتبع أحداث قصة سيدنا إبراهيم، ابتداء من دعوته لقومه مروراً بهجرته وتنقله من بلد لآخر، متناولاً الأحداث التي عايشها.
5- يستخرج أساليب الدعوة التي استخدمها إبراهيم عليه السلام في محاورة النمرود، وعبدة الأوثان والكواكب.
6- يتتبع أحداث قصة إبراهيم عليه السلام ومواقفه في بلاد الشام، ومصر ومكة المكرمة.
7- يستنتج أن دعوة التوحيد هي دعوة الأنبياء جميعاً.
8- يستخرج الأحكام الفقهية المتعلقة بقصة سيدنا إبراهيم.
9- يقارن بين قصة سيدنا إبراهيم عليه السلام من منظور القرآن والسنة، ومنظور التوراة.
10- يستنتج الحكمة من ذكر قصص الأنبياء في القرآن الكريم.

---

(1) سبق الحديث عن الرحلة المعرفية في قصة سيدنا يونس عليه السلام.

المقدمة:

أرسل اللـه عز وجل رسلاً إلى البشر، ليبلغوهم دعوته، ولم يترك اللـه تعـالى أمـة من الأمم ولا قوماً من الأقوام إلا وبعث إليهم رسولاً يدلهم ويهديهم إلى عبـادة اللــه تعالى، ومن بين هؤلاء الرسل، سيدنا إبـراهيم عليه السلام، وتُعـدّ قصـته أنموذجـاً مـن نمـاذج القصص القرآني الذي عرض فيه جهـود الأنبيـاء ودعـوتهم لأقـوامهم، والمصـاعب التـي تحملها الأنبياء في سبيل الدعوة؛ ولهذه القصة أسرار كبـيرة، فـما هـي التحـديات التي واجهت سيدنا إبراهيم عليه السلام؟ وما الوسائل والأساليب التي سـعى مـن خلالهـا لهدايـة قومه؟ وما هي مبررات رفض أهل بابل دعوة نبيهم؟ وما مسار رحلـة سـيدنا إبـراهيم انطلاقاً من بابل، وانتهاء بالخليل، وما أبرز المواقف التي حدثت معه؟ تساؤلات عـدة، وأمور غامضة سنحاول الكشف عنها من خلال رحلتنا المعرفية.

التعليمات(الإجراءات):

- ✓ **أولاً:** تقسيم الطلاب إلى عشرة مجموعات تحتوي كل مجموعة على ثلاثة طـلاب، ويتم تقسيم الطلبة بحسـب مهـمات البـاحثين، بحيـث يقـوم المعلـم باسـتخدام ثلاثين بطاقة -إذا افترضنا أن عدد الطلبة الكلي هو 30- ثم يكتب على كـل ثلاثـة بطاقات مهمة واحـدة مـن المهـمات الآتيـة: (مستكشـف آثـار، مصـوّر، محـاضر، صحفي، محلل سياسي، مفسر، باحث في التاريخ، باحث في مجال مقارنـة الأديـان، مدرب، باحث فقهي)، ثم يختار كل طالب بطاقة واحدة.
- ✓ **ثانياً:** تلتزم كل مجموعة بطريقة العرض للمهمة والوقت اللازم لكل مهمـة، عـلى أن يتم تقسيم الأدوار بين الطلبة بحيث يحقق المشاركة من الجميع.
- ✓ **ثالثاً:** إذا لم يحدد طريقـة عـرض؛ تسـتطيع المجموعـة اختيـار الطريقـة المناسـبة لعرض نتائج المهمة.
- ✓ **رابعاً:** الالتـزام بأهـداف كـل مهمـة والمصـادر المعـدة لـذلك، كـما يمكـن للطلبـة استخدام مصادر أخرى إذا رأت المجموعة أنّها ذات فائدة.

✔ **خامساً:** تقوم كل مجموعة بتوثيق خطوات العمل والمصادر بشكل واضح خلال العمل في المهمات.

✔ **سادساً:** تُعدّ كل مجموعة عرضاً تقديمياً تعرض من خلاله ما توصلت له في رحلتها المعرفية، على أن تتنافس المجموعات في إعداد عرض مميز مراع لشروط إعداد العروض التقديمية.

✔ **سادساً:** ستكون عملية التقييم خلال المهمات للمجموعات والأفراد، ويمكن الإطلاع على المعايير في خانة التقييم.

المهمات:

المهمة الأولى

أنتم مجموعة باحثين تعملون مع عالم في الآثار وتسعون لاكتشاف أبرز الحقائق عن:

- **مدينة بابل**، وتاريخها، متى وجدت هذه المدينة؟ وفي أي فترة زمنية عرفت؟

- في أي منطقة كانت؟ هل يمكن تحديد موقعها على خارطة العالم اليوم؟

- كيف عاش أهلها؟ ومتى انتهت هذه المدينة؟

- هل بحث العلماء عن هذه القرية الصغيرة واستطاعوا إيجادها، أم لا زالت في طي النسيان؟

- **مصر:** زار سيدنا إبراهيم عليه السلام مصر، فمن كان الفرعون في تلك الفترة، وما أبـرز الأحداث التي دارت بين سيدنا إبراهيم والفرعون؟

بالاستعانة بالمواقع الآتية حاول أن تكتشف مع مجموعتك أسرار هذه المدينة.

- http://ar.wikipedia.org/wiki/%D8%A8%D8%A7%D8%A8%D9%84

- http://www.islamweb.net/aqeda/religion_geograph/1.htm

- http://www.perishednations.com/ar/hzibrahim.php

المهمة الثانية:

أنت مصوّر تعمل في صحيفة عالمية، وترغب بتعريف القراء بمدينة بابل، مدينة النبي إبراهيم عليه السلام، بالتعاون مـع مجموعتـك قـم بجمع أكبر قـدر مـن الخـرائط والصـور التوضيحية التي تتحدث عن هذه المدينة التاريخية، مستعيناً بالمواقع الآتية:

- http://ar.wikipedia.org/wiki/%D8%A8%D8%A7%D8%A8%D9%84

- http://iraqbabylon.jeeran.com/%D9%82%D9%8A%D8%AF%D8%A7%D9%84%D8%A7%D9%86%D8%B4%D8%A7%D8%A1.html

المهمة الثالثة:

أنت محاضر أكاديمي وطلب منك إعداد محاضرة تتحدث فيها عن قصة إبراهيم عليه السلام، وما واجهه مع قومه من متاعب، وخروجه من بلده وسفره وتنقله عبر البلاد، انتهاء باستقراره في الخليل في فلسطين، وتضمن محاضرتك الإجابة عن التساؤلات الآتية:

- لماذا بعث الله تعالى إبراهيم عليه السلام إلى أهل بابل؟
- ما أسباب رفض أهل بابل دعوة نبيهم؟
- ما أبرز الأحداث التي حصلت معه في العراق؟
- كيف سارت وقائع محاورته للنمرود، ولعبدة الأوثان والكواكب؟
- ماذا حدث مع ابن أخيه سيدنا لوط؟

بالتعاون مع زملائك قم بالبحث في المواقع الآتية لإعداد محاضرة شيّقة حول الموضوع تتبع فيها أحداث القصة من خلال إعداد عرض تقديمي مشوق ومنظم.

قصة سيدنا إبراهيم عليه السلام كرتونياً بالصلصال.

الجزء الأول:

- http://www.youtube.com/watch?v=qBDj_ikWveo

الجزء الثاني:

- http://www.youtube.com/watch?v=O9PD1K0LUXY&feature=related

قصة سيدنا إبراهيم عليه السلام، الشيخ نبيل العوضي.

الجزء الأول:

- http://www.youtube.com/watch?v=2jKpGbHYQw8&playnext=1&list=PL3AA214AD87B0D065

الجزء الثاني:

- http://www.youtube.com/watch?v=cUkMkPDRmh0&NR=1

الجزء الثالث:

- http://www.youtube.com/watch?v=3cIvr_aUoNs&NR=1

المهمة الرابعة:

أنت محقق خاص تعمل في مجال البحث والتحري، لفت انتباهك ما حدث في قصة إبراهيم عليه السلام، وأحببت أن تجمع الملابسات والأحداث كافة حول قصة رحلة سيدنا إبراهيم عليه السلام ، وفي نفسك أسئلة عدة؛ منها: هل يوجد آيات في القرآن الكريم تشير إلى هذه الرحلة؟ ولماذا رحل سيدنا إبراهيم عليه السلام من بابل، وما مجريات الأحداث التي وقعت مع سيدنا لوط عليه السلام ؟ وما أسباب توجه سيدنا إبراهيم عليه السلام إلى بلاد الشام، ولماذا رحل إلى مصر، وما مبررات انتقاله إلى مكة المكرمة؟ ولماذا ترك زوجته وابنه وحيدين في الجزيرة العربية؟

استعن بالمواقع الآتية للإجابة عن هذه الأسئلة:

- http://www.islamweb.net/hadith/display_hbook.php?bk_no=629&hid=222&pid=138957
- http://www.qurancomplex.org/

المهمة الخامسة:

أنت محلل سياسي، أردت أن تتعرف على الحِكَم من وراء رحلة سيدنا إبراهيم عليه السلام، من خلال إعداد دراسة تود نشرها في إحدى المجلات العلمية، وكيف يمكن أن يستفيد النّاس اليوم من مجريات هذه الرحلة، يتضمن الإجابة عن الأسئلة الآتية:

- ما تحليلك لإلقاء سيدنا إبراهيم عليه السلام في النار، وهل ثمّة حِكم وفوائد لهذا الأمر؟
- ما تحليلك لقيام سيدنا إبراهيم وسيدنا إسماعيل عليهما السلام ببناء الكعبة في مكانها الحالي بالذات، فَلِمَ لم يقوما بالبناء في العراق أو مصر مثلاً؟

بالاستعانة بالمواقع الآتية حاول أن تجد إجابات عن هذه التساؤلات.

- http://ar.wikipedia.org/wiki/%D8%A7%D9%84%D9%83%D8%B9%D8%A8%D8%A9

- http://alhdea.mam9.com/t1382-topic
- http://www.sunna.info/Lessons/islam_811.html

المهمة السادسة:

أنت مفسر للقرآن الكريم، وقد طلبت منك إحدى الجامعات إعداد بحث خاص عن قصة سيدنا إبراهيم عليه السلام من خلال نصوص القرآن الكريم والسنة النبوية الشريفة، ومقارنتها مع التوراة، ستقوم مع مجموعتك بدور اللجنة الخاصة بإعداد تفسير موضوعي للآيات وشرح للأحاديث التي تتحدث عن سيدنا إبراهيم عليه السلام، مع مقارنتها بالتوراة، قم بإعداد هذا العرض التقديمي مستعيناً بالمواقع الآتية:

- البحث عن الآيات التي تتحدث عن سيدنا إبراهيم عليه السلام، ابحث عن كلمة إبراهيم في القرآن الكريم عن طريق المعجم المفهرس لألفاظ القرآن، المتوفر ضمن موقع:

- http://www.qurancomplex.org/

- البحث عن الأحاديث الخاصة بسيدنا إبراهيم ، عن طريق موقع الموسوعة الحديثية.

- http://www.dorar.net/enc/hadith?skeys=%D9%8A%D9%88%D9%86%D8%B3&xclude=&degree_cat0=1

- قم بتحميل برنامج المكتبة الشاملة من موقع:

- http://shamela.ws/

ثم ابحث في تفسير القرآن عن تفسير الآيات والأحاديث التي تتناول سيدنا إبراهيم عليه السلام.

- http://www.qwled.com/vb/t44664.html

المهمة السابعة:

أنت باحث في مجال التاريخ، وتود نشر مقالة في الصحيفة عـن موضـوع: "عبـادة غـير اللـه،" متى بدأت، وما أسباب ظهورها؟

استعن بـالمواقع الآتيـة للقيـام بـذلك، مـع عرضك النتـائج باسـتخدام برنامج الناشر "Publisher":

- http://www.islamweb.net/media/index.php?page=article&lang=A&id =49461
- http://ar.wikisource.org/wiki
- http://vb.altareekh.com/t37272/

وقم بالبحث عن موضوع عبادة غـير اللـه مـن خـلال آيـات القـرآن الكـريم، وذلك البحث من خلال موقع:

- http://www.waqfeya.com/index.php

ابحث عن كتاب: المعجم الموضوعي لآيات القـرآن الكـريم، لـ صبحي عبـد الـرؤوف عصر، ثم ابحث عن موضوع: عبادة غير اللـه.

المهمة الثامنة:

أنت باحث في مجـال مقارنـة الأديـان، مـن خـلال بحثك في القرآن الكـريم وجـدت مجموعة من قصص الأنبياء ذكروا في القرآن الكريم، ووجدت كذلك نقطـة التقـاء بـين جميع الرسل الذين أرسلهم اللـه تعالى إلى البشر، ألا هي التوحيد، وتريد إعداد تقرير بهذا الأمـر لـنشره عـبر صـفحات الشـبكة العنكبوتيـة، محـاولاً الإجابـة عـن مجموعـة استفسارات منها: ما الحكمة من ذكر قصص الأنبيـاء في القـرآن؟ كيـف نسـتدل عـلى أن مدار الرسالات واحد؟

قم بزيارة المواقع الآتية للإجابة على هذين السؤالين.

- http://www.islamhouse.com/p/267541
- http://www.islamweb.net/newlibrary/display_book.php?flag=1&bk_ no=106&ID=10

- http://www.islamweb.net/media/index.php?id=13386&lang=A&page=article
- http://www.bayan-alquran.net/forums/showthread.php?t=486
- http://ar.wikipedia.org/wiki
- http://www.al-najashi.net/vb/showthread.php?t=2610
- http://www.islamweb.net/newlibrary/display_book.php?idfrom=2112&idto=2112&bk_no=46&ID=2121
- http://islamweb.net/newlibrary/display_book.php?idfrom=2491&idto=2491&bk_no=132&ID=867

المهمة التاسعة:

أنت مدرب في مجال أساليب الحوار والتواصل، تود تقديم عرض باستخدام برنامج عرض الشرائح حول الأساليب الخاصة التي نهجها سيدنا إبراهيم عليه السلام في محاورة النمرود، وفي محاورة عبدة الكواكب والأوثان.

يمكنك الاستفادة من المواقع الآتية:

- http://www.tafsir.net/vb/showthread.php?t=231731
- http://www.hawwacha.org/videohat.php?sujet=250

المهمة العاشرة:

أنت باحث في مجال الأحكام الفقهية، تود مناقشة أثر سيدنا إبراهيم عليه السلام وزوجته السيدة هاجر في الأحكام الفقهية، متضمناً الإجابة عن الأسئلة الآتية: ما سبب الصلاة على سيدنا إبراهيم أثناء التشهد؟ وما سبب رمي الجمرات في الحج؟ وما سبب ذبح الهدي؟ وما سبب السعي بين الصفا والمروة؟ وما عقوبة إتيان الفاحشة؟
مستعيناً بالمواقع الإلكترونية الآتية:

- http://www.soonaa.com/vb/showthread.php?t=7291
- http://www.makkahnews.net/news-action-show-id-5857.htm
- http://www.tohajj.com/Display.Asp?Url=ma00006.htm

المصادر:

المواقع الالكترونية:

- http://ar.wikipedia.org/wiki/%D8%A8%D8%A7%D8%A8%D9%84

- http://www.islamweb.net/aqeda/religion_geograph/1.htm
- http://www.perishednations.com/ar/hzibrahim.php
- http://ar.wikipedia.org/wiki/%D8%A8%D8%A7%D8%A8%D9%84
- http://iraqbabylon.jeeran.com/%D9%82%D9%8A%D8%AF%D8%A7%D9%84%D8%A7%D9%86%D8%B4%D8%A7%D8%A1.html
- http://www.youtube.com/watch?v=qBDj_ikWveo
- http://www.youtube.com/watch?v=Q9PD1K0LUXY&feature=related
- http://www.youtube.com/watch?v=2jKpGbHYQw8&playnext=1&list=PL3AA214AD87B0D065
- http://www.youtube.com/watch?v=cUkMkPDRmh0&NR=1
- http://www.youtube.com/watch?v=3cIvr_aUoNs&NR=1
- http://www.islamweb.net/hadith/display_hbook.php?bk_no=629&hid=222&pid=138957
- http://www.qurancomplex.org/
- http://ar.wikipedia.org/wiki/%D8%A7%D9%84%D9%83%D8%B9%D8%A8%D8%A9
- http://alhdea.mam9.com/t1382-topic
- http://www.sunna.info/Lessons/islam_811.html
- http://www.qurancomplex.org/
- http://www.dorar.net/enc/hadith?skeys=%D9%8A%D9%88%D9%86%D8%B3&xclude=&degree_cat0=1
- http://shamela.ws/
- http://www.qwled.com/vb/t44664.html
- http://www.islamweb.net/media/index.php?page=article&lang=A&id=49461
- http://ar.wikisource.org/wiki
- http://vb.altareekh.com/t37272/
- http://www.waqfeya.com/index.php
- http://www.islamhouse.com/p/267541
- http://www.islamweb.net/newlibrary/display_book.php?flag=1&bk_no=106&ID=10
- http://www.islamweb.net/media/index.php?id=13386&lang=A&page=article

- http://www.bayan-alquran.net/forums/showthread.php?t=486
- http://ar.wikipedia.org/wiki
- http://www.al-najashi.net/vb/showthread.php?t=2610
- http://www.islamweb.net/newlibrary/display_book.php?idfrom=2112&idto=2112&bk_no=46&ID=2121
- http://islamweb.net/newlibrary/display_book.php?idfrom=2491&idto=2491&bk_no=132&ID=867
- http://www.tafsir.net/vb/showthread.php?t=23173
- http://www.hawwacha.org/videohat.php?sujet=250
- http://www.soonaa.com/vb/showthread.php?t=7291
- http://www.makkahnews.net/news-action-show-id-5857.htm

- http://www.tohajj.com/Display.Asp?Url=ma00006.htm

الكتب:

قصص الأنبياء لابن كثير.

- http://www.prophetstory.com/documents%5Cyunus_books_28.pdf

موقع القصص القرآني/ الأحاديث والآيات القرآنية.

- http://www.prophetstory.com/p_prophets.aspx?p_name_english=yunus

التقييم: فيما يأتي نموذج مقترح لعرض أعمال الطلبة وتقييم منجزاتهم.

إستراتيجية التقييم: التقييم المعتمد على الأداء للمجموعات.

أداة التقييم: سلم تقدير لفظي.

	الرقم	الأداء	ممتاز (3)	جيد جداً (2)	جيد (1)	علامة المجموعة
عرض المجموعة	1	اللغة المستخدمة	اللغة سليمة خالية من الأخطاء اللغوية تماماً	اللغة معظمها سليمة، وفيها القليل من الأخطاء اللغوية	اللغة غير سليمة، فيها الكثير من الأخطاء اللغوية	
	2	أسلوب العرض	لا يستخدم الشرائح في المناقشة	يقرأ النقاط الرئيسية من العرض	يعتمد على العرض في القراءة	
	3	التواصل البصري	يتواصل بصرياً بشكل دائم مع زملائه	يتواصل بصرياً معظم الوقت	لا يتواصل بصرياً	
	4	الالتزام بالوقت	تلتزم المجموعة بالوقت المحدد لها وهو 10 دقائق	احتاجت المجموعة 5 دقائق إضافية	احتاجت المجموعة 10 دقائق إضافية	

	الرقم	الأداء	ممتاز (3)	جيد جداً (2)	جيد (1)	علامة المجموعة
تصميم العرض التقديمي	5	تنسيق الشرائح	الشرائح متسلسلة والمعلومات فيها منظمة	الشرائح متسلسلة والمعلومات فيها غير منظمة	الشرائح غير متسلسلة لكن المعلومات منظمة داخلها	
	6	المحتوى	محتوى الشرائح يغطي جوانب الموضوع كافة	المحتوى يغطي معظم الجوانب	المحتوى يغطي بعض الجوانب فقط	
	7	التشويق	الشرائح تحتوي صوراً واضحة وحركات مؤثرة مناسبة	الشرائح تحتوي صوراً واضحة والحركات كثيرة ومشتتة	الشرائح لا تحتوي صوراً والحركات مناسبة	
	8	التلخيص	يوجد شريحة خاصة لعرض التلخيص.	التلخيص موزع على عدة شرائح	لا يوجد شريحة مخصصة للتلخيص	
مجموع العلامات للمجموعة:						
ملاحظات:						

أسماء الطلبة في المجموعة

-1 .... -2 ....

-3 .... -4 ....

-5 .... -6 ....

الخـاتمة

أرجو أن تكون عزيزي الطالب بعد رحلتك المعرفية عن قصة النبي إبراهيم ﵇ قد تمكنت من حل أسرار هذه القصة، وتعرفت على أهم الأحداث، واستخلصت العـبر والدروس الكثيرة التي تدل على حكمة الـلـه وسعة رحمته بعباده، والتي لأجلها أخبرنا الـلـه تعالى بتفاصيل هذه القصة الشيقة والجميلة، والتي فيها عبرة في حياتنا وواقعنـا، وما يمكن أن يواجهه الإنسان في دعوته وهدايته للآخرين. ولا شـك فـإنّ هـذه القصـة فيها دلائل على عظم التضحيات التـي بـذلها الأنبيـاء لأجـل هدايـة النّـاس ودعـوتهم للحق.

ورقة عمل حول ثبات الرّسل عليهم الصلاة والسلام

الهدف: أن يكتسب الطالب مهارة التلخيص من خلال توظيف الخرائط المفاهيمية.

تعددت مواقف الأقوام من أنبيائهم فمنهم من قابل الرّسل بالتصديق والإقرار، ودافع عنهم وناصرهم، ومنهم من كذّبهم وتنكّر لهم، ومنهم من استهزأ بهم واعتدى عليهم، ومع ذلك ضرب الأنبياء والمرسلون أروع الأمثلة التي دلّت على ثباتهم وصبرهم وتحملهم في سبيل الدعوة.

عزيزي الطالب: أكمل المخطط المفاهيمي الآتي بمواقف من حياة الأنبياء والمرسلين ومن حياة النّبي محمد ﷺ، تدل على تعرضهم للمواقف الآتية من أقوامهم:

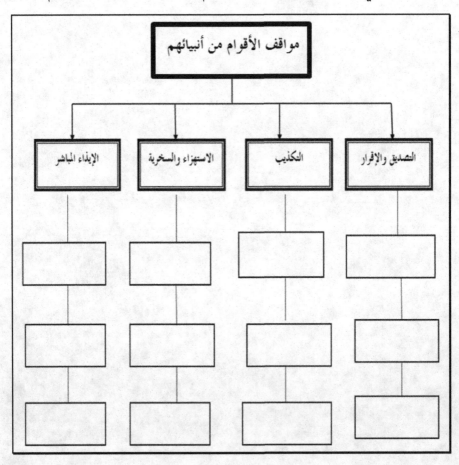

سابعاً: الإيمان باليوم الآخر

الأهداف المتوقعة:

يتوقع من الطالب أن يحقق الأهداف الآتية:

1- يستنتج الطلبة الأدلة على قدرة الله على البعث.

2- يرتب أحداث اليوم الآخر.

3- يؤمن بحقيقة وجود اليوم الآخر.

4- يُقْبِل على العمل الصالح استعداداً لليوم الآخر.

الفعاليات المقترحة:

1- توظيف الآيات القرآنية في الوصول لحقائق اليوم الآخر.

2- تفعيل مهارة التحليل.

3- تنمية طلاقة التفكير والتفكير الإبداعي، والتفكير المنطقي.

ورقة عمل رقم (1) قدرة الـلـه على البعث

الهدف: استنتاج أدلة على قدرة الـلـه على البعث.

الأسلوب: تحليل النّصوص.

قال الـلـه تبارك وتعالى ﴿ وَضَرَبَ لَنَا مَثَلًا وَنَسِيَ خَلْقَهُ قَالَ مَنْ يُحْيِي الْعِظَامَ وَهِيَ رَمِيمٌ {78/36} قُلْ يُحْيِيهَا الَّذِي أَنشَأَهَا أَوَّلَ مَرَّةٍ وَهُوَ بِكُلِّ خَلْقٍ عَلِيمٌ {79/36} الَّذِي جَعَلَ لَكُم مِّنَ الشَّجَرِ الْأَخْضَرِ نَارًا فَإِذَا أَنتُم مِّنْهُ تُوقِدُونَ {80/36} أَوَلَيْسَ الَّذِي خَلَقَ السَّمَاوَاتِ وَالْأَرْضَ بِقَادِرٍ عَلَى أَنْ يَخْلُقَ مِثْلَهُم بَلَى وَهُوَ الْخَلَّاقُ الْعَلِيمُ {81/36} إِنَّمَا أَمْرُهُ إِذَا أَرَادَ شَيْئًا أَنْ يَقُولَ لَهُ كُنْ فَيَكُونُ {82/36} فَسُبْحَانَ الَّذِي بِيَدِهِ مَلَكُوتُ كُلِّ شَيْءٍ وَإِلَيْهِ تُرْجَعُونَ {83/36} ﴾ [يس: 78-83].

من خلال مجموعتك:

- ✓ تضمنت الآيات الكريمة عدداً من الأمثلة، وضِّحها؟

....

....

....

- ✓ ما الهدف من ذكر هذه الأمثلة؟

....

....

....

- ✓ كيف دلت هذه الأمثلة على قدرة الـلـه تعالى على البعث؟

....

....

....

ورقة عمل رقم (2) التدريب على مهارة الترتيب ضمن موضوع اليوم الآخر

الهدف: التدريب على مهارة الترتيب.

عزيزي الطالب:

بين يديك مجموعة من أحداث اليوم الآخر، رتب الأحـداث الآتيـة ترتيبـاً زمنيـاً[1] (من الأول إلى الأخير)

[الـنّشر، توزيـع صـحف الأعـمال، الـحشر، الحسـاب، الميـزان، الشـفاعة، البعـث، ورود الحوض، الصراط].

(1) يهدف هذا النشاط المقترح إلى مراجعة الطلبة لأحداث اليوم الآخر، ويعتمد في ترتيب الأحداث بناء على المراجع العملية المتخصصة.

ورقة عمل رقم (3) الأدلة العقلية على وجود اليوم الآخر

الهدف: استنتاج الأدلة العقلية على وجود اليوم الآخر.

الأسلوب: تحليل النص القرآني

[يستطيع المعلم تقسيم طلبته إلى مجموعات، ويوزع عليهم الآيات الكريمة لاستخلاص الأدلة العقلية التي دلت عليها، كجزء من الأنشطة التي ستنفَّذ داخل الحصّة الصفية.]

المجموعة الأولى: "مجموعة ...."

عزيزي الطالب:

من خلال مجموعتك، تأمل الآيات القرآنية الآتية، ثم استخرج منها الأدلة العقلية على وجود اليوم الآخر، وفق المخطط أدناه.

﴿ وَإِذْ قَتَلْتُمْ نَفْساً فَادَّارَأْتُمْ فِيهَا وَاللـه مُخْرِجٌ مَّا كُنتُمْ تَكْتُمُونَ {72/2} فَقُلْنَا اضْرِبُوهُ بِبَعْضِهَا كَذَلِكَ يُحْيِي اللـه الْمَوْتَى وَيُرِيكُمْ آيَاتِهِ لَعَلَّكُمْ تَعْقِلُونَ {73/2} ﴾ [البقرة: 72-73].

⇩ الدليل العقلي

....
....
....
....
....
....
....
....
....
....
....

المجموعة الثانية: "مجموعة ...."

عزيزي الطالب:

من خلال مجموعتك، تأمل الآيات القرآنية الآتية، ثم استخرج منها الأدلة العقلية على وجود اليوم الآخر، وفق المخطط أدناه.

﴿ وَقَالُواْ أَئِذَا كُنَّا عِظَامًا وَرُفَاتًا أَإِنَّا لَمَبْعُوثُـونَ خَلْقًـا جَدِيـدًا {49/17} قُـلْ كُونُواْ حِجَارَةً أَوْ حَدِيدًا {50/17} أَوْ خَلْقًا مِّمَّا يَكْبُرُ فِي صُدُورِكُمْ فَسَيَقُولُونَ مَن يُعِيدُنَا قُلِ الَّذِي فَطَرَكُمْ أَوَّلَ مَرَّةٍ فَسَيُنْغِضُونَ إِلَيْكَ رُؤُوسَهُمْ وَيَقُولُـونَ مَتَى هُوَ قُلْ عَسَى أَن يَكُونَ قَرِيبًا {51/17} ﴾ [الإسراء: 49-51].

⇩ **الدليل العقلي**

....
....
....
....
....
....
....
....
....
....
....

المجموعة الثالثة: "مجموعة ...."

عزيزي الطالب:

من خلال مجموعتك، تأمل الآيات القرآنية الآتية، ثم استخرج منها الأدلة العقلية على وجود اليوم الآخر، وفق المخطط أدناه.

﴿ يَا أَيُّهَا النَّاسُ إِن كُنتُمْ فِي رَيْبٍ مِّنَ الْبَعْثِ فَإِنَّا خَلَقْنَاكُم مِّن تُرَابٍ ثُمَّ مِن نُّطْفَةٍ ثُمَّ مِنْ عَلَقَةٍ ثُمَّ مِن مُّضْغَةٍ مُّخَلَّقَةٍ وَغَيْرِ مُخَلَّقَةٍ لِّنُبَيِّنَ لَكُمْ وَنُقِرُّ فِي الْأَرْحَامِ مَا نَشَاء إِلَى أَجَلٍ مُّسَمًّى ثُمَّ نُخْرِجُكُمْ طِفْلًا ثُمَّ لِتَبْلُغُوا أَشُدَّكُمْ وَمِنكُم مَّن يُتَوَفَّى وَمِنكُم مَّن يُرَدُّ إِلَى أَرْذَلِ الْعُمُرِ لِكَيْلَا يَعْلَمَ مِن بَعْدِ عِلْمٍ شَيْئًا وَتَرَى الْأَرْضَ هَامِدَةً فَإِذَا أَنزَلْنَا عَلَيْهَا الْمَاء اهْتَزَّتْ وَرَبَتْ وَأَنبَتَتْ مِن كُلِّ زَوْجٍ بَهِيجٍ {5/22} ذَلِكَ بِأَنَّ اللَّهَ هُوَ الْحَقُّ وَأَنَّهُ يُحْيِي الْمَوْتَى وَأَنَّهُ عَلَى كُلِّ شَيْءٍ قَدِيرٌ {6/22} وَأَنَّ السَّاعَةَ آتِيَةٌ لَّا رَيْبَ فِيهَا وَأَنَّ اللَّهَ يَبْعَثُ مَن فِي الْقُبُورِ {7/22} ﴾ [الحج: 5-7].

الدليل العقلي ⇩

....

....

....

....

....

....

....

....

....

....

....

المجموعة الرابعة: "مجموعة ...."

عزيزي الطالب:

من خلال مجموعتك، تأمل الآيات القرآنية الآتية، ثم استخرج منها الأدلة العقلية على وجود اليوم الآخر، وفق المخطط أدناه.

> ﴿ قَالُوا أَئِذَا مِتْنَا وَكُنَّا تُرَابًا وَعِظَامًا أَئِنَّا لَمَبْعُوثُونَ {82/23} لَقَدْ وُعِدْنَا نَحْنُ وَآبَاؤُنَا هَذَا مِن قَبْلُ إِنْ هَذَا إِلَّا أَسَاطِيرُ الْأَوَّلِينَ {83/23} قُل لِّمَنِ الْأَرْضُ وَمَن فِيهَا إِن كُنتُمْ تَعْلَمُونَ {84/23} سَيَقُولُونَ لِلَّهِ قُلْ أَفَلَا تَذَكَّرُونَ {85/23} قُلْ مَن رَّبُّ السَّمَاوَاتِ السَّبْعِ وَرَبُّ الْعَرْشِ الْعَظِيمِ {86/23} سَيَقُولُونَ لِلَّهِ قُلْ أَفَلَا تَتَّقُونَ {87/23} قُلْ مَن بِيَدِهِ مَلَكُوتُ كُلِّ شَيْءٍ وَهُوَ يُجِيرُ وَلَا يُجَارُ عَلَيْهِ إِن كُنتُمْ تَعْلَمُونَ {88/23} سَيَقُولُونَ لِلَّهِ قُلْ فَأَنَّى تُسْحَرُونَ {89/23} بَلْ أَتَيْنَاهُم بِالْحَقِّ وَإِنَّهُمْ لَكَاذِبُونَ {90/23} ﴾ [المؤمنون: 82-90].

⬇ **الدليل العقلي**

> ....
> ....
> ....
> ....
> ....
> ....
> ....
> ....
> ....
> ....

المجموعة الخامسة: ...."

عزيزي الطالب:

من خلال مجموعتك، تأمل الآيات القرآنية الآتية، ثم استخرج منها الأدلة العقلية على وجود اليوم الآخر، وفق المخطط أدناه.

﴿ فَانظُرْ إِلَى آثَارِ رَحْمَتِ اللـه كَيْفَ يُحْيِي الْأَرْضَ بَعْدَ مَوْتِهَا إِنَّ ذَلِكَ لَمُحْيِي الْمَوْتَى وَهُوَ عَلَى كُلِّ شَيْءٍ قَدِيرٌ {50/30} ﴾ [الروم: 50].

⇩ الدليل العقلي

....
....
....
....
....
....
....
....
....
....
....

المجموعة السادسة: ".........................."

عزيزي الطالب:

من خلال مجموعتك، تأمل الآيات القرآنية الآتية، ثم استخرج منها الأدلة العقلية على وجود اليوم الآخر، وفق المخطط أدناه.

﴿ وَضَرَبَ لَنَا مَثَلًا وَنَسِيَ خَلْقَهُ قَالَ مَنْ يُحْيِي الْعِظَامَ وَهِيَ رَمِيمٌ {78/36} قُلْ يُحْيِيهَا الَّذِي أَنشَأَهَا أَوَّلَ مَرَّةٍ وَهُوَ بِكُلِّ خَلْقٍ عَلِيمٌ {79/36} الَّذِي جَعَلَ لَكُم مِّنَ الشَّجَرِ الْأَخْضَرِ نَارًا فَإِذَا أَنتُم مِّنْهُ تُوقِدُونَ {80/36} أَوَلَيْسَ الَّذِي خَلَقَ السَّمَاوَاتِ وَالْأَرْضَ بِقَادِرٍ عَلَى أَنْ يَخْلُقَ مِثْلَهُم بَلَى وَهُوَ الْخَلَّاقُ الْعَلِيمُ {81/36} إِنَّمَا أَمْرُهُ إِذَا أَرَادَ شَيْئًا أَنْ يَقُولَ لَهُ كُنْ فَيَكُونُ {82/36} فَسُبْحَانَ الَّذِي بِيَدِهِ مَلَكُوتُ كُلِّ شَيْءٍ وَإِلَيْهِ تُرْجَعُونَ {83/36} ﴾ [يس: 78-83].

⬇ **الدليل العقلي**

....
....
....
....
....
....
....
....
....
....
....

المجموعة السابعة: "..............................."

عزيزي الطالب:

من خلال مجموعتك، تأمل الآيات القرآنية الآتية، ثم استخرج منها الأدلة العقلية على وجود اليوم الآخر، وفق المخطط أدناه.

﴿ أَيَحْسَبُ الْإِنسَانُ أَن يُتْرَكَ سُدًى {36/75} أَلَمْ يَكُ نُطْفَةً مِّن مَّنِيٍّ يُمْنَى {37/75} ثُمَّ كَانَ عَلَقَةً فَخَلَقَ فَسَوَّى {38/75} فَجَعَلَ مِنْهُ الزَّوْجَيْنِ الذَّكَرَ وَالْأُنثَى {39/75} أَلَيْسَ ذَلِكَ بِقَادِرٍ عَلَى أَن يُحْيِيَ الْمَوْتَى {40/75} ﴾ [القيامة: 36-40].

⇩ **الدليل العقلي**

....
....
....
....
....
....
....
....
....
....
....

ورقة عمل رقم (4) تنمية مهارة الطلاقة الفكرية ضمن موضوع الإيمان باليوم الآخر.

الهدف: تنمية مهارات التفكير الإبداعي/ مهارة الطلاقة الفكرية.

إذا افترضنا جدلاً عدم وجود اليوم الآخر، فما النتائج المترتبة على ذلك؟

....
....
....
....
....
....
....
....
....
....
....
....
....
....
....
....
....
....
....
....
....
....

ثامناً: الإيمان بالقضاء والقدر

يُعدُّ هذا الموضوع من الموضوعات الهامة التي يلزم المعلم أن يقوم بمعالجتها بصورة دقيقة ومتأنية، ويتطلب هذا الموضوع من المعلم الأمور الآتية:

1- أن يرصد احتياجات المتعلمين وتساؤلاتهم حول الموضوع، بعد أن يعطي موجزاً عن الموضوع، ونقترح عليه تفعيل نموذج المعرفة السابقة والمكتسبة في التدريس،[1] بطريقة فردية؛ نظراً لأنّ موضوع الإيمان بالقضاء والقدر موضوع اعتقادي ذاتي، كالآتي:

- يوزع المعلم النموذج (KWL) على كل طالب ويكلفه بتعبئة أول عمودين وهو (ما أعرفه، وما أريد معرفته)، ويبقى عمود ماذا تعلّمت؟ ويطلب من كل طالب أن يُدوِّن اسمه على الورقة، ثمّ يجمع الأوراق ويتصفحها ليعدل على أهدافه للموضوع بحسب واقع تساؤلات واحتياجات الطلبة.

- وبعد انتهاء المعلم من طرح موضوع الإيمان بالقضاء والقدر، يعيد المعلم الأوراق للطلبة ويكلفهم بالكتابة في العمود الثالث (ماذا تعلمت؟) وبهذا يكون المعلم قد أجرى تقويماً ذاتيا للطلبة، شعروا من خلاله بأهمية ما تعلموه؟ وماذا تعلموا؟

2- يراجع المعلم موضوع الإيمان بالقضاء والقدر، من أي مرجع علمي،[2] وهذا إجراء

---

(1) (KWL: (know/want to know/Learned) ، (اعرف، ماذا ستعرف؟ ماذا تعلمت؟)، وهي استراتيجية تمهيدية تساعد على تذكير الطلبة بمعلومات حول موضوع معين، ماذا يريد الطلبة أن يعرفوا؟ من خلال رصد ما يعرفونه، وما لا يعرفونه، وما يريدون معرفته. ويمكن أن يستخدمها المعلم بصورة فردية، أو جماعية من خلال رصد توقعات المتعلمين، حيث يُقسِّم الطلبة إلى مجموعات ويكلف كل مجموعة بكتابة ما يعرفونه حول الموضوع، وما يودون معرفته، وبعد انتهاء عرض الموضوع، يرصد المتعلمون ما تعلموه، ويستفاد من هذه الاستراتيجية في المراجعة السابقة للمادة المطلوبة، وتطوير توقع الطلبة، ومساعدتهم على التقويم الذاتي، وتحسين مهارات البحث والاتصال لديهم. انظر:
أبو حرب والموسوي، **الجديد في التعلم التعاوني**، ص127-129.

(2) منها على سبيل المثال لا الحصر:
- كتاب: ابن قيم الجوزية، شمس الدين، محمد بن أبي يكر، (ت. 751هـ)، **شفاء العليل في مسائل القضاء والقدر والحكمة والتعليل.**

==

يلزم المعلم لإنعاش ذاكرته، ولمساعدته على مواجهة أية تساؤلات قد تطرح عليـه من الطلبة.

3- يحدّد المعلم أهدافه التي يرغـب بتحقيقهـا مـع طلبتـه بحسـب المرحلـة العمريـة، ومستوى الطلبة واحتياجاتهم، والمادة الدراسية.

4- يتدرج المعلم في طرح الموضوع فيبدأ بـالمفهوم، ومـن ثـمّ أركـان الإيمـان بالقضـاء والقدر، ومن ثمّ الأهمية والآثار.

5- موضوع الإيمان بالقضاء والقدر موضوع يعتمد على التفكـير المنطقـي المتسلسـل؛ لذا فإنّ هناك مجموعة من المقدمات ينبغي أن يؤسسها المعلم لدى الطلبة.

نموذج (KWL)

الموضوع: الإيمان بالقضاء والقدر		
ما أعرفه	**ما أريد معرفته**	**ما تعلمته**

==

- كتاب أ.د. عمر الأشقر، **القضاء والقدر**، ضمن سلسلة العقيدة في ضوء الكتاب والسنة.
- عبد الرحمن الميداني، (2002م)، العقيدة الإسلامية وأسسها، ط11، دمشق: دار القلم، الباب التاسع: الإيمان بالقضاء والقدر، ص625-685.

فيما يأتي نشاطات مقترحة على المعلم:

....

....

....

....

....

....

....

....

....

....

ورقة عمل رقم (1) مفهوم الإيمان بالقضاء والقدر

الهدف: التعرّف على مفهوم القضاء والقدر

اقرأ النّص الآتي ثمّ أجب عما يليه:

عَنْ عَلِي بن أبي طالب س قال: كُنَّا فِي جَنَازَةٍ فِي بَقِيعِ الْغَرْقَدِ فَأَتَانَا رَسُولُ اللَّه ﷺ فَقَعَدَ وَقَعَدْنَا حَوْلَهُ وَمَعَهُ مِخْصَرَةٌ[1] فَنَكَّسَ فَجَعَلَ يَنْكُتُ بِمِخْصَرَتِهِ ثُمَّ

- قَالَ: "مَا مِنْكُمْ مِنْ أَحَدٍ مَا مِنْ نَفْسٍ مَنْفُوسَةٍ إلا وَقَدْ كَتَبَ اللَّه مَكَانَهَا مِنْ الْجَنَّةِ وَالنَّارِ، وَإِلا وَقَدْ كُتِبَتْ شَقِيَّةً أَوْ سَعِيدَةً".

- قَالَ: فَقَالَ رَجُلٌ: يَا رَسُولَ اللَّه أَفَلا نَمْكُثُ عَلَى كِتَابِنَا وَنَدَعُ الْعَمَلَ؟

فَقَالَ: مَنْ كَانَ مِنْ أَهْلِ السَّعَادَةِ؛ فَسَيَصِيرُ إِلَى عَمَلِ أَهْلِ السَّعَادَةِ، وَمَنْ كَانَ مِنْ أَهْلِ الشَّقَاوَةِ؛ فَسَيَصِيرُ إِلَى عَمَلِ أَهْلِ الشَّقَاوَةِ، فَقَالَ: اعْمَلُوا فَكُلٌّ مُيَسَّرٌ أَمَّا أَهْلُ السَّعَادَةِ فَيُيَسَّرُونَ لِعَمَلِ أَهْلِ السَّعَادَةِ، وَأَمَّا أَهْلُ الشَّقَاوَةِ فَيُيَسَّرُونَ لِعَمَلِ أَهْلِ الشَّقَاوَةِ ثُمَّ قَرَأَ ﴿ فَأَمَّا مَن أَعْطَى وَاتَّقَى {5/92} وَصَدَّقَ بِالْحُسْنَى {6/92} فَسَنُيَسِّرُهُ لِلْيُسْرَى {7/92} وَأَمَّا مَن بَخِلَ وَاسْتَغْنَى {8/92} وَكَذَّبَ بِالْحُسْنَى {9/92} فَسَنُيَسِّرُهُ لِلْعُسْرَى {10/92} ﴾ [الليل: 5-10].[2]

1- استنتج صفة من صفات اللـه تعالى دل عليها الحديث الشريف.

....

....

2- ما علاقة الحديث الشريف بالإيمان بالقضاء والقدر؟

....

....

(1) عصا صغيرة.

(2) مسلم، **صحيح مسلم**، كتاب: القدر، باب: كيفية خلق الآدمي في بطن أمّه، وكتابة رزقه وأجله وعمله وشقاوته وسعادته، ص1061-1062، حديث رقم: 6-(2647).

3- هل توافق الرجل بتوجيه سؤاله للنبي ﷺ: "أَفَلاَ نَتَّكِلُ عَلَى كِتَابِنَا وَنَدَعُ الْعَمَلَ؟" ولماذا؟

....

..

....

..

4- كيف توفق بين قول الله تعالى ﴿ وَأَن لَّيْسَ لِلْإِنسَانِ إِلَّا مَا سَعَى {39/53} وَأَنَّ سَعْيَهُ سَوْفَ يُرَى {40/53} ثُمَّ يُجْزَاهُ الْجَزَاء الْأَوْفَى {41/53} ﴾ [النجم: 39-41] وقوله ﷺ: "أَمَّا أَهْلُ السَّعَادَةِ فَيُيَسَّرُونَ لِعَمَلِ السَّعَادَةِ، وَأَمَّا أَهْلُ الشَّقَاوَةِ فَيُيَسَّرُونَ لِعَمَلِ الشَّقَاوَةِ"؟

....

....

5- ما شعورك بعد قراءة الحديث وتدبره؟

....

....

....

6- ناقش مسألة: إن كان الله قد كتب لي دخول الجنة، أو دخول النار، فلماذا يحاسبني؟

....

....

7- ناقش مسألة: إن كان الله تعالى قد كتب لي أنني سأنجح في عملي أو دراستي، فلماذا أعمل، أو أدرس؟

....

....

8- اكتب بأسلوبك ما فهمته حول الإيمان بالقضاء والقدر.

ورقة عمل رقم (2) أهمية الإيمان بالقضاء والقدر

الهدف: أن يستنتج الطالب أهمية القضاء والقدر في حياة المسلم.

اقرأ الفقرات الآتية ثمّ أجب عما يليه من تساؤلات:

يُعرّف علماء السلف القدر في الاصطلاح بقولهم: "ما سبق به العلم، وجرى به القلم مما هو كائن إلى الأبد، وأنه ﷻ قدّر مقادير الخلائق، وما يكون من الأشياء قبل أن تكون في الأزل، وعلم سبحانه أنها ستقع في أوقات معلومة عنده تعالى، وعلى صفات مخصوصة، فهي تقع على حسب ما قدرها".[1]

وقال ابن حجر في تعريفه: "المراد أنّ الله تعالى علم مقادير الأشياء وأزمانها قبل إيجادها، ثمّ أوجد ما سبق في علمه أنّه يوجد، فكل محدث صادر عن علمه وقدرته وإرادته."[2]

وقال شيخ الإسلام ابن تيمية: "وإن علم الله السابق محيط بالأشياء على ما هي عليه، ولا محو فيه ولا تغيير، ولا زيادة ولا نقص، فإنه -سبحانه- يعلم ما كان وما يكون، وما لا يكون لو كان كيف كان يكون."[3]

---

(1) السفاريني، شمس الدين، أبو العون، محمد بن أحمد بن سالم السفاريني الحنبلي، (ت. 1188هـ)، **لوامع الأنوار البهية وسواطع الأسرار الأثرية لشرح الدرة المضية في عقد الفرقة المرضية**، ط2، دمشق: مؤسسة الخافقين ومكتبتها، 1402هـ 1982م، ج1، ص348.

(2) ابن حجر العسقلاني، أبو الفضل، أحمد بن علي، (ت. 852هـ)، **فتح الباري شرح صحيح البخاري**، تحقيق: عبد العزيز بن باز، ومحب الدين الخطيب، بيروت، دار الفكر، ج1، ص118.

(3) السفارييني، **لوامع الأنوار**، ج1، ص348.

1- هل معرفة الغيب ضرورة لازمة لـلـه تعالى؟

....

....

2- هل معرفة الـلـه تعالى للغيب تؤثر في اختيارات العباد لما يريدون أن يختاروه؟

....

....

....

....

3- ما علاقة علم الـلـه للغيب ولجوء النّاس لـلـه تعالى بالدعاء للـرزق، ورفـع الـبلاء، وتيسير الأمور؟

....

....

....

....

4- إذا كان الـلـه تعالى "لا يعرف ما يحدث، وما سيحدث"، فهل كان يستحق التوجّـه إليه بالعبادة والألوهية؟

....

....

....

....

5- بناءً على ما سبق ما أهمية الإيمان بقدر الـلـه تعالى خيره وشره؟

....

....

....

....

أمامك مخطط مفاهيمي يتناول موضوع القضاء والقدر، بالتعاون مع مجموعتك اكتب القواعد المتعلقة بالقضاء والقدر وفق ما تراه في المخطط الآتي، ودوِّنها في النموذج المرفق.

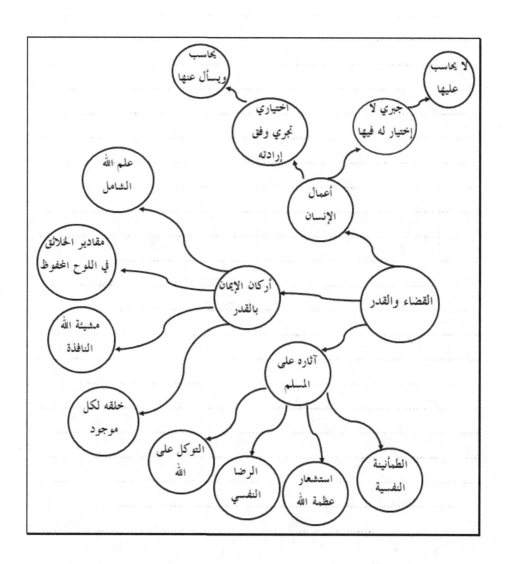

قواعد هامة في الإيمان بالقضاء والقدر:

....

....

....

....

....

....

....

....

....

....

....

....

....

....

....

....

....

....

....

....

....

....

....

ورقة عمل (3) تنمية مهارة الطلاقة الفكرية ضمن موضوع الإيمان بالقضاء والقدر

الهدف: تنمية مهارة الربط والطلاقة الفكرية.

1- فسّر لماذا كان الإيمان بالقدر خيره وشره ركناً من أركان الإيمان؟

....

....

....

....

....

....

....

2- ما علاقة العبارة الآتية بالإيمان بالقضاء والقدر: "ما أخطأك لم يكن ليصيبك، وما أصابك لم يكن ليخطئك"؟

....

....

....

....

....

....

ورقة عمل (4) تنمية التفكير الناقد ضمن موضوع الإيمان بالقضاء والقدر

الهدف: تنمية التفكير الناقد من خلال تحليل بعض القواعد المتعلقة بالقضاء والقدر.

أمامك عدد من القواعد المتعلقة بالإيمان بالقدر، تعاون مع مجموعتك وناقش كلاً منها، ثمّ استخرج من القرآن الكريم آية تدل على صحتها:[1]

1- "لا يحتج بالقدر في الذنوب؛ لأن حجة الله قائمة على الخلق بالتمكين والاختيار والدلالة الشرعية".

....

....

....

2- "مع الإيمان بالقدر يجب الأخذ بالحذر".

....

....

....

3- "القدر كله عدل وحكمة فما يصيب العباد فهو جزاء أعمالهم".

....

....

....

(1) باديس، عبد الحميد، (1995م)، **العقائد الإسلامية من الآيات القرآنية والأحاديث النبوية رواية محمد الصالح رمضان**، تحقيق: محمد الصالح رمضان، ط1، الشارقة: دار الفتح، ص76. والآيات هي:

- ﴿ سَيَقُولُ الَّذِينَ أَشْرَكُواْ لَوْ شَاء اللـه مَا أَشْرَكْنَا وَلاَ آبَاؤُنَا وَلاَ حَرَّمْنَا مِن شَيْءٍ كَذَلِكَ كَذَّبَ الَّذِينَ مِن قَبْلِهِم حَتَّى ذَاقُواْ بَأْسَنَا قُلْ هَلْ عِندَكُم مِّنْ عِلْمٍ فَتُخْرِجُوهُ لَنَا إِن تَتَّبِعُونَ إِلاَّ الظَّنَّ وَإِنْ أَنتُمْ إَلاَّ تَخْرُصُونَ {148/6} ﴾ [الأنعام: 148].
- ﴿ يَا أَيُّهَا الَّذِينَ آمَنُواْ خُذُواْ حِذْرَكُمْ فَانفِرُواْ ثُبَاتٍ أَوِ انفِرُواْ جَمِيعًا {71/4} ﴾ [النساء: 71].
- ﴿ وَمَا أَصَابَكُم مِّن مُّصِيبَةٍ فَبِمَا كَسَبَتْ أَيْدِيكُمْ وَيَعْفُو عَن كَثِيرٍ {30/42} ﴾ [الشورى: 30].

ورقة عمل (5) الربط بين الآيات القرآنية والإيمان بالقضاء والقدر

الهدف: أن يربط الطالب بين الآيات القرآنية الكريمة والإيمان بالقضاء والقدر

استخلص دلالات النّصوص الآتية على الإيمان بالقدر:

الرقم	النّصوص الكريمة	دلالتها على موضوع الإيمان بالقدر
1	﴿ وَخَلَقَ كُلَّ شَيْءٍ فَقَدَّرَهُ تَقْدِيرًا ﴾ [الفرقان: 2].	
2	﴿ وَإِن مِّن شَيْءٍ إِلاَّ عِندَنَا خَزَائِنُهُ وَمَا نُنَزِّلُهُ إِلاَّ بِقَدَرٍ مَّعْلُومٍ ﴾ [الحجر: 21].	
3	﴿ مَا أَصَابَ مِن مُّصِيبَةٍ فِي الْأَرْضِ وَلَا فِي أَنفُسِكُمْ إِلَّا فِي كِتَابٍ مِّن قَبْلِ أَن نَّبْرَأَهَا إِنَّ ذَلِكَ عَلَى اللَّه يَسِيرٌ ﴾ [الحديد: 22].	
4	﴿ لِتَعْلَمُوا أَنَّ اللَّه عَلَى كُلِّ شَيْءٍ قَدِيرٌ وَأَنَّ اللَّه قَدْ أَحَاطَ بِكُلِّ شَيْءٍ عِلْمًا ﴾ [الطلاق: 12].	
5	﴿ وَلَوْ شَاء رَبُّكَ لآمَنَ مَن فِي الأَرْضِ كُلُّهُمْ جَمِيعًا أَفَأَنتَ تُكْرِهُ النَّاسَ حَتَّى يَكُونُواْ مُؤْمِنِينَ {99/10} ﴾ [يونس: 99].	
6	﴿ وَاللَّه خَلَقَكُم مِّن تُرَابٍ ثُمَّ مِن نُّطْفَةٍ ثُمَّ جَعَلَكُمْ أَزْوَاجًا وَمَا تَحْمِلُ مِنْ أُنثَى وَلَا تَضَعُ إِلَّا بِعِلْمِهِ وَمَا يُعَمَّرُ مِن مُّعَمَّرٍ وَلَا يُنقَصُ مِنْ عُمُرِهِ إِلَّا فِي كِتَابٍ إِنَّ ذَلِكَ عَلَى اللَّه يَسِيرٌ ﴾ [فاطر: 11].	

ورقة عمل رقم (6) اكتشاف المغالطات المتعلقة بالقضاء والقدر
(مسؤولية الإنسان عن أعماله)

الهدف: اكتشاف المغالطات.

الأسلوب: تفعيل التفكير الناقد.

مواقف:

علي، حارس ليلي لمصنع "......"، من مهام عمله حراسة المصنع من الساعة السابعة مساء، حتى الساعة السابعة صباحاً، وفي إحدى الليالي نام علي أثناء عمله، فوقعت سرقة في المصنع في تلك الليلة، ولَمّا جاء المدير ليعاقب علياً لتقصيره؛ أجاب علي: ما حصل قضاء وقدر، فلماذا تعاقبني؟

في حفلة زفاف فادي قام صديقه باسل بإطلاق عيارات نارية فرحاً بهذه المناسبة، فأصابت طلقة من الطلقات أحد حضور الحفل، فسقط ميتاً، ولَمّا بدأت "الجاهات" لحل الخلاف، تذرع بعض الناس بالقول: إن ما حدث قضاء وقدر، ويجب أن لا يحاسب باسل.

راما، طالبة في الجامعة، منذ وقت طويل لم تلتزم بحجابها، في حين كانت صديقتها ريما ملتزمة بالحجاب، وذات يوم سألت ريما راما: لم لا تلتزمين بالحجاب؟ فأجابت راما: إن الله كتب عليها عدم الالتزام بالحجاب، فهذا قضاء وقدر.

بدر، يعمل مديراً لشركة استثمارية، وفي يوم من أيام رمضان تأخر بدر في العمل، وأراد أن يدرك وقت الإفطار مع أسرته، فانطلق يقود سيارته عائداً إلى بيته بسرعة تزيد على 111كم في الساعة، والسرعة المقررة على الطريق هي 80كم في الساعة، وصدف أن رجلاً عجوزاً يعبر الطريق فلم ينتبه إليه بدر، فصدمه بالسيارة، ففارق العجوز الحياة على إثرها. وعندما بدأت "الجاهات محملة بفناجين القهوة السادة." تذرع قائل بالقول: إن ما حدث قضاء وقدر، ولا عقاب على بدر.

من خلال المجموعة:

- في ضوء فهمك للقضاء والقدر، هل الاحتجاج بالقضاء والقدر في المواقف السابقة صحيح، ولماذا؟

  ....

  ....

  ....

  ....

- هل هناك تناقض بين أداء العمل والقضاء والقدر؟ وضِّح إجابتك

  ....

  ....

  ....

  ....

- هل العقاب على المخالفة القانونية يناقض القضاء والقدر؟ وضِّح إجابتك.

  ....

  ....

  ....

  ....

- هل قيام أهل المقتول بأخذ الدية، يناقض القضاء والقدر؟ وضِّح إجابتك.

  ....

  ....

  ....

  ....

ورقة عمل رقم (7) اكتشاف المغالطات المتعلقة بالقضاء والقدر

(أعمال الإنسان التي يحاسب عليها)

الهدف: اكتشاف المغالطات.

الأسلوب: تفعيل التفكير النّاقد.

في الوقت الراهن، تنتشر معايير كثيرة للتفاضل بين الناس؛ منها العائلة، والأصل، واللون، لكن المقياس الإلهي هو التقوى، كما قال اللـه تعالى: ﴿ يَا أَيُّهَا النَّاسُ إِنَّا خَلَقْنَاكُم مِّن ذَكَرٍ وَأُنثَى وَجَعَلْنَاكُمْ شُعُوبًا وَقَبَائِلَ لِتَعَارَفُوا إِنَّ أَكْرَمَكُمْ عِندَ اللـهِ أَتْقَاكُمْ إِنَّ اللـهَ عَلِيمٌ خَبِيرٌ {13/49} ﴾ [الحجرات: 13].

في ضوء دراستك للقضاء والقدر؛ أجب عما يأتي:

1- هل يستطيع الإنسان اختيار أصله، أو عائلته، أو لونه؟

....

....

2- هل يحاسب الإنسان يوم القيامة على اسم عائلته، أو لون بشرته؟ ولماذا؟

....

....

3- هل يستطيع الإنسان أن يختار عمله وتقواه؟

....

....

4- لماذا كان المعيار الإلهي في التفاضل هو التقوى؟

....

....

5- لو كان مقياس التفاضل هو "العائلة" ماذا تتوقع أن يحدث؟

....

....

ورقة عمل رقم (8) اكتشاف المغالطات المتعلقة بالقضاء والقدر
(أعمال الإنسان بين الاختيار والجبر)

الهدف: اكتشاف المغالطات.

الأسلوب: تحليل النصوص.

قال ابن القيم:

"ثم نبغت طائفة أخرى ... فنفت فعل العبد وقدرته واختياره، وزعمت أن حركته الاختيار بلا اختيار كحركة الأشجار عند هبوب الرياح، وكحركات الأمواج، وأنّه على الطاعة والمعصية مجبور، وأنّه غير ميسر لما خلق له، بل هو عليه مقسور ومجبور".[1]

من خلال مجموعتك:

1- هل هذه الفكرة موجودة اليوم؟ اذكر أمثلة على ذلك.

....

....

....

2- ناقش هذه الفكرة، مبيناً جوانب النقص فيها.

....

....

....

3- لو سلمنا جدلاً بصحة هذه الفكرة، فما النتائج المتوقعة التي تترتب على ذلك؟

....

....

....

---

(1) ابن قيم الجوزية، شمس الدين، محمد بن أبي يكر، (ت. 751هـ)، **شفاء العليل في مسائل القضاء والقدر والحكمة والتعليل**، خرّج نصوصه: مصطفى الشلبي، ط1، جدة: مكتبة السوادي، 1412هـ 1991م، ج1، ص19.

ورقة عمل رقم (9) اكتشاف المغالطات المتعلقة بالقضاء والقدر
(علاقة القدر بعلم اللـه الشامل)

الهدف: اكتشاف المغالطات.

الأسلوب: تفعيل التفكير الناقد.

عزيزي الطالب اقرأ الفقرة الآتية ثمّ أجب عما يليها:

خلقنا اللـه تعالى وقد كتب علينا أعمالنا وفرضها علينا،[1] كل ما يحدث في هذا الوجود هو بتقدير اللـه تعالى، إذاً فنحن نعيش في حياة قدّر اللـه لنا فيها كل شيء ومساحة الاختيار فيها محدودة، ويبقى الإنسان في هذه الحياة مغلوباً على أمره مقهوراً لا يملك لنفسه حولاً ولا قوة.

تضمنت الفقرة السابقة مغالطات متعددة حول الإيمان بالقضاء والقدر، ماهي؟	من خلال فهمك لعقيدة الإيمان بالقضاء والقدر، كيف ترد على هذه المغالطات

(1) من الضروري جداً أن ننبه على أمرين: الأول: أن القضاء بمعنى العلم وليس الإجبار، والثاني: أن العلم بالشيء غير الأمر به.

ورقة عمل رقم (10) اكتشاف المغالطات المتعلقة بالقضاء والقدر
(آثار ترك التوكل على الـلـه تعالى)

الهدف: أن يستنتج الطالب المغالطة ويصوبها.

"سعيد طالب في المرحلة الثانوية، ولم يدرس لأيٍّ امتحان من الامتحانات؛ معتمداً على أن الـلـه تعالى قد سبق أن كتب عليه النجاح أو الرسوب".

من خلال مجموعتك:

1- هل ما فعله سعيد، صحيح أم لا، ولماذا؟

....

....

....

....

....

....

2- كيف ترد على سعيد؟

....

....

....

....

....

....

3- ما النصيحة التي توجهها لسعيد؟

....

....

....

....

....

....

ورقة عمل رقم (11) آثار الإيمان بالقضاء والقدر
(الطمأنينة النفسية)

الهدف: استنتاج أثر الإيمان بالقضاء والقدر.
الأسلوب: تفعيل التفكير النّاقد.

ذكرت دراسة إحصائية أصدرتها جامعة كومبليتنسي في مدريد أن حالات الغضب والقلق ارتفعت بين الإسبان؛ ونتيجة لذلك ازداد استهلاك الأدوية المهدئة والسجائر والكحول بعد حوادث الانفجارات التي تعرضت لها قطارات مدريد. وجاء في الدراسة التي أجريت على 1871 شخصاً، أن حالات الغضب وفقدان السيطرة على الأعصاب والقلق ارتفعت بنسبة 10 في المائة، وترتفع أكثر بين الذين شهدوا الحادث أو كانوا ضمن المصابين أو أصيب أحد ذويهم أو أصدقائهم حتى تصل عند بعضهم إلى نسبة 40 في المائة. كما لوحظ أن حالات الغضب السريع ارتفعت بين سكان المناطق التي وقعت فيها الاعتداءات، وارتفعت نسبة استهلاك المواد المهدئة بنسبة 9 في المائة وهي تزداد كلما اقتربنا من المناطق المجاورة التي وقعت فيها الحوادث حتى تصل الى 12 في المائة. وارتفعت نسبة تناول الأدوية المقاومة للكآبة بنسبة 1 في المائة، ثم زادت في الارتفاع بين الذين أصيبوا في الحادث أو شهدوه حتى وصلت إلى 15 في المائة. أما السجائر فقد ارتفع استهلاكها بين الذين أصيبوا في الحادث أو شهدوه بنسبة 28 في المائة، والسكان القريبين من مناطق الأحداث بنسبة 12 في المائة. وارتفع استهلاك الكحول بنسبة 4 في المائة بين الذين أصيبوا في الحادث و1 في المائة بين السكان المجاورين للمحطات التي وقعت فيها الانفجارات. وحذرت الدراسة من إعادة عرض مشاهد وصور الانفجارات التي وقعت في التلفاز؛ لأنها ستؤدي إلى تعميق الكآبة وترفع من احتمال التجاء المتضررين بهده الأحداث أو الذين جابهوا مشاكل نفسية من جرائها إلى الكحول والتدخين كلما تذكروا تلك الأحداث.[1]

---

(1) انظر: جريدة الشرق الأوسط، الأربعاء 24، جمادى الثانية، 1425 هـ 11، أغسطس، 2004م، العدد 9388. "بتصرف"
www.aawsat.com/details.asp?section=31&issueno=9388&article=249533&feature=

من خلال مجموعتك:

1- استنتج أسباب الكآبة؟

....

....

....

....

....

....

2- استنتج أسباب تناول المهدئات، وتعاطي الكحوليات؟

....

....

....

....

....

....

3- كيف يؤثر الإيمان بالقضاء والقدر على هذه الظاهرة؟ وضِّح إجابتك.

....

....

....

....

....

ورقة عمل رقم (12) آثار الإيمان بالقضاء والقدر
(الرضا النفسي)

الهدف: استنتاج أثر الإيمان بالقضاء والقدر.

الأسلوب: تفعيل التفكير النّاقد.

أشارت دراسات حديثة في بريطانيا إلى ارتفاع نسبة الإقبال على عقاقير "ديازيبام" المهدئة المعروفة أكثر باسم "فاليوم" التي تباع في الأسواق بأسعار زهيدة ويسهل الحصول عليها غالباً رغم منعها دون وصفة طبية. وتؤكد مصادر من مكافحة المخدرات أن عدد الأقراص التي صودرت في بريطانيا خاصة في الموانئ والمعابر الأخرى ارتفعت من300 ألف قرص بين عامي 2003 و2006 لتبلغ أكثر من مليوني قرص عام 2008. وأصبح استعمال المهدئات من فصيلة بينزو ديازيبين لدى الكثير من البريطانيين بديلاً للمخدرات كالهيروين والكوكايين، ورغم أن لجنة صحية أكدت منذ عشرين عاماً عدم استعمال هذا العقار لأكثر من أربعة أسابيع لإمكانية تسببه في الإدمان فقد وصل عدد المدمنين على هذا الدواء إلى أكثر من مليون ومائتي ألف. وتوصف عقاقير ديازيبام وهي من فصيلة بينزو ديازيبين لمعالجة بعض الأمراض العصبية والآلام الشديدة، لكنها تباع بشكل غير شرعي في بريطانيا بجنيه إسترليني واحد لكل 10 ملغرامات، وهي متاحة ويسهل الحصول عليها مقارنة بالمخدرات. ويقول باري هاسلام الذي يرأس جمعية لمساعدة مدمني عقاقير بينزو ديازيبين في مدينة أولهايم، "هذه العقاقير وحشية وقد سرقت عشر سنوات من حياتي، ودمرتني تماماً ويجب أن يعاد تصنيفها كمادة مخدرة رئيسية".[1]

---

(1) انظر:

http://www.aljazeera.net/News/archive/archive?ArchiveId=1162773"بتصرف"

من خلال مجموعتك:

1- ما الأسباب التي تدفع هؤلاء إلى تناول المهدئات؟

....

....

....

....

....

....

2- ما الأضرار المترتبة على تناول مثل هذه المهدئات؟

....

....

....

....

....

....

3- ما أثر الإيمان بالقضاء والقدر على الاستقرار النفسي للمسلم؟ وضِّح إجابتك

....

....

....

....

....

....

ورقة عمل رقم (13) مفاهيم متعلقة بالقضاء والقدر
(الرضا بالقضاء والقدر)

الهدف: استخلاص ما تضمنته الأبيات من مفاهيم حول الإيمان بالقضاء والقدر.

الأسلوب: تحليل النصوص.

قال الشاعر:

لا يدفع المرء ما يأتي به القدر	وفي الخطوب إذا فكّرت معتبر
فليس ينجي من الأقدار إن نزلت	رأي وحزم ولا خوف ولا حذر
فاستعمل الصبر في كل الأمور ولا	تجزع لشيء فعقبى صبرك الظفر
لا ييأس المرء من روح الإله فما	ييأس منه إلا عصبة كفروا
إني لأعلم أن الدهر ذو دول	و أن يوميه ذا أمن وذا خطر

قال الشاعر:

دع الأيام تفعل ما تشاء	وطب نفساً إذا حكم القضاء
ولا تجزع لحادثة الليالي	فما لحوادث الدنيا بقاء
وكن رجلاً على الأهوال جلداً	وشيمتك السماحة والوفاء
ورزقك ليس ينقصه التأني	وليس يزيد في الرزق العناء

من خلال مجموعتك، أجب على الأسئلة الآتية:

1- رسمت الأبيات الشعرية صورة للمؤمن بقضاء الله وقدره، عبّر بأسلوبك الخاص عن هذه الصورة.

....

....

2- استخلص من أبيات الشعر التي أمامك آثار الإيمان بالقضاء والقدر.

....

....

ورقة عمل رقم (14) مفاهيم متعلقة بالقضاء والقدر
(حسن العمل)

الهدف: استخلاص ما تضمنته الأبيات حول مفاهيم الإيمان بالقضاء والقدر.

الأسلوب: تحليل النصوص.

عزيزي الطالب اقرأ الأبيات الشعرية الآتية، ثمّ أجب عمّا يليها بحسب الخريطة المعرفية الآتية.

قال الشاعر:

إِيْ بُنيَّ اسمعْ وَصَايَا جَمعَتْ ... حِكماً خُصَّتْ بِها خَيرُ المِلَلْ
اطلبُ العِلمَ وَلاَ تَكسَلْ فَمَا ... أَبعَدَ الخَيْرَ عَلى أهلِ الكَسَلْ
وَاهْجُرِ النَّومَ وَحصِّلهُ فمنْ ... يَعرفِ المَطْلُوْبَ يحقرْ ما بَذَلْ
فِي ازدِيادِ العِلمِ إرْغَامُ العِدى ... وَجمَالُ الْعِلمِ إِصلاَحُ الْعَملْ
أَعذْبُ الأَلْفَاظِ قَولي لَكَ خُذْ ... وَأَمَرُّ اللفظِ نُطقي بِـ: لَعَلْ
مُلكُ كِسرى عَنهُ تُغني كِسرةٌ ... وَعنِ الْبحَّرِ اجْتزاءٌ بالوَشَلْ
فاَعتَبر ﴿ نَحْنُ قَسَمْنَا بَيْنَهُم ﴾ ... تَلقِهُ حَقَاً وَبِالحْقِ نَزَلْ
لَيسَ مَا يحوي الْفَتى مِنْ عَزمِهِ ... لاَ وَلاَ مَا فَاتَ يَوماً بِالكَسَلْ
لاَ تَقُلْ أَصْلي وَفصلي أَبداً ... إنما أَصْلُ الفَتى مَا قَدْ حَصَلْ
قَدْ يسُودُ المرءُ مِنْ دُونِ أبِ ... وَبِحُسنِ السَّبْكِ قدْ يُنقَى الدَّغلْ
قِيمةُ الإِنْسانِ مَا يُحسِنُهُ ... أكثرَ الإنسانُ منهُ أمْ أقَلْ
وَادَّرِع جِداً وكَداً واجتنبْ ... صُحبةَ الحْمقى وَأَرْبَابِ الخَلَلْ

الموضوع الرئيسي الذي دارت حوله الأبيات الشعرية هو:

....

....

عَنِ النَّبِيِّ ﷺ، قَالَ: "الكَيِّسُ مَنْ دَانَ نَفْسَهُ وَعَمِلَ لِمَا بَعْدَ الْمَوْتِ، وَالعَاجِزُ مَنْ أَتْبَعَ نَفْسَهُ هَوَاهَا وَتَمَنَّى عَلَى اللـه."

المواضع التي ظهر فيها معنى الحديث النّبوي الشريف السابق في الأبيات السابقة هي:

....

....

بناءً على الأبيات الشعرية السابقة ما علاقة حسن العمل بالإيمان بقضاء اللـه وقدره؟

....

....

ما أحسن بيت أعجبك، ولماذا؟

....

....

تاسعاً

خصائص رسالة الإسلام
"خصائص العقيدة الإسلامية"

التعريف بالموضوع:

يتضمن هذا الموضوع الحديث عن سمات رسالة الإسلام؛ من أهمّها عالمية الإسلام، وشموليته، وحفظها من التحريف والتبديل، والوسطية والاعتدال، وهي خاتمة الرسالات.

وطرح هذا الموضوع مع المتعلمين يحتاج إلى تفعيل مهارة الاستنتاج والمقارنة والتفكير النّاقد؛ لأنّ هذا أدعى لاكتشاف المتعلمين ميزات الدين بأنفسهم، دون أن يلقنوا ذلك تلقيناً، الأمر الذي ينعكس على اقتناعهم وإيمانهم بتميز الإسلام عن غيره من الأديان الأخرى.

ولذا فإنّ تفعيل النّصوص المتضمنة آراء لعلماء غربيين، وأخباراً حول الإسلام، وطرح بعض الأحكام المقارنة بين الديانات من المصادر الهامة في معالجة هذا الموضوع على وجه الخصوص.

إنّ اكتشاف المتعلمين لسمات رسالة الإسلام وعقيدته يتطلب أن يتعرف الطلبة على بعض القضايا الموجودة في العقائد الأخرى، ويقارن بين ما جاءت به رسالة الإسلام وما تضمنته تلك العقائد، فيستخلص بنفسه المفارقات والتناقضات الموجودة في العقائد الأخرى، ويساعد المتعلم الوصول لجملة أهداف؛ منها: وصول المتعلم بنفسه لسمات الإسلام، واعتزازه بالإسلام عقيدة وشريعة، لما فيه من ميزات كالبساطة والوضوح واليسر، والاعتدال، والوسطية وغيرها من السمات الكثيرة التي يصل لها بنفسه، إن أحسن المعلم انتقاء النماذج الشاهدة على عظمة رسالة الإسلام.

ومن الموضوعات التي نقترح تناولها:

- قضايا علمية من خلال القرآن والتوراة والإنجيل.
- قضايا المرأة في القرآن الكريم والتوراة والإنجيل.
- أحكام الميراث في الإسلام واليهودية والمسيحية.
- وغيرها من الموضوعات الأخرى.

ورقة عمل (1) سمات رسالة الإسلام من خلال القرآن والسنة

عزيزي الطالب: استخلص سمات رسالة الإسلام التي دلّت عليها الآيات القرآنية والحديث النبوي:

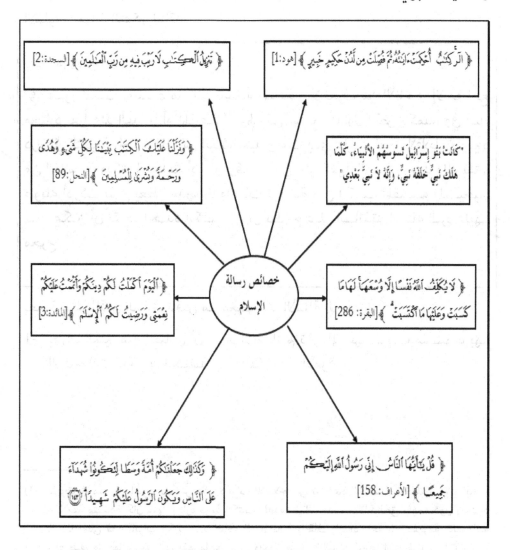

ورقة عمل (2) سمات رسالة الإسلام
(الوضوح وخلوها من التعقيدات)

الهدف: أن يستنتج الطالب سمات رسالة الإسلام.

الأسلوب: مهارة التفكير النّاقد

يقول موريس بوكاي:

"في عصور ليست بعيدة تماماً كانت أغلبية المسيحين لا تعرف من الأناجيل إلا مقاطع مختارة تقرأ عند القداس أو المواعظ،[1] ولم يكن يسمح بتداول النّص بأكمله، وفي أثناء دراساتي الثانوية بإحدى المدارس الكاثوليكية وقعت يدي على مؤلفات لأفلاطون وغيره من الفلاسفة، ولكن لم يحدث أبداً أن وقعت يدي على العهد الجديد، وبعد ذلك بفترة طويلة أدركت لِمَ لمْ يعطنا مدرسونا واجبات ترجمة من الكتب المقدسة المسيحية؛ كان يمكن أن تقودنا هذه الكتب إلى أن نطرح على أساتذتنا أسئلة الرد عليها محرج."[2]

بعد قراءتك للنّص السابق ناقش مع مجموعتك الأسئلة الآتية:

1- يعرف الكثير من النصارى أنّ قراءة الإنجيل لم تكن إلى عهد قريب مسموحاً بها إلا لرجالات الدين في الكنيسة؛ بماذا تفسّر هذا الأمر؟

---

(1) ظهرت في منتصف القرن السادس عشر دعوات للإصلاح على يد دعاة البروتستانت طالبوا خلالها بأمور إصلاحية متعددة؛ كان منها: إجازة قراءة الكتاب المقدس لكل أحد، وامتلاك الحق بفهمه دون الاعتماد في ذلك على فهم بابوات الكنيسة، بالإضافة إلى المطالبة بإيقاف الصلاة بلغة غير مفهومة كالسريانية والقبطية، وأدائها باللغة التي يفهمها المصلون. ولكنّ هذه المطالبات وغيرها استغرقت سنوات طويلة لتحقيقها ولو بشكل جزئي. انظر:

-السقار، منقذ، **الـلـه واحد أم ثلاثة**، ص11، كتاب منشور على الموقع الإلكتروني

http://www.imanway.com/vb/showthread.php?t=13848

(2) بوكاي، **دراسة الكتب المقدسة**، ص65. بتصرف.

....

....

....

....

2- كيف يتفق اعتناق إنسان لديانة ما مع منعه مـن الإطـلاع عـلى الكتـاب المقـدس المتعلق بها؟

....

....

....

....

3- هل تقبل أن يمنعك أحد من تلاوة القرآن الكريم؟

....

....

....

....

4- هل تلاوة القرآن الكريم وتعلم علومه خاص بفئة مـن المسـلمين؟ وضِّح إجابتـك مبيناً الاختلاف بين موقف الإسلام من تلاوة القرآن وموقـف الكنيسـة مـن الإطـلاع على الإنجيل.

....

....

....

....

ورقة عمل رقم (3) خصائص رسالة الإسلام

(وسطية الإسلام وعدالته الاجتماعية)

الهدف: أن يستنتج الطالب خصائص رسالة الإسلام.[1]

الأسلوب: مهارة التحليل.

اقرأ الخبر الآتي ثمّ أجب عما يليه:

"في عام 1972م عقدت في الرياض (بالسعودية) ثلاث ندوات حول مفاهيم حقوق الإنسان في الإسلام، بناءً على طلب من رجال القانون والفكر في أوروبا عن طريق السفارة السعودية بباريس، حضرها ممثلون رسميون من مثل وزير خارجية إيرلندا، ورئيس اتحاد المجلس الأوروبي، والسكرتير العام في اللجنة التشريعية الدولية، ضمن الوفد الأوروبي، وقد كان مما صرّح به أحد الحضور وهو السيد "الأستاذ ماك برايد" الأستاذ في جامعة دبلن بإيرلندا، حيث قال: "من هنا ومن هذا البلد الإسلامي يجب أن تعلن حقوق الإنسان، لا من غيره من البلدان، وإنّه يجب على العلماء المسلمين أن يعلنوا هذه الحقائق المجهولة على الرأي العام العالمي والتي كان الجهل بها سبباً لتشويه سمعة الإسلام والمسلمين والحكم الإسلامي عن طريق أعداء الإسلام والمسلمين."[2]

(1) يُعدّ هذا الخبر نموذجاً مقترحاً لِما يمكن للمعلم أن يوظفه داخل الغرفة الصفية؛ ليستنتج الطلبة من خلاله سمات متعددة لرسالة الإسلام؛ من مثل: عدالة الإسلام ووسطيته؛ بسبب ما شرّعه من حقوق للإنسان (حقوق الأطفال، حقوق المرأة، حقوق الرعية،...إلخ)، كما يمكن استخلاص خاصية المرونة والصلاحية لكل زمان ومكان في التشريع الإسلامي، وهذا يؤكد مبدأ عالمية الرسالة وقدرتها على مخاطبة النّاس جميعا في كل زمان ومكان.

(2) الرئاسة العامة لإدارات البحوث العلمية والإفتاء والدعوة والإرشاد، (1407هـ)، **مناظرة بين الإسلام والنصرانية**، ط1، الرياض، ص8.

1- برأيك ما سبب هذا الاهتمام بحقوق الإنسان؟

....

....

....

....

2- هات أمثلة على حقوق الإنسان في الإسلام.

....

....

....

....

3- ما رأيك بما أعلنه الأستاذ (ماك برايد) حول حقوق الإنسان في الإسلام؟

....

....

....

....

4- لماذا وصل (ماك برايد) لهذه النتيجة؟

....

....

....

....

5- ما السمات التي تستخلصها من هذا الخبر حول رسالة الإسلام؟

....

....

....

....

ورقة عمل رقم (4) خصائص رسالة الإسلام "العالمية"

الهدف:أن يستنتج الطالب إحدى سمات رسالة الإسلام (العالمية).

الأسلوب: مهارة التحليل.

اقرأ النّص الآتي ثمّ أجب عمّا يليه:

يعتقد كثير من معتنقي الإسلام ممن ينتمون لخلفية ثقافية يهودية أو مسيحية أنّ أول ما يتوقعون وجوده في القرآن الكريم أن يكون في مجمله حول محمد والأمّة الإسلامية، ولكن الحالة هي غير ذلك، فالاسم "محمد" على سبيل المثال لا يظهر سوى أربع مرات في كل القرآن، في حين أنّ اسم "المسيح" عيسى عليه السلام يظهر خمساً وعشرين مرّة وأنّ اسم "موسى" يظهر مائة وستاً وعشرين مرة.

وأكثر ما يتعلق خطاب القرآن الكريم بشكل رئيس بأولئك الذين يقرأونه وعلاقة هؤلاء بالله، صحيح أنّه يمكن للمرء أن يجد فيه تلميحات إلى أحداث تاريخية تتعلق بزمن النّبي، ولكن هذه الإشارات تبدو غامضة بشكل متعمّد، بحيث تنطبق على حياة أي شعب في أي زمان كان.[1]

1- عمَّ يتحدث النّص السابق؟

....

....

....

....

2- لماذا لم يتمحور القرآن الكريم حول المسلمين والنبي صلى الله عليه وسلم؟!

....

....

....

....

(1) لانغ، جيفري، (2009م)، **الصراع من أجل الإيمان**، ط6، دمشق: دار الفكر، ص127. بتصرف.

3- ما دلالة عموم الخطاب في النّص القرآني الكريم؟

....

....

....

....

4- هل تستطيع أن تستخلص سمة من سمات رسالة الإسلام؟

....

....

....

....

ورقة عمل رقم (5) مقارنة العقيدة الإسلامية مع العقائد الأخرى

الهدف:

- أن يستنتج الطالب إحدى سمات العقيدة الإسلامية (وضوح العقيدة وبساطتها)
- أن يقارن الطالب بين عقيدة الإيمان بالله تعالى عند النّصارى، وعند المسلمين .

الأسلوب: مهارة المقارنة والتحليل.

لخصت الآيات الكريمة الآتية معتقد المسلمين في الله الواحد، ونبيه المسيح عليه السلام، فهو نبي كريم ورسول عظيم أرسله الله بالتوحيد والبينات والهدى.

يقول الله تعالى متحدثاً عن عيسى عليه السلام: ﴿ مَّا الْمَسِيحُ ابْنُ مَرْيَمَ إِلاَّ رَسُولٌ قَدْ خَلَتْ مِن قَبْلِهِ الرُّسُلُ وَأُمُّهُ صِدِّيقَةٌ كَانَا يَأْكُلاَنِ الطَّعَامَ انظُرْ كَيْفَ نُبَيِّنُ لَهُمُ الآيَاتِ ثُمَّ انظُرْ أَنَّى يُؤْفَكُونَ {75/5} ﴾ [المائدة: 75].

وقال تعالى: ﴿ إِنْ هُوَ إِلَّا عَبْدٌ أَنْعَمْنَا عَلَيْهِ وَجَعَلْنَاهُ مَثَلًا لِّبَنِي إِسْرَائِيلَ {59/43} ﴾ [الزخرف: 59].

وقال تعالى: ﴿ وَقَالُوا اتَّخَذَ الرَّحْمَنُ وَلَدًا {88/19} لَقَدْ جِئْتُمْ شَيْئًا إِدًّا {89/19} تَكَادُ السَّمَاوَاتُ يَتَفَطَّرْنَ مِنْهُ وَتَنشَقُّ الْأَرْضُ وَتَخِرُّ الْجِبَالُ هَدًّا {90/19} أَن دَعَوْا لِلرَّحْمَنِ وَلَدًا {91/19} وَمَا يَنبَغِي لِلرَّحْمَنِ أَن يَتَّخِذَ وَلَدًا {92/19} إِن كُلُّ مَن فِي السَّمَاوَاتِ وَالْأَرْضِ إِلَّا آتِي الرَّحْمَنِ عَبْدًا {93/19} لَقَدْ أَحْصَاهُمْ وَعَدَّهُمْ عَدًّا {94/19} وَكُلُّهُمْ آتِيهِ يَوْمَ الْقِيَامَةِ فَرْدًا {95/19} ﴾ [مريم: 88-95].

وقال تعالى : ﴿ وَمَا أَرْسَلْنَا مِن قَبْلِكَ مِن رَّسُولٍ إِلَّا نُوحِي إِلَيْهِ أَنَّهُ لَا إِلَهَ إِلَّا أَنَا فَاعْبُدُونِ {25/21} ﴾ [الأنبياء: 25].

لكن النّصارى يقولون نقيض ذلك حين يقولون ببنوة المسيح لله، ويقول بعضهم بأنه الله، وأنه تجسد وصلب من أجل أن يكفر خطايا البشرية التي ورثتها منذ أخطأ أبوها آدم، فمن أين استلوا هذا المعتقد، وهل في كتبهم ما يؤيد ذلك؟ قال تعالى: ﴿ أَمِ اتَّخَذُوا مِن دُونِهِ آلِهَةً قُلْ هَاتُوا بُرْهَانَكُمْ هَذَا ذِكْرُ مَن مَّعِيَ وَذِكْرُ مَن قَبْلِي بَلْ أَكْثَرُهُمْ لَا يَعْلَمُونَ الْحَقَّ فَهُم مُّعْرِضُونَ {24/21} ﴾ [الأنبياء: 24].

وتجمع الفرق النصرانية المُثلِثَة اليوم على القول: "بأنّ الإله إنما هو إلـه واحـد ذو ثلاثة أقانيم، وتجمع أيضاً على أن أول هذه الأقانيم هو الآب، وثانيها هو الابن، وثالثها هو روح القدس، والثلاثة إله واحد. لكنَّ هذه الفرق تختلـف اختلافاً بيّناً في تحديد طبيعة المسيح، فلقد صدر عن مجمع نيقية تأليهه، ثمَّ حار النّصارى في تحديد ماهيـة هذه الألوهية".

1- ما رأيك فيما تدعيه النّصارى؟ وكيف ترد على إدعاءاتهم؟

....

....

....

....

2- ماذا تستنتج من الاختلاف في تحديد طبيعة المسيح عند النصارى؟

....

....

....

....

3- قارن بين موقف النصارى من الإيمان بالإله "الأقانيم الثلاثة"، وموقف المسلمين من الإيمان بالله.

....

....

....

....

عقيدة الثالوث (الأقانيم) عند (الأرثوذكس):[1]

يرى الأرثوذكس الأقانيم مراحل لإله واحد في الجوهر، فالأب هو الابن، وهو روح القدس، يقول القس القبطي الأنبا غريغورس ملخصاً معتقدهم بالثالوث: "المسيحيون يؤمنون بإله واحد، أحادي الذات، مثلث الأقانيم والخاصيات، فالتوحيد للذات الإلهية، وأما التثليث فللأقانيم، وللأقانيم خاصيات وصفات ذاتية؛ أي بها تقوم الـذات الإلهيـة، فالله الواحد هو أصل الوجود، لذلك فهو الآب - والآب كلمة ساميّة بمعنى الأصل - والله الواحد هو العقل الأعظم، تجلى في المسيح؛ لـذلك كان المسـيح هـو الكلمـة، والكلمة تجسيد العقل، فإن العقـل غـير منظـور، ولكنـه ظهـر في الكلمـة، وهـو أيضـاً الابن-لا بمعنى الولادة في عالم الإنسان-؛ بل لأنه صورة اللـه غير المنظور، واللـه هـو الروح الأعظم، وهو آب جميع الأرواح، ولهذا فهو الروح القدس؛ لأن اللـه قدوس".

يقول القس توفيق جيد: "إن تسمية الثالوث باسـم الآب والابن والروح القـدس تعتبر أعماقاً إلهية وأسراراً سـماوية لا يجوز لنـا أن نفلسـف في تفكيكهـا وتحليلهـا، أو نلحق بها أفكاراً من عندياتنا".

وما دامت هذا الأقانيم مراحل للجوهر الواحد، فـإن ياسـين منصور يقول عنهـا بأنها "ثلاث شخصـيات متميـزة غـير منفصـلة، متسـاوية فائقـة عـن التصـور"، ويقـول أثناسيوس بالتساوي بين الأقانيم "فـلا أكبر ولا أصغر، ولا أول ولا آخـر، فهـم متساوون

---

[1] الأرثوذكس: هم أتباع الكنائس الشرقية (اليونانية)، وكلمة "أرثوذكس" كلمة لاتينية معناها: "صحيح أو مستقيم العقيدة" أو "مذهب الحق". وقد انقسمت الكنيسة الأرثوذكسية في أعقاب مجمع القسطنطينية الخامس 879م إلى قسمين كبيرين (الكنيسة المصرية أو القبطية أو المرقسية، وكنيسة القسطنطينية، المسماة بالرومية أو اليونانية). وينتشر أتباع الكنيسة الأرثوذكسية في روسيا وعموم آسيا وصربيا ومصر، ويتبعون أربع كنائس رئيسة لكل منها بطريك (القسطنطينية ثم الإسكندرية وأنطاكيا وأورشليم)، وتشكل العقيدة الأرثوذكسية امتداداً صادقاً لما جرى في مجمع نيقية، إذ تتفق معتقداتها مع ما جاء في رسائل أثناسيوس الذي ولي البابوية في الإسكندرية بعد مجمع نيقية. انظر:
- منقذ السقار، الله واحد أم ثلاثة، ص6.

في الذات الإلهية والقوة والعظمة".

يرى أرثوذكس الكنيسة المرقسية المصرية أن المسيح طبيعة واحـدة إلهيـة، ويـرى أرثوذكس روسيا وأوروبا (كنيسة القسطنطينية) أن له طبيعتـين مجتمعتـين في طبيعـة واحدة كما قرر عام 451م في مجمع خلقدونية، وقـد رفضـت الكنيسـة المصريـة قـرار المجمع، وقبلته الكنائس الأرثوذكسية الرومية القائلة بالطبيعتين.

الأقانيم عند الكاثوليك:[1]

يلخص محررو قاموس الكتاب المقـدس عقيـدة النصـارى الكاثوليـك في التثليـث، فيقولـون: "الكتـاب المقـدس يقـدم لنـا ثـلاث شخصـيات يعتـبرهم شـخص اللــه... شخصـيات متميـزة الواحـدة عـن الأخـرى...التثليـث في طبيعـة اللــه لـيس مؤقتـاً أو ظاهرياً، بل أبدي وحقيقي... التثليث لا يعنـي ثلاثـة آلهـة، بـل إن هـذه الشخصـيات الثلاث جوهر واحد...الشخصيات الثلاث متساوون."[2]

والكاثوليك يعتبرونها ثـلاث شخصـيات أو ثـلاث ذوات لكـل منهـا مهـام منفصـلة، وترجع إلى ذات واحدة موجودة في الأزل، ويرون لكـل أقنـوم وظيفـة واختصاصـاً، فهـم يقولون الأب وظيفته خلق العالم والمحافظة عليه، والابن كفارة الذنوب وتخليص البشر،

---

(1) هم أتباع الكنائس الغربية التي يرأسها بابا الفاتيكان في روما، وكلمة: "الكاثوليك" كلمة لاتينية، تعريبها: "العام أو العالمي"، وينتشر أتباع هذه الكنيسة في بقاع كثيرة من العالم، ويشكلون عدداً كبيراً من سكان أوروبا، وقد قامت هذه الكنيسة بعد أن انشقت عن الكنيسة الأم بعد صراع سياسي ديني طويل يمتد إلى القرن الخامس الميلادي، فحين قسم الإمبرطور تيودواسيوس امبراطوريته عام 395م بين ابنيه، فتولى أكاديوسيوس الشطر الشرقي وعاصمته القسطنطينية، فيما تولى نوريوس الشطر الغربي وعاصمته روما؛ بدأ الصراع والتنافس بين المركزين، وفي عام 451م وعقب مجمع خلقدونية انفصلت الكنيسة المصرية (أول الكنائس الأرثوذكسية) عندما قالت بطبيعة واحدة للمسيح منكرة ما ذهب إليه المجمع من أن للمسيح طبيعتين ومشيئتين، ثم انفصلت بقية الكنائس الشرقية عقب مجمع القسطنطينية الرابع 869م، والخامس 879م، بسبب إصرار الغربيين على اعتبار الروح القدس منبثقاً من الأب والابن معاً. انظر:
- منقذ السقار. **اللـه واحد أم ثلاثة**، ص6-10.

(2) الثَّالُوث الأَقْدَس (تثليث)، في موقع: Arabic Bible Outreach Ministry
http://www.injeel.com/Kamous.aspx?ltr=4&wrd=1

والروح القدس تثبيت قلب الإنسان على الحق وتحقيق الولادة الروحية الجديدة.[1]

بعد قراءتك للموضوعات السابقة أجب عمّا يأتي:

1- وضِّح الفرق بين تصوّر النّصارى لـلـه تعالى وتصوّر المسلمين له سبحانه.

....

....

....

....

2- ما مدى اتفاق مبدأ التثليث عند النّصارى والتفكير المنطقي؟

....

....

....

....

3- ما أسباب الاختلاف في فهم عقيدة التثليث عند النّصارى؟

....

....

....

....

(1) بشير، شحادة، **موسوعة الكتاب المقدس**، ص232. موسوعة الكترونية منشورة على موقع مكتبة المشكاة الإسلامية:
http://www.almeshkat.net/books/open.php?book=2681&cat=47

ورقة عمل (6) خصائص رسالة الإسلام (خصائص الكتب الإلهية)

الهدف: أن يستخلص الطالب أوجه الشبه والاختلاف بين الكتب الإلهية الثلاثة.

الأسلوب: المقارنة.

عزيزي الطالب اقرأ المقالة الآتية التي كتبها الطبيب موريس بوكاي التي كان تحدث فيها عن الفوارق بين الكتب الإلهية، ثمّ قم بالتعاون مع مجموعتك باستخلاص أوجه التشابه والاختلاف بينها، من خلال استخراج سمات كل كتاب إلهي، وكتابتها في الموضع المخصص لها.

يختتم موريس بوكاي كتابه بالقول: "العهد القديم يمثل مجموعة من الأعمال الأدبية، تمّت خلال تسعة قرون تقريباً، وهو يشكل مجموعة متنافرة جداً من النّصوص عدّل البشر من عناصرها عبر السنين، فهو يشكل فسيفساء لا انسجام فيها، تغيرت عناصرها في مجرى القرون بأيدي الناس، قطع يؤتى بها وتضاف إلى الموجود، وهكذا دواليك حتى أصبح من العسير في أيامنا تحديد هوية المصدر.

ولقد كانت غاية الأناجيل تعريف الناس عن طريق رواية أفعال وأقوال عيسى، على التعليم الذي أراد أن يتركه لهم عندما أتم رسالته الأرضية، والمؤسف أن كتّابها لم يكونوا شهود عيان للأفعال التي نقلوها، إنها بكل بساطة التعبير عن كلمات أولئك المنقولة عنهم، والتي كانت تحفظها الجماعات اليهودية - المسيحية المختلفة عن حقيقة المعلومات في حياة عيسى العامة بشكل رواية شفوية، أو كتابات -اختفت الآن- كانت الواسطة بين الرواية الشفوية والنصوص النهائية.... بيد أن للوحي القرآني تاريخاً مختلفاً أساساً عن تاريخ السابقين، فقد ترتب نزوله على الرسول منجماً على مدى عشرين سنة [ثلاث وعشرين سنة] بواسطة الملاك جبريل، وحفظ غيباً من المؤمنين، وسجل كتابة ومحمد على قيد الحياة. وقد استفاد آخر جمع للقرآن وتدقيق له بعد وفاة الرسول بفترة تتراوح ما بين اثنتي عشرة وأربع وعشرين سنة، وبإشراف الخليفة عثمان، من المراقبة المتخذة من أولئك الذين يحفظون النص غيباً من أيام الوحي...والوحي القرآني...ليس فقط خالياً من التناقض في النصوص الذي هو

ظاهرة كتابات الناس المختلفين في الأناجيل، بل إنه يبرز للذي يمارس اختباره وتحليله بموضوعية كاملة في ضوء العلم، ذاتيته الخاصة به، وهي الاتفاق التام مع النظريات العلمية الحديثة، ويكشف كما سبق من حقائق من النوع العلمي تجعل من المستحيل على رجل في عصر محمد ﷺ أن يكتبه.... ومقارنة العديد من نصوص التوراة مع النصوص القرآنية ذات الموضوع الواحد؛ تؤكد وجود اختلافات أساسية بين تأكيديات التوراة العلمية غير المقبولة وتأكيدات الأخبار القرآنية التي هي في كامل الاتفاق مع المعطيات الحديثة."[1]

بالاستعانة بالخريطة المعرفية الآتية قم بكتابة أوجه الشبه بين الكتب الإلهية داخل المثلث، وارصد أوجه التميز والاختلاف خارج المثلث لكل منها:

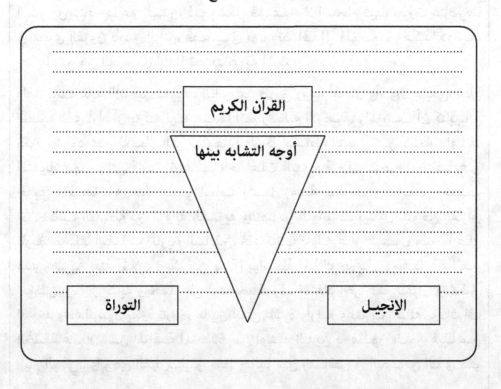

(1) بوكاي، موريس، (1990م)، **التوراة والإنجيل والقرآن والعلم**، ترجمة: الشيخ حسن خالد، ط3، بيروت: المكتب الإسلامي، ص291-293.

ورقة عمل رقم (7) المقارنة بين الرسالات السماوية، واستنتاج خصائص رسالة الإسلام

الهدف: أن يقارن الطالب بين الرسالات الإلهية، ويستنتج سمات رسالة الإسلام.

الأسلوب: تحليل النصوص، والتخيل.

عَنْ أَبِي هُرَيْرَةَ س أَنَّ رَسُولَ اللـه ﷺ قَالَ: "إِنَّ مَثَلِي وَمَثَلَ الأَنْبِيَاءِ مِنْ قَبْلِي كَمَثَلِ رَجُلٍ بَنَى بَيْتًا فَأَحْسَنَهُ وَأَجْمَلَهُ، إِلاَّ مَوْضِعَ لَبِنَةٍ مِنْ زَاوِيَةٍ، فَجَعَلَ النَّاسُ يَطُوفُونَ بِهِ وَيَعْجَبُونَ لَهُ، وَيَقُولُونَ هَلاَّ وُضِعَتْ هَذِهِ اللَّبِنَةُ، قَالَ: فَأَنَا اللَّبِنَةُ، وَأَنَا خَاتِمُ النَّبِيِّينَ".[1]

يصوّر الحديث النبوي علاقة النبي محمد ﷺ بالأنبياء السابقين، من خلال المجموعة:

1- وضِّح هذا التشبيه، وأظهر براعتك الفنية برسم ما يُعبر عنه.

....

....

....

....

....

....

2- هناك من يقول: "إذا كان جميع ما أتى به الأنبياء واحداً، فلا فرق إذاً بين المسلم وغير المسلم، وعليه فيختار الإنسان أيَّ دين يريده،" ناقش صحة هذه العبارة، وفنِّدها.

....

....

....

....

....

....

(1) البخاري. **صحيح البخاري**، كتاب: المناقب، باب: خاتم النبيين، ص679، حديث رقم: 3535.

ورقة عمل رقم (8) المقارنة بين الرسالات السماوية، واستنتاج خصائص رسالة الإسلام

الهدف: يقارن الطالب بين الكتب الإلهية، ويستنتج سمات رسالة الإسلام.

الأسلوب: تفعيل التفكير النّاقد.

- ورد في التلمود: "ومن ثمَّ كانت أرواح اليهود عزيزة عند الله بالنسبة لباقي الأرواح؛ لأن الأرواح غير اليهودية هي أرواح شيطانية وشبيهة بأرواح الحيوانات."[1]
- ورد في التلمود: "الخارج عن دين اليهود حيوان على العموم، فسمّهِ كلباً أو حماراً أو خنزيراً... المرأة غير اليهودية هي من الحيوانات، وخلق الله الأجنبي على هيئة الإنسان ليكون لائقاً لخدمة اليهود الذين خلقت الدنيا لأجلهم؛ لأنه لا يناسب الأمير أن يخدمه ليلاً ونهاراً حيوان وهو على صورته الحيوانية."[2]
- ورد في التوراة في سفر التثنية، الإصحاح السابع: 6 "لأَنَّكَ أَنْتَ شَعْبٌ مُقَدَّسٌ لِلرَّبِّ إِلهِكَ، إِيَّاكَ قَدِ اخْتَارَ الرَّبُّ إِلهُكَ لِتَكُونَ لَهُ شَعْباً أَخَصَّ مِنْ جَمِيعِ الشُّعُوبِ الَّذِينَ عَلَى وَجْهِ الأَرْضِ."
- ورد في التوراة في سفر التثنية، الأصحاحُ الثَّامِنُ وَالْعِشْرُونَ: 1 "وَإِنْ سَمِعْتَ سَمْعاً لِصَوْتِ الرَّبِّ إِلهِكَ لِتَحْرِصَ أَنْ تَعْمَلَ بِجَمِيعِ وَصَايَاهُ الَّتِي أَنَا أُوصِيكَ بِهَا الْيَوْمَ، يَجْعَلُكَ الرَّبُّ إِلهُكَ مُسْتَعْلِياً عَلَى جَمِيعِ قَبَائِلِ الأَرْضِ."

﴿ يَا أَيُّهَا النَّاسُ إِنَّا خَلَقْنَاكُم مِّن ذَكَرٍ وَأُنثَى وَجَعَلْنَاكُمْ شُعُوبًا وَقَبَائِلَ لِتَعَارَفُوا إِنَّ أَكْرَمَكُمْ عِندَ اللَّهِ أَتْقَاكُمْ إِنَّ اللَّهَ عَلِيمٌ خَبِيرٌ {13/49} ﴾ [الحجرات: 13].

---

(1) د. رهلنج، وشارل لوران، (1899م)، **الكنز المرصود في قواعد التلمود**، ترجمة: يوسف نصر الله، ط1، القاهرة: مطبعة المعارف، ص46. في الأصل: الغير يهودية، وتم تصويبها في النص السابق.

(2) د. رهلنج، وشارل لوران، **الكنز المرصود في قواعد التلمود**، ص53.

☒ ورد عن رَسُولِ اللـه ﷺ فِي خُطْبَتِهِ وَسَطِ أَيَّامِ التَّشْرِيقِ أنه قَالَ: "يَا أَيُّهَا النَّـاسُ أَلا إِنَّ رَبَّكُمْ وَاحِدٌ، وَإِنَّ أَبَاكُمْ وَاحِدٌ، أَلا لا فَضْلَ لِعَرَبِيٍّ عَلَى أَعْجَمِيٍّ، ولا لِعَجَمِيٍّ عَلَى عَرَبِيٍّ، ولا لِأَحْمَرَ عَلَى أَسْوَدَ، ولا أَسْوَدَ عَلَى أَحْمَرَ؛ إِلا بِالتَّقْوَى."[1]

☒ قال ﷺ: "إِنَّمَا أَهْلَكَ الَّذِينَ قَبْلَكُمْ أَنَّهُمْ كَانُوا إِذَا سَرَقَ فِيهِمُ الشَّرِيفُ تَرَكُوهُ، وَإِذَا سَرَقَ فِيهِمُ الضَّعِيفُ؛ أَقَامُوا عَلَيْهِ الْحَدَّ، وَأَيْمُ اللـه لَوْ أَنَّ فَاطِمَةَ ابْنَةَ مُحَمَّدٍ سَرَقَتْ لَقَطَعْتُ يَدَهَا."[2]

من خلال مجموعتك، أجب على الأسئلة الآتية:

1- ما رأيك فيما يدعيه اليهود؟ وكيف ترد على إدعاءاتهم؟

....

....

....

2- وضِّح الفرق بين تصوّر اليهود للإنسان، وتصور المسلمين له.

....

....

....

3- ما مدى توافق مبدأ استعلاء اليهود، وكونهم شعب اللـه المختار والتفكير العقلاني؟

....

....

....

4- من خلال النصوص السابقة، استنتج خصائص رسالة الإسلام.

....

....

....

---

(1) أحمد. **المسند**، ج38، ص474، حديث رقم: 23489، وحكم عليه الشيخ شعيب الأرنؤوط بصحة إسناده.

(2) البخاري. **صحيح البخاري**، كتاب: أحاديث الأنبياء، ص669-670، حديث رقم: 3475.

ورقة عمل رقم (9) المقارنة بين المسيحية والإسلام فيما يختص بالمرأة

الهدف: يقارن الطالب بين المسيحية والإسلام فيما يختص بالمرأة.

الأسلوب: تفعيل التفكير النّاقد.

- ورد في الإنجيل في: رِسالة بولُس الرَّسول الأولَى إلى أهلِ كورِنثوس، الإصحاح: 14، 34 "لِتَصْمُتْ نِسَاؤُكُمْ فِي الْكَنَائِسِ؛ لأَنَّهُ لَيْسَ مَأْذُوناً لَهُنَّ أَنْ يَتَكَلَّمْنَ، بَلْ يَخْضَعْنَ كَمَا يَقُولُ النَّامُوسُ أَيْضاً."
- ورد في الإنجيل في رِسالة بولُس الرَّسول الأولَى إلى أهلِ كورِنثوس، الإصحاح: 14، 35 "وَلكِنْ إِنْ كُنَّ يُرِدْنَ أَنْ يَتَعَلَّمْنَ شَيْئًا؛ فَلْيَسْأَلْنَ رِجَالَهُنَّ فِي الْبَيْتِ؛ لأَنَّهُ قَبِيحٌ بِالنِّسَاءِ أَنْ تَتَكَلَّمَ فِي كَنِيسَةٍ."
- ورد في الإنجيل في رِسالَة بولُس الرَّسول الأولَى إلى تيموثاوُس 1، الإصحاح الثاني: 12 "وَلكِنْ لَسْتُ آذَنُ لِلْمَرْأَةِ أَنْ تُعَلِّمَ، وَلاَ تَتَسَلَّطَ عَلَى الرَّجُلِ، بَلْ تَكُونُ فِي سُكُوتٍ."
- نجد في القرآن الكريم سورة تسمى سورة المجادلة التي مطلعها قوله تبارك وتعالى: ﴿ قَدْ سَمِعَ اللهُ قَوْلَ الَّتِي تُجَادِلُكَ فِي زَوْجِهَا وَتَشْتَكِي إِلَى اللهِ وَاللهُ يَسْمَعُ تَحَاوُرَكُمَا إِنَّ اللهَ سَمِيعٌ بَصِيرٌ {1/58} ﴾ [المجادلة: 1].

---

(1) أحمد. **المسند**، ج42، ص183، حديث رقم: 25302، وحكم عليه الشيخ شعيب الأرنؤوط بأن إسناده صحيح.

(2) البخاري. **صحيح البخاري**، كتاب الأشربة، باب: ترخيص النبي ﷺ في الأوعية والظروف بعد النهي، ص1101، حديث رقم: 5595.

- الدُّبَّاء: القَرْعُ واحدها دُبَّاءَةٌ، كانوا ينْتبذُون فيها فتُسرع الشّدّةُ في الشراب، والمقصود: اتخاذ القرع اليابس وعاءً.
- الْمُزَفَّت:الإناءُ الذي طُلي بالزِّفْت وهو نوعٌ من القَار.
- "ومعنى النَّهي هنا أن يَجعل في الماء حبات من تمر أو زبيب أو نحوهما ليحلو ويشرب، وجاء النّهي؛ لأنه يسرع إليها الإسكار فيها فيصير حراماً نجساً." انظر:
- ابن الأثير الجزري، أبو السعادات، المبارك بن محمد، (ت. 606هـ) **النهاية في غريب الحديث والأثر**، تحقيق: طاهر أحمد الزاوي، ومحمود الطناحي، بيروت: المكتبة العلمية، 1979م، ج2، ص203، 751.

- نجد في السنة النبوية أن السيدة عائشة أم المؤمنين لكانت تُعلِّم الصحابة، حيث كانوا يسألونها فتجيب عن أسئلتهم، فعَنْ سَعْدِ بْنِ هِشَامِ بْنِ عَامِرٍ قَالَ: أَتَيْتُ عَائِشَةَ فَقُلْتُ: يَا أُمَّ الْمُؤْمِنِينَ أَخْبِرِينِي بِخُلُقِ رَسُولِ اللـه ﷺ؛ قَالَتْ: "كَانَ خُلُقُهُ الْقُرْآنَ."[1] وعَنْ إِبْرَاهِيمَ قُلْتُ لِلأَسْوَدِ: هَلْ سَأَلْتَ عَائِشَةَ أُمَّ الْمُؤْمِنِينَ عَمَّا يُكْرَهُ أَنْ يُنْتَبَذَ فِيهِ؟ فَقَالَ: نَعَمْ، قُلْتُ: يَا أُمَّ الْمُؤْمِنِينَ عَمَّا نَهَى النَّبِيُّ ﷺ أَنْ يُنْتَبَذَ فِيهِ؟ قَالَتْ: نَهَانَا فِي ذَلِكَ أَهْلَ الْبَيْتِ أَنْ نَنْتَبِذَ فِي الدُّبَّاءِ وَالْمُزَفَّتِ."[2]

من خلال مجموعتك، أجب على الأسئلة الآتية:

1- ما رأيك فيما يقوله الإنجيل؟

....

....

....

....

....

....

2- وضِّح الفرق بين وضع المرأة في المنظور المسيحي والمنظور الإسلامي.

....

....

....

....

....

....

ورقة عمل (10) الميراث في الديانات السماوية

الهدف:

- أن يقارن بين التشريعات السماوية الثلاثة.
- أن يكتشف الطالب أبرز سمات رسالة الإسلام.

الأسلوب: مهارة التحليل، والتفكير الناقد، والتعلم النشط.

الإجراءات الصفية:

يهدف النّشاط الآتي إلى تفعيل التعلم النّشط من خلال ما يلي:

1- تقسيم الطلبة إلى ست مجموعات.

2- توزّع على المجموعات الأربعة الأولى آيات أحكام المواريث كالآتي:

- ✓ المجموعة الأولى: تستخرج أحكام المواريث من الآيات (7-8 من سورة النّساء).
- ✓ المجموعة الثانية تستخرج أحكام المواريث من الآية (11) من سورة النّساء.
- ✓ المجموعة الثالثة تستخرج أحكام المواريث من الآية (12) من سورة النّساء.
- ✓ المجموعة الرابعة تستخرج أحكام المواريث من الآية (176) من سورة النّساء.

وبإمكان المعلم توزيع المصاحف لاستخراج الآيات وتحليلها، وبإمكانه توزيع ورقة رقم (أ) المرفقة لهذا النّشاط تيسيراً على الطلبة.

4- تكتب كل مجموعة من هذه المجموعات الأحكام التي تتوصل لها في الركن المخصص في الخريطة المعرفية المرفقة.

5- يستطيع المعلم أن ينفذ هذه الخريطة من خلال استخدام لوحة كرتونية يقسمها أربعة أقسام كما هو موضِّح، أو من خلال تقسيم السبورة الصفية (اللوح) إلى أربعة أقسام، ويقوم كل طالب مندوباً عن مجموعته بكتابة النتائج التي توصلت لها مجموعته من خلال تحليل الآيات.

6- تكلّف المجموعة الخامسة بتناول النّص المتعلّق باليهود، وتجيب عـن التسـاؤلات المتعلقة بالنّص.

7- تكلّـف المجموعـة السادسـة بتناول النّـص المتعلّـق بالمسـيحية، وتجيب عـن التساؤلات المتعلقة بالنّص.

8- نقترح على المعلم تقديم لوحة كرتونية للمجموعتين الخامسة والسادسة؛ لتـدوين الإجابات التي توصلت لها.

9- تعرض كل مجموعة ما توصلت له، بينما يطرح المعلم تساؤلات دقيقة حول مزايا التشريع الإسلامي؛ فيما إذا كان يحقق العدالة والوسطية ويستوعب ويشمل كافة الفئات. والفرق بينه وبين التشريعات الأخرى.

ورقة إثرائية (أ)

الميراث في الإسلام

لم يوكل الـلـه سبحانه وتعالى أمر الميراث للسنة النبوية ولكن وضع أحكام توزيع الميراث في نظام محكم وبأكثر الألفاظ دقة وتفصيلاً وإيجازاً فلم يترك حالة للميراث إلا بيّنها؛ لِما لهذه المسألة من أهمية كبيرة. وقد تناولت مجموعة آيات في سورة النّساء أحكام المواريث وهي الآيات (7-8، و11-12، و176)

- ﴿ لِّلرِّجَالِ نَصيِبٌ مِّمَّا تَرَكَ الْوَالِدَانِ وَالأَقْرَبُونَ وَلِلنِّسَاء نَصِيبٌ مِّمَّا تَرَكَ الْوَالِدَانِ وَالأَقْرَبُونَ مِمَّا قَلَّ مِنْهُ أَوْ كَثُرَ نَصِيبًا مَّفْرُوضًا {7/4} وَإِذَا حَضَرَ الْقِسْمَةَ أُوْلُواْ الْقُرْبَى وَالْيَتَامَى وَالْمَسَاكِينُ فَارْزُقُوهُم مِّنْهُ وَقُولُواْ لَهُمْ قَوْلاً مَّعْرُوفًا {8/4} ﴾ [النساء: 7-8].

- ﴿ يُوصِيكُمُ الـلـه فِي أَوْلاَدِكُمْ لِلذَّكَرِ مِثْلُ حَظِّ الأُنثَيَيْنِ فَإِن كُنَّ نِسَاء فَوْقَ اثْنَتَيْنِ فَلَهُنَّ ثُلُثَا مَا تَرَكَ وَإِن كَانَتْ وَاحِدَةً فَلَهَا النِّصْفُ وَلأَبَوَيْهِ لِكُلِّ وَاحِدٍ مِّنْهُمَا السُّدُسُ مِمَّا تَرَكَ إِن كَانَ لَهُ وَلَدٌ فَإِن لَّمْ يَكُن لَّهُ وَلَدٌ وَوَرِثَهُ أَبَوَاهُ فَلأُمِّهِ الثُّلُثُ فَإِن كَانَ لَهُ إِخْوَةٌ فَلأُمِّهِ السُّدُسُ مِن بَعْدِ وَصِيَّةٍ يُوصِي بِهَا أَوْ دَيْنٍ آبَآؤُكُمْ وَأَبناؤُكُمْ لاَ تَدْرُونَ أَيُّهُمْ أَقْرَبُ لَكُمْ نَفْعاً فَرِيضَةً مِّنَ الـلـه إِنَّ الـلـه كَانَ عَلِيما حَكِيمًا {11/4} وَلَكُمْ نِصْفُ مَا تَرَكَ أَزْوَاجُكُمْ إِن لَّمْ يَكُن لَّهُنَّ وَلَدٌ فَإِن كَانَ لَهُنَّ وَلَدٌ فَلَكُمُ الرُّبُعُ مِمَّا تَرَكْنَ مِن بَعْدِ وَصِيَّةٍ يُوصِينَ بِهَا أَوْ دَيْنٍ وَلَهُنَّ الرُّبُعُ مِمَّا تَرَكْتُمْ إِن لَّمْ يَكُن لَّكُمْ وَلَدٌ فَإِن كَانَ لَكُمْ وَلَدٌ فَلَهُنَّ الثُّمُنُ مِمَّا تَرَكْتُم مِّن بَعْدِ وَصِيَّةٍ تُوصُونَ بِهَا أَوْ دَيْنٍ وَإِن كَانَ رَجُلٌ يُورَثُ كَلاَلَةً أَو امْرَأَةٌ وَلَهُ أَخٌ أَوْ أُخْتٌ فَلِكُلِّ وَاحِدٍ مِّنْهُمَا السُّدُسُ فَإِن كَانُوَاْ أَكْثَرَ مِن ذَلِكَ فَهُمْ شُرَكَاء فِي الثُّلُثِ مِن بَعْدِ وَصِيَّةٍ يُوصَى بِهَآ أَوْ دَيْنٍ غَيْرَ مُضَآرٍّ وَصِيَّةً مِّنَ الـلـه وَالـلـه عَلِيمٌ حَلِيمٌ {12/4} ﴾ [النساء: 11-12].

- ﴿ يَسْتَفْتُونَكَ قُلِ الـلـه يُفْتِيكُمْ فِي الْكَلاَلَةِ إِنِ امْرُؤٌ هَلَكَ لَيْسَ لَهُ وَلَدٌ وَلَهُ أُخْتٌ فَلَهَا نِصْفُ مَا تَرَكَ وَهُوَ يَرِثُهَآ إِن لَّمْ يَكُن لَّهَا وَلَدٌ فَإِن كَانَتَا اثْنَتَيْنِ فَلَهُمَا الثُّلُثَانِ مِمَّا تَرَكَ وَإِن كَانُواْ إِخْوَةً رِّجَالاً وَنِسَاء فَلِلذَّكَرِ مِثْلُ حَظِّ الأُنثَيَيْنِ يُبَيِّنُ الـلـه لَكُمْ أَن تَضِلُّواْ وَالـلـه بِكُلِّ شَيْءٍ عَلِيمٌ {176/4}﴾ [النساء: 176].

ففي هذه الآيات يتضح جلياً القواعد التي لا تتغير ولا تتبدل، والتي تحقق العدالة الاجتماعية؛ فتناولت الآيات الوارث والمُوَرِثَ والميراث بما لا يدع مجالاً للتحايل في التوزيع، وبما لا تخرج منه حالات الميراث جميعها؛ فأعطى كل ذي حق حقه من رجال ونساء سواء آباء أو أبناء أو بنات أو أعماماً، أو إخوة أو أخوات؛ بناء على قرابة الوارث من الْمُوَرِث.

تعاون مع مجموعتك في تعبئة الخريطة الآتية التي تمثل أحكام المواريث التي تناولتها الآيات (7-8، و11-12، و176) من سورة النساء، بالرجوع للمصحف الشريف.[1]

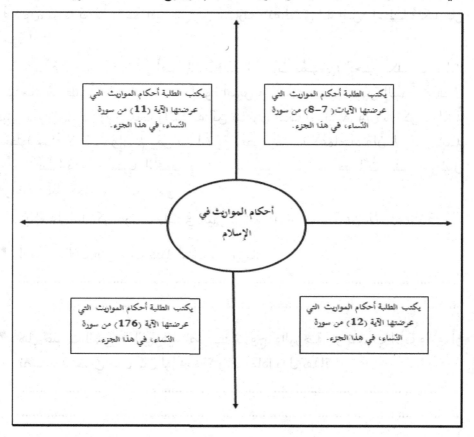

---

(1) يمكن للمعلم تفعيل هذه الخريطة، ويمكنه كذلك استبدال الخريطة بالأسئلة الواردة ضمن ورقة الميراث في اليهودية مع إضافة ما يراه من تعديلات مناسبة.

ورقة عمل (ب)

المیراث في الیهودیة

اقرأ الفقرة الآتية وهي حول نظام الميراث في اليهودية ثمّ أجب عما يليها.

لم يرد في الكتاب الذي نسبوه إلى موسى عليه السلام إلا نص وحيد يخص المواريث جاء في (سفر العدد، 27:1)، وهو على النحو الآتي:

"...فَتَقَدَّمَتْ بَنَاتُ صَلُفْحَادَ بْنِ حَافَرَ، وَوَقَفْنَ أَمَامَ مُوسَى وَأَلِعَازَارَ الكَاهِنِ وَأَمَامَ الرُّؤَسَاءِ وَكُلِّ الجَمَاعَةِ لدَى بَابِ خَيْمَةِ الاجْتِمَاعِ قَائِلاتٍ: أَبُونَا مَاتَ فِي البَرِّيَّةِ... وَلَمْ يَكُنْ لهُ بَنُونَ، لِمَاذَا يُحْذَفُ اسْمُ أَبِينَا مِنْ بَيْنِ عَشِيرَتِهِ لأَنَّهُ لَيْسَ لهُ ابْنٌ؟ أَعْطِنَا مُلكاً بَيْنَ أخوة أبينا".

فَقَدَّمَ مُوسَى دَعْوَاهُنَّ أَمَامَ الرَّبِّ؛ فَقَال الرَّبُّ لِمُوسَى: "بِحَقٍّ تَكَلمَتْ بَنَاتُ صَلُفْحَادَ فَتُعْطِيهِنَّ مُلكَ نَصِيبٍ بَيْنَ إخوة أبيهن وَتَنْقُلُ نَصِيبَ أَبِيهِنَّ إِليْهِنَّ. وَتَقُول لِبَنِي إِسْرَائِيل: أَيُّمَا رَجُلٍ مَاتَ وَليْسَ لهُ ابْنٌ تَنْقُلُونَ مُلكَهُ إِلى ابْنَتِهِ. وَإِنْ لمْ تَكُنْ لهُ ابْنَةٌ تُعْطُوا مُلكَهُ لإِخْوَتِه، وَإِنْ لمْ يَكُنْ لهُ إِخْوَةٌ تُعْطُوا مُلكَهُ لأَعْمَامِهِ، وَإِنْ لمْ يَكُنْ لأَبِيهِ إِخْوَةٌ تُعْطُوا مُلكَهُ لِنَسِيبِهِ الأَقْرَبِ إِليْهِ مِنْ عَشِيرَتِهِ فَيَرِثُهُ". فَصَارَتْ لِبَنِي إِسْرَائِيل فَرِيضَةَ قَضَاءٍ كَمَا أَمَرَ الرَّبُّ مُوسَى."

بناءً على ما ذكر حول الميراث في اليهودية؛ حاول أن تجيب عن الأسئلة الآتية:

- اذكر الحالات التي ترث فيها البنت من أبيها.

....

....

- هل حددت الشريعة اليهودية نصيب: الزوج، والزوجة، أو نصيب الأب والأم، أو نصيب البنت في حال كان لها إخوة؟ وعلى ماذا يدل هذا؟

....

....

- هل يُعدّ تشريع الميراث في اليهودية تشريعاً شاملاً استوعب الفئات كافة؟

....

....

ورقة عمل (ج)

الميراث في المسيحية

اقرأ الفقرة الآتية وهي حول نظام الميراث في المسيحية، ثمّ أجب عما يليها.

"لم تتعرض المسيحية لموضوع الميراث لا من قريب ولا من بعيد، وسبب ذلك هو عدم وجود تشريع يخص المواريث في العهد الجديد، فالكنيسة لم تضع للميراث نظاماً محدداً، وكل ما عند النّصارى نصّ يتحدث عن رجل جاء يطلب من المسيح أن ينصفه من أخيه في الميراث، فرد عيسى عليه السلام بالرفض، وترك الأمر للمحبة بين الإخوة.

فقد جاء أحدهم إلى السيد المسيح يقول له: "يا معلم، قل لأخي أن يقاسمني الميراث" فأجابه: "من أقامني عليكما قاضياً أو مقسماً؟".ثم قال: "انظروا، تحفظوا من الطمع" (لوقا12: 13 15)

والمسيحية لم تضع قوانين مالية، إنما وضعت مبادئ روحية، في ظلها يمكن حل المشاكل المالية وغيرها، وينطبق هذا على موضوع الميراث.

- إذا لم توجد الروح الطيبة بين الإخوة؛ فكيف يمكن حل النّزاعات بين الورثة في المسيحية؟

....

....

....

....

- هل تكفي القوانين الروحية لحل المشاكل والنزاعات بين النّاس على الميراث، وتحقيق العدل؟ وضّح رأيك.

....

....

....

....

ورقة عمل (11) الميراث في الديانات السماوية
(مقترح آخر لتنفيذ النّشاط)

الهدف: يستنتج الطالب خصائص الرسالة الإسلامية.

الأسلوب: تفعيل التّعلم بالاكتشاف.

لم يوكل الله سبحانه وتعالى أمر الميراث للسنة النبوية ولكنه وضع أحكام توزيع الميراث في نظام محكم وبأكثر الألفاظ دقة وتفصيلاً وإيجازاً، فلم يترك حالة للميراث إلا بيّنها؛ لِما لهذه المسألة من أهمية كبيرة، وقد تناولت مجموعة من آيات سورة النّساء أحكام المواريث وبخاصة الآيات (7-8، و11-12، و176)

ففي هذه الآيات يتضح جلياً القواعد التي لا تتغير ولا تتبدل والتي تحقق العدالة الاجتماعية؛ فتناولت الآيات الوارث والمورث والميراث بما لا يدع مجالاً للتحايل في التوزيع، وبما لا تخرج منه حالات الميراث جميعها فأعطى كل ذي حق حقه من رجال ونساء سواء آباء أو أبناء أو بنات أو أعماماً وإخوة وأخوات؛ بناء على درجة قرابة الوارث من المورث

"لم تتعرض المسيحية لموضوع الميراث لا من قريب ولا من بعيد، وسبب ذلك هو عدم وجود تشريع يخص المواريث في العهد الجديد، فالكنيسة لم تضع للميراث نظاماً محدداً، وكل ما عند النّصارى نصّ يتحدث عن رجل جاء يطلب من المسيح أن ينصفه من أخيه في الميراث، فرد عيسى عليه السلام بالرفض، وترك الأمر للمحبة بين الإخوة. فقد جاء أحدهم إلى السيد المسيح يقول له: "يا معلم، قل لأخي أن يقاسمنى الميراث" فأجابه: "من أقامني عليكما قاضياً أو مقسماً؟".ثم قال: "انظروا، تحفظوا من الطمع" (لوقا12: 13-15)

والمسيحية لم تضع قوانين مالية، إنما وضعت مبادئ روحية، في ظلها يمكن حل المشاكل المالية وغيرها، وينطبق هذا على موضوع الميراث.

ورد نص واحد يختص بالمواريث في التوراه (سفر العدد، 1:27) وهو على النحو الآتي: "فَتَقَدَّمَتْ بَنَاتُ صَلُفْحَادَ بْنِ حَافَرَ، وَوَقَفْنَ أَمَامَ مُوسَى وَأَلِعَازَارَ الكَاهِنِ وَأَمَامَ الرُّؤَسَاءِ وَكُلِّ الجَمَاعَةِ لدى بَابِ خَيْمَةِ الاِجْتِمَاعِ قَائِلاتٍ: أَبُونَا مَاتَ فِي البَرِّيَّةِ وَلَمْ يَكُنْ لَهُ بَنُونَ، لِمَاذَا يُحْذَفُ اسْمُ أَبِينَا مِنْ بَيْنِ عَشِيرَتِهِ لأَنَّهُ لَيْسَ لَهُ ابْنٌ؟ أَعْطِنَا مُلكاً بَيْنَ أَعْمَامِنَا". فَقَدَّمَ مُوسَى دَعْوَاهُنَّ أَمَامَ الرَّبِّ؛ فَقَال الرَّبُّ لِمُوسَى: "بِحَقٍّ تَكَلَّمَتْ بَنَاتُ صَلُفْحَادَ فَتُعْطِيهِنَّ مُلكَ نَصِيبٍ بَيْنَ أَعْمَامِهِنَّ وَتَنْقُلُ نَصِيبَ أَبِيهِنَّ إِلَيْهِنَّ. وَتَقُول لِبَنِي إِسْرَائِيل: أَيُّمَا رَجُلٍ مَاتَ وَلَيْسَ لَهُ ابْنٌ تَنْقُلُونَ مُلكَهُ إلى ابْنَتِهِ. وَإِنْ لَمْ تَكُنْ لَهُ ابْنَةٌ تُعْطُوا مُلكَهُ لإِخْوَتِه، وَإِنْ لَمْ يَكُنْ لَهُ إِخْوَةٌ تُعْطُوا مُلكَهُ لأَعْمَامِهِ، وَإِنْ لَمْ يَكُنْ لأَبِيهِ إِخْوَةٌ تُعْطُوا مُلكَهُ لِنَسِيبِهِ الأَقْرَبِ إِلَيْهِ مِنْ عَشِيرَتِهِ فَيَرِثُهُ".

- بعد قراءتك للنّصوص السابقة قارن بين أحكام الميراث من حيث النّقاط الآتية:

من حيث الديانة	الإسلام	المسيحية	اليهودية
شمولية أحكام المواريث فيها، واستيعابها لفئات الورثة			
دليل (شاهد) على ذلك من النّصوص.			
وسطية أحكام المواريث وتحقيقها للعدالة.			
دليل (شاهد) على ذلك من النّصوص.			

خريطة مفاهيمية هرمية مقترحة لموضوع الميراث في الديانات الثلاث يستطيع المعلم توظيفها أثناء الحصة، أو في مرحلة التقويم للموضوع:

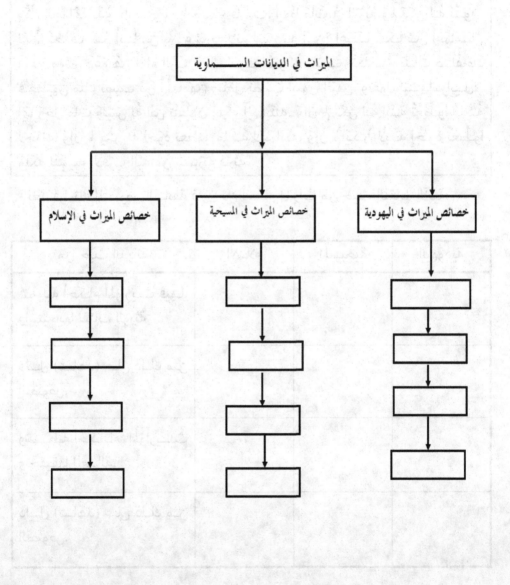

ورقة عمل (12) تنمية مهارة الطلاقة الفكرية ضمن موضوع خصائص رسالة الإسلام

(من خلال نسبة انتشاره في العالم)

الهدف: تنمية مهارة الطلاقة الفكرية/ مهارات التفكير الإبداعي.

اقرأ التقرير الآتي الذي نشرته قناة NBC ثمّ اكتب أكبر قدر من الأسباب التي تعتقد أنّها تدفع الكثيرين لاعتناق الإسلام سنوياً.

"تشير الإحصائيات إلى أنّ أكثر من 20 ألف شخص يعتنقون الإسلام سنوياً في الولايات المتحدة الأمريكية، وعن سبب اعتناق إحدى النّساء للإسلام تقول (مارسي بيرغ) -وهي فتاة أمريكية أسلمت- "قصتي مع الإسلام بدأت بعد زيارتي للعالم العربي حيث رأيت هناك ما شعرت أنّه يمثلني وأخذت قراراً باعتناق الإسلام بعد دراسات مكثفة وتعمّق لفكر وقواعد الإسلام خاصة فيما يتعلق بالمرأة، وعلى الرغم مما يوجهه الدين كل يوم من حملات ضده، سواء من حملات للحجاب، أو حملات للتفتيش في المطارات، وحملات عنصرية؛ أصبحت أومن أنّ الدين الذي انجذبت نحوه بشكل قوي لعدالته الاجتماعية، ومبادئ التسامح في جوهره والتي ترتكز على الشخصية الفردية، أنّه الدين الحق."

....

....

....

....

....

....

....

....

....

ورقة عمل (13) تنمية مهارة الطلاقة الفكرية ضمن موضوع خصائص رسالة الإسلام (من خلال نسب انتشاره في العالم)

الهدف: تنمية مهارة الطلاقة الفكرية/ مهارات التفكير الإبداعي

اقرأ التقرير الآتي الذي نشرته جريدة الشرق الأوسط (بروكسل) ثمّ اكتب أكبر قدر من الأسباب التي تعتقد أنّها تدفع الكثيرين لاعتناق الإسلام سنوياً.

"في تقرير جريدة الشرق الأوسط (بروكسل) ذكر أنّ عدد المسلمين فاق عدد الكاثوليك ليصير أتباع الإسلام الأكثر في العالم. وقال المونيستور فينتوريوفورمينتي: -الذي أعدّ كتاب الإحصائيات السنوي لعام 2008م- أنّ المسلمين يشكلون 19.2% من سكان العالم مقابل 17.4% للكاثوليك."[1]

....
....
....
....
....
....
....
....
....
....
....
....
....
....

---

(1) جريدة الشرق الأوسط، العدد (10716)، الإثنين 24، ربيع الأول، 1429هـ، 31، مارس، 2008م.

ورقة عمل رقم (14) خصائص رسالة الإسلام من خلال أقوال العلماء (المرونة)

الهدف: يقارن الطالب بين الرسالات الإلهية، ويستنتج سمات رسالة الإسلام.

الأسلوب: تحليل النصوص.

يقول الدكتور "إيزيكو انسابا توحين" أحد علماء القانون: "إن الإسلام يتمشى مع مقتضيات الحاجات الظاهرة فهو يستطيع أن يتطور دون أن يتضاءل خلال القرون، ويبقى محتفظاً بكل ما لديه من قوة الحياة والمرونة؛ فهو الذي أعطى العالم أرسخ الشرائع ثباتاً، وشريعته تفوق كثيرًا الشرائع الأوربية."[1]

من خلال مجموعتك:

1- استنتج خصائص رسالة الإسلام.

....

....

....

....

2- هات أمثلة تبيّن كون الإسلام يتوافق مع حاجات الإنسان.

....

....

....

....

3- هات أمثلة تدل على مرونة الإسلام.

....

....

....

....

---

(1) الزنداني، عبد المجيد، (2006م)، **البرهان شرح كتاب الإيمان**، ط1، اليمن: مركز البحوث بجامعة الإيمان، ص229.

ورقة عمل رقم (15) خصائص رسالة الإسلام من خلال أقوال العلماء (المرونة)

الهدف: تنمية مهارة الطلاقة الفكرية/ مهارات التفكير الإبداعي.

قال ابن قيم الجوزية: "الأحكام نوعان: نوع لا يتغير عـن حالـة واحـدة هـو عليهـا لا بحسب الأزمنة ولا الأمكنة ولا اجتهاد الأئمة؛ كوجوب الواجبات، وتحريم المحرمات، والحدود المقدرة بالشرع على الجرائم ونحو ذلك؛ فهذا لا يتطرق إليه تغيير ولا اجتهاد يخالف ما وضع له. والنوع الثاني: ما يتغير بحسب اقتضاء المصلحة لـه زمانـاً ومكانـاً وحالاً؛ كمقادير التعزيرات وأجناسها وصفاتها فإن الشارع يُنوع فيها بحسب المصلحة."[1]

من خلال مجموعتك:

1- ما الخاصية التي يشير هذا النص إليها؟

....

....

2- بعض الأحكام لا تتغير "كوجوب الواجبات، وتحريم المحرمات" مـاذا تتوقـع أن يحدث لو كانت هذا الأحكام قابلة للتغيير؟

....

....

3- "بعض الأحكام تتغير بحسب اقتضاء المصلحة زماناً ومكاناً وحالاً؛ كمقادير التعزيـرات وأجناسها وصفاتها" ماذا تتوقع أن يحدث لو كانت هذه الأحكام لا تقبل التغيير؟

....

....

---

(1) ابن قيم الجوزية، محمد بن أبي بكر، (ت. 751هـ)، إغاثة اللهفان في مصايد الشيطان، تخريج: الشيخ محمد ناصر الدين الألباني، رحمه اللـه، تحقيق: علي الحلبي، ط1، الرياض: دار ابن الجوزي، 1420هـ، ج1، ص572.

ورقة عمل رقم (16) خصائص رسالة الإسلام (الوسطية والاعتدال) مـن خـلال حـديث النبي ﷺ

الهدف: تنمية مهارة الطلاقة الفكرية/ مهارات التفكير الإبداعي.

عن أَنَسَ بْنَ مَالِكٍ س قال: جَـاءَ ثَلَاثَـةُ رَهْـطٍ إِلَى بُيُـوتِ أَزْوَاجِ النَّبِـيِّ ﷺ يَسْـأَلُونَ عَـنْ عِبَادَةِ النَّبِيِّ ﷺ فَلَمَّا أُخْبِرُوا؛ كَأَنَّهُمْ تَقَالُّوهَا، فَقَالُوا: وَأَيْنَ نَحْنُ مِنَ النَّبِـيِّ ﷺ قَـدْ غُفِـرَ لَهُ مَا تَقَدَّمَ مِنْ ذَنْبِهِ وَمَا تَأَخَّرَ.

قَالَ أَحَدُهُمْ: أَمَّا أَنَا فَإِنِّي أُصَلِّي اللَّيْلَ أَبَدًا.

وَقَالَ آخَرُ: أَنَا أَصُومُ الدَّهْرَ وَلاَ أُفْطِرُ.

وَقَالَ آخَرُ: أَنَا أَعْتَزِلُ النِّسَاءَ فَلاَ أَتَزَوَّجُ أَبَدًا.

فَجَاءَ رَسُولُ اللـه ﷺ فَقَالَ: "أَنْتُمُ الَّذِينَ قُلْتُمْ كَذَا وَكَذَا، أَمَا وَاللـه إِنِّي لَأَخْشَاكُمْ للـه وَأَتْقَاكُمْ لَهُ، لَكِنِّى أَصُومُ وَأُفْطِرُ، وَأُصَلِّى وَأَرْقُدُ، وَأَتَزَوَّجُ النِّسَاءَ، فَمَـنْ رَغِـبَ عَـنْ سُـنَّتِى فَلَيْسَ مِنِّي."[1]

من خلال مجموعتك:

1- استنتج خصائص الإسلام التي يشير إليها هذا الحديث.

....

....

2- ماذا تستنتج من إجابة النبي ﷺ لهذه المجموعة؟

....

....

3- ماذا تتوقع أن يحدث لو أن جميع المسلمين سلكوا مسلك هذه المجموعة؟

....

....

(1) البخاري، **صحيح البخاري**، كتاب: النكاح، باب: الترغيب في النكاح، ص1005، حديث رقم: 5063.

ورقة عمل رقم (17) وسطية الإسلام واعتداله

الهدف: أن يذكر الطالب أمثلة على مجالات الوسطية والاعتدال

الأسلوب: استخدام خرائط المعرفة في تنظيم المعلومات وعرضها.

أمامك الخريطة المعرفية الآتية التي تبيّن مجالات الوسطية في الإسلام واعتداله، والمطلوب أن تذكر أمثلة على كل مجال منها:

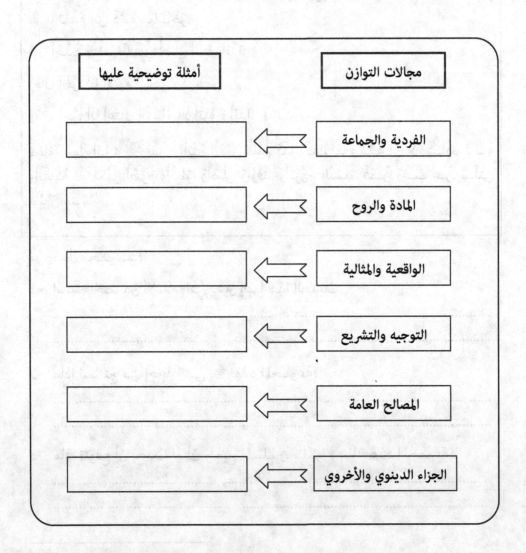

خصائص العقيدة الإسلامية من خلال أسلوب القصة

تعدّ القصة من الوسائل التربوية الهامة في تكوين عقل الطالب، ويبقى أثرها ومفعولها فترة طويلة في النفوس، فضلاً عن كونها تشد انتباه الطلبة وتؤثر في عواطفهم ووجدانهم، وقد استخدم القرآن الكريم أسلوب القصة من خلال تناوله للعديد منها.[1]

وتجدر الإشارة في هذا المقام إلى أن المعلم إذا أراد توظيف القصص في الحصة الصفية؛ فنقترح عليه أن تكون القصة هي الفعالية الرئيسة في التطبيق؛ بحيث يدور النقاش حولها، ولا حاجة إلى تنفيذ أنشطة صفية أخرى؛ لأن وقت الحصة لا يكفي لذلك. وكذلك يمكن للمعلم توظيف القصة نشاطاً تقويمياً ختامياً يوزع على الطلبة، أو نشاطاً قبلياً تحضيرياً؛ بهدف دفع الطلبة إلى القراءة وحل التساؤلات مسبقاً ثم مناقشة القصة دون أن تأخذ من وقت الحصة الصفية.

---

(1) سبقت الإشارة إلى توظيف القصة في الحصة الصفية، وذلك ضمن المدخل النظري: سادساً: ملامح في التربية الوجدانية.

ورقة عمل رقم (1) قصة إسلام فتاة مصرية

الهدف: يستخلص الطالب خصائص العقيدة الإسلامية وأثرها.

الأسلوب: تحليل النصوص.

سناء فتاة مصرية نصرانية، كتب الله لها الهداية واعتناق الدين الحق بعد رحلة طويلة من الشك والمعاناة، تروي قصة هدايتها فتقول:

"نشأت كأيِّ فتاة نصرانية مصرية على التعصب للدين النصراني، وحرص والداي على اصطحابي معهما إلى الكنيسة صباح كل يوم أحد لأُقبِّل يد القس، وأتلو خلفه التراتيل الكنسية، وأستمع إليه وهو يخاطب الجمع ملقناً إياهم عقيدة التثليث، ومؤكداً عليهم بأغلظ الأيمان أن غير المسيحيين مهما فعلوا من خير فهم مغضوب عليهم من الرب؛ لأنهم -حسب زعمه- كفرة ملاحدة، كنت أستمع إلى أقوال القس دون أن أستوعبها، شأني شأن غيري من الأطفال، وحينما أخرج من الكنيسة أهرع إلى صديقتي المسلمة لألعب معها، فالطفولة لا تعرف الحقد الذي يزرعه القسيس في قلوب الناس.

كبرت قليلاً، ودخلت المدرسة، وبدأت بتكوين صداقات مع زميلاتي في مدرستي الكائنة بمحافظة السويس، وفي المدرسة بدأت عيناي تتفتحان على الخصال الطيبة التي تتحلى بها زميلاتي المسلمات، فهن يعاملنني معاملة الأخت، ولا ينظرن إلى اختلاف ديني عن دينهن، وقد فهمت فيما بعد أن القرآن الكريم حث على

معاملة الكفار -غير المحاربين- معاملة طيبة طمعاً في إسلامهم وإنقاذهم من الكفر، قال تعالى: ﴿ لَا يَنْهَاكُمُ اللهُ عَنِ الَّذِينَ لَمْ يُقَاتِلُوكُمْ فِي الدِّينِ وَلَمْ يُخْرِجُوكُم مِّن دِيَارِكُمْ أَن تَبَرُّوهُمْ وَتُقْسِطُوا إِلَيْهِمْ إِنَّ اللهَ يُحِبُّ الْمُقْسِطِينَ ﴾ {8/60} [الممتحنة: 8]، إحدى زميلاتي المسلمات ربطتني بها على وجه الخصوص صداقة متينة، فكنت لا أفارقها إلا في حصص التربية الدينية، إذ كنت -كما جرى النظام- أدرس مع طالبات المدرسة النصرانيات مبادئ الدين

النصراني على يد معلمة نصرانية.

كنت أريد أن أسأل معلمتي كيف يمكن أن يكون المسلمون -حسب افتراضات المسيحيين- غير مؤمنين وهم على مثل هذا الخلق الكريم وطيب المعشر؟ لكني لم أجرؤ على السؤال خشية إغضاب المعلمة حتى تجرأت يوماً وسألت، فجاء سؤالي مفاجأة للمعلمة التي حاولت كظم غيظها، وافتعلت ابتسامة صفراء رسمتها على شفتيها وخاطبتني قائلة: "إنك ما زلت صغيرة ولم تفهمي الدنيا بعد، فلا تجعلي هذه المظاهر البسيطة تخدعك عن حقيقة المسلمين كما نعرفها نحن الكبار،" صمتُّ على مضض على الرغم من رفضي لإجابتها غير الموضوعية، وغير المنطقية. وتنتقل أسرة أعز صديقاتي إلى القاهرة، ويومها بكينا لألم الفراق، وتبادلنا الهدايا والتذكارات، ولم تجد صديقتي المسلمة هدية تعبر بها عن عمق وقوة صداقتها لي سوى مصحف شريف في علبة قطيفة أنيقة صغيرة، قدمتها لي قائلة: "لقد فكرت في هدية غالية لأعطيك إياها ذكرى صداقة وعمر عشناه سوياً فلم أجد إلا هذا المصحف الشريف الذي يحتوي على كلام الله". تقبلت هدية صديقتي المسلمة شاكرة فرحة، وحرصت على إخفائها عن أعين أسرتي التي ما كانت لتقبل أن تحمل ابنتهم المصحف الشريف.

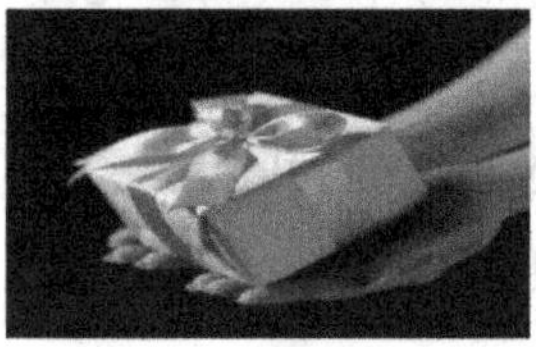

وبعد أن رحلت صديقتي المسلمة، كنت كلما تناهى إلي صوت المؤذن، منادياً للصلاة، وداعياً المسلمين إلى المساجد، أعمد إلى إخراج هدية صديقتي وأقبلها وأنا أنظر حولي متوجسة أن يفاجأني أحد أفراد الأسرة، فيحدث لي ما لا تحمد عقباه. ومرت الأيام وتزوجت من "شماس" كنيسة العذراء مريم، ومع متعلقاتي الشخصية، حملت هدية صديقتي المسلمة "المصحف الشريف" وأخفيته بعيداً عن عيني زوجي، الذي عشت معه كأي امرأة شرقية وفية ومخلصة وأنجبت منه ثلاثة أطفال، وتوظفت في ديوان عام المحافظة، وهناك التقيت بزميلات مسلمات متحجبات، ذكرنني بصديقتي الأثيرة، وكنت كلما علا صوت الأذان من المسجد المجاور، يتملكني إحساس خفي يخفق له قلبي، دون أن أدري لذلك سبباً محدداً، إذ كنت لا أزال غير مسلمة، ومتزوجة من شخص ينتمي إلى

الكنيسة بوظيفة يقتات منها، ومن مالها يطعم أسرته.

وبمرور الوقت، وبمحاورة زميلات وجارات مسلمات على دين وخلق بدأت أفكر في حقيقة الإسلام والمسيحية، وأوازن بين ما أسمعه في الكنيسة عن الإسلام والمسلمين، وما أراه وألمسه بنفسي، وهو ما يتناقض مع أقوال القسس والمتعصبين النصارى. بدأت أحاول التعرف على حقيقة الإسلام، وأنتهز فرصة غياب زوجي لأستمع إلى أحاديث المشايخ عبر الإذاعة والتلفاز، علّي أجد الجواب الشافي لما يعتمل في صدري من تساؤلات حيرى، وجذبتني تلاوة الشيخ محمد رفعت، والشيخ عبد الباسط عبد الصمد للقرآن الكريم، وأحسست وأنا أستمع إلى تسجيلاتها عبر المذياع أن ما يرتلانه لا يمكن أن يكون كلام بشر، بل هو وحي إلهي.

وعمدت يوماً أثناء وجود زوجي في الكنيسة إلى دولابي، وبيد مرتعشة أخرجت كنزي الغالي "المصحف الشريف" فتحته وأنا مرتبكة، فوقعت عيناي على قوله تعالى: ﴿ إِنَّ مَثَلَ عِيسَى عِندَ اللَّهِ كَمَثَلِ آدَمَ خَلَقَهُ مِن تُرَابٍ ثُمَّ قَالَ لَهُ كُن فَيَكُونُ {59/3} ﴾ [آل عمران: 59] ارتعشت يدي أكثر وتصبب وجهي عرقاً، وسرت في جسمي قشعريرة، وتعجبت لأني سبق أن استمعت إلى القرآن كثيراً في الشارع والتلفاز والإذاعة، وعند صديقاتي المسلمات، لكنني لم أشعر بمثل هذه القشعريرة التي شعرت بها وأنا أقرأ من المصحف الشريف مباشرة بنفسي، هممت أن أواصل القراءة إلا أن صوت أزيز مفاتيح زوجي وهو يفتح باب الشقة حال دون ذلك، فأسرعت وأخفيت المصحف الشريف في مكانه الأمين، وهرعت لأستقبل زوجي.

وفي اليوم التالي لهذه الحادثة ذهبت إلى عملي، وفي رأسي ألف سؤال حائر، إذ كانت الآية الكريمة التي قرأتها قد وضعت الحد الفاصل لما كان يؤرقني حول طبيعة عيسى عليه السلام، أهو ابن الله كما يزعم القسيس -تعالى الله عما يقولون- أم أنه نبي كريم كما يقول القرآن؟ فجاءت الآية لتقطع الشك باليقين، معلنة أن عيسى، عليه السلام، من

صلب آدم، فهو إذن ليس ابن الـلـه، فالـلـه تعالى: ﴿ لَمْ يَلِـدْ وَلَـمْ يُولَـدْ {3/112} وَلَـمْ يَكُن لَّهُ كُفُوًا أَحَدٌ {4/112} ﴾ [الإخلاص: 3-4] تساءلت في نفسي عن الحل وقد عرفت الحقيقة الخالدة، حقيقة أن "لا إله إلا الـلـه وأنَّ محمداً رسول الـلـه". أيمكن أن أشهر إسلامي؟ وما موقف أهلي مني؟ بل ما موقف زوجي ومصير أبنائي؟ طافت بي كل هذه التساؤلات وغيرها وأنا جالسـة عـلى مكتبـي أحـاول أن أؤدي عمـلي لكنـي لم أسـتطع، فالتفكير كاد يقتلني، واتخاذ الخطـوة الأولى أرى أنهـا ستعرضـني لأخطـار جمّـة أقلها قتلي بواسطة الأهل أو الزوج والكنيسة، ولأسابيع ظللت مع نفسي بين دهشـة زمـيلاتي اللاتي لم يصارحنني بشيء، إذ تعودنني عاملـة نشيطة، لكنـي مـن ذلـك اليـوم لم أعـد أستطيع أن أنجز عملاً إلا بشق الأنفس.

وجاء اليوم الموعود، اليوم الذي تخلصت فيه من كل شك وخـوف وانتقلـت فيـه من ظلام الكفر إلى نور الإيمان، فبينما كنت جالسة ساهمة الفكر، شاردة الذهن، أفكر فيما عقدت العزم عليه، تناهي إلى سمعي صـوت الأذان مـن المسـجد القريـب داعيـاً المسلمين إلى لقاء ربهم وأداء صلاة الظهر، تغلغل صوت الأذان داخل نـفسي، فشـعرت بالراحة النفسية التي أبحث عنها، وأحسست بضخامة ذنبـي لبقـائي عـلى الكفـر عـلى الرغم من عظمة نداء الإيمان الذي كان يسري في كل جوانحي، فوقفـت بـلا مقـدمات لأهتف بصوت عالٍ بين ذهول زميلاتي: "أشـهد أن لا إلـه إلا الـلـه، وأنَّ محمـداً عبـده ورسوله"، فأقبلت عليّ زميلات وقد تحيرن من ذهولهن، مهنئات باكيـات بكـاء الفـرح، وانخرطت أنا أيضاً معهن في البكاء، سائلة الـلـه أن يغفـر لي مـا مضى مـن حيـاتي، وأن يرضى عنّي في حياتي الجديدة. كان طبيعياً أن ينتشر خبر إسـلامي في ديـوان المحافظـة، وأن يصل إلى أسماع زملائي وزميلاتي النصرانيات، اللواتي تكفلن بسرعة إيصاله إلى أسرتي وزوجي، وبدأن يرددن عني مدعين أن وراء القرار أسباب لا تخفى.

لم آبه لأقوالهن الحاقدة، فـالأمر الأكـثر أهميـة عنـدي مـن تلـك التخرصـات: أن أُشـهر إسلامي بصورة رسمية، كي يصبح إسـلامي علنـاً، وبالفعـل توجهـت إلى مديريـة الأمـن حيث أنهيت الإجراءات اللازمة لإشهار إسلامي، وعدت إلى بيتي لأكتشف أن زوجي مـا إن علم بالخبر حتى جاء بأقاربه وأحرق جميـع مـلابسي، واسـتولى عـلى مـا كـان لـدي

من مجوهرات ومال وأثاث، فلم يؤلمني ذلك، وإنما تألمت لخطف أطفالي من قبل زوجي ليتخذ منهم وسيلة للضغط علي للعودة إلى ظلام الكفر؛ آلمني مصير أولادي، وخفت عليهم أن يتربوا بين جدران الكنائس على عقيدة التثليث، ويكون مصيرهم كأبيهم في سقر، رفعت ما اعتمل في نفسي بالدعاء إلى الله أن يعيد إلي أبنائي لتربيتهم تربية إسلامية، فاستجاب الله دعائي، إذ تطوع عدد من المسلمين بإرشادي للحصول على حكم قضائي بحضانة الأطفال باعتبارهم مسلمين، فذهبت إلى المحكمة ومعي شهادة إشهار إسلامي، فوقفت المحكمة مع الحق، فخيرت زوجي بين الدخول في الإسلام أو التفريق بينه وبيني، فقد أصبحت بدخولي في الإسلام لا أحل لغير مسلم، فأبى واستكبر أن يدخل في دين الحق، فحكمت المحكمة بالتفريق بيني وبينه، وقضت بحقي في حضانة أطفالي باعتبارهم مسلمين، لكونهم لم يبلغوا الحلم، ومن ثم يلتحقون بالمسلم من الوالدين.

حسبت أن مشكلاتي قد انتهت عند هذا الحد، لكني فوجئت بمطاردة زوجي وأهلي أيضاً، بالإشاعات والأقاويل بهدف تحطيم معنوياتي ونفسيتي، وقاطعتني الأسر النصرانية التي كنت أعرفها، وزادت على ذلك بأن سعت هذه الأسر إلى بث الإشاعات حولي بهدف تلويث سمعتي، وتخويف الأسر المسلمة من مساعدتي لقطع صلتهن بي. وبالرغم من كل المضايقات ظللت قوية متماسكة، مستمسكة بإيماني، رافضة كل المحاولات الرامية إلى ردتي عن دين الحق، ورفعت يدي بالدعاء إلى مالك الأرض والسماء، أن يمنحني القوة لأصمد في وجه كل ما يشاع حولي، وأن يفرج كربي. فاستجاب الله دعائي وهو القريب المجيب، وجاءني الفرج من خلال أرملة مسلمة، فقيرة المال، غنية النفس، لها أربع بنات يتامى وابن وحيد بعد وفاة زوجها، تأثرت هذه الأرملة المسلمة للظروف النفسية التي أحياها، وتملكها الإعجاب والإكبار لصمودي، فعرضت علي أن تزوجني ابنها الوحيد "محمداً" لأعيش وأطفالي معها ومع بناتها الأربع، وبعد تفكير لم يدم طويلا وافقت، وتزوجت محمداً ابن الأرملة المسلمة الطيبة، وأنا الآن أعيش مع زوجي المسلم "محمد" وأولادي، وأهل الزوج في سعادة ورضا وراحة بال، على الرغم مما نعانية من شظف العيش، وما نلاقيه من حقد

زوجي السابق، ومعاملة أسرتي المسيحية، ولا أزال بالرغم مما فعلته عائلتي معي أدعو الـلـه أن يهديهم إلى دين الحق ويشملهم برحمته مثلما هداني وشملني برحمته، ومـا ذلك عليه -سبحانه وتعالى- بعزيز."[1]

أسئلة مقترحة على المعلم ليوظف من خلالها القصة:

1- هل أعجبتكم القصّة؟

....

....

....

2- ما أحسن شيء أعجبكم فيها؟

....

....

....

3- كيف اكتشفت الفتاة عدم صحة ما كان يقال لها عن المسلمين؟

....

....

....

4- من ميزات العقيدة الإسلامية البساطة والوضوح وخلوها من التعقيد:

أ - أين ظهر هذا في القصة؟

....

....

ب- كيف أثّر هذا الوضوح على الفتاة وساهم في قبولها الإسلام؟

....

....

---

(1) قصة منشورة على موقع طريق الإيمان "بتصرف"
http://www.imanway.com/vb/showthread.php?t=13848

5- ما تفسير الشعور الذي كانت تشعر به الفتاة كلما سمعت الآذان، "وكنت كلما علا صوت الأذان من المسجد المجاور، يتملكني إحساس خفي يخفق له قلبي، دون أن أدري لذلك سبباً محدداً".

....

....

....

6- ما أهم القضايا الإيمانية التي كانت تؤرق الفتاة قبل أن تدخل في الإسلام، وكيف وجدت الإجابات عنها؟

....

....

....

7- ظهر في عدة مواضع من أحداث القصّة تمثّل لقيم الإسلام ومبادئ العقيدة الإسلامية، أين ظهر هذا؟

....

....

....

8- لو كنت مكان الفتاة فهل تضحي بكل ما ضحت به الفتاة مقابل التمسك بالدين الحق؟

....

....

....

9- كيف يمكن لهذه القصة أن تؤثر في اعتزازك بعقيدتك ودينك؟

....

....

....

ورقة عمل رقم (2) قصة إسلام الداعية إبراهيم سلي[1]

الهدف:يستنتج الطالب خصائص العقيدة الإسلامية وآثارها.

الأسلوب: تحليل النصوص.

قال سلي: "كنت قسيساً نشطاً للغاية، أخدم الكنيسة بكل جد واجتهاد ولا أكتفي بذلك بل كنت من كبار المنصرين في جنوب أفريقيا، ولنشاطي الكبير اختارني الفاتيكان لكي أقوم بالتنصير بدعم منه فأخذت الأموال تصلني من الفاتيكان لهذا الغرض، وكنت أستخدم كل الوسائل لكي أصل إلى هدفي، فكنت أقوم بزيارات متوالية ومتعددة للمعاهد والمدارس والمستشفيات والقرى والغابات، وكنت أدفع من تلك الأموال للناس في صور مساعدات أو هبات أو صدقات وهدايا لكي أصل إلى مبتغاي وأدخل الناس في دين النصرانية، فكانت الكنيسة تغدق عليَّ فأصبحت غنياً فلِي منزل وسيارة وراتب جيد، ومكانة مرموقة بين القساوسة.

وفي يوم من الأيام ذهبت لأشتري بعض الهدايا من المركز التجاري ببلدتي وهناك كانت المفاجأة!! ففي السوق قابلت رجلاً يلبس كوفية (قلنسوة) وكان تاجرًا يبيع الهدايا، وكنت ألبس ملابس القسيسين الطويلة ذات الياقة البيضاء التي نتميز بها على غيرنا، وبدأت في التفاوض مع الرجل على قيمة الهدايا. وعرفت أن الرجل مسلم - ونحن نطلق على دين الإسلام في جنوب أفريقيا: دين الهنود، ولانقول دين الإسلام- وبعد أن اشتريت ما أريد من هدايا بل قل من فخاخ نوقع بها السذج من الناس، وكذلك أصحاب الخواء الديني والروحي كما كنا نستغل حالات الفقر عند كثير من المسلمين، والجنوب أفريقيين لنخدعهم بالدين المسيحي وننصرهم؛ فإذا بالتاجر المسلم يسألني: أنت قسيس، أليس كذلك؟

فقلت له: بلى.

---

(1) من مقال للدكتور عبد العزيز أحمد سرحان، عميد كلية المعلمين بمكة المكرمة، مع بعض التصرف. انظر:
- جريدة عكاظ، السنة الحادية والأربعين، العدد: 12200، الجمعة، 15 شوال، 1420هـ الموافق،21، يناير،
2000م.

فسألني: من هو إلهك؟

فقلت له: المسيح هو الإله.

فقال لي: إنني أتحداك أن تأتيني بآية واحدة في الإنجيل تقول على لسان المسيح عليه السلام شخصياً أنه قال: أنا الله، أو أنا ابن الله فاعبدوني.

فإذا بكلمات الرجل المسلم تسقط على رأسي كالصاعقة، ولم أستطع أن أجيبه وحاولت أن أعود بذاكرتي الجيدة وأغوص بها في كتب الأناجيل وكتب النصرانية لأجد جوابًا شافيًا للرجل فلم أجد!! فلم تكن هناك آية واحدة تتحدث على لسان المسيح وتقول بأنَّه هو الله أو أنه ابن الله. وأسقط في يدي وأحرجني الرجل، وأصابني الغم وضاق صدري، كيف غاب عني مثل هذه التساؤلات؟ وتركت الرجل وهمت على وجهي، فما علمت بنفسي إلا وأنا أسير طويلاً بدون اتجاه معي ثم صممت على البحث عن مثل هذه الآيات مهما كلفني الأمر، ولكنني عجزت وهزمت! فذهبت للمجلس الكنسي وطلبت أن أجتمع بأعضائه، فوافقوا. وفي الاجتماع أخبرتهم بما سمعت فإذا بالجميع يهاجمونني ويقولون لي: خدعك الهندي، إنه يريد أن يضلك بدين الهنود، فقلت لهم: إذًا أجيبوني!! وردوا على تساؤله. فلم يجب أحد!

وجاء يوم الأحد الذي ألقي فيه خطبتي ودرسي في الكنيسة، ووقفت أمام الناس لأتحدث، فلم أستطع وتعجب الناس لوقوفي أمامهم دون أن أتكلم؛ فانسحبت لداخل الكنيسة وطلبت من صديق لي أن يحل محلي، وأخبرته بأنني منهك وفي الحقيقة كنت منهارًا، ومحطمًا نفسيًّا.

وذهبت لمنزلي وأنا في حالة ذهول وهم كبير، ثم توجهت لمكان صغير في منزلي وجلست أنتحب فيه، ثم رفعت بصري إلى السماء، وأخذت أدعو، ولكن أدعو من؟ لقد توجهت إلى من اعتقدت بأنه هو الله الخالق، وقلت في دعائي: "ربي خالقي. لقد أُقفلتْ الأبواب في وجهي غير بابك، فلا تحرمني من معرفة الحق، أين الحق؟ وأين الحقيقة؟ يارب! يارب لا تتركني في حيرتي، وألهمني الصواب ودلني على الحقيقة"، ثم غفوت ونمت، وأثناء نومي، إذا بي أرى في المنام مجموعة من الرجال تسير حاملة على أكتافها أمتعتها، وتلبس ثياباً بيضاء، وعمائم بيضاء. وتابع الرجل قوله: اتبع هؤلاء.

لتعرف الحقيقة!!

وصممت على مواصلة المشوار، مشوار البحث عن الحقيقة، كما وصفها لي من جاء ليدلني عليها في منامي. وأيقنت أن هذا كله بتدبير من الله سبحانه وتعالى، فأخذت إجازة من عملي، ثم بدأت رحلة بحث طويلة، أجبرتني على الطواف في عدة مدن أبحث وأسأل عن رجال يلبسون ثياباً بيضاء، ويتعممون عمائم بيضاء أيضاً، وطال بحثي وتجوالي، ووصل بي تجوالي إلى مدينة جوهانسبرغ، حتى أنني أتيت مسجداً فيها، فوجدت على بابه رجلاً يلبس ثياباً بيضاء ويضع على رأسه عمامة؛ ففرحت، وجاء وقت صلاة الظهر، فأجلسني الرجل في آخر المسجد، وذهب ليصلي مع بقية الناس، وشاهدت المسلمين -وكثير منهم كان يلبس مثل الرجل- شاهدتهم وهم يركعون ويسجدون لله، فقلت في نفسي: "والله، إنه الدين الحق، فقد قرأت في الكتب أن الأنبياء والرسل كانوا يضعون جباههم على الأرض سجّداً لله"، وبعد الصلاة ارتاحت نفسي واطمأنت لما رأيت وسمعت، وقلت في نفسي: "والله لقد دلني الله سبحانه وتعالى على الدين الحق" وناداني الرجل المسلم لأعلن إسلامي، ونطقت بالشهادتين، وأخذت أبكي بكاءً عظيمًا فرحًا بما منَّ الله عليَّ من هداية.

وبعد عدة شهور عدت لمدينتي، فإذا بأهلي وأصدقائي يبحثون عني، وعندما شاهدوني أعود إليهم باللباس الإسلامي، أنكروا عليَّ ذلك، وطلب مني المجلس الكنسي أن أعقد معهم لقاء عاجلاً، وفي ذلك اللقاء أخذوا يؤنبونني لتركي دين آبائي وعشيرتي، وقالوا لي: لقد خدعك الهنود بدينهم وأضلوك!! فقلت لهم: لم يخدعني ولم يضلني أحد، فقد جاءني رسول الله محمد ﷺ في منامي ليدلني على الحقيقة، وعلى الدين الحق، إنَّه الإسلام، وليس دين الهنود كما تدعونه، وإنني أدعوكم للحق وللإسلام؛ فبهتوا!! ثم جاؤوني من باب آخر، مستخدمين أساليب الإغراء بالمال والسلطة والمنصب، فقالوا لي: إن الفاتيكان طلبك لتقيم عندهم ستة أشهر، في انتداب مدفوع القيمة مقدماً، مع شراء منزل جديد وسيارة جديدة لك، ومبلغ من المال لتحسين معيشتك، وترقيتك لمنصب أعلى في الكنيسة! فرفضت كل ذلك، وقلت لهم: أبعد أن هداني الله تريدون أن تضلوني، والله لن أفعل ذلك، ولو قطعت إربًا!! ثم قمت بنصحهم ودعوتهم مرة ثانية للإسلام، فأسلم اثنان من القسس، والحمد لله،

فلـما رأوا إصراري، سـحبوا كـل رتبـي ومناصبي، ففرحـت بـذلك، بـل كنـت أريـد أن أبتدرهم بذلك، ثم قمت وأرجعت لهم ما لديَّ من أموال وعهدة، وتركتهم."[1]

بعد قراءتك لقصة الداعية إبراهيم سلي، أجب عمّا يأتي:[2]

1- هل سمعتم بهذه القصة من قبل؟

....

....

2- ما رأيكم بهذه القصة؟

....

....

3- ما الذي اكتشفه القس إبراهيم سلي قبل إسلامه ودفعه إلى البحث عن الحقيقة؟

4- ما الذي جذب القس إبراهيم سلي إلى التفكير في الإسلام والبحث عن الحقائق فيه؟

....

....

5- تعرّض القس إبراهيم سلي بعد إسلامه إلى إغراءات كبيرة للتخلي عن الإسلام، مـا الأسباب التي أثرت فيه ودفعته لمقاومة كل ما عرض عليه؟

....

....

6- اكتب بأسلوبك أثر الإيمان والعقيدة الإسلامية الصحيحة على حيـاة الداعيـة إبراهيم سلي.

....

....

_____

(1) حدثت هذه القصة سنة 1996م، وللقصة تتمة توضح كيف تحول إبراهيم سلي إلى داعية في جنوب إفريقيا، ينظر في المصدر، لمن أراد التفصيل.

(2) الأسئلة الآتية أسئلة مقترحة على المعلم، ويبقى المجال واسعاً أمام المعلم ليوظف القصة بالطريقة التي يراها مناسبة ومحققة للأهداف.

ورقة عمل رقم (3) حجاب أميركية سبب في إسلام أستاذ جامعي أميركي

الهدف: يستنتج الطالب خصائص العقيدة الإسلامية وآثارها.

الأسلوب: تحليل النصوص

يقول محمد رشيد العويد: "قرأت اليوم قصة إسلام أستاذ جامعي أميركي؛ هل تعرفون ما السبب المباشر لإسلامه؟ لقد كان السبب الأول لإسلامه حجاب طالبة أميركية مسلمة، معتزة بدينها، ومعتزة بحجابها، بل لقد أسلم معه ثلاثة دكاترة من أساتذة الجامعة وأربعة من الطلبة، لقد كان السبب المباشر لإسلام هؤلاء السبعة، الذين صاروا دعاة إلى الإسلام؛ الحجاب، لن أطيل عليكم في التقديم، وفي التشويق لهذه القصة الرائعة التي سأنقلها لكم على لسان الدكتور الأميركي الذي تسمى باسم النبي محمد ﷺ وصار اسمه (محمد أكويا).

يحكي الدكتور (محمد أكويا) قصته فيقول:

قبل أربع سنوات، ثارت عندنا بالجامعة زوبعة كبيرة، حيث التحقت للدراسة طالبة أميركية مسلمة، وكانت محجبة، وقد كان من بين مدرسيها رجل متعصب يبغض الإسلام ويتصدى لكل من لا يهاجمه، فكيف بمن يعتنقه ويظهر شعائره للعيان؟! كان يحاول استثارتها كلما وجد فرصة سانحة للنيل من الإسلام.

وشن حرباً شعواء عليها، ولَمّا قابلت هي الموضوع بهدوء؛ ازداد غيظه منها؛ فبدأ يحاربها عبر طريق آخر، حيث الترصد لها بالدرجات، وإلقاء المهام الصعبة في الأبحاث، والتشديد عليها بالنتائج، ولما عجزت المسكينة أن تجد لها مخرجاً تقدمت بشكوى لمدير الجامعة مطالبة فيها النظر إلى موضوعها، وكان قرار الإدارة أن يتم عقد لقاء بين الطرفين المذكورين الدكتور والطالبة لسماع وجهتي نظرهما والبت في الشكوى.

ولما جاء الموعد المحدد؛ حضر أغلب أعضاء هيئة التدريس، وكنا متحمسين جداً لحضور هذه الجولة التي تعّد الأولى من نوعها عندنا بالجامعة. بدأت الجلسة التي ذكرت فيها الطالبة أن المدرس يبغض ديانتها؛ ولأجل هذا يهضم حقوقها العلمية، وذكرت أمثلة عديدة لهذا، وطلبت الاستماع لرأي بعض الطلبة الذين يدرسون معها، وكان من

بينهم من تعاطف معها وشهد لها، ولم يمنعهم اختلاف الديانة أن يدلوا بشهادة طيبة بحقها، حاول الدكتور على إثر هذا أن يدافع عن نفسه، واستمر بالحديث فخاض بسب دينها، فقامت تدافع عن الإسلام، أدلت بمعلومات كثيرة عنه، وكان لحديثها قدرة على جذبنا، حتى أننا كنا نقاطعها فنسألها عما يعترضنا من استفسارات، فتجيب فلما رآنا الدكتور المعني مشغولين بالاستماع والنقاش خرج من القاعة؛ فقد تضايق من اهتمامنا وتفاعلنا، فذهب هو ومن لا يرون أهمية للموضوع، بقينا نحن مجموعة من المهتمين نتجاذب أطراف الحديث، في نهايته قامت الطالبة بتوزيع ورقتين علينا كتب فيها تحت عنوان "ماذا يعني لي الإسلام؟" الدوافع التي دعتها لاعتناق هذا الدين العظيم، ثم بيّنت ما للحجاب من أهمية وأثر، وشرحت مشاعرها الفياضة صوب هذا الجلباب وغطاء الرأس الذي ترتديه الذي تسبب بكل هذه الزوبعة.

لقد كان موقفها عظيماً، ولأن الجلسة لم تنته بقرار لأي طرف، فقد قالت: أنها تدافع عن حقها، وتناضل من أجله، ووعدت إن لم تظفر بنتيجة لصالحها أن تبذل المزيد حتى لو اضطرت لمتابعة القضية وتأخير الدراسة نوعاً ما، لقد كان موقفاً قوياً، ولم نكن أعضاء هيئة التدريس نتوقع أن تكون الطالبة بهذا المستوى من الثبات ومن أجل المحافظة على مبدئها. وكم أذهلنا صمودها أمام هذا العدد من المدرسين والطلبة، وبقيت هذه القضية يدور حولها النقاش داخل أروقة الجامعة.

أما أنا فقد بدأ الصراع يدور في نفسي من أجل تغيير الديانة، فما عرفته عن الإسلام حببني فيه كثيراً، ورغبني في اعتناقه، وبعد عدة أشهر أعلنت إسلامي، وتبعني دكتور ثان وثالث في العام نفسه، كما أن هناك أربعة طلاب أسلموا، وهكذا في غضون فترة بسيطة أصبحنا مجموعة لنا جهود دعوية في التعريف بالإسلام والدعوة إليه، وهناك الآن عدد من الأشخاص في طور التفكير الجاد، وعما قريب إن شاء الله ينشر خبر إسلامهم داخل أروقة الجامعة. والحمد لله وحده".[1]

---

(1) بتصرف عن "مذكرات ذات خمار" لمحمد رشيد العويد, جريدة الإتحاد الإماراتية, الاثنين، 6 رمضان، 1420هـ نقلاً عن موقع: http://www.twbh.com/index.php/site/article/read519

1- هل يمكن أن تتعرض للمشكلة نفسها التي تعرضت لها لفتاة؟ وضِّح إجابتك.

....

....

2- كيف عرف الجميع أنّ الفتاة مسلمة؟ وما علاقة هذا بهوية المسلم؟

....

....

....

3- على ماذا يدل تمسك الفتاة بحجابها على الرغم من الضغوطات التي كانت تتعرض لها في الجامعة؟

....

....

....

4- ما الذي ساعد الفتاة على الثبات على موقفها؟

....

....

....

5- أين ظهر في القصّة اعتزاز الفتاة بدينها وعقيدتها؟

....

....

....

6- تعرّضت الفتاة بعد دفاعها عن قضيتها إلى الكثير من التساؤلات حول الإسلام، كيف استطاعت أن تجيب عنها، وماذا تستفيد من ذلك؟

....

....

....

7- ما الذي دفع (محمد أكويا)، راوي القصّة، للتفكير في اعتناق الإسلام؟

....

....

....

ورقة عمل رقم (4) قصة إسلام موريس بوكاي

الطبيب موريس بوكاي[1]

الهدف: يكتشف الطالب أهمية دور العقل في الهداية.

قصة إسلامه

اشتهر عن فرنسا أنها من أكثر الدول اهتمامًا بالآثار والتراث، وعندما تسلَّم الرئيس الفرنسي الاشتراكي الراحل (فرانسوا ميتران) زمام الحكم في البلاد عام 1981م، طلبت فرنسا مـن (مصر) في نهاية الثمانينيات استضافة مومياء (فرعون مصر) إلى فرنسا لإجراء اختبارات وفحوصات أثرية ومعالجة للمومياء.

فتمَّ نقل جثمان أشهر طاغوت عرفته مصر، وهناك - وعلى أرض المطار- اصطف الرئيس الفرنسي منحنيًا هـو ووزراؤه وكبار المسؤولين في البلد عند سلَّم الطائرة؛ ليستقبلوا فرعون مصر استقبال الملوك، وكأنه ما زال حيّاً!!

عندما انتهت مراسم الاستقبال الملكي لفرعون مصر على أرض فرنسا، حملت مومياء الطاغوت بموكب لا يقل حفاوة عـن استقباله، وتم نقله إلى جناح خـاص في مركز الآثار الفرنسي، ليبدأ بعدها أكبر علماء الآثار في فرنسا وأطباء الجراحة والتشريح دراسة تلك المومياء واكتشاف أسرارها، وكان رئيس الجراحين والمسؤول الأول عـن دراسة هذه المومياء الفرعونية، هو البروفيسور موريس بوكاي.

كان المعالجون مهتمين في ترميم المومياء، بينما كان اهتمام رئيسهم (موريس بوكاي) مختلفًا للغاية، كان يحاول أن يكتشف كيف مات هـذا الملك الفرعوني؟ وفي ساعة متأخرة من الليل، ظهرت نتائج تحليله النهائية.

---

(1) وُلِد موريس بوكاي لأبوين فرنسيين، وترعرع كأهله في الديانة النصرانية، ولَمّا أنهى تعليمه الثانوي؛ انتظم في دراسة الطب في جامعة فرنسا، فكان من الأوائل, وارتقى به الحال، حتى أصبح أشهر وأمهر جراح عرفته فرنسا الحديثة، فكان من مهارته في الجراحة قصة عجيبة قلبت له حياته، وغيَّرت كيانه.

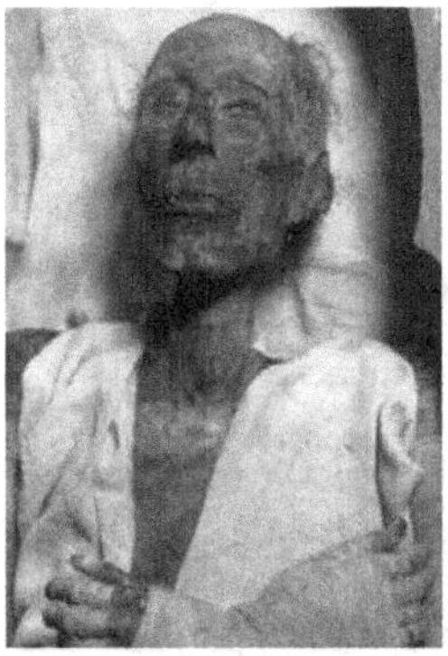

لقد كانت بقايا الملح العالق في جسده أكبر دليل على أنه مات غريقًا، كما أن جثته استُخرِجت من البحر بعد غرقه فورًا، ثم أسرعوا بتحنيط جثته لينجو بدنه!!

لكن ثَمّة أمراً غريباً ما زال يحيره، وهو كيف بقيت هذه الجثة - دون باقي الجثث الفرعونية المحنطة- أكثر سلامة من غيرها، رغم أنها استخرجت من البحر؟! كان موريس بوكاي يُعِدُّ تقريرًا نهائياً عمّا كان يعتقده اكتشافًا جديدًا في انتشال جثة فرعون من البحر وتحنيطها بعد غرقه مباشرة، حتى همس أحدهم في أذنه قائلاً: لا تتعجل؛ فإن المسلمين يتحدثون عن غرق هذه المومياء.

ولكنّه استنكر بشدة هذا الخبر، واستغربه، فمثل هذا الاكتشاف لا يمكن معرفته إلا بتطور العلم الحديث، وعبر أجهزة حاسوبية حديثة بالغة الدقة، فزاد آخر اندهاشه بقوله: إن قرآنهم الذي يؤمنون به يروي قصةً عن غرقه، وعن سلامة جثته بعد الغرق.

فازداد ذهولاً، وأخذ يتساءل: كيف يكون هذا وهذه المومياء لم تكتشف أصلاً إلا في عام 1898م، بينما قرآنهم موجود قبل أكثر من ألف وأربعمائة عام؟! وكيف يستقيم في العقل هذا، والبشرية جمعاء -وليس المسلمين فقط- لم يكونوا يعلمون شيئًا عن قيام قدماء المصريين بتحنيط جثث فراعنتهم إلا قبل عقود قليلة من الزمان فقط؟!

جلس (موريس بوكاي) ليلته محدقًا في جثمان فرعون، يفكر بإمعان عما همس به صاحبه له من أن قرآن المسلمين يتحدث عن نجاة هذه الجثة بعد الغرق، بينما كتاب المسيحيين المقدس (إنجيلا متى ولوقا) يتحدث عن غرق فرعون أثناء مطاردته لسيدنا موسى عليه السلام دون أن يتعرض لمصير جثمانه البتّة. وأخذ يقول في نفسه: هل يُعقَل أن يكون هذا المحنّط أمامي هو فرعون مصر الذي كان يطارد موسى؟! وهل يعقل أن يعرف محمدهم ﷺ هذا قبل أكثر من ألف عام، وأنا للتوِّ أعرفه؟!

لم يستطع (موريس) أن ينام، وطلب أن يأتوا له بالتوراة، فأخذ يقرأ في (سِفر الخروج) من التوراة قوله: "فرجع الماء وغطى مركبات وفرسان جميع جيش فرعون

الذي دخل وراءهم في البحر لم يبق منهم ولا واحد"، وبقي موريس بوكاي حائرًا؛ حتى التوراة لم تتحدث عن نجاة هذه الجثة وبقائها سليمة بعد أن تمت معالجة جثمان فرعون وترميمه.

أعادت فرنسا لمصر المومياء بتابوت زجاجي فاخر، ولكن (موريس) لم يهدأ له قرار، ولم يطمئن له بال، منذ أن هزَّه الخبر الذي يتناقله المسلمون عن سلامة هذه الجثة؛ فحزم أمتعته وقرر أن يسافر إلى المملكة السعودية لحضور مؤتمر طبي يتواجد فيه جمع من علماء التشريح المسلمين.

وهناك كان أول حديث تحدَّثه معهم عمّا اكتشفه من نجاة جثة فرعون بعد الغرق، فقام أحدهم وفتح له المصحف، وأخذ يقرأ له قوله تعالى: ﴿ فَالْيَوْمَ نُنَجِّيكَ بِبَدَنِكَ لِتَكُونَ لِمَنْ خَلْفَكَ آيَةً وَإِنَّ كَثِيرًا مِّنَ النَّاسِ عَنْ آيَاتِنَا لَغَافِلُونَ {92/10} ﴾ [يونس: 92].

لقد كان وَقْع الآية عليه شديدًا، ورُجَّت له نفسه رجة جعلته يقف أمام الحضور ويصرخ بأعلى صوته: "لقد دخلت الإسلام، وآمنت بهذا القرآن".[1]

عزيزي الطالب قم بتحليل القصّة السابقة من خلال المخطط الآتي:

---

(1) نقلاً من موقع : www.islamstory.com، بتصرف.

قصة إسلام الطبيب
مورس بوكاي
أسباب الهداية التي استعان بها
للوصول للحقيقة
دوافع بوكاي
لفهم الإسلام
سمات رسالة الإسلام وخصائصها
كما ظهرت في القصة
أحداث أعجبتني
في القصة
دروس وعبر استفدتها
من القصّة
قصص إسلام
مشابهة اعرفها

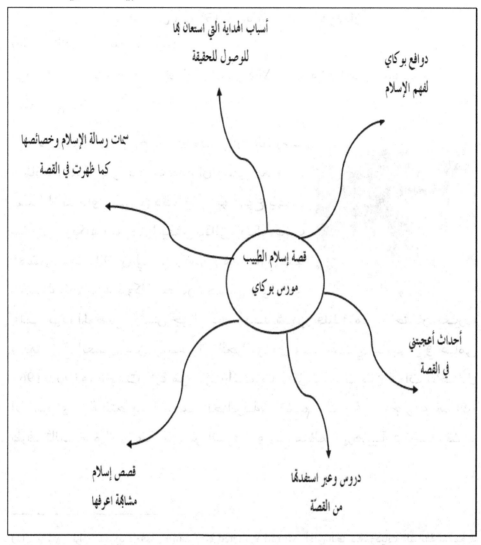

ورقة عمل رقم (5) قصة إسلام مراد هوفمان[1]

(من رجالات السياسة الألمانية)

الهدف: أن يستنتج الطالب خصائص العقيدة الإسلامية وأثرها على حياة الفرد.

قصة إسلامه:[2]

قال هوفمان: في اختبار القبول بوزارة الخارجية الألمانية، كان على كل متقدم أن يلقي محاضرة لمدة لا تتجاوز خمس دقائق في موضوع يُحدَّد عشوائيّاً، ويُكلَّف به قبلها بعشر دقائق، ولكم كانت دهشتي عندما تبين لي أن موضوع محاضرتي هو "المسألة الجزائرية"! وكان مصدر دهشتي هو مدى علمي بهذا الموضوع، وليس جهلي به، وبعد شهور قليلة من الاختبار، تغيرت وجهتي في العمل من جنيف إلى الجزائر، وفي أثناء عملي بالجزائر في عامي 1962/1961م، عايشت فترة من حرب استمرت ثماني سنوات بين قوات الاحتلال الفرنسي وجبهة التحرير الوطني الجزائرية، وانضمَّ -أثناء فترة وجودي هناك- طرف ثالث هو "منظمة الجيش السري"، وهي منظمة إرهابية فرنسية، تضم

---

(1) الدكتور مراد فيلفريد هوفمان Murad Wilfried Hofmann، ألماني الجنسية، وديانته السابقة المسيحية الكاثوليكية، في مقتبل عمره تعرض هوفمان لحادث مرور مروِّع، فقال له الجرّاح بعد أن أنهى إسعافه: "إن مثل هذا الحادث لا ينجو منه في الواقع أحد، وإن الله يدّخر لك يا عزيزي شيئاً خاصّاً جدّاً". نال مراد فيلفريد هوفمان المولود عام 1931م شهادة الدكتوراه في القانون من جامعة هارفارد، وعمل خبيراً في مجال الدفاع النووي في وزارة الخارجية الألمانية، ثم مديرًا لقسم المعلومات في حلف الناتو في بروكسل من عام 1983 حتى 1987م، ثم سفيراً لألمانيا في الجزائر من 1987م حتى 1990م، ثم سفيراً في المغرب من 1990 حتى 1994م، وهو متزوج من سيدة تركية، ويقيم حالياً في تركيا. وصدق حَدْسُ الطبيب، إذ اعتنق د.هوفمان الإسلام عام 1980م بعد دراسة عميقة له، وبعد معرفته لأخلاق المسلمين الطيبة في المغرب، وكان إسلامه موضع نقاش بسبب منصبه الرفيع في الحكومة الألمانية.

(2) نقلاً من موقع: http://www.islamstory.com/المفكر_الألماني_مراد_هوفمان، بتصرف.

مستوطنين وجنوداً متمردين، ولم يكن يوم يمر دون أن يسقط عدد غير قليل من القتلى في شوارع الجزائر، وغالباً ما كانوا يُقتَلون رمياً بالرصاص على مؤخرة الرأس من مسافة قريبة، ولم يكن لذلك من سبب إلا كونهم مسلمين، أو لأنهم مع استقلال الجزائر.

شكَّلت هذه الوقائع الحزينة خلفية أول احتكاك لي عن قربٍ بالإسلام، ولقد لاحظت مدى تحمل الجزائريين لآلامهم، والتزامهم الشديد في شهر رمضان، ويقينهم بأنهم سينتصرون، وسلوكهم الإنساني وسط ما يعانون من آلام. وكنتُ أدرك أن لدينهم أثراً في كل هذا، ولقد أدركت إنسانيتهم في أصدق صورها، حينما تعرضت زوجتي للإجهاض تحت تأثير "الأحداث" الجارية آنذاك. فلقد بدأت تنزف عند منتصف الليل، ولم يكن باستطاعة سيارة الإسعاف أن تحضر إلينا قبل الساعة السادسة صباحاً؛ بسبب فرض حظر التجول، وبسبب شعار "القتل دون سابق إنذار" المرفوع آنذاك، وحينما حانت الساعة السادسة، أدركت وأنا أُطِلُّ من نافذة مسكني في الطابق الرابع، أن سيارة الإسعاف لا تستطيع العثور علينا، بعد تأخير طال كثيراً، كنَّا في طريقنا متجهين إلى عيادة الدكتور، وكانت زوجتي تعتقد -في تلك الأثناء- أنها ستفقد وعيها؛ ولذا -وتحسباً للطوارئ- راحت تخبرني أن فصيلة دمها هي O ذات RH سالب، وكان السائق الجزائري يسمع حديثها، فعرض أن يتبرع لها ببعض من دمه الذي هو من نفس فصيلة دمها، ها هو ذا المسلم يتبرع بدمه، في أتون الحرب، لينقذ أجنبية على غير دينه.

ولكي أعرف كيف يفكر ويتصرف هؤلاء السكان الأصليون المثيرون للدهشة، بدأت اقرأ "كتابهم" القرآن في ترجمته الفرنسية، ولم أتوقف عن قراءته منذ ذلك الحين حتى الآن، وحتى تلك اللحظة، لم أكن قد تعرفت على القرآن إلا من خلال النوافذ المفتوحة لكتاتيب تحفيظ القرآن في ميزاب جنوب الجزائر، حيث يحفظه أطفال البربر، ويتلونه في لغة غريبة عنهم، وهو ما دهشت له كثيراً. وفيما بعد أدركت أن حفظ وتلاوة القرآن، باعتباره رسالة الله المباشرة، فرض تحت الظروف كافة.

وبعد 25 عاماً من عملي بالجزائر لأول مرة، عُدتُ إليها سفيراً في عام 1987م، ومنذ اعتُمِدتُ سفيراً في المغرب، المجاور للجزائر، في عام 1990م، يندر أن تفارق مخيلتي صورة الجزائر التي ما تزال تعاني آلاماً مأساوية، فهل يمكن أن يكون ذلك كله محض مصادفة؟!

يقول هوفمان: إنني كنت قريباً من الإسلام بأفكاري قبل أن أُشهِرَ إسلامي في عام 1980م بنطق الشهادتين متطهراً كما ينبغي، وإن لم أكن مهتمّاً حتى ذلك الحين بواجباته ونواهيه فيما يختص بالحياة العملية، لقد كنت مسلماً من الناحية الفكرية أو الذهنية، ولكني لم أكن كذلك بعدُ من الناحية العملية، وهذا على وجه اليقين ما يتحتم أن يتغير الآن جذريّاً، فلا ينبغي أن أكون مسلماً في تفكيري فقط، وإنما لا بد أن أصير مسلماً أيضاً في سلوكياتي.

ويحكي الدكتور مراد هوفمان السفير الألماني السابق عن أبرز مظاهر تحوله إلى الإسلام، وهو رفضه لاحتساء الخمر واختفاء زجاجة النبيذ الأحمر من فوق مائدة طعامه، اهتداءً بتعاليم دينه الجديد الذي يحرِّم الخمر؛ يقول هوفمان: "لقد ظننت في بادئ الأمر أنني لن أستطيع النوم جيداً دون جرعة من الخمر في دمي، بل إن النوم سيجافيني من البداية، ولكن ما حدث بالفعل كان عكس ما ظننت تماماً، فنظراً لأن جسمي لم يعد بحاجة إلى التخلص من الكحول، أصبح نبضي أثناء نومي أهدأ من ذي قبل، صحيح أن الخمر مريح في هضم الشحوم والدهون، لكننا كنا قد نحَّينا لحم الخنزير عن مائدتنا إلى الأبد، بل إن رائحة هذا اللحم الضار (المحرم) أصبحت تسبب لي شعوراً بالغثيان".

عزيزي الطالب بعد تعرفك على أحداث قصة إسلام مراد هوفمان، تعاون مع زملائك في الإجابة عن الأسئلة في المخطط الآتي:

1. ما الصورة التي انطبعت في ذهن هوفمان عن المسلمين في الجزائر، ضع دائرة حول المواضع التي أشارت لذلك، واذكرها .

2.ما الأسباب التي دفعت هوفمان إلى محاولة التعرّف على الإسلام والعقيدة الإسلامية.

3.اذكر وسائل الهداية التي استعان بها هوفمان لفهم العقيدة الإسلامية والدين الإسلامي؟

4.ما الوسائل التي تلجأ إليها لتعينك على فهم قضايا العقيدة التي تحيرك وتشكل عليك؟

5.بيّن كيف ساعد التمسك بالعقيدة الإسلامية هوفمان على التحرر من شرب الخمر الذي اعتاد عليه لسنوات.

ورقة عمل رقم (6) قصة إسلام آن سوفي

الهدف: أن يتتبع الطالب أثر وسائل الهداية في الوصول للإيمان.

لم تكن "آن سوفي" تدري أن اهتمامها بقضايا الإسلام والمسلمين ودفاعها المنصف عنهم هو بداية الطريق لاعتناق الدين الحنيف، فكلما أثيرت ضد المسلمين في السويد قضية، انبرت تُفنِّد وتدافع وتدحض آراء من يريدون بهم سوءاً، من خلال نشرها لرؤاها الجادة وكتاباتها الرصينة المؤكدة بالشواهد والتي يحترمها العقل، محاولة بذلك الوقوف بالمجتمع السويدى على حقيقة الإسلام والمسلمين بعين الإنصاف، تارة بكتابة المقالات الصحفية، وأخرى بالكتب المتخصصة التي أصبحت منتشرة بشكل كبير، وثالثة باللقاءات المباشرة والندوات.

فكانت بحق: لسان صدق للذود عن هذا الدين الحنيف والتابعين له.[1]

ناشطة حقوقية:

إنها "آن سوفي رولد" المؤرخة الدينية، والأستاذة المحاضرة في مجال دراسات الإسلاميات ونوع الجنس والهجرة بجامعات الجنوب السويدي بمدينة مالمو القريبة من الدانمارك، وكانت سوفي قبل أن تتحول من المسيحية -بفضل الله- إلى الإسلام من أهم الباحثين في قضايا الإسلام والمسلمين؛ وذلك منذ قدمت رسالتها في الدكتوراه عن تنظيم الإخوان المسلمين بجامعة لوند في الجنوب السويدي، ثم تخصصت في التاريخ الإسلامي، ومن ثم الحركات الإسلامية والأقليات المسلمة في الغرب.

كما كانت في شبابها من الناشطات الحقوقيات الداعيات لتحرير المرأة في النرويج، ممَّا عزز اهتمامها بالأمور السياسية، ولما كانت قد عرفت أن الإسلام لا يفصل بين الدين والسياسة؛ دفعها ذلك للتخصص فيه، ثم قامت بتأليف عدة كتب ذات موضوعات مختلفة عن الإسلام باللغتين السويدية والإنجليزية منها: "المسلمون

(1) نقلاً من موقع: http://www.islamstory.com

الجدد في أوروبا"، "المرأة في الإسلام"، "الإسلام"، "تجارب المتحولين إلى الإسلام في الدول الإسكندينافية"، "الإسلام المعتقد والتاريخ".

وقد أشارت صحيفة "سفنسكا داغ" السويدية إلى أن كتابات سوفي تقوم بدور عظيم في التعريف بالإسلام خاصة للمهتمين بدراسته، والذين تزايدت أعدادهم مؤخراً في أوربا، كذلك أثرت المكتبة السويدية بكتابها الهام "المسلم في السويد" الذي قدمته بالمشاركة مع الكاتبة المتحولة هي الأخرى للإسلام "برنيلا كويس".

الطريق إلى الإيمان:

مرت "سوفي" بمراحل كثيرة ومعقدة من البحث والتنقيب والمقارنة؛ للوقوف على كل ما يمكنها من الوصول إلى الديانة الحق التي يجب أن تعتقد، ولأن صاحب الفطرة السليمة دائماً ما يوفق للصواب، فقد أدركت بفطنتها كما تقول في أحد حواراتها: إن الإنسان عليه أن يتحرك نحو الله؛ لأنّ الله لا يُكرِه الناس على الإيمان به.

وعن تربيتها الدينية قالت: عشت في منطقة "أوستلوند في النرويج"، وكان الاعتقاد بالله سائداً عبر أسرتها، ففي كل ليلة كانت تصلي على طريقتها كمسيحية، وكان لديّها اعتقاد جازم أنّ الله يحميهم من كل مكروه.

وتقول أيضا: إنها لما وصلت للسابعة عشرة من عمرها: أخذت تتعمقّ دينياً، وبدأت تتساءل عن المسيحية كدين، وعن سبب تقاتل النصارى (أي المسيحيين) فيما بينهم، وقد توصلت بعقلها إلى مغزى عظيم فتقول: لقد كان البعض يستخدم الله لتقوية حكمه وسلطانه، ويستقوى به على الآخرين، مثلما جرى في أوروبا في عهود سالفة، مما دفعها إلى طرح المزيد من الأسئلة حول الديانات.

وقد قامت بدراسة الأديان المقارنة في السبعينيات من القرن الماضي، وقادها بحثها الدؤوب إلى اكتشاف عظمة الإسلام وموضوعيته، فكما قالت: لقد وجدت فيه كل الأجوبة عن كل الأسئلة، بل لقد توصّلت إلى حقيقة الله سبحانه وتعالى الذي خططّ لحياتنا أجمل وأعدل تخطيط.

الخوف (الفوبيا) من الإسلام:

وقد هال سوفي سيطرة ظاهرة الخوف من الإسلام، أو كما يطلقون عليها "فوبيا الإسلام" والجد في تحذير الناس منه عن طريق وسائل الإعلام الغربي، الذي بدأ يشوهه، ويظهر المسلمين في صورة الإرهابيين، خاصة بعد أحداث الحادي عشر من سبتمبر وضرب برجي التجارة العالمية.

كما أنّ هناك أسباباً دينية وثقافية وعنصرية وراء ظاهرة "فوبيا الإسلام" في الغرب، وهذا ما أوردته في كتابها: "المسلم في السويد" الذي تحدثت فيه عن حياة المرأة المسلمة، وتعايشها مع المجتمع السويدي الذي ينتمي كغيره من المجتمعات الغربية إلى قيم ومفاهيم مختلفة، وكيفية حياة المسلمين في السويد، وممارستهم للشعائر من: صلاة وزكاة وصيام وحج ومعاملات بينهم، كما قدمت فيه مقارنة جيدة بين عادات الشعوب الإسلامية، وتأثير ذلك على مسلمي السويد، كما لفتت إلى نظرة المجتمع السويدي السلبية بل والمريبة إلى المرأة المحجبة.

وتؤكد "سوفي" من خلال إحدى أهم دراساتها العميقة في الإسلام والثقافة: أنه لا فرق بين الإسلام والثقافة الإسلامية، كما كان يعتقد الكثيرون، معللة ذلك أن القواعد التي يقوم عليها الإسلام لا بد وأن تتداخل مع أشكال التعبير الثقافي بشكل كلي؛ وفي هذا عموم الفائدة للبشرية.

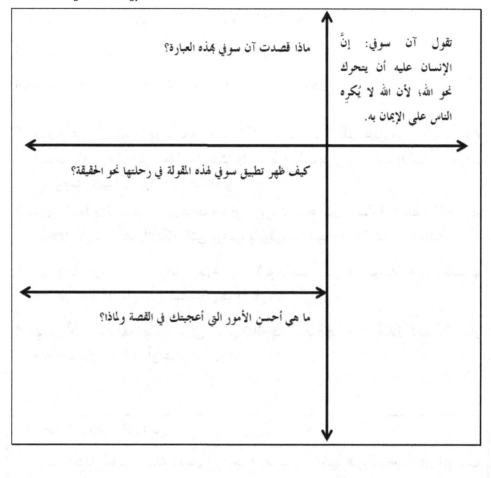

تقول آن سوفي: إنَّ الإنسان عليه أن يتحرك نحو الله، لأن الله لا يُكرِه الناس على الإيمان به.

ماذا قصدت آن سوفي بهذه العبارة؟

كيف ظهر تطبيق سوفي لهذه المقولة في رحلتها نحو الحقيقة؟

ما هي أحسن الأمور التي أعجبتك في القصة ولماذا؟

ورقة عمل رقم (7) أشهر نساء بريطانيا يعتنقن الإسلام

الهدف: أن يستخلص الطالب أهمية أسباب الهداية وأثرها.

الأسلوب: التفكير الناقد التحليلي من خلال التعلم التعاوني.

- يقترح على المعلم أن يوظف القصص الآتية؛ لمساعدة الطلبة على اكتشاف أهمية أسباب الهداية (وهي العقل والتفكر والاستعداد الفطري وهداية الرسل) وأثرها في توجيه الإنسان وإرشاده نحو الحق.
- يوزع المعلم القصص على المجموعات ويرفق مع كل قصّة الخريطة المعرفية المرفقة لتحليل أهم الأفكار التي يرغب بالوقوف عليها ومناقشتها مع الطلبة.
- يوزع الأدوار، ويحدد الوقت اللازم، ومن ثمّ يكلف كل مجموعة بعرض قصتها وعرض أهم الأفكار التي استخلصوها بالطريقة التي يرونها.
- يمكن أن يوجّه المعلم طلبته إلى عرض نتائجهم وقصصهم من خلال لعب الأدوار (لقاء صحفي، دراما، أو عرض مباشر).

1- قصة "ميريام فرنسوا سيرا"

هي طفلة كانت ممثلة تعمل مع نجوم هوليوود، لكنها قررت فجأة أن تتوقف عن كل شيء بعد أن اعتنقت الإسلام، لماذا؟ هذا هو السؤال الذي طرحته مجلة "ماري كلير" في عددها الأخير على "ميريام فرنسوا سيرا" -27 سنة- وغيرها من اللاتي أشهرن إسلامهن.

تقول المجلة: بعينيها الزرقاوين ولهجتها الإنجليزية الواضحة وحجابها الإسلامي، طفلة هوليوود الممثلة التي تربت على البساط الأحمر، وعملت مع كيت وينسليت وإيما تومبسون توقفت فجأة عن الحياة التي كانت تعيشها، غيّرت ملابسها وكعبها العالي؛ لكي تصبح مسلمة ترتدي الحجاب في كل مكان عام، وفي أي وقت من أجل صلواتها الخمس.

تقول ميريام وهي تبتسم: إن صلاتي المفضلة هي الفجر، هناك شيء يكون بين الإنسان وربه في ذلك التوقيت الذي يكون فيه الناس جميعاً نياماً، وميريام التي ارتدت الحجاب لأول مرة منذ ست سنوات ارتدت "إيشارب" والدتها أثناء دراستها في جامعة كامبريدج تقول: إنها تعتبر إسلامها شيئاً خارقاً وخارجاً عن إرادتها.

إنَّ الحجاب يساعد النساء في التعامل مع الناس والعامة بدون النظر إليهن بنظرة جسدية، تضيف قائلة: لقد بدأت أدرس وأتعلم الإسلام عندما كنت أتعلم اللغة العربية في الجامعة، وكنت أقول: حاسبوني على ما أقول وليس على مظهري، وكانت هذه هي الطريقة التي جعلت الجميع يتعامل معي بها.

بالنسبة لكثيرين فإنه من الصعب أن يصدقوا لماذا تختار امرأة متحررة أن تعتنق الدين الإسلامي الذي تعاني من خلاله النساء الكثير من الضغوط، بالرغم من أن عدد نساء الطبقة الوسطى تحت سن الأربعين المعتنقات الإسلام مرتفع جدًا، والمساجد من (لندن) إلى (ليسيستر) تعمل الكثير من أجل النساء، والمفاجأة أن الكثيرين ممن يعتنقون الإسلام اليوم من النساء.

وتقول ميريام فرنسوا: إنها معجبة بحجابها، ولا تهتم بالنظرات الغربية التي -كما تقول- تراها في عيون الناس باستمرار في الأتوبيس وفي مترو لندن، وتشعر أن كل من يجلس بجوارها يريد أن يسألها لماذا قام شعبك ومن يعتقدون مثلك بتفجير برجي مركز التجارة العالمي، وحتى بعض الناس سألوها لماذا أصبحت عربية؟

2- قصة كريستيان بيكر

يقول جعفر حسين - باحث في أحد بيوت التفكير الإسلامية في بريطانيا -: إنه اختيارهن الكثيرون يقولون عن الإسلام إنه ضد المرأة، لذلك فهو شيء غريب أن نرى النساء يبتعدن عن حياتهن وعن ارتداء الميني والملابس القصيرة من أجل البرقع والحجاب، إذن هو اختيار المرأة من خلال نشأتها وثقافتها وتعلمها.

تقول مجلة "ماري كلير": إنّ هذا ما حدث بالفعل في حالة كريستيان بيكر أشهر مذيعات قناة "إم. تي. في" الموسيقية، فقد قضت حوالي عشرين عامًا من حياتها وهي تعيش حياة المشاهير، والترف والبذخ؛ سافرت إلى الكثير من دول العالم، وارتدت الكثير من الملابس الفاخرة، لكنّها توقفت عن كل هذا واعتنقت الإسلام في بداية أعوامها الثلاثينيات. نقطة التحول في حياة كريستيان التي نشأت في عائلة بروتستانتية عادية. ثم كان اللقاء مع لاعب الكريكيت الباكستاني المسلم عمران خان، تقول كريستيان: أنا كنت في قمة شهرتي في عملي، وعمران أخذني معه إلى باكستان، وشاهدت هناك دفء الإيمان وحب الشعب الباكستاني للإسلام، وبدأت أدرس كتباً عن الإسلام... هذه الأشياء دفعتني إلى الإسلام، ثمّ قررت أن أعتنق الإسلام رسمياً وأشهره في أحد مساجد لندن، لكن هذا التغيير لم يكن سهلاً؛ فقد صدمت عائلتي، ووسائل الإعلام فوجئت بقراري، ومساء يوم إشهاري لإسلامي فقدت عملي".

وتضيف مجلة"ماري كلير": واليوم كتاب كريستيان "من إم. تي. في إلى مكة" حقق مبيعات كبيرة، وهي نفسها أصبحت أحد وجوه دعاية مساجد لندن للإسلام لجذب وجوه جديدة. تستكمل كريستيان: نعم كانت أيامي في "إم. تي. في" رائعة وجميلة، لكن الآن مسافة بعيدة بين الأمس واليوم، ومع ذلك أنا أرتدي ملابس على الموضة محتشمة، وأضع الإيشارب في صلاتي.. أنا في أعمق درجات السعادة.

كيفين برايس من مركز أبحاث سياسة الهجرة في جامعة سوانسي، درس الكثير من حالات البريطانيات اللاتي اعتنقن الإسلام، ويقول: إن الإسلام ينادي بقوة على هؤلاء البريطانيين الذين غيروا معتقداتهم الدينية مثل كريستيان، ويضيف: نعم، الكثيرون يبحثون عن إجابة لهذا التغيير الذي يحدث في الثقافة..إنها مفاجأة كبيرة للمجتمع البريطاني المتحرر أن يكون هناك أشخاص غير سعداء وهم على دينهم، وعلى الرغم من أن الكنائس تقوم بالكثير من التنازلات التي لم يفعلها الإسلام، فإن الإسلام دين بنّاء ينادي الأشخاص الذين يبحثون عن اتجاه، الأشخاص الذين عاشوا ومارسوا حياتهم بكل حرية في المجتمع الغربي ويبحثون عن أسس جديدة للحياة، وغالبية النساء اللاتي اعتنقن الإسلام أصبحن يتحكمن في أنفسهن كنساء بدون أن يكون عليهن أن يستخدمن التقاليد التي يعيشها المجتمع الغربي؛ مثل مستحضرات التجميل.

3- قصة سارة جوزيف.

قصة البريطانية المولد الكاثوليكية سارة جوزيف التي عاشت في كينجز روود منذ 1970م تقول: لقد كنت كاثوليكية حتى عامي الـ17، وعندما اعتنق شقيقي الإسلام ليتزوج كنت غاضبة منه؛ لذلك قررت أن أدرس هذا الدين بنفسي لكي أرى لماذا ترك شقيقي المسيحية وأرى الفرق بينهما! كنت أبحث عن طريقة لحياتي أجعلها تعلو وتسمو، ووجدت هذا الدين الذي جعلني أعثر عما أبحث عنه، فهو يُعلِّم كيف يجب أن نعتقد في اللـه ونعيش حياة سعيدة. وتقول سارة: إن هناك قوة خارقة تتسرب إلى نفسها لدى احتضانها للقرآن.. "القرآن به الكثير بالنسبة للنساء، فهو خصص لهن حقوقاً ورتب لهن حياتهن في المجتمع، ينظر إلى المرأة نظرة أكبر من أن تكون أداة جنسية فقط، حدد للنساء مسئولياتهن في المجتمع". الصدمة أن والدة سارة تمتلك وكالة لعارضات الأزياء، وتتعامل مع أسماء كبيرة في هذا المجال مثل: ناعومي كامبل وكاثرين بيلي، وقد تربت في منزل كانت الموضة والجمال به جزءاً كبيراً في حياتها؛ لذلك لم تكن والدتها تضع في حساباتها قرارها في ارتداء الحجاب؛ لأنه كان خارج إطار تفكيرها.

تتذكر سارة: لقد كان قراري صعباً جدّاً على عائلتي وفي حياتي؛ ففي الشهور الأولى بعد اعتناقي الإسلام كنا في شجار دائم، وبالنسبة لجدتي كان شيئاً غريباً جدّاً عليها.

4- قصة صوفيا تيللي.

إن النساء اللاتي يعتنقن الإسلام يجدن أنفسهن ممزقات بين عالمين، وإن هناك عناصر في العالمين يلقين بهن بعيداً.

صوفيا تيللي كانت تعيش حياة مرفهة جدّاً، اختارت أن تعتنق الإسلام وهي في سن الثامنة عشرة، وكان ذلك بعد انتقالها إلى اليمن لدراسة اللغة العربية كجزء من

دراستها في جامعة أدنبرج، تقول: أنا أحب اللغة العربية والإسلام، لكنني لم أجد نفسي في الإسلام لأبدأ معه، كنت أعيش في أسرة متوسطة، فكرت: هل أنا أحب المتعة أم أنا أحب الإسلام والحجاب، فأنا كنت فتاة محبة للحفلات، وكنت أحارب كل شيء في الإسلام أجده ضد ثقافتي، ولكن صوفيا التقت مع مجموعة من المسلمين الصوفيين في الجامعة ساعدوها على أن تجد طريقها في الإيمان.

الصوفية -كما قالوا لها- روحانية، والإسلام هو الحب والتوحيد لكل الأشياء، وتتذكر صوفيا أنها عندما كانت في مدرسة إسلامية - أرثوذكسية كانت تذهب إليها من الساعة الثالثة فجراً يومياً وتقضي بها اليوم كله حتى المساء، كانت ترتدي النقاب كاملاً، وعندما عادت إلى لندن كان عليها أن تصلي خمس مرات في اليوم، وتصوم شهر رمضان بمفردها، وبدون مساندة من أحد في مجتمعها.

بعد قراءتك لقصص من أسلموا، تعاون مع مجموعتك بالكتابة حول النّقاط الآتية:

أسباب التفكير باعتناق الإسـلام
الجهود الذاتية المبذولة لفهم الإسلام
أثر الإيمان على حياة من اسلموا
دروس إيمانيـة أعجبتنـــي للحيـــاة

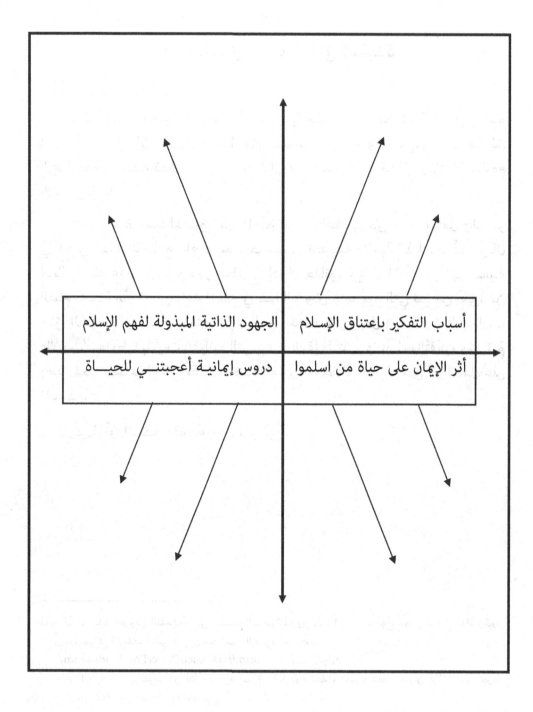

عاشراً

دور العقل في إدراك حقائق العقيدة

يتناول هذا الموضوع الحديث عن العقل باعتبار أنّه قوة مدركة للحقائق، وهـو الأداة التي تصل بالإنسان إلى مراحل متقدمـة مـن التفكير والإبـداع، وإدراك حقائق الإيمان كوجود اللـه تعالى، وإدراك أن القرآن مـن عنـد اللـه تعالى، والإيمان باليوم الآخر، وغيرها.

يتطلب عرض هذا الموضوع من المعلم تدريب الطلاب على مهارة التأمّل والتدبّر في الخلق؛ لذا فإننا ننصح المعلم بتوظيف مصادر تعليمية مناسبة لـذلك، تحفّز خيـال الطالب وتساعده على فهم دور العقل في إدراك حقائق الإيمان، إن أحسن فهم كيفيـة القيام بعبادة التّفكر، ويساعد المعلم في هذا العروض التقديمية التي تتضمن صوراً عن خلق اللـه تعالى، ومشاهد متعددة لعظيم إبداعـه عـز وجـل في ملكوت السماوات والأرض،[1] وربطها بالآيات القرآنية التي دعت العقل للتدبر والتأمل والتّفكر، ومن ثمّ رصد المعلم لمشاعر الطلبة بعد مشاهدة العرض، ومحاولة التعرف على أثر التأمل على نفوسهم.

وفيما يأتي أنشطة مقترحة حول الموضوع:

---

(1) تتوفر هذه العروض التقديمية على الشبكة العنكبوتية، وبإمكان المعلم الرجوع لموقع صيد الفوائد وغيره من المواقع الإسلامية التي تعرض مثل هذه العروض الخاصة.
موقع صيد الفوائد http://saaid.net/PowerPoint/index.htm
هذا بالإضافة لما يتوفر من أفلام قصيرة تتعلق بالكون والفضاء وأسرار عالم الحيوان، والنباتات وغيرها، فهذه كلها مواد تصلح لهذا الموضوع.

ورقة عمل رقم (1) التأمل في الكون.

الأهداف:

- أن يكتسب الطالب القدرة على التأمل فيما حوله من موجودات الحياة.
- أن يتبيّن الطالب أنّ التفكّر في الكون عبادة أمر بها الله تعالى.
- أن يدرك الطالب أهمية العقل في الهداية.

الأسلوب: مهارة التحليل.

عزيزي الطالب أمامك فقرة من تأملات حيّ بن يقظان في رحلته للبحث عن الحقيقة،[1] وهي من قصة ابن طفيل الفيلسوف المعروف، اقرأ الفقرة ثمّ أجب عمّا يليها:

> ثم كان يرجع إلى أنواع النبات على اختلافها.
>
> فيرى كل نوع منها تشبه أشخاصه بعضها بعضاً في الأغصان، والورق، والزهر والثمر، والأفعال، فكان يقيسها بالحيوان، ويعلم أن لها شيئاً واحداً اشتركت فيه: هو لها بمنزلة الروح للحيوان وأنها بذلك الشيء واحد.
>
> وكذلك كان ينظر إلى جنس النبات كله، فيحكم باتحاده بحسب ما يراه من اتفاق فعله في أنه يتغذى وينمو.
>
> ثم كان يجمع في نفسه جنس الحيوان وجنس النبات، فيراهما جميعاً متفقين في الاغتذاء والنمو، إلا أن الحيوان يزيد على النبات، بفضل الحس والإدراك والتحرك؛ وربما ظهر في النبات شيء شبيه به، مثل تحول وجوه الزهر إلى جهة الشمس، وتحرك عروقه إلى

---

(1) يستطيع المعلم أن يوظف هذا النّص بأكثر من صورة تحقق الهدف، واختيار الأسلوب والطريقة يعود لما يراه مناسباً، وسبب اختيار هذا النّص على وجه التحديد هو من باب التمثيل على ما يمكن أن يختاره المعلم كنموذج تأملي يوضح مسألة التفكّر والتدبر التي أمر بها الله تعالى، وما ينبغي أن يقوم به الإنسان من تأمله فيما حوله، وبإمكان المعلم أن يعود لنّص قصة حيّ بن يقظان ويختار أي نصّ تأملي آخر.

جمعه الغذاء،... بسبب شيء واحد مشترك بينهما، هو في أحدهما أتم وأكمل، وفي الآخر قد عاقه عائق ما، وأن ذلك بمنزلة ماء واحد قسم بقسمين، أحدهما جامد والآخر سيّال، فيتحد عنده النبات والحيوان.

ثم ينظر إلى الأجسام التي لا تحس ولا تغتذي ولا تنمو، من الحجارة، والتراب، والماء، والهواء، واللهب، فيرى أنها أجسام مقدر لها طول وعرض وعمق وأنها لا تختلف، إلا أنّ بعضها ذو لون وبعضها لا لون له وبعضها حار وبعضها بارد، ونحو ذلك من الاختلافات، وكان يرى أن الحار منها يصير بارداً، والبارد يصير حاراً وكان يرى الماء يصير بخاراً والبخار ماءً، والأشياء المحترقة تصير جمراً، ورماداً، ولهيباً، ودخاناً، والدخان إذا وافق في صعوده قبة حجر انعقد فيه وصار بمنزلة سائر الأشياء الأرضية، فيظهر له بهذا التأمل، أن جميعها شيء واحد في الحقيقة، وإن لحقتها الكثرة بوجه ما، فذلك مثل ما لحقت الكثرة للحيوان والنبات.

1- ما الذي يقوم به حيّ بن يقظان؟ ولماذا يقوم به؟

....

....

....

....

2- استخرج أبرز الحقائق التي وصل لها حيّ بن يقظان في الفكرة حول عالم النبات؟

....

....

....

....

3- اهتدى حيّ بن يقظان في مقارنته بين عالم النبات والحيوان إلى أمر مشترك بينهما، ما هو، وما دلالة ذلك؟

....

....

....

....

4- قاد التفكر والتدبر حيّ بن يقظان إلى حقيقة مشـتركة بـين الجمـادات (الحجـارة، والتراب، والماء، والهواء، واللـهب) ما هي؟

....

....

....

....

5- هل سبق أن جلست مع نفسك جلسة تأمل وتدبر فيما يدور حولك، بمثل هـذه الدّقة التي قام بها؟

....

....

....

....

6- ما فائدة ممارسة العقل الإنساني للتفكّر؟

....

....

....

....

7- هل ينبغي أن يكون لكل إنسان رحلة تأمل وتفكّر في هذا الكون، ولماذا؟

....

....

....

....

8- ما الفرق بين الإنسان الذي يتفكّر في خلق السموات والأرض، ومن لا يشغل نفسه بقضايا التأمل والتفكّر؟ من أي فريق ترغب أن تكون، ولماذا؟

....

....

....

....

ورقة عمل رقم (2) دور العقل في إدراك حقائق العقيدة

(موقف القرآن الكريم ممّن أسلم من أهل الكتاب)

الهدف: أن يدرك الطالب أهمية هداية العقل، والتفكير القويم في إدراك حقائق العقيدة والإيمان.

الأسلوب: مهارة التحليل.

عزيزي الطالب: تتبع الآيات الكريمة التي تتحدث عن موقف بعض الرهبان والنّصارى من دعوة الإسلام، وحاول أن تتعاون مع مجموعتك في مناقشة الأسئلة التي تليها.[1]

﴿ الَّذِينَ آتَيْنَاهُمُ الْكِتَابَ مِن قَبْلِهِ هُم بِهِ يُؤْمِنُونَ {52/28} وَإِذَا يُتْلَى عَلَيْهِمْ قَالُوا آمَنَّا بِهِ إِنَّهُ الْحَقُّ مِن رَّبِّنَا إِنَّا كُنَّا مِن قَبْلِهِ مُسْلِمِينَ {53/28} أُوْلَئِكَ يُؤْتَوْنَ أَجْرَهُم مَّرَّتَيْنِ بِمَا صَبَرُوا وَيَدْرَؤُونَ بِالْحَسَنَةِ السَّيِّئَةَ وَمِمَّا رَزَقْنَاهُمْ يُنفِقُونَ {54/28} ﴾ [القصص: 52-54].

1- ما الذي دفع أهل الكتاب في -الآيات السابقة- إلى الإيمان بأنّ القرآن الكريم من عند الله تعالى؟

....

....

....

....

2- لماذا ضاعف الله لهم الأجر؟

....

....

....

....

(1) يمكن للمعلم توجيه الطلبة إلى كتب التفسير للبحث عن مزيد من التفاصيل حول تفسير هذه الآيات.

﴿ ذَلِكَ بِأَنَّ مِنْهُمْ قِسِّيسِينَ وَرُهْبَانًا وَأَنَّهُمْ لاَ يَسْتَكْبِرُونَ {82/5} وَإِذَا سَمِعُواْ مَا أُنزِلَ إِلَى الرَّسُولِ تَرَى أَعْيُنَهُمْ تَفِيضُ مِنَ الدَّمْعِ مِمَّا عَرَفُواْ مِنَ الْحَقِّ يَقُولُونَ رَبَّنَا آمَنَّا فَاكْتُبْنَا مَعَ الشَّاهِدِينَ {83/5} وَمَا لَنَا لاَ نُؤْمِنُ بِاللـه وَمَا جَاءنَا مِنَ الْحَقِّ وَنَطْمَعُ أَن يُدْخِلَنَا رَبُّنَا مَعَ الْقَوْمِ الصَّالِحِينَ {84/5} ﴾ [المائدة: 82-84].

1- ما الذي ساعد القسيسين والرهبان النّصارى على تمييز الحق واتباعه؟

....

....

....

....

2- استخرج من الآيات الكريمة أهم الحقائق الإيمانية التي توصّل لها الرهبان والنّصارى بأنفسهم.

....

....

....

....

3- صِف شعورك تجاه هؤلاء الرهبان والنّصارى، وموقفهم من الإيمان باللـه تعالى والإسلام.

....

....

....

....

4- كيف يمكن أن تساعدك هذه الآيات الكريمة في الردّ على من يصرّ على تقصيره في طاعة اللـه تعالى، واستكباره عن الحق.

....

....

....

....

ورقة عمل رقم (3) المسؤولية الفردية في موضوع الهداية

(تأمل إبراهيم عليه السلام في ملكوت السموات والأرض نموذجاً)

الهدف: أن يدرك الطالب مسؤوليته الفردية عن هداية نفسه، والتزام طريق الحق.

الأسلوب: التفكير النّاقد.

﴿ وَإِذْ قَالَ إِبْرَاهِيمُ لِأَبِيهِ آزَرَ أَتَتَّخِذُ أَصْنَامًا آلِهَةً إِنِّي أَرَاكَ وَقَوْمَكَ فِي ضَلَالٍ مُّبِينٍ {74/6} ﴾ [الأنعام: 74].(1)

1- ما الذي منع إبراهيم عليه السلام من تقليد أبيه آزر وقومه في عبادة الأصنام؟

....

....

....

....

....

2- برأيك هل يتأثر الإنسان بالبيئة والمجتمع اللذين ينشأ فيهما؟ وضّح إجابتك بأمثلة.

....

....

....

....

....

(1) نلفت انتباه المعلم الكريم إلى أنّ هذه الآية تؤكد على أثر الفطرة السليمة في تمييز الحق من الباطل، وعدم مجاملة أحد على حساب العقيدة، وفي هذا يقول سيد قطب-رحمه الله-: "إنه مشهد رائع باهر هذا الذي يتجلى في قلب إبراهيم عليه السلام والسياق يعرض التجربة الكبرى التي اجتازها في هذه الآيات القصار...إنها قصة الفطرة مع الحق والباطل، وقصة العقيدة كذلك يصدع بها المؤمن ولا يخشى فيها لومة لائم؛ ولا يجامل على حسابها أباً ولا أسرة ولا عشيرة ولا قوماً." ويتابع فيقول: "وإذن فهو الضلال البيّن تحسه فطرة إبراهيم عليه السلام للوهلة الأولى، وهي النموذج الكامل للفطرة التي فطر الله الناس عليها، ثم هي النموذج الكامل للفطرة وهي تواجه الضّلال البين، فتنكره وتستنكره، وتجهر بكلمة الحق وتصدع، حينما يكون الأمر هو أمر العقيدة: ﴿ أَتَتَّخِذُ أَصْنَامًا آلِهَةً إِنِّي أَرَاكَ وَقَوْمَكَ فِي ضَلَالٍ مُّبِينٍ ﴾ انظر:

– قطب، سيّد، (1982م)، **في ظلال القرآن الكريم**، ط10، بيروت، دار الشروق، ج2، ص1137.

3- إذا افترضنا أنّ إبراهيم عليه السلام بقي على دين أبيه وقومه، فهـل كـان الـلـه سيغفر لإبراهيم عليه السلام بسبب ما تأثر به من المجتمع الذي نشـأ فيـه؟ مـاذا تسـتفيد مـن هذا لواقع الحياة والمجتمع الذي تعيشه؟

....

....

....

....

....

4- يتعذّر البعض في تقصيره وعدم التزامه بطاعة الـلـه بما نشأ عليه وما وجـد عليـه عائلته من بعد عن الدين ، كيف تسـتفيد مـن قصّـة إبـراهيم عليه السلام في الـردّ عـلى هؤلاء ومساعدتهم على التوبة والإنابة إلى الـلـه تعالى؟

....

....

....

....

....

ورقة عمل رقم (4) المسؤولية الذاتية في موضوع الهداية

الهدف: أن يستشعر الطالب أهمية تحمله لمسؤوليته الذاتية في الهداية.

الأسلوب: التفكير الناقد.

عزيزي الطالب: قم بمناقشة الموقفين الآتيين، وأجب عمّا يليها.

<u>الموقف الأول:</u>

"سهاد، طالبة مجتهدة في المرحلة الثانوية، ملتزمة بحضور درس ديني أسبوعي في المسجد، ذات يوم حصل معها موقف مع إحدى الملتزمات بالحلقة، وعلى إثره انقطت سهاد عن الحضور، وانقطعت عن المسجد."

<u>الموقف الثاني:</u>

" بشار، طالب في الجامعة، لا يؤدي الصلاة؛ متكاسلاً، وكأنه ينتظر أن يحصل معه حادث ما كوفاة أو حادث معين يعيد الروح في إيمانه الميت."

1- في رأيك: هل تصرف سهاد صحيح، ولماذا؟

....

....

....

....

....

2- في موقف بشار، برأيك، هل الإنسان يبحث عن الهداية أم أن الهداية تبحث عن الإنسان؟

....

....

....

....

....

ورقة عمل رقم (5) دور العقل في إدراك حقائق العقيدة

الهدف: أن يدرك الطالب أهمية التفكّر ودور العقل في ترسيخ الإيمان بالله تعالى.

الأسلوب: مهارة التفكير المنطقي التحليلي.

عزيزي الطالب: أمامك مجموعات آيات كريمة تتحدث عن منهج عقلي استخدمه سيدنا إبراهيم عليه السلام، في تأمله وتفكيره المنطقي للبحث عن حقيقة خالق هذا الكون، اقرأ الآيات الكريمة ثمّ تعاون مع مجموعتك في الإجابة عن الأسئلة التي تليها.

﴿ وَكَذَلِكَ نُرِي إِبْرَاهِيمَ مَلَكُوتَ السَّمَاوَاتِ وَالأَرْضِ وَلِيَكُونَ مِنَ الْمُوقِنِينَ {75/6} فَلَمَّا جَنَّ عَلَيْهِ اللَّيْلُ رَأَى كَوْكَبًا قَالَ هَذَا رَبِّي فَلَمَّا أَفَلَ قَالَ لا أُحِبُّ الآفِلِينَ {76/6} فَلَمَّا رَأَى الْقَمَرَ بَازِغًا قَالَ هَذَا رَبِّي فَلَمَّا أَفَلَ قَالَ لَئِن لَّمْ يَهْدِنِي رَبِّي لأَكُونَنَّ مِنَ الْقَوْمِ الضَّالِّينَ {77/6} فَلَمَّا رَأَى الشَّمْسَ بَازِغَةً قَالَ هَذَا رَبِّي هَذَآ أَكْبَرُ فَلَمَّا أَفَلَتْ قَالَ يَا قَوْمِ إِنِّي بَرِيءٌ مِّمَّا تُشْرِكُونَ {78/6} إِنِّي وَجَّهْتُ وَجْهِيَ لِلَّذِي فَطَرَ السَّمَاوَاتِ وَالأَرْضَ حَنِيفًا وَمَا أَنَاْ مِنَ الْمُشْرِكِينَ {79/6} ﴾ [الأنعام: 75-79].

قال الجزائري: "واجه إبراهيم قومه عبدة الكواكب التي تمثلها أصنام منحوته، واجههم بالحقيقة التي أراد أن يصل إليها معهم وهي إبطال عبادة غير الله تعالى فقال: ﴿ إِنِّي وَجَّهْتُ وَجْهِيَ لِلَّذِي فَطَرَ السَّمَاوَاتِ وَالأَرْضَ حَنِيفًا ﴾، لا كما توجهون أنتم وجوهكم لأصنام نحتموها بأيديكم وعبدتموها بأهوائكم لا بأمر ربكم، وأعلن براءته في وضوح وصراحة؛ فقال: ﴿ وَمَا أَنَاْ مِنَ الْمُشْرِكِينَ ﴾".[1]

(1) الجزائري، أبو بكر، جابر بن موسى، (2002م)، **أيسر التفاسير لكلام العلي الكبير**، ط1، المدينة المنورة: مكتبة العلوم والحكم، ج1، ص414.

ناقش مع مجموعتك كيف استطاع إبراهيم عليه السلام من خلال هداية عقله إبطال عبادة غير الله تعالى وإثبات وجود الخالق جلّ جلاله.

....
....
....
....
....
....
....
....
....
....
....
....
....
....
....
....

ورقة عمل رقم (6) دور العقل في إدراك حقائق العقيدة
" الفرق في الهداية بين العقل والفطرة والوحي"

الهدف: أن يستخلص الطالب ميزات هداية كل من العقل والفطرة والـوحي، ويـربط بينها.[1]

الأسلوب: مهارة المقارنة

عزيزي الطالب أمامك مخطط يمثل العلاقة بين أسباب الهداية الثلاثة للإنسان. والمطلوب:

1- استخلاص العلاقة بينها.
2- توضيح الفرق بينها في الهداية.

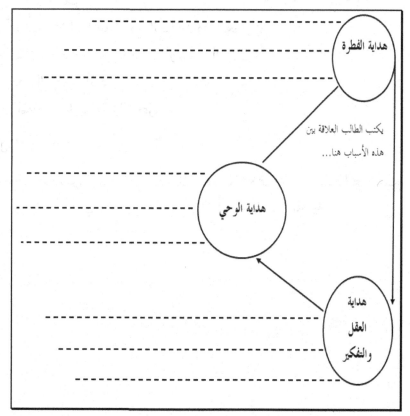

---

(1) يعبر عن الوحي في بعض الكتب بالرسل، وبالنقل.

حادي عشر
المحافظة على نقاء العقيدة الإسلامية

الأهداف المتوقعة:

يتوقع من الطالب بعد الانتهاء من دراسة الموضوع أن يكون قادراً على أن:

1- يستنتج أهمية العقيدة الإسلامية وأثرها على حياة المسلم.

2- يفرِّق بين أنواع السحر.

3- يستنتج أسباب انتشار التعامل مع العرافين والمشعوذين.

4- يستقصي أسباب لجوء النّاس للعرافين، ويقترح الحلول المناسبة.

5- يستنتج حكم العِرافة وأثرها.

6- يقارن بين المعجزة والكرامة والسحر.

الفعاليات المقترحة:

تـم اقـتراح عـدد مـن الاسـتراتيجيات والأنشـطة المتنوعـة التـي يستطيع المعلـم تنفيذها بحسب أهدافه التي وضعها، بصورة فردية أو ثنائية أو جماعية.

ورقة عمل رقم (1) أهمية العقيدة الإسلامية وأثرها على حياة المسلم

الهدف: أن يستنتج الطالب أهمية العقيدة الإسلامية وأثرها على حياة المسلم.

عن أنس بن مالك س قال: "مثل هذا الدين كمثل شجرة، الإيمان أصلها، والزكاة فرعها والصيام عروقها، والصلاة ماؤها، والتآخي في الله نباتها، وحسن الخلق ورقها، والكف عن محارم الله ثمرها، فكما لا تكمل هذه الشجرة إلا بالثمرة فكذلك لا يكمل الإيمان إلا بالكفِّ عن محارم الله عز وجل". [1]

عبّر عن الصورة الفنية التي قرأتها بالرسم.

---

(1) الديلمي، أبو شجاع، شيرويه بن شهردار بن شيرويه. (ت. 509هـ)، **مسند الفردوس**، تحقيق: السعيد بن بسيوني زغلول، ط1، بيروت: دار الكتب العلمية، 1986م، ج1، ص430، حديث رقم: 6447.

1- لماذا كان الإيمان هو أصل شجرة الدِّين؟

....

....

....

....

2- ما علاقة حسن الخلق بأصل الشجرة؟

....

....

....

....

3- لماذا جعل أنس بن مالك الصلاة بمثابة الماء الذي ترتوي منه الشجرة؟

....

....

....

....

4- لماذا كان الكف عن المحارم ثمر هذه الشجرة، وما علاقته بالإيمان؟

....

....

....

....

ورقة عمل رقم (2) التمييز بين أنواع السحر

الهدف: أن يفرِّق الطالب بين أنواع السحر.

الأسلوب: توظيف خرائط المعرفة في عقد المقارنة.[1]

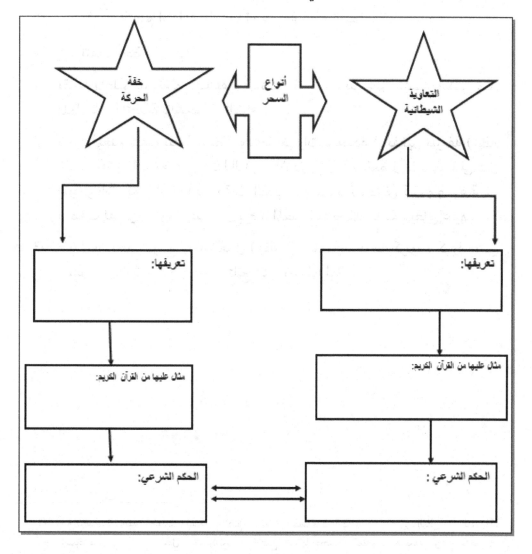

---

(1) بإمكان المعلم أن يستبدل المصطلحات الواردة في هذا النشاط بما يراه مناسباً؛ مثل: التعاويذ الشيطانية يمكن استبدالها بـ الشعوذة، ويمكن استبدال خفة الحركة بـ خفة اليد.

ورقة عمل رقم (3) الاشتغال بالسحر والشعوذة والعرافة

الهدف: أن يستنتج الطالب نتائج انتشار التعامل مع العرافين والمشعوذين.

الوسيلة: تفعيل التعلم التعاوني باستخدام طريقة عظم السمك.[1]

خطوات تنفيذ الحصّة الصفية:

1- يقدم المعلم للموضوع بالفقرة المرفقة، أو بالحديث عن انتشار الكثير من الممارسات المتعلقة بالشعوذة والعرافة.

2- يحدد المعلم كيفية تنفيذ الحصة وأمامه خيارات متعددة في تفعيل طريقة (عظم السمك)، وما نقترحه في هذا الدرس أن توزع ورقة العمل نفسها على كل المجموعات، ثمّ يتم تحديد وقت التنفيذ، ومن ثمّ تعرض كل مجموعة ما توصّلت له من نتائج، ويفضل أن يرصد المعلم النقاط المتشابهة ويعلق عليها.

3- يفضل أن يجهز نموذج ورقة العمل (عظم السمك) على لوحة كرتونية كبيرة حتى يسهل على الطلبة عرض أبرز النتائج التي توصلوا لها.

---

(1) استراتيجية تعاونية مخططة بشكل منظم، صُممت لمساعدة الطلبة على تمييز التأثيرات المنفصلة، واستخدمت في العمل لحل المشكلات، كي توضح أسباباً محتملة لحدوث مشكلة، وهي تأخذ في الاعتبارات الخيارات المحتملة عند تخطيط العمل، أو تحليل أسباب أو نتائج، أو تأثير شيء معين، ويتم فيها تقسيم الصف إلى مجموعات رباعية، ويضع المعلم المشكلة الرئيسة في رأس السمكة، على السبورة، ويمتد من رأس السمكة العمود الفقري، الذي يتشعب منه العظم الصغير". انظر:

- أبو حرب والموسوي، **الجديد في التعلم التعاوني**، ص129.

ورقة عمل رقم (4) أسباب اللجوء إلى العرّافين.

الهدف: أن يستقصي الطالب أسباب لجوء النّاس للعرافين ومظاهر ذلك، ويقترح الحلـول المناسبة.

الوسيلة: إستراتيجية حل المشكلات.

عزيزي الطالب: اقرأ الفقرة الآتية ثمّ أجب عما يليها

اعتـاد النَّـاسُ قبـلَ مجـيء الإسـلام عـلى اللجـوء للكهنـة والعـرَّافين والسـحرةِ في حـل مشكلاتهم واتِخَاذِ قراراتِهم، ومحاولة التَّعرف على أمور غيبية تهمهم في شئون حياتهم المتعددة، فكان للكُهان شأن بينهم جعلهم يسـيطرون عـلى عقـول النَّـاس وتفكـيرهم. جاء الإسلام فحرَّم ذلك، ونهى النَّـاس عـن التعامـل معهـم وتصـديقهم؛ ليحـررهم مـن سيطرتهم، ويبني فيهم منهجاً يقوم على الأخذ باليقين لا على الظنِّ والتَّخمين، والبحث عن الحقيقة وتدبر ما حولهم، وعدم الأخذ بالأباطيل.

﴿ عَـالِمُ الْغَيْـبِ فَـلَا يُظْهِـرُ عَـلَى غَيْبِـهِ أَحَـدًا {26/72} إِلَّا مَـنِ ارْتَضَى مِـن رَّسُـولٍ ﴾ [الأنعام:59]، ﴿ عَالِمُ الْغَيْبِ فَلَا يُظْهِـرُ عَـلَى غَيْبِـهِ أَحَـدًا {26/72} إِلَّا مَـنِ ارْتَضَى مِـن رَّسُولٍ ﴾ [الجن: 26-27]، ﴿ قُلْ أَنزَلَهُ الَّذِي يَعْلَمُ السِّرَّ فِي السَّمَاوَاتِ وَالْأَرْضِ إِنَّـهُ كَـانَ غَفُورًا رَّحِيمًا ﴾ [الفرقان: 6].

إنَّ اللـه تعالى يعلم الغيب في السماوات والأرض وقد استأثر سبحانه بعلم الغيب فـلا يطَّلع على غيبه أحد من خلقه إلاَّ مـن اصـطفاه مـن الرُّسـلِ فـيطلعهم عـلى مـا يشـاء بوحيٍ منه عز وجل .

تعاون مـع مجموعتـك في مناقشـة ظـاهرة لجـوء النّـاس للعـرافين والمشـعوذين، ومحاولة استقصاء أسبابها ومظاهر انتشارها وأثرهـا عـلى المجتمـع والأفـراد واسـتقرار الأسر، بحسب الشكل الآتي.

أسباب هذه الظاهرة
مظاهر وجودها
آثارها على الأسرة والمجتمع
حلول مقترحة
اللجوء
إلى
العرافين
والمشعوذين

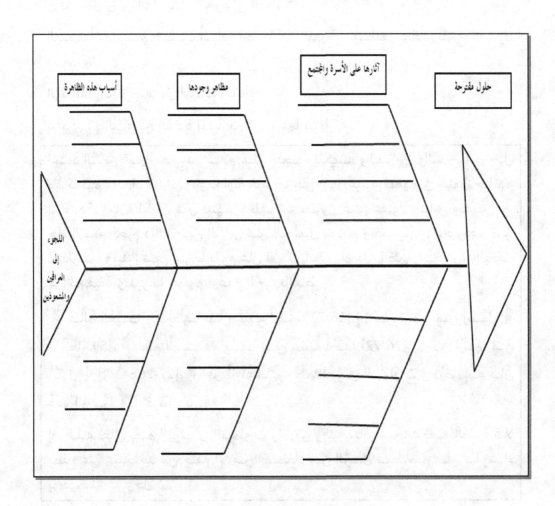

ورقة عمل رقم (5) حكم العِرافة وأثرها.

الهدف: أن يستنتج الطالب حكم العِرافة وأثرها.

يعمل سعد مديراً لإحدى الشركات الاستثمارية في عمّان، ويعتقد اعتقاداً جازماً بصحة ما ينشر في الصحيفة تحت عنوان "حظك اليوم"؛ لذا فهو يبدأ يومه بقراءة "حظك اليوم".

من خلال مجموعتك، ناقش هذا الموقف؛ من خلال الإجابة عن الأسئلة الآتية:

هل هذا الفعل صحيح، ولماذا

⬇

ما الدوافع النفسية التي تدفع سعد لمتابعة قراءة حظك اليوم؟

⬇

هل تتعارض هذه الدوافع مع الإيمان بأسماء الله وصفاته؟

⬇

ما آثار هذا الفعل؟

⬇

ورقة عمل رقم (6) حكم العِرافة وأثرها.

الهدف: أن يستنتج الطالب حكم العِرافة وأثرها.

تقدم مازن لخطبة سعاد، فقامت أمها بالاتصال بالفلكي المشهور "...." صاحب برنامج يبث على الهواء مباشرة على قناة "..." وأعطته اسم ابنتها واسم أمها، وتاريخ ميلاد ابنتها وساعته، وكذلك أعطته اسم مازن، واسم أمه، وتاريخ ميلاد مازن وساعته، فنصحها الفلكي بعدم الموافقة، وبناء على تلك النصيحة؛ قررت الأم عدم الموافقة.

من خلال مجموعتك، ناقش هذا الموقف، من خلال الإجابة على الأسئلة الآتية:

1- هل هذا الفعل صحيح، ولماذا؟

....

....

....

2- ما علاقة هذا الفعل بتكريم الله تعالى للإنسان بالعقل والقدرة على التفكير؟

....

....

....

3- ما آثار هذا الفعل؟

....

....

....

4- اذكر صوراً أخرى للعرافة في زماننا.

....

....

....

ورقة عمل رقم (7) حكم العِرافة وأثرها

الهدف: أن يستنتج الطالب حكم العِرافة وأثرها.

عمرو مدير لشركة استثمارية، كلما أراد عقد صفقة تجارية اتصل بشخص يدعي معرفة المستقبل؛ فيسأله هل يعقد الصفقة أم لا؟ ويعتقد عمرو أنّ هذا الشخص له اتصال قوي بالجن الذي يعلمون الغيب.

من خلال مجموعتك، إقرأ الآيات القرآنية الآتية، ثم بيّن رأيك في موقف عمرو.

قال الله تبارك وتعالى: ﴿ وَلِسُلَيْمَانَ الرِّيحَ غُدُوُّهَا شَهْرٌ وَرَوَاحُهَا شَهْرٌ وَأَسَلْنَا لَهُ عَيْنَ الْقِطْرِ وَمِنَ الْجِنِّ مَن يَعْمَلُ بَيْنَ يَدَيْهِ بِإِذْنِ رَبِّهِ وَمَن يَزِغْ مِنْهُمْ عَنْ أَمْرِنَا نُذِقْهُ مِنْ عَذَابِ السَّعِيرِ {12/34} يَعْمَلُونَ لَهُ مَا يَشَاء مِن مَّحَارِيبَ وَتَمَاثِيلَ وَجِفَانٍ كَالْجَوَابِ وَقُدُورٍ رَّاسِيَاتٍ اعْمَلُوا آلَ دَاوُودَ شُكْرًا وَقَلِيلٌ مِّنْ عِبَادِيَ الشَّكُورُ {13/34} فَلَمَّا قَضَيْنَا عَلَيْهِ الْمَوْتَ مَا دَلَّهُمْ عَلَى مَوْتِهِ إِلَّا دَابَّةُ الْأَرْضِ تَأْكُلُ مِنسَأَتَهُ فَلَمَّا خَرَّ تَبَيَّنَتِ الْجِنُّ أَن لَّوْ كَانُوا يَعْلَمُونَ الْغَيْبَ مَا لَبِثُوا فِي الْعَذَابِ الْمُهِينِ {14/34} ﴾ [سبأ: 12-14].

....

....

....

....

....

....

....

....

....

....

....

....

....

....

ورقة عمل رقم (8) حكم العِرافة وأثرها

الهدف: يستنتج حكم العِرافة وأثرها.

ذهبت رشا في يوم من الأيام إلى إحدى السيدات التي تدعي علم الغيب، فأخبرت المرأة رشا بأن زوجها يفكر بالزواج عليها من إمرأة تعمل معه، وصفاتها: لا طويلة ولا قصيرة، ولا بيضاء ولا سمراء، في اسمها أو أحد من عائلتها اسم محمد. ما رأيك بهذا الأمر، وفي ضوء ما توصلت إليه المرأة من نتائج، هل تعلم الغيب فعلاً؟

ضمن المجموعة: أجب عن الأسئلة الآتية:

1- هل تعتقد أنّ كلام هذه السيدة سيؤثر على العلاقة الزوجية بين رشا وزوجها؟ وضِّح كلامك؟

....

....

2- كيف تستطيع أن تثبت زَيف الأدلة التي استندت إليها المرأة في إثبات صدق ما تقوله؟

....

....

3- ما علاقة هذا الموقف بحديث النبي ﷺ: "سَأَلَ أُنَاسٌ رَسُولَ اللهِ ﷺ عَنْ الْكُهَّانِ، فَقَالَ لَهُمْ رَسُولُ اللهِ ﷺ:" لَيْسُوا بِشَيْءٍ" قَالُوا: يَا رَسُولَ اللهِ، فَإِنَّهُمْ يُحَدِّثُونَ أَحْيَانًا بِالشَّيْءِ يَكُونُ حَقًّا؟ فَقَالَ رَسُولُ اللهِ ﷺ: "تِلْكَ الْكَلِمَةُ مِنْ الْحَقِّ، يَخْطَفُهَا الْجِنِّيُّ فَيَقُرُّهَا فِي أُذُنِ وَلِيِّهِ قَرَّ الدَّجَاجَةِ، فَيَخْلِطُونَ فِيهَا أَكْثَرَ مِنْ مِائَةِ كَذْبَةٍ"[1]

....

....

(1) البخاري، أبو عبد الله، محمد بن إسماعيل. (ت. 256هـ)، **صحيح البخاري**، اعتنى به: أبو صهيب الكرمي، ط1، الرياض: بيت الأفكار الدولية، 1419هـ 1998م، كتاب: الأدب، باب: قول الرجل للشيء: ليس بشيء، وهو ينوي أنه ليس بحق، ص1196، حديث رقم: 6213.

ورقة عمل رقم (9) اكتشاف حقيقة العِرافة

الهدف: أن يستنتج الطالب حقيقة العرافة والعرافين.

يدّعي بعض الناس بأن لديهم قدرة على الاتصال بالجن، ولديهم قدرة على اكتشاف أماكن الذهب، ويمكنهم كذلك إيقاع الضرر على الإنسان.

ضمن المجموعة:

ناقش هذه الدعاوى في ضوء التساؤلات الآتية:

إن كانت لدى هؤلاء القدرة على اكتشاف الذهب؛ فلماذا لا يكتشفون الذهب لأنفسهم بدلاً من اكتشافه للآخرين؟ وإن كانت لديهم القدرة على إيقاع الضرر بالآخرين، فنريد منهم دليلاً عملياً عن طريق إيقاع الضرر باليهود في فلسطين.

....
....
....
....
....
....
....
....
....
....
....
....
....
....
....
....

ورقة عمل رقم (10) مقارنة مفتوحة بين المعجزة، والكرامة، والسحر

الهدف: أن يقارن الطلبة بين المعجزة والكرامة والسحر.

من خلال مجموعتك؛ قارن بين المعجزة والكرامة والسحر وفق المخطط الآتي:

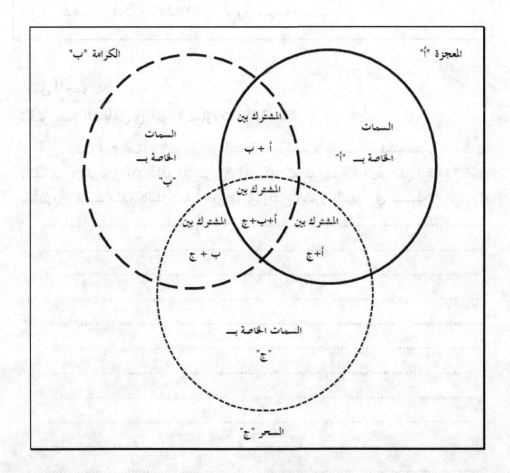

ورقة عمل رقم (11) أثر غياب العقيدة الصحيحة عن حياة النّاس

الهدف: التعرف على أثر غياب العقيدة الصحيحة عن حياة النّاس.

الأسلوب: مهارة التفكير النّاقد.

"أظهر تقرير عن انتشار "الشعوذة" في الدول الغربية أنّ "الشعوذة" قد عرفت تطوراً كبيراً في أوروبا والولايات المتحدة، من خلال إحداث مؤسسات تعنى بالموضوع، وتمكن "المشعوذين" من التحول إلى رجال أعمال يقابلون زبائنهم بعد تحديد المواعيد، عبر الاتصال بسكرتارية خاصة أو تقديم طلب بالبريد الإلكتروني ويبلغ عدد السحرة في أمريكا وحدها عدة ملايين."[1]

من خلال مجموعتك، أجب عن الأسئلة الآتية:

1- ما الذي أدّى إلى احتلال الشعوذة هذه المكانة الكبيرة في الدول الغربية؟

....

....

....

....

2- ألا تعتقد بوجود تعارض بين حالة التقدم العلمي والمعرفي لدى الغرب وانتشار السحر والشعوذة لديهم؟ وضِّح إجابتك.

....

....

....

....

(1) نقلاً بتصرف من موقع: http://www.annabaa.org/nbanews/62/66.htm

3- ما الأسباب من وراء تزايد انتشار مثل هذا الظاهرة؟

....

....

....

....

4- هل يملك النّاس في المجتمعات الغربية تصوّراً واضحاً عن عالم الجن والسحر؟ وما أثر ذلك على تزايد لجوئهم للسحرة والمشعوذين؟

....

....

....

....

5- كيف تسهم العقيدة الصحيحة في مساعدة النّاس من الوقوع في براثن المشعوذين والسحرة وأوهامهم؟

....

....

....

....

ورقة عمل رقم (12) المقارنة بين أسباب ممارسة السحر والشعوذة بين العالمين العربي والغربي

الهدف: أن يقارن الطالب بين أسباب ممارسة السحر والشعوذة بين العالمين العربي والغربي.[1]

الأسلوب: مهارة المقارنة وطلاقة التفكير.

عزيزي الطالب: حاول أن تكتب مع مجموعتك الأسباب المشتركة والمختلفة بين لجوء النّاس للسحر والشعوذة في المجتمعات الغربية والعربية.

أسباب السحر والشعوذة في العالم العربي	ما هي أوجه الشبه بينهما؟	أسباب السحر والشعوذة في العالم الغربي
	....	
	ما هي أوجه الاختلاف بينهما؟	
....		....

(1) يمكن للمعلم أن يستفيد من هذه الورقة قضية للبحث؛ بحيث يكلف الطلبة بالبحث عن الإجابة.

ورقة عمل رقم (13) بطلان الدعوة بأن غير الله تعالى يضر وينفع

الهدف: استنتاج بطلان الدعوة بأن غير الله تعالى يضر وينفع.

الأسلوب: تحليل المواقف، واستنتاج المغالطات.

مواقف

يعمل رامي في مصنع يقع في مدينة إربد شمال الأردن، وذات جمعة بينما هو عائد من عمله أدركته صلاة الجمعة في الطريق، فنزل من سيارته لأداء الصلاة في مسجد الصحابي الجليل أبي عبيدة عامر بن الجراح، وبعد أداء فريضة الجمعة، شاهد رامي بعض الرجال والنساء يتوجهون إلى قبر أبي عبيدة ويستعينون به في قضاء أمورهم؛ فهذه امرأة تدعوه أن يرزقها طفلاً، وأخرى تسأله أن يرزقها زوجاً، ورجل آخر قصده ليشفي أمه المريضة، وشاب آخر يدعوه أن يزوجه من الآنسة فريدة.

اتفق خالد مع أسرته بالقيام يوم الجمعة برحلة في ربوع مدينة السلط في الأردن، وتم ترتيب برنامج الرحلة بحيث يتم تناول طعام الغداء وصلاة الجمعة في وادي شعيب، ويتم أداء الصلاة في مسجد النبي شعيب عليه السلام - وسمي بذلك لوجود قبر النبي شعيب عليه السلام في المسجد -، وسارت الأمور على خير ما يرام، وبعد صلاة الجمعة لاحظت الشيماء ابنة خالد امرأة تتجه إلى قبر النبي بالدعاء وقد نذرت تلك المرأة نذراً أن تذبح شاة للنبي شعيب عليه السلام إذا شفي ابنها من المرض.

من خلال المجموعة، وفي ضوء الحديث الآتي؛ ناقش هذين الموقفين، من خلال الإجابة عن الأسئلة أدناه.

عَنْ ابْنِ عَبَّاسٍ قَالَ: كُنْتُ خَلْفَ رَسُولِ اللهِ ﷺ يَوْمًا فَقَالَ: "يَا غُلَامُ، إِنِّي أُعَلِّمُكَ كَلِمَاتٍ، احْفَظْ اللهَ يَحْفَظْكَ، احْفَظْ اللهَ تَجِدْهُ تُجَاهَكَ، إِذَا سَأَلْتَ فَاسْأَلْ اللهَ، وَإِذَا

اسْتَعَنْتَ فَاسْتَعِنْ بِاللـه، وَاعْلَمْ أَنَّ الأُمَّةَ لَوْ اجْتَمَعَتْ عَلَى أَنْ يَنْفَعُوكَ بِشَيْءٍ لَمْ يَنْفَعُوكَ إلا بِشَيْءٍ قَدْ كَتَبَهُ اللـه لَكَ، وَلَوْ اجْتَمَعُوا عَلَى أَنْ يَضُرُّوكَ بِشَيْءٍ لَمْ يَضُرُّوكَ إلا بِشَيْءٍ قَدْ كَتَبَهُ اللـه عَلَيْكَ، رُفِعَتْ الأَقْلامُ وَجَفَّتْ الصُّحُفُ.(1)

1- هل هذه الأفعال صحيحة، ولماذا؟

....

....

....

....

2- ما الآثار المترتبة على مثل تلك الأفعال؟

....

....

....

....

3- اذكر صوراً أخرى شاهدتها أو سمعتها.

....

....

....

....

4- ما موجه التعارض بين الموقفين السابقين وحديث ابن عباس رضي اللـه عنه

....

....

....

....

(1) الترمذي، أبو عيسى، محمد بن عيسى. (ت. 279هـ)، **الجامع الكبير**، تحقيق: د. بشار معروف، ط1، بيروت: دار الغرب الإسلامي، 1996م، كتاب: أبواب صفة القيامة والرقائق والورع، ج4، ص284-285، حديث رقم: 2516، وقال عنه الإمام الترمذي: حديث حسن صحيح.

ورقة عمل رقم (14) خطر المشعوذين

الهدف: استنتاج خطر المشعوذين.

الأسلوب: تحليل المواقف، واستنتاج المغالطات.

أشارت إحدى الدراسات الميدانية التي قام بها د.محمد عبد العظيم بمركز البحوث الجنائية في القاهرة إلى أن ممارسي السحر يخلطون بين السحر والدين، ويزعمون أن لهم القدرة على علاج الأمراض، وأن هناك زهاء 300 ألف شخص في مصر يدعون علاج الأمراض بتحضير الأرواح، وأن 250 ألف دجال يمارسون أنشطة الشعوذة في عموم الدول العربية، وأن العرب ينفقون زهاء 5 مليارات دولار سنوياً على السحر والشعوذة، وبيّنت الدراسة أن المصريين وحدهم ينفقون نحو عشرة مليارات جنيه سنوياً على الدجالين والمشعوذين والنصابين الذين يدعون كذباً قدرتهم على تسخير الجان وعلاج الأمراض والمشاكل الصحية والاجتماعية والاقتصادية. وأوضَح الباحث أن استمرار اعتقاد الأسر بقدرة هؤلاء على حل كثير من المشاكل المستعصية خاصة الاجتماعية منها كالتأخر في الزواج، أو الصحية كعدم الإنجاب أو العقم أو فك السحر؛ ساهم في توفر 300 ألف شخص على الأقل يعملون في مجال الدجل والسحر في مصر. وتؤكد الدراسة أن حوالي 50% من النساء المصريات يعتقدن بقدرة الدجالين على حل مشاكلهن، موضِّحة أنهن الأكثر إقبالاً على هؤلاء وأن الدجالين والسحرة يعمدون إلى ممارسة هذه الخرافات بهدف جني الأموال.

كما أكّدت دراسة أخرى أجراها كل من الباحثين المصريين رشدي منصور ونجيب اسكندر في المركز القومي للبحوث النفسية بالقاهرة أن 63% من المصريين يؤمنون بالخرافات والخزعبلات ويمثل الفنانون والسياسيون والمثقفون والرياضيون منهم نسبة11%.

وعن ذلك يقول د. أحمد الكتامي الباحث بالمركز القومي للبحوث النفسية: تتنوع مظاهر الدجل والشعوذة المتعارف عليها لدى العامة، ما بين قراءة الفنجان، وعمل

الأحجية أو طرد الأرواح الشريرة أو التداوي بمواد تختار بصورة عشوائية، إضافة إلى فتح المندل التي يزعم ممارسوها قدرتهم على كشف أمور تحدث في أماكن أخرى عن طريق التحديق والتركيز في بقعة زيت على مرآة من نوع خاص.

ويؤكد الدكتور فكري عبد العزيز استشاري الطب النفسي وعضو الاتحاد العالمي للصحة النفسية قائلا - على انتشار هذه الظاهرة - تعدّ النساء الفئة الأكثر إقبالاً في الوطن العربي على زيارة السحرة والمشعوذين والعرافين أو أولئك الذين يدعون قدرات خاصة؛ لذلك فإن النساء أكثر الضحايا، وعلى الرغم من الوعي والعلم والتقدم فما زالت النسوة يقفن بأعداد كبيرة أمام بيوت بائعي الأوهام والخرافة. ويضيف: وتعدّ قراءة الفنجان عند العديد من النساء العربيات ضمن العادات المألوفة والأكثر شيوعاً بين تجمعات النساء في البيوت ومن جميع الفئات الاجتماعية، وأحيانًا يتم مزاولتها في أماكن العمل أثناء فترات الاستراحة، وعادة ما تجتمع الجارات صباحًا قبل البدء بأعمال المنزل اليومية أو بعد الانتهاء منها عصرًا لاحتساء فنجان قهوة، وينتهي تجمعهن بأن تقوم امرأة أو اثنتان بتهيئة الفنجان بعد الانتهاء من رشفه لاستطلاع الرسومات التي تتركها آثار القهوة وتفسيرها كما تراها وبمرور الوقت تتدرج إلى حد ممارستها كمهنة تؤجر عليها السيدة التي تمارسها لاحقا!

تقول ح. ا. ربة منزل: نعم ذهبت أكثر من مرة إلى أحد المشعوذين المعروفين في الحي الذي أقطنه (منطقة شعبية) وكان ذلك عن طريق إحدى جاراتي التي بدأت تلحظ أنني أعاني من مشاكل زوجية جمة مع زوجي كادت أن تصل للانفصال أكثر من مرة، وعلى الرغم من محاولتي الدائمة لاحتواء كل الأزمات التي تعصف بنا...وتضيف: أقنعتني جارتي أن أحداً عمل لنا عملاً للفرقة وخراب البيت، في البداية لم أقتنع بكلامها، لكنها أقنعتني بأنها مرت بمشاكلي نفسها، وبعد أن ذهبت إلى هذا الشيخ (مجرد لقب للتبجيل، فهو يكاد يقرأ بصعوبة) عاد الوئام لحياتها، وفي كل مرة كنت أذهب فيها إليه ومعي أحد متعلقات زوجي الشخصية كان يطلب للمرة التالية طلبات غريبة، كنوعية أعشاب معينة ونوعية طعام خاصة وبعض أنواع البخور والعطور والحيوانات والحشرات الغريبة، وتعترف السيدة بأسى قائلة: لم أشعر بأي تغير في

حياتي، بل على العكس أنا أحمل لقب مطلقة الآن، بعد أن أنفقت الكثير مـن أموالي وقمت ببيع بعض مصاغي لدفع فاتورة اللقاء الأسبوعي لي مـع الـدجال، وفي كـل مـرة كان لا يأخذ أقل من 500 جنيه، إن لم يزد![1]

من خلال المجموعة:

1- ما رأيك بالتقرير الذي عُرض أمامك؟ ولماذا؟

....

....

....

....

2- ما أكثر شيء أزعجك في هذا التقرير؟

....

....

....

....

3- هل فوجئت بارتفاع نسبة الإنفاق على السحر والشعوذة في العالم العربي، وبنسبة المرتادين لبيوت السحرة والمشعوذين؟

....

....

....

....

4- ناقش مع زملاءك أوجه تعارض اللجوء للسحر والشعوذة مع ما يأتي:

✓ الإيمان باللـه تعالى وأنّه النافع الضار.

....

....

_____

(1) بتصرف، من موقع: http://www.yabeyrouth.com/pages/index2974.htm

✔ تكريم اللـه تعالى الإنسان بالعقل، ودعوته لاستخدامه.

....

....

✔ معطيات العلم الحديث، والعلاج الطبي.

....

....

5- ما أسباب اللجوء إلى السحرة والعرّافين؟

....

....

....

....

6- مـا نتـائج اللجـوء إلى السـحرة والعـرافين؟ (علـى المسـتويات النّفسـية والدينيـة والاجتماعية والاقتصادية).

....

....

....

....

7- ما النّصيحة التي توجهها إلى من يتعامل مع "فتح الفنجان"؟

....

....

....

....

ورقة عمل رقم (15) أسباب اللجوء إلى المشعوذين، وموقف الطب من هذه الظاهرة

الهدف: استنتاج أسباب اللجوء إلى المشعوذين، وموقف الطب من هذه الظاهرة.

الأسلوب: تحليل المواقف، واستنتاج المغالطات.

في التقريـر الصحفي الـذي أعدتـه سوسـن مكحـل، وقد رصدت فيه ظاهرة ثقافة الشعوذة، نقلت عـن أسـتاذ علـم الاجتمـاع المشـارك في جامعـة البلقـاء التطبيقيـة في الأردن د.حسين الخزاعي، أن هنـاك عدة أسبـاب رئيسـة للجـوء النـاس إلى المشعوذين عند إصابتهم بحالة نفسية ما؛ من أهمها نظرة الناس؛ لأن العلاج عنـد طبيب نفسي ينظر إليه كإصابة عقلية توصف "بالجنون"، ويؤكد أن هذه النظرة مغلوطة، وأنه تـم تداولها منذ عقود طويلة، بحيث يحرص من يراجع عيادة الطب النفسي علـى إخفـاء الأمر عن كثير من النـاس، وعلى رأسهم المحيطون بـه، خوفـا مـن اتهامـه بأنـه مريض نفسياً، رغم أن بعض الأمراض النفسية غير دائمة وعرضية.

ويشرح د. الخزاعي جملة أسباب تـؤدي بـبعض النـاس إلى اللجـوء للمشعوذين؛ مـن بينها قرب علاجات المشـعوذ مـن حيـاة النـاس، كاسـتخدام التراتيل والآيـات القرانيـة معظم الأوقـات، إضافة إلى البخـور وغـيره، غـير أن ذلك سرعـان ما ينقلب إلى نتـائج عكسية، خصوصاً إذا ما وصف المشعوذ أعشاباً معينة للعلاج.

ويضيف أن الأجور التـي يتقاضاها المشعوذ تعد حافـزاً آخر؛ لأنها أقل من نظيراتها لدى عيادات الطب النفسي، المكلفة وغـير الخاضعة للتأمينـات الصحية، مـا يـدفع النـاس للإقبال على المشعوذين وغيرهم.

ويشدد د.الخزاعي على أهمية عدم نقل تلك المعتقدات الخاطئـة مـن الأهـل للأبنـاء، مؤكداً أن آخر إحصائية، بينت أن 55% من المتعلمين يراجعون المشعوذين في مختلف مناطق الأردن، وهي نسبة مرتفعة، وتمثل خطورة سلبية تبعد الأبنـاء عن أطر التفكير العلمي في حل مشاكلهم، أو عند معاناتهم من طارئ نفسي.

ويشير اختصاصي علم النفس د. خليل أبـو زنـاد إلى أن الكثيـر مـن المشـاكل الجسـدية نابعة من مشاكل نفسية، وهي بحاجة إلى علاج عند متخصص، ومن الأهمية بمكان أن يعي الأهل واقع المشكلة في البداية؛ لأن عـدم اقتنـاعهم هـو أسـاس لجوئهم لزيارة المشعوذين لحل مشاكلهم، وعليهم أن لا يتصرفوا على هذا النحو أمـام أبنائهم، منعـاً لتجذر هذا المفهوم لدى الأجيال، بل ينبغي تعليمهم على الطرق العلمية للعلاج.

وحول الموضوع نفسه، يقدم اختصاصي الإرشاد التربوي والأسري د.محمد أبو السعود نصائح لتجنب توارث المعتقدات السلبية من قبل الأبناء؛ أهمها تحرر الآباء مـن وهـم أن للمشعوذ الأثر الكبير في حل المشاكل النفسية والصحية.

ويشدد أبو السعود على ضرورة أن يكون الآبـاء قدوة لأبنـائهم في حـل المشاكل، عـن طريق التفكير العلمـي، بعيـداً عـن تكرار الحـديث أمـامهم عـن علاجـات الشـعوذة وغيرها، بل ينبغي إقصاء الأبناء عن كل ما يتعلق بتلك الأمور، لتلافي اقتناع الابـن بهـا، ومحاولة تجريبها في المستقبل. [1]

يشـير التقريـر السـابق إلى جملـة أسـباب تـدفع النـاس إلى اللجـوء إلى السـحرة والمشعوذين، من خلال مجموعتك قم بتحليـل هـذه الأسـباب، مقترحـاً حلـولاً مناسبة للقضاء على هذه الظاهرة، وفقاً للمخطط الآتي.

---

(1)   جريدة الغد الأردنية، تقرير بعنوان: ثقافة الشعوذة تقاوم الطب النفسي بسلاح الأجيال، إعداد: سوسن مكحل، منشور بتاريخ: 2011/7/25م. "بتصرف"
http://www.alghad.com/index.php/article/470036.html

الأسباب	التحليل	الحلول المقترحة
نظرة المجتمع		
الخداع باستخدام الآيات القرآنية		
الأجور		
الأسرة		

ثاني عشر
الأجل بيد الله (الموت)

موضوع الموت من الموضوعات التي ترتبط بالإيمان باليوم الآخر، ويُعدّ هذا الموضوع فرصة يستطيع المعلم من خلالها بثّ القيم الإيمانية المتعلقة بمراقبة الله تعالى، والاستعداد لما بعد الموت، وتعديل بعض السلوكات، ويبقى لهذا الدّرس وقعه وأثره على المتعلمين؛ لذا يلزم أن يحدد المعلم أهدافه الوجدانية التي يريد تحقيقها مع طلبته، ثمّ ينتقي الوسائل والأساليب المناسبة للفئة العمرية ولاحتياجات طلبته، وبحسب الإمكانات المتوفرة لديه.

ويتطلب هذا الموضوع أن يهتم المعلم ببعض القضايا والمخاوف التي تدور في أذهان الطلبة حول موضوع الموت؛ وهذا يتطلب أن يحاول معرفتها مسبقاً، أو يتنبه لها من خلال تساؤلات الطلبة وتعليقاتهم أثناء الحصص الصفية؛ ليخرج الطالب بفهم صحيح وعميق لحقيقة الموت وما يرتبط به من موضوعات.

وتتنوع الأساليب والوسائل التي يستطيع المعلم أن يوظفها في هذا الموضوع؛ ولعل أهم هذه الأساليب استخدام أسلوب الموعظة، الذي ينبغي أن يراعي فيه المعلم شروط الموعظة الناجحة؛[1] حيث يستطيع المعلم أن يستعين بالوسائل المرئية والسمعية

---

(1) من أهم وسائل التربية المؤثرة في تكوين الطالب إيمانياً، وإعداده خُلقياً ونفسياً؛ تربيته بالموعظة؛ لِما لها من أثر كبير في تبصيره بحقائق الأشياء، ودفعه إلى معالي الأمور، وتحليّه بمكارم الأخلاق، فلا عجب أن نجد أن القرآن الكريم انتهجها، وخاطب النفوس بها، وكررها في كثير من آياته. وثمّة شروط النجاح في الموعظة؛ منها: مناسبة الموضوع لاهتمامات المستمعين، وتلبية احتياجاتهم، وكونه متصلاً بحياتهم، إضافة إلى تنظيم المعلومات بطريقة سلسلة وبدون تكلّف أو جهد، فضلاً عن الإكثار من الاستشهاد بالنصوص الشرعية من الكتاب والسنة وسير العلماء والسلف الصالح، ومن الشروط كذلك الإعداد الجيد من قِبل المعلم، وذلك بدراسة الموضوع والتعمق فيه، إضافة إلى التنوع الصوتي واستخدام لغة الجسد. انظر:

- علوان، عبد الله ناصح، (1992م)، **تربية الاولاد في الإسلام**، ط21، القاهرة: دار السلام، ج2، ص653 وما بعدها.
- الخوالدة وعيد، **طرق تدريس التربية الإسلامية**، ص291-292.

التي تتناول الحديث عن أسباب الموت من حـوادث وأمراض، فيسـتعرض مـن خلالهـا السبب الحقيقي للموت.

ويفضل الاسـتعانة بـالمواد الفلميـة التـي تعـرض حسـن الخاتمـة وسـوء الخاتمـة، وبإمكانه أن يوظف قصصاً متعددة حول موت الفجأة، وأثرها في التوبة والعودة لـلـه تعالى.

ولا يقتصر عرض الموضوع على فعاليات التعلم المباشر، وإنما بإمكان المعلـم أيضاً أن يوظف فعاليات التعلم النّشط ومهارات التفكير في طرحه ومعالجته لجزئيات هـذا الموضوع، وفيما يأتي اقتراحات نضعها أمام المعلم نسعى من خلالها لتوسيع المجال في تناول هذا الموضوع.

ورقة عمل رقم (1) أهمية وجود الموت لاستمرارية الحياة

الهدف: أن يقتنع الطالب بأهمية وجود الموت لاستمرارية الحياة.

الأسلوب: الطلاقة الفكرية.

يطرح المعلم السؤال الآتي على الطلبة ويستقبل أفكارهم ويدونها في المربع المتعلـق بها.

- ماذا كان سيحدث لو لم يكن الـلـه تعالى قد خلق الموت وأوجده في الحياة الدنيا.

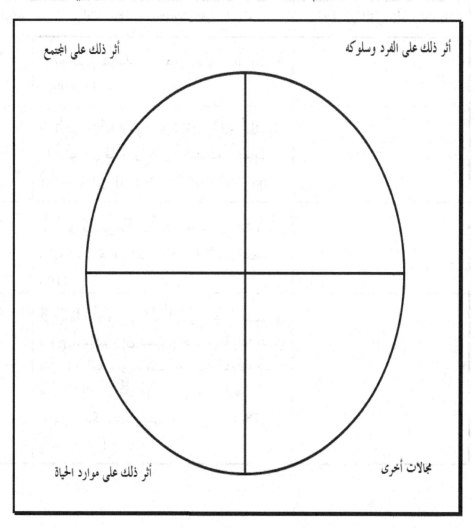

ورقة عمل رقم (2) الحقائق القرآنية حول الموت

الهدف: أن يستخلص الطالب أبرز الحقائق القرآنية حول الموت.

الأسلوب: تحليل النّصوص القرآنية.

عزيزي الطالب: ذكر لفظ الموت في القرآن مرات عديدة، وفيما يأتي عدد من الآيات تحدثت عن الموت، حاول أن تستخلص مع زملائك أبرز الحقائق المتعلقة بالموت والتي دلت عليها.

الرقم	آيات تناولت الحديث عن الموت	الحقائق التي دلّت عليها
1	﴿ أَمْ كُنتُمْ شُهَدَاء إِذْ حَضَرَ يَعْقُوبَ الْمَوْتُ ﴾ [البقرة: 133].	
2	﴿ الَّذِينَ قَالُواْ لإِخْوَانِهِمْ وَقَعَدُواْ لَوْ أَطَاعُونَا مَا قُتِلُوا قُلْ فَادْرَؤُوا عَنْ أَنفُسِكُمُ الْمَوْتَ إِن كُنتُمْ صَادِقِينَ {168/3} ﴾ [آل عمران: 168].	
3	﴿ كُلُّ نَفْسٍ ذَآئِقَةُ الْمَوْتِ وَإِنَّمَا تُوَفَّوْنَ أُجُورَكُمْ يَوْمَ الْقِيَامَةِ{185/3} ﴾ [آل عمران: 185].	
4	﴿ أَيْنَمَا تَكُونُواْ يُدْرِككُّمُ الْمَوْتُ وَلَوْ كُنتُمْ فِي بُرُوجٍ مُّشَيَّدَةٍ وَإِن تُصِبْهُمْ حَسَنَةٌ يَقُولُواْ هَـذِهِ مِنْ عِندِ اللّهِ وَإِن تُصِبْهُمْ سَيِّئَةٌ يَقُولُواْ هَـذِهِ مِنْ عِندِكَ قُلْ كُلًّ مِّنْ عِندِ اللّهِ فَمَا لِهَؤُلاء الْقَوْمِ لاَ يَكَادُونَ يَفْقَهُونَ حَدِيثًا {78/4} ﴾ [النساء: 78].	

الرقم	آيات تناولت الحديث عن الموت	الحقائق التي دلّت عليها
5	﴿ وَهُـوَ الْقَـاهِرُ فَـوْقَ عِبَـادِهِ وَيُرْسِـلُ عَلَـيْكُم حَفَظَةً حَتَّى إِذَا جَاء أَحَدَكُمُ الْمَوْتُ تَوَفَّتْهُ رُسُلُنَا وَهُمْ لاَ يُفَرِّطُونَ {61/6} ﴾ [الأنعام: 61].	
6	﴿ وَلَوْ تَـرَى إِذِ الظَّـالِمُونَ فِي غَمَـرَاتِ الْمَـوْتِ وَالْمَلآئِكَةُ بَاسِـطُواْ أَيْـدِيهِمْ أَخْرِجُـواْ أَنفُسَـكُمُ الْيَوْمَ تُجْزَوْنَ عَذَابَ الْهُونِ بِمَا كُنـتُمْ تَقُولُـونَ عَـلَى اللّـهِ غَـيْرَ الْحَـقِّ وَكُنـتُمْ عَـنْ آيَاتِـهِ تَسْتَكْبِرُونَ {93/6} ﴾ [الأنعام: 93].	
7	﴿ وَلَئِن قُلْتَ إِنَّكُم مَّبْعُوثُونَ مِن بَعْـدِ الْمَـوْتِ لَيَقُولَنَّ الَّـذِينَ كَفَـرُواْ إِنْ هَـذَا إِلاَّ سِـحْرٌ مُّبِينٌ {7/11} ﴾ [هود: 7].	
8	﴿ قُلْ يَتَوَفَّاكُم مَّلَكُ الْمَوْتِ الَّذِي وُكِّلَ بِكُمْ ثُمَّ إِلَى رَبِّكُمْ تُرْجَعُونَ {11/32} ﴾ [السجدة: 11].	
9	﴿ وَجَاءتْ سَكْرَةُ الْمَوْتِ بِالْحَقِّ ذَلِكَ مَا كُنتَ مِنْهُ تَحِيدُ {19/50} ﴾ [ق: 19].	
10	﴿ نَحْـنُ قَـدَّرْنَا بَيْـنَكُمُ الْمَـوْتَ وَمَـا نَحْـنُ بِمَسْبُوقِينَ {60/56} ﴾ [الواقعة: 60].	
11	﴿ الَّذِي خَلَقَ الْمَوْتَ وَالْحَيَـاةَ لِيَبْلُـوَكُمْ أَيُّكُـمْ أَحْسَنُ عَمَلًا وَهُـوَ الْعَزِيـزُ الْغَفُـورُ {2/67} ﴾ [الملك: 2].	

ورقة عمل رقم (3) العلاقة بين الموت والحياة الآخرة

الهدف:

- أن يستنتج الطالب العلاقة بين الموت والحياة الآخرة.
- أن يؤمن الطالب بضرورة وجود الموت للانتقال للحياة الآخرة.

الأسلوب: مهارة الربط.

عزيزي الطالب: تعاون مع مجموعتك في اكتشاف العلاقة بين الموت والحياة الآخرة مستعيناً بالآيات القرآنية الآتية:

✓ ﴿ قُلْ إِن كَانَتْ لَكُمُ الدَّارُ الآَخِرَةُ عِندَ اللـه خَالِصَةً مِّن دُونِ النَّاسِ فَتَمَنَّوُاْ الْمَوْتَ إِن كُنتُمْ صَادِقِينَ {94/2} ﴾ [البقرة: 94].

✓ ﴿ كُلُّ نَفْسٍ ذَآئِقَةُ الْمَوْتِ وَإِنَّمَا تُوَفَّوْنَ أُجُورَكُمْ يَوْمَ الْقِيَامَةِ فَمَن زُحْزِحَ عَنِ النَّارِ وَأُدْخِلَ الْجَنَّةَ فَقَدْ فَازَ وَما الْحَيَاةُ الدُّنْيَا إِلاَّ مَتَاعُ الْغُرُورِ {185/3} ﴾ [آل عمران: 185].

✓ ﴿ وَهُوَ الَّذِي خَلَق السَّمَاوَاتِ وَالأَرْضَ فِي سِتَّةِ أَيَّامٍ وَكَانَ عَرْشُهُ عَلَى الْمَاء لِيَبْلُوَكُمْ أَيُّكُمْ أَحْسَنُ عَمَلاً وَلَئِن قُلْتَ إِنَّكُم مَّبْعُوثُونَ مِن بَعْدِ الْمَوْتِ لَيَقُولَنَّ الَّذِينَ كَفَرُواْ إِنْ هَذَا إِلاَّ سِحْرٌ مُّبِينٌ {7/11} ﴾ [هود: 7].

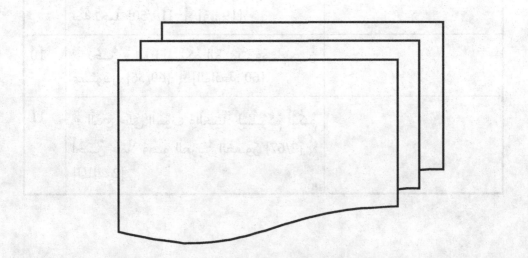

ورقة عمل رقم (4) حقائق تتعلق بالموت

الهدف: التعرّف على حقائق تتعلق بالموت.

الأسلوب: الطلاقة الفكرية.

فيما يأتي عدد من العبارات حول الموت، نقترح على المعلـم عرضـها أمام الطلبـة وتكليفهم بالتعليق عليها كما يشاؤون وبحسب مشاعرهم واتجاهاتهم تجاه حقيقـة الموت، وبإمكان المعلم أن يستخدمها كتهيئة لعرض الموضوع، فله أن يعرضـها كلهـا أو ينتقي بعضاً منها. [1]

1- "أمّا الموت فقد علم النّاس كلهـم أنّـه حقيقـة مشـاهدة محسوسـة، وليس مـن الغيبيات في شيء".

2- "الموت هو الحقيقة الكبرى في هذا الوجود! الحقيقة التي يسقط عنـدها جبـروت المتجبرين وعناد الملحدين، وطغيان البغاة والمتألهين!"

3- "الموت هو الحقيقة التي تعلن على مدى الزمان والمكان، أن لا ألوهيـة إلا لـذاك الذي تفرّد بالبقاء، فهو الذي لا مرد لقضائه ولا حـدود لسـلطانه، ولا مخـرج عـن حكمه، ولا غالب على أمره".

4- "الموت هو الحقيقة التي تصبغ الحياة البشرية كلها بصبغة العبودية والذل لقهّار السماوات والأرض، حقيقة يقر بها العصاة والطائعون، والرؤسـاء والمتـألهون، والرسـل والأنبياء، والمقربون والأصفياء، والأغنياء والفقراء، وأرباب العلم والاختراع". [2]

---

(1) يستطيع المعلم أن ينفذ هذه الفكرة بأكثر من صورة؛ منها:
 – الكتابة على السبورة.
 – توزيع البطاقات التعليمية ثمّ يستقبل مشاركاتهم وتعليقلتهم.
 – التضمين في العرض التقديمي، واستقبال مشاركات الطلبة.

(2) البوطي، محمد سعيد رمضان، (2003م)، **كبرى اليقينيات الكونية**، ط8، بيروت: دار الفكر، ص306. بتصرف.

ورقة عمل رقم (5) أسباب كراهية الموت

الهدف: أن يستنتج الطالب أسباب كراهية الموت.

الأسلوب: التفكير الناقد.

عزيزي الطالـب: اقـرأ الموقـف الآتي ثـمّ تعـاون مـع مجموعتـك في الإجابـة عـن التساؤلات التي تليها:

دخل سليمان بن عبد الملك المدينة فأقام بها ثلاثاً، فقال: "ما ها هنـا رجـل ممـن أدرك أصحاب النبي ﷺ يحدثنا؟" فقيل له: "بلى، هـا هنـا رجـل يقـال لـه أبـو حـازم،" فبعث إليه فجاءه، فقال سليمان: "يا أبا حازم مـا لنـا نكـره المـوت؟" فقـال أبـو حـازم: "لأنكم أخربتم آخرتكم، وعمّرتم دنياكم، فأنتم تكرهـون أن تنتقلـوا مـن العمـران إلى الخراب،" قال: "صدقت".[1]

1- عبّر بأسلوبك الخاص عن أسباب كراهية النّاس للموت.

....

....

....

....

....

2- متى يمكن أن يتخلص الإنسان من الشعور بكراهية الموت؟

....

....

....

....

....

---

(1) الدينوري، أبو بكر، أحمد بن مروان بن محمد الدينوري القاضي المالكي، (ت.293هـ)، **المجالسة وجواهر العلم**، ط1، بيروت: دار ابن حزم، 1423هـ 2002م، ص731.

ورقة عمل رقم (6) أهمية الحياة والموت

الهدف: أن يتعرف الطالب على أهمية الحياة والموت.

الأسلوب: التحليل.

يقول سيد قطب في كتابه أفراح الروح:[1]

"إنني أنظر اللحظة فلا أرى الموت إلا قوة ضئيلة حسيرة بجانب قوى الحياة الزاخرة الطافرة الغامرة، وما يكاد يصنع شيئا إلا أن يلتقط الفتات الساقط من مائدة الحياة ليقتات ... !

مد الحياة الزاخر هو ذا يعج من حولي! ...: كل شيء إلى نماء وتدفق وازدهار ... الأمهات تحمل وتضع: الناس والحيوان سواء. الطيور والأسماك والحشرات تدفع بالبيض المتفتح عن أحياء وحياة ... الأرض تتفجر بالنبت المتفتح عن أزهار وثمار ... السماء تتدفق بالمطر، والبحار تعج بالأمواج ... كل شيء ينمو على هذه الأرض ويزداد.

بين الحين والحين يندفع الموت فينهش نهشة ويمضي، أو يقبع حتى يلتقط بعض الفتات الساقط من مائدة الحياة ليقتات! ... والحياة ماضية في طريقها، حية متدفقة فوارة، لا تكاد تحس بالموت أو تراه.

الشمس تطلع، والشمس تغرب، والأرض من حولها تدور، والحياة تنبثق من هنا ومن هناك ... كل شيء إلى نماء ... نماء في العدد والنوع، نماء في الكم والكيف ... لو كان الموت يصنع شيئا لوقف مد الحياة! ... ولكنه قوة ضئيلة حسيرة، بجانب قوى الحياة الزاخرة الطافرة الغامرة، من قوة الله الحي، تنبثق الحياة وتنداح."[2]

---

(1) أصل هذا الكتيب: رسالة بعث بها سيد رحمه الله إلى أخته أمينة قطب، وكانت مجلة الفكر التونسية قد نشرتها في عددها السادس من السنة الرابعة، آذار "مارس"، 1959م، بعنوان: أضواء من بعيد.

(2) قطب، سيد، أفراح الروح، المصدر موقع: http://www.ikhwanwiki.com/index.php?title

1- ما الذي يهدف إليه الكاتب؟

....

....

....

....

....

....

....

....

2- كيف يمكن أن توظف هذا النّص في الرد على مـن يصيبه اليـأس والتقـاعس عـن العمل بحجة أنّ الموت نهاية الحياة الدنيا؟

....

....

....

....

....

....

....

....

ورقة عمل رقم (7) الخوف من الموت

الهدف: أن يتحرر الطالب من خوفه من الموت.

الأسلوب: مهارة التحليل.

عزيزي الطالب أمامك نص من كتاب أفراح الروح للشهيد سيد قطب -رحمه الله-
اقرأ النّص ثمّ أجب عمّا يليه:

يقول سيد قطب رحمه الله: "لم أعد أفزع من الموت حتى لو جاء اللحظة! قد
أخذت في هذه الحياة كثيراً أعني: لقد أعطيت.

أحياناً تصعب التفرقة بين الأخذ والعطاء؛ لأنهما يعطيان مدلولاً واحداً في عالم الروح!
في كل مره أعطيت لقد أخذت لست أعني أن أحداً قد أعطى لي شيئاً إنما أعني أنني
أخذت نفس الذي أعطيت؛ لأن فرحتي بما أعطيت لم تكن أقل من فرحة الذي أخذوا.

لم أعد أفزع من الموت حتى لو جاء اللحظة لقد عملت بقدر ما كنت مستطيعاً أن
أعمل! هناك أشياء كثيرة أود أن أعملها لو مد لي في الحياة، ولكن الحسرة لم تأكل
قلبي إذا لم أستطع؛ إن آخرين سوف يقومون بها، إنها لن تموت إذا كانت صالحة
للبقاء، فأنا مطمئن إلى أن العناية التي تلحظ هذا الوجود لن تدع فكرة صالحة تموت.

لم أعد أفزع من الموت حتى لو جاء اللحظة! لقد حاولت أن أكون خيّراً بقدر ما
أستطيع، أما أخطائي وغلطاتي فأنا نادم عليها! إني أكل أمرها إلى الله وأرجو رحمته
وعفوه، أما عقابه فلست قلقاً من أجله؛ فأنا مطمئن إلى أنه عقاب حق وجزاء عدل،
وقد تعودت أن أحتمل تبعات أعمالي خيراً كانت أو شراً، فليس يسوؤني أن ألقى جزاء
ما أخطأت حين يقوم الحساب![1]

(1) قطب، سيد، أفراح الروح، المصدر موقع: http://www.ikhwanwiki.com/index.php?title

1- ما هو شعورك بعد قراءة النّص السابق؟

....

....

....

2- ما الذي ساعد الكاتب على التحرر من الخوف من مواجهة الموت؟ استخلص ثلاثة أمور كحد أدنى من النّص.

....

....

....

3- هل سبق وشعرت بالخوف من الموت؟ ولماذا؟

....

....

....

4- هل شعورك بالخوف من الموت يؤثر على مسار حياتك؟ وضِّح إجابتك.

....

....

....

5- كيف تستطيع أن تتخلص من هذا الشعور؟

....

....

....

6- كيف يمكن لحقيقة الموت أن تدفع الإنسان ليكون إيجابياً في حياته؟

....

....

....

ورقة عمل رقم (8) آثار الإيمان بأن الأجل بيد اللـه تعالى

الهدف: استنتاج آثار الإيمان بأن الأجل بيد اللـه تعالى.

الأسلوب: تحليل النصوص.

قال قطري بن الفجاءة:

أَقـولُ لَهـا وَقَـد طـارَت شَـعاعاً — مِـنَ الأَبطـالِ وَيحَـكِ لَـن تُراعـي
فَإِنَّـكِ لَـو سَـأَلتِ بَقـاءَ يَـوم — عَلى الأَجَلِ الَّذي لَـكِ لَـم تُطـاعي
فَصَـبراً في مَجـالِ المَـوتِ صَـبراً — فَـما نَيـلُ الخُلـودِ بِمُسـتَطاعِ
وَلا ثَـوبُ البَقـاءِ بِثَـوبِ عِـزٍّ — فَيُطـوى عَـن أَخـي الخَنـعِ اليراع
سَـبيلُ المَـوتِ غايَـةُ كُـلِّ حَـيٍّ — فَداعِيَـهُ لِأَهـلِ الأَرضِ داعـي
وَمَـن لا يُعتَـبَط يَسـأَم وَيَهـرَم — وَتُسـلِمهُ المَنـونُ إِلى اِنقِطـاعِ

يخاطب الشاعر نفسه في إحدى المعارك، متناولاً موضوع الموت، من خلال مجموعتك:

1- استنتج آثار الإيمان بأن الأجل بيد اللـه تعالى.

....

....

....

....

....

2- يستند الشاعر في بعض أبياته إلى آي من الذكر الحكيم، استخرجه وفق المخطط الآتي:

فَإِنَّكِ لَو سَأَلتِ بَقاءَ يَومٍ عَلى الأَجَلِ الَّذي لَكِ لَم تُطاعي

الآيـة

فَصَبراً في مَجالِ المَوتِ صَبراً فَما نَيلُ الخُلودِ بِمُستَطاعِ

الآيـة

ورقة عمل رقم (9) أثر الإيمان بحقيقة الموت في حياة الإنسان

الهدف: يستشعر أثر الإيمان بحقيقة الموت في حياة الإنسان.

الأسلوب: تحليل النصوص.

جاء رجل إلى أحد الأئمة وقال: يا إمام لقد اشتريت داراً، وأرجو أن تكتب لي عقد شرائها بيدك، فنظر الإمام إليه بعين الحكمة فوجد الدنيا قد تربعت على عرش قلبه، وملكت عليه أقطار نفسه؛ فكتب قائلاً: - يريد أن يُذِكّره بالدار الباقية- بعدما حمد الله وأثنى عليه، أما بعد:

فقد اشترى ميت من ميت داراً في بلد المذنبين، وسكة الغافلين، لها أربعة حدود؛ الحد الأول ينتهي إلى الموت، والثاني ينتهي إلى القبر، والثالث ينتهي إلى الحساب، والرابع ينتهي إما إلى الجنة وإما إلى النار؛ فبكى الرجل بكاء مراً وعلم أن الإمام أراد أن يكشف الحجب الكثيفة عن قلبه الغافل، فقال: أُشهد الله أني قد تصدقت بداري على أبناء السبيل، فقال الإمام:

النفس تبكي على الدنيا وقد علمت ... أن السعادة فيها ترك ما فيها
لا دار للمرء بعد الموت يسكنها ... إلا التي كان قبل الموت يبنيها
فإن بناها بخير طاب مسكنه ... وإن بناها بشر خاب بانيها
أموالنا لذوي الميراث نجمعها ... ودورنا لخراب الدهر نبنيها
أين الملوك التي كانت مسلطنة ... حتى سقاها بكأس الموت ساقيها
فكم مدائن في الآفاق قد بنيت ... أمست خراباً وأفنى الموت أهليها
لا تركنن إلى الدنيا وما فيها ... فالموت لا شك يفنينا ويفنيها
لكل نفس وإن كانت على وجل ... من المنية آمال تقويها
المرء يبسطها والدهر يقبضها ... والنفس تنشرها والموت يطويها
إن المكارم أخلاق مطهرة ... الدين أولها والعقل ثانيها
والعلم ثالثها والحلم رابعها ... والجود خامسها والفضل ساديها
والبر سابعها والشكر ثامنها ... والصبر تاسعها واللين عاشيها

والنفـس تعلـم أنـي لا أصادقهـا	ولسـت أرشـد إلا حيـن أعصيهـا
واعمـل لـدار غـدا رضـوان خازنهـا	والجـار أحمـد والرحمـن ناشيهـا
قصورهـا ذهـب والمسـك طينتهـا	والزعفـران حشيـش نابـت فيهـا
أنهارهـا لـبن محـض ومـن عسـل	والخمر يجري رحيقاً فـي مجاريهـا
والطير تجري عـلى الأغصـان عاكفـة	تسبح الـله جهـراً فـي مغانيهـا
من يشتري الدار في الفردوس يعمرها	بركعـة فـي ظـلام الليـل يحييهـا

من خلال المجموعة:

1- تحدثت الأبيات الشعرية عن كيفية استعداد الإنسان للموت، وضِّح ذلك، وبيّن المواضع التي أشارت لذلك.

....

....

....

....

2- ما أثر الإيمان بحقيقة الموت على نظرة الإنسان إلى: المال، والملك، والآمال والطموحات؟

....

....

....

....

3- ارسم صورة للجنة من خلال معالمها التي ذكرتها القصيدة.

....

....

....

....

4- هل أعجبتك القصيدة، ولماذا؟

....

....

....

....

ثالث عشر

الحياة البرزخية

يعدُّ موضوع الحياة البرزخية من الأمور الغيبية، والمنهج السليم في التعامل معهـا الاعتماد على ما ورد من الآيات القرآنية والأحاديث الصحيحة حولها، وننصح المعلـم بالرجوع إلى المراجع المتخصصة في مجال العقيدة؛ لمراجعة بعض القضايا التي يحتـاج لتناولها في الموضوع، [1] لاسيّما فيما يتعلق بما يلاقيه الإنسان بعد موتـه مـن نعيـم في القبر أو عذاب، وما يتعرض له من سؤال الملكين، وننصح المعلم الفاضل أن يركـز علـى الجوانب الوجدانية في هذا الموضوع؛ لما يمكن أن تحدث أثراً في سلوك المتعلمـين، مـن خلال الربط بين ما يتعرض له الإنسان في الحياة البرزخية، وأثر ذلـك في سـلوك المـؤمن في الدنيا واستعداده للموت.

الأهداف المتوقعة:

يتوقع من الطالب أن يحقق الأهداف الآتية:

1- يؤمن بوجود حياة البرزخ.

2- يستنتج مفهوم الحياة البرزخية.

3- يتعرّف على الأمور التي يلاقيها الإنسان بعد موته في حياة البرزخ.

4- يصحّح بعض المفاهيم الخاطئة حول الموت.

5- يستنتج الحكمة من إخبار اللـه تعالى المسلمين عن حياة البرزخ.

---

(1)   ومن أمثلة المراجع العلمية المفيدة في هذا الموضوع:

- كتاب اليوم الآخر-القيامة الصغرى، ضمن سلسلة العقيدة في ضوء الكتاب والسنة، للأستاذ الدكتور عمر الأشقر.

- حياة البرزخ في ضوء الكتاب والسنة، رسالة ماجستير غير منشورة، للباحث شادي فوزي بشكار، جامعة النجاح، نابلس، فلسطين المحتلة.

مخطط لأهم الموضوعات المتعلقة بحياة البرزخ[1]

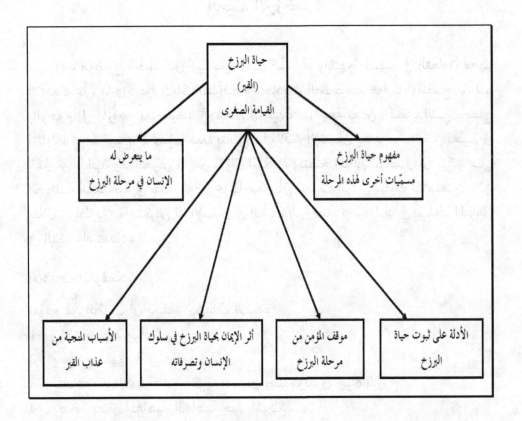

---

(1) الهدف من وجود المخطط هو لفت نظر المعلم لأبرز النّقاط التي تلزمه لعرض الموضوع، بإمكانه أن
يستخدمها للتمهيد لما سيعرضه على طلبته، أو في غلق الحصة الصفية من خلال تلخيص أهم النّقاط
والسؤال عنها.

وما أوردناه من أنشطة هي اقتراحات نقدمها للمعلم ليوظفها بالطريقة التي يراها مناسبة، ويستطيع
أن يصمم أنشطة أخرى تعينه على استيعاب جزئيات الموضوع وأهم جوانبه.

ورقة عمل رقم (1) الحياة البرزخية

الهدف: يستخلص الطالب الحقائق المتعلقة بالحياة البرزخية.

الأسلوب: تحليل الآيات القرآنية والأحاديث النبوية.

[يستطيع المعلم تقسيم طلبته إلى مجموعات، ويوزع عليهم الآيات الكريمة والأحاديث النبوية؛ لاستخلاص الحقائق المتعلقة بالحياة البرزخية]

المجموعة الأولى: "مجموعة ...."

﴿ حَتَّى إِذَا جَاء أَحَدَهُمُ الْمَوْتُ قَالَ رَبِّ ارْجِعُونِ {99/23} لَعَلِّي أَعْمَلُ صَالِحًا فِيمَا تَرَكْتُ كَلَّا إِنَّهَا كَلِمَةٌ هُوَ قَائِلُهَا وَمِن وَرَائِهِم بَرْزَخٌ إِلَى يَوْمِ يُبْعَثُونَ {100/23} فَإِذَا نُفِخَ فِي الصُّورِ فَلَا أَنسَابَ بَيْنَهُمْ يَوْمَئِذٍ وَلَا يَتَسَاءلُونَ {101/23} ﴾ [المؤمنون: 99-101].

من خلال مجموعتك؛ أجب عن السؤالين الآتيين:

1- متى ينتقل الإنسان إلى مرحلة البرزخ؟

....

....

2- إلى متى تستمر هذه المرحلة ؟

....

....

3- من خلال ما سبق اكتب مفهومك الخاص حول حياة البرزخ؟[1]

....

....

---

(1) حياة البرزخ مرحلة بين الموت الذي تنتهي به الحياة الأولى والبعث الذي تبتدئ به الحياة الثانية، جاءت تسميتها في القرآن الكريم بـ"البرزخ"، أيّ المدة بين الحياة المادية الأولى والحياة المادية الثانية. انظر:

- حبنكة، العقيدة الإسلامية وأسسها، ص550.

المجموعة الثانية: "مجموعة ...."

﴿ وَحَاقَ بِآلِ فِرْعَوْنَ سُوءُ الْعَذَابِ {40/ 45} النَّارُ يُعْرَضُونَ عَلَيْهَا غُدُوًّا وَعَشِيًّا وَيَوْمَ تَقُومُ السَّاعَةُ أَدْخِلُوا آلَ فِرْعَوْنَ أَشَدَّ الْعَذَابِ {40/ 46} ﴾ [غافر: 45-46].

من خلال مجموعتك، اقرأ الآيتين السابقتين، وأجب عمّا يأتي:

1- ما الذي يتعرض له آل فرعون غدواً وعشياً، ولماذا؟

....
....
....
....
....

2- تثبت الآيتان الكريمتان حقيقة من حقائق عالم الغيب، ما هي؟

....
....
....
....
....

3- ما أثر معرفتك بتعرض الإنسان للعذاب في الحياة البرزخية في سلوكياتك في الحياة الدنيا، ولماذا؟

....
....
....
....
....

المجموعة الثالثة: "مجموعة ...."

عَنْ أَبِي هُرَيْرَةَ عَنْ النَّبِيِّ ﷺ قَالَ: "الْمَيِّتُ تَحْضُرُهُ الْمَلائِكَةُ، فَإِذَا كَانَ الرَّجُلُ صَالِحاً؛ قَالُوا: اخْرُجِي أَيَّتُهَا النَّفْسُ الطَّيِّبَةُ كَانَتْ فِي الْجَسَدِ الطَّيِّبِ، اخْرُجِي حَمِيدَةً وَأَبْشِرِي بِرَوْحٍ وَرَيْحَانٍ وَرَبٍّ غَيْرِ غَضْبَانَ، فَلا يَزَالُ يُقَالُ لَهَا ذَلِكَ حَتَّى تَخْرُجَ ثُمَّ يُعْرَجُ بِهَا إِلَى السَّمَاءِ؛ فَيُفْتَحُ لَهَا فَيُقَالُ: مَنْ هَذَا؟ فَيَقُولُونَ: فُلانٌ، فَيُقَالُ: مَرْحَباً بِالنَّفْسِ الطَّيِّبَةِ كَانَتْ فِي الْجَسَدِ الطَّيِّبِ ادْخُلِي حَمِيدَةً وَأَبْشِرِي بِرَوْحٍ وَرَيْحَانٍ وَرَبٍّ غَيْرِ غَضْبَانَ، فَلا يَزَالُ يُقَالُ لَهَا ذَلِكَ حَتَّى يُنْتَهَى بِهَا إِلَى السَّمَاءِ الَّتِي فِيهَا اللَّهُ عَزَّ وَجَلَّ.

وَإِذَا كَانَ الرَّجُلُ السُّوءُ قَالَ: اخْرُجِي أَيَّتُهَا النَّفْسُ الْخَبِيثَةُ كَانَتْ فِي الْجَسَدِ الْخَبِيثِ، اخْرُجِي ذَمِيمَةً وَأَبْشِرِي بِحَمِيمٍ وَغَسَّاقٍ وَآخَرَ مِنْ شَكْلِهِ أَزْوَاجٌ، فَلا يَزَالُ يُقَالُ لَهَا ذَلِكَ حَتَّى تَخْرُجَ ثُمَّ يُعْرَجُ بِهَا إِلَى السَّمَاءِ؛ فَلا يُفْتَحُ لَهَا فَيُقَالُ: مَنْ هَذَا؟ فَيُقَالُ: فُلانٌ، فَيُقَالُ: لا مَرْحَباً بِالنَّفْسِ الْخَبِيثَةِ كَانَتْ فِي الْجَسَدِ الْخَبِيثِ، ارْجِعِي ذَمِيمَةً فَإِنَّهَا لا تُفْتَحُ لَكِ أَبْوَابُ السَّمَاءِ فَيُرْسَلُ بِهَا مِنْ السَّمَاءِ ثُمَّ تَصِيرُ إِلَى الْقَبْرِ."[(1)]

من خلال مجموعتك تأمّل الحديثين السابقين، واستنتج ما يأتي:

1- ما مصير أرواح المؤمنين و أرواح الكافرين في الحياة البرزخية؟

....

....

....

....

---

(1) رواه ابن ماجة - واللفظ له- وأحمد، انظر:

-ابن ماجة، أبو عبد الـلـه، محمد بن يزيد. (ت. 273هـ)، **سنن ابن ماجة**، اعتنى به: فريق بيت الأفكار الدولية، ط1، الرياض: بيت الأفكار الدولية، 1420هـ 1999م، كتاب: الزهد، باب: ذكر الموت والاستعداد له، ص459، حديث رقم: 4262، وحكم عليه الشيخ الألباني-رحمه الـلـه- بأنه صحيح.

-أحمد. **المسند**، ج14، ص377-378، حديث رقم: 8769. وقال عنه الشيخ الأرنؤوط: إسناده صحيح على شرط الشيخين.

2- قال تعالى : ﴿ أَمْ حَسِبَ الَّذِينَ اجْتَرَحُوا السَّيِّئَاتِ أَّن نَّجْعَلَهُمْ كَالَّذِينَ آمَنُوا وَعَمِلُوا الصَّالِحَاتِ سَوَاء مَّحْيَاهُم وَمَمَاتُهُمْ سَاء مَا يَحْكُمُونَ {21/45} ﴾ [الجاثية: 21]، دلّت الآية الكريمة على نفي التسوية بين الفريقين المذكورين (من اكتسب السيئات، ومن عمل الصالحات) في الممات، كيف دلت الحديث النبوي السابق على هذه الحقيقة؟

....

....

....

....

المجموعة الرابعة "مجموعة ...."

عَنْ أَبِي هُرَيْرَةَ أَنَّ النَّبِيَّ ﷺ قَالَ: "إِذَا حُضِرَ الْمُؤْمِنُ أَتَتْهُ مَلائِكَةُ الرَّحْمَةِ بِحَرِيرَةٍ بَيْضَاءَ فَيَقُولُونَ: اخْرُجِي رَاضِيَةً مَرْضِيّاً عَنْكِ إِلَى رَوْحِ اللهِ وَرَيْحَانٍ وَرَبٍّ غَيْرِ غَضْبَانَ، فَتَخْرُجُ كَأَطْيَبِ رِيحِ الْمِسْكِ حَتَّى أَنَّهُ لَيُنَاوِلُهُ بَعْضُهُمْ بَعْضاً حَتَّى يَأْتُونَ بِهِ بَابَ السَّمَاءِ فَيَقُولُونَ: مَا أَطْيَبَ هَذِهِ الرِّيحَ الَّتِي جَاءَتْكُمْ مِنْ الأَرْضِ، فَيَأْتُونَ بِهِ أَرْوَاحَ الْمُؤْمِنِينَ فَلَهُمْ أَشَدُّ فَرَحاً بِهِ مِنْ أَحَدِكُمْ بِغَائِبِهِ يَقْدَمُ عَلَيْهِ، فَيَسْأَلُونَهُ: مَاذَا فَعَلَ فُلانٌ؟ مَاذَا فَعَلَ فُلانٌ؟ فَيَقُولُونَ: دَعُوهُ فَإِنَّهُ كَانَ فِي غَمِّ الدُّنْيَا، فَإِذَا قَالَ أَمَا أَتَاكُمْ؟ قَالُوا: ذُهِبَ بِهِ إِلَى أُمِّهِ الْهَاوِيَةِ.

وَإِنَّ الْكَافِرَ إِذَا احْتُضِرَ أَتَتْهُ مَلائِكَةُ الْعَذَابِ بِمِسْحٍ فَيَقُولُونَ: اخْرُجِي سَاخِطَةً مَسْخُوطاً عَلَيْكِ إِلَى عَذَابِ اللهِ عَزَّ وَجَلَّ، فَتَخْرُجُ كَأَنْتَنِ رِيحِ جِيفَةٍ حَتَّى يَأْتُونَ بِهِ بَابَ الأَرْضِ فَيَقُولُونَ: مَا أَنْتَنَ هَذِهِ الرِّيحَ حَتَّى يَأْتُونَ بِهِ أَرْوَاحَ الْكُفَّارِ."(1)

1- عبّر بلغتك عن مصير كل من روح المؤمن وروح الكافر، وما تمر بها كل منهما.

....

....

2- هل تتزاور أرواح المؤمنين والكافرين، في حياة البرزخ؟

....

....

3- صِف وقع الحديث على نفسك، وبيّن مدى تأثيره على عملك.

....

....

(1) النّسائي، أبو عبد الرحمن، أحمد بن شعيب. (ت. 303هـ)، **سنن النسائي**، حكم على أحاديثه: الشيخ محمد ناصر الدين الألباني-رحمه الله-، اعتنى به: الشيخ مشهور آل سلمان، ط1، الرياض: مكتبة المعارف، كتاب: الجنائز، باب: ما يُلقى به المؤمن من الكرامة عند خروج نفسه، ص296، حديث رقم: 1833، وحكم عليه الشيخ الألباني-رحمه الله- بأنه صحيح.

المجموعة الخامسة: "مجموعة ...."

عَنْ سَمُرَةَ بْنِ جُنْدَبٍ قَالَ: كَانَ النَّبِيُّ ﷺ إِذَا صَلَّى صَلاةً أَقْبَلَ عَلَيْنَا بِوَجْهِهِ فَقَالَ: "مَنْ رَأَى مِنْكُمْ اللَّيْلَةَ رُؤْيًا؟" قَالَ: فَإِنْ رَأَى أَحَدٌ قَصَّهَا، فَيَقُولُ: "مَا شَاءَ اللَّهُ،" فَسَأَلَنَا يَوْماً فَقَالَ: "هَلْ رَأَى أَحَدٌ مِنْكُمْ رُؤْيَا؟" قُلْنَا: لا، قَالَ: "لَكِنِّي رَأَيْتُ اللَّيْلَةَ رَجُلَيْنِ أَتَيَانِي فَأَخَذَا بِيَدِي فَأَخْرَجَانِي إِلَى الأَرْضِ الْمُقَدَّسَةِ،...فَانْطَلَقْنَا حَتَّى انْتَهَيْنَا إِلَى رَوْضَةٍ خَضْرَاءَ فِيهَا شَجَرَةٌ عَظِيمَةٌ وَفِي أَصْلِهَا شَيْخٌ وَصِبْيَانٌ،... قُلْتُ: طَوَّفْتُمَانِي اللَّيْلَةَ فَأَخْبِرَانِي عَمَّا رَأَيْتُ؟ قَالا: نَعَمْ،... وَالشَّيْخُ فِي أَصْلِ الشَّجَرَةِ إِبْرَاهِيمُ عليه السلام وَالصِّبْيَانُ حَوْلَهُ فَأَوْلادُ النَّاسِ..."[1]

من خلال مجموعتك:

1- وضح مصير أرواح أطفال المؤمنين والكافرين في حياة البرزخية.

....

....

....

2- ابحث مع مجموعتك عن أسباب وجود الأطفال في الجنة حول سيدنا إبراهيم عليه السلام، على وجه التحديد؟

....

....

....

3- كيف دلّ الحديث على صفة الرحمة عند الله تعالى؟

....

....

....

(1) البخاري، **صحيح البخاري**، كتاب الجنائز، ص286، حديث رقم: 1386.

المجموعة الخامسة : "مجموعة ...."

عَنْ أَبِي هُرَيْرَةَ أَنَّ رَسُولَ اللـه ﷺ قَالَ: "إِذَا مَاتَ الإِنْسَانُ انْقَطَعَ عَنْهُ عَمَلُهُ إِلا مِنْ ثَلاثَةٍ: إِلا مِنْ صَدَقَةٍ جَارِيَةٍ، أَوْ عِلْمٍ يُنْتَفَعُ بِهِ، أَوْ وَلَدٍ صَالِحٍ يَدْعُو لَهُ."[(1)]

من خلال مجموعتك:

1- هل ينقطع ثواب الأعمال بموت الإنسان ومفارقته الدنيا؟

....

....

2- ما الذي يثبته وصول ثواب بعض الأعمال للميت؟[(2)]

....

....

3- كيف يساعد هذا الحديث على التخفيف من مصيبة الموت للإنسان؟

....

....

4- كيف يؤثر هذا الحديث على استعداد الإنسان للموت؟

....

....

5- ما الأعمال التي يمكن أن يفعلها الإنسان لوالديه بعد وفاتهما بحيث يثابان عليهما في حياتهما البرزخية؟

....

....

(1) مسلم. **صحيح مسلم**، كتاب: الجنائز، باب: ما يلحق الإنسان من الثواب بعد وفاته، ص670-671، حديث رقم: 14-(1631).

(2) يثبت أنّ الموت ليس نهاية المطاف بالنسبة للإنسان، وإنما سعيه للخير الذي كان في الدنيا يبقى مستمراً إلى ما بعد الموت، ويهدف هذا السؤال والذي يليه إلى تغيير نظرة الإنسان إلى الموت، والتأكيد على أنه مرحلة من المراحل التي يمر بها الإنسان، وينبغي أن يستعد لها استعداداً جيداً.

ورقة عمل رقم (2) أهمية حياة البرزخ

الهدف: أن يستنتج الطالب أهمية حياة البرزخ بالنسبة للحياة الآخرة.

اقرأ الفقرة الآتية، ثمّ أجب عما يليها:

كان السَّلَفُ الصالح ﭫ وفي مقدمتهم أصحاب رسول الله -ﷺ- يعدُّون العُدَّة لسؤال القبر، ويخشون ما يمكن أنْ يكون فيه من الابتلاء والامتحان؛ كما أخبَر الصادق المصدوق ﷺ أنَّ هذه الأمَّة تُفتن في قُبورها.

وكانوا -رحمهم الله- على عظيم فَضلِهم وتَقواهم يبكون ويُطِيلون البكاء إذا ذُكِرَ القبر وما فيه؛ لأنَّه المنزل الأوَّل، كما قال تعالى: ﴿ يَوْمَئِذٍ تُعْرَضُونَ لَا تَخْفَى مِنكُمْ خَافِيَةٌ {18/69} ﴾ [الحاقة: 18].

فقد كَانَ عُثْمَانُ بْنُ عَفَّانَ إِذَا وَقَفَ عَلَى قَبْرٍ يَبْكِي حَتَّى يَبُلَّ لِحْيَتَهُ فَقِيلَ لَهُ: تَذْكُرُ الْجَنَّةَ وَالنَّارَ ولا تَبْكِي وَتَبْكِي مِنْ هَذَا قَالَ: إِنَّ رَسُولَ الله ﷺ قَالَ: "إِنَّ الْقَبْرَ أَوَّلُ مَنَازِلِ الآخِرَةِ فَإِنْ نَجَا مِنْهُ فَمَا بَعْدَهُ أَيْسَرُ مِنْهُ، وَإِنْ لَمْ يَنْجُ مِنْهُ فَمَا بَعْدَهُ أَشَدُّ مِنْهُ."[1]

---

(1) من مقال بعنوان: عذاب القبر لمن كان له أهلاً، للكاتب: أحمد عبدالرحمن، منشور في موقع:
http://www.alukah.net/Web/Sharia/1001/34771

والحديث راوه ابن ماجة -واللفظ له- والترمذي، وقال عنه الترمذي: حديث حسن غريب، وحكم الشيخ الألباني -رحمه الله- على الحديث بأنه حسن. انظر:

- ابن ماجة. **سنن ابن ماجة**، كتب: الزهد، باب: ذكر القبر والبِلى، ص460، حديث رقم: 4267.
- الترمذي. **الجامع الكبير**، أبواب الزهد، ج4، ص142، حديث رقم: 2308.

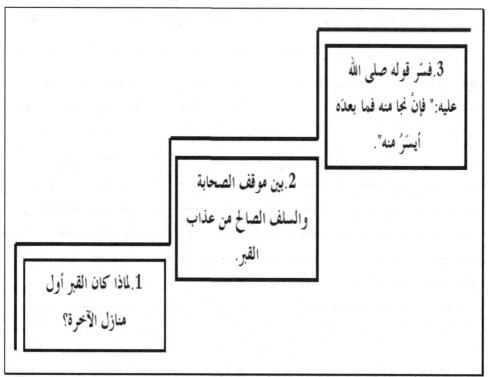

1. لماذا كان القبر أول منازل الآخرة؟

2. بين موقف الصحابة والسلف الصالح من عذاب القبر.

3. فسّر قوله صلى الله عليه:" فإنْ نجا منه فما بعدَه أيسَرُ منه".

ورقة عمل رقم (3) تنمية مهارة الطلاقة الفكرية ضمن موضوع الحياة البرزخية.

الهدف: تنمية مهارة الطلاقة الفكرية/ مهارات التفكير الإبداعي.

اكتب أكبر قدر ممكن من النتائج المترتبة على فرضية لـو أنّ الإنسان لم يعرف مصيره بعد الموت، وأحداث الحياة البرزخية.

....
....
....
....
....
....
....
....

ورقة عمل رقم (4) تنمية مهارة الطلاقة الفكرية ضمن موضوع الحياة البرزخية.

الهدف: تنمية مهارة الطلاقة الفكرية/ مهارات التفكير الإبداعي.

اكتب أكبر قدر ممكن من النتائج المترتبة على وضوح التصور حول مصير الإنسان بعد الموت.

....
....
....
....
....
....
....

ورقة عمل رقم (5) اكتشاف المغالطات وتصويبها "تناسخ الأرواح عند الهندوس"

الهدف: اكتشاف المغالطات.

الأسلوب: تفعيل التفكير الناقد.

تؤمن الهندوسية بـ "تناسخ الأرواح" وهو رجوع الروح بعد خروجها من جسم إنسان إلى جسم إنسان آخر، فعندما يموت الإنسان تخرج الروح منه وتدخل في جسد مولود جديد ولد لتوه، فإذا كان الإنسان صالحاً في حياته انتقلت روحه إلى مولود ولد في طائفة أعلى من طائفته، أما إذا كان فاسداً في حياته فإن روحه تنتقل إلى مولود ولد في طائفة أدنى، ثم إذا ظل فاسداً في حياته التالية يولد عليلاً، ثم إن استمر في الدورة الثالثة فاسداً فإنه سيولد حيواناً، وإن استمر فاسداً فسوف ينحدر في كل مرة إلى مستوى أدنى في مراتب الحيوانات حتى يولد بعوضة أو برغوثاً. أما الذي يستمر في حياة صالحة بعد حياة صالحة، فيرتقي كل مرة إلى طائفة أعلى حتى يصل إلى طبقة "البراهمة" بعدها إن كان صالحاً بعد أن وصل إلى هذه الطائفة، فإن دورة الحياة تنتهي ولكن روحه تتحد مع الإله "براهما".[1]

---

(1) تميزت الهندوسية بالنظام الطبقي، وهذه الطبقات -من الأعلى إلى الأدنى- هي:

1- البراهمة "الطبقة البيضاء": هم الذين خلقهم الإله "براهما" من فمه، وينتمي إلى هذه الطبقة رجال الدين.

2- الكاشتريا "الطبقة الحمراء" هم الذين خلقهم الإله من ذراعيه، وينتمي إلى هذه الطبقة الأمراء الفرسان.

3- الويش "الطبقة الصفراء" هم الذين خلقهم الإله من فخذه، وينتمي إلى هذه الطبقة التجار والمزارعين.

4- الشوادر "الطبقة السوداء" وهم الذين خلقهم الإله من قدميه، وعملهم مقصور على خدمة الطبقات الثلاثة الأولى.

انظر:

– http://www.kalemasawaa.com/vb/t5634.html

– http://ar.wikipedia.org/wiki/%D9%87%D9%86%D8%AF%D9%88%D8%B3%D9%8A%D8%A9

من خلال المجموعة:

1- ناقش هذه الفكرة مبيّناً جوانب الخلل فيها.

....

....

....

....

....

2- كيف ترد على من يقول بهـذه الفكـرة، في ضـوء مـا عرفتـه حـول حقائق الحيـاة
البرزخية؟

....

....

....

....

....

....

3- لو سلمنا جدلاً بصحة هذه الفكرة، فما النتائج المتوقعة التي تترتب على ذلك؟

....

....

....

....

....

رابع عشر
التوبة

يعدُّ موضوع التوبة، من الموضوعات الهامة التي ينبغي أن يكون له تأثير على سلوك الطلبة، وعلاقتهم بالله تعالى، وينصح المعلم أن يركز على مخاطبة العقل والوجدان، ويركز على سعة رحمة الله تعالى، وقبوله لتوبة عباده، ومغفرته لهم؛ حتى يشجع طلبته على التوبة المستمرة والإقبال على الله تعالى، ويساعدهم على تغيير سلوكاتهم.

الأهداف المتوقعة:

يتوقع من الطالب أن يحقق الأهداف الآتية:

1- يتعرّف الطالب على مفهوم التوبة وشروطها.

2- يستخلص دوافع الإنسان للتوبة.

3- يدرك الطالب سعة رحمة الله تعالى بعباده من خلال قبوله لتوبة عباده.

4- يستنتج ما يأتي:

أ - أسباب الغواية.

ب- آثار التوبة.

الفعاليات المقترحة:

فيما يأتي مجموعة من الأنشطة وأوراق العمل المقترحة، قمنا بتوظيف الآيات القرآنية، والقصائد الشعرية، وقصص التوبة، ويمكن للمعلم أن ينفذها بصور مختلفة، إذ يمكنه توظيفها بصورة جماعية، أو فردية، أو يستخدمها تهيئة حافزة لموضوع التوبة، أو ينتقي بعضاً منها ويكلف الطلبة بحلها كواجب بيتي، والخيارات متعددة يستطيع المعلم تحديدها بحسب ما يراه مناسباً.

كما أنّنا أرفقنا نموذجاً مقترحاً لتحليل قصص التوبة تساعد المعلم على توجيه الأسئلة المناسبة حول أية قصة للتوبة -سواء من هذا الدليل أم من غيره-، والنّشاطات المرفقة تساهم في تنمية مهارة الربط والتركيب، واكتساب مهارة التأمل والتحليل في النّصوص الشرعية والأدبية.

ونوجه عناية المعلم الفاضل إلى إمكانية توظيف العديد من مواد العرض الالكترونية التي تتعلق بقصص التائبين، ولها تأثير على المستمع والمشاهد، في سبيل تنويع الأساليب وإفادة الطلبة في آن معاً.

ورقة عمل رقم (1) مفهوم التوبة وشروطها

الهدف: أن يتعرّف الطالب على مفهوم التوبة وشروطها.

الأسلوب: تنمية مهارة الربط والتركيب لدى الطلبة.

عزيزي الطالب: تأمل المخطط الذي أمامك ثمّ أجب عمّا يليه:

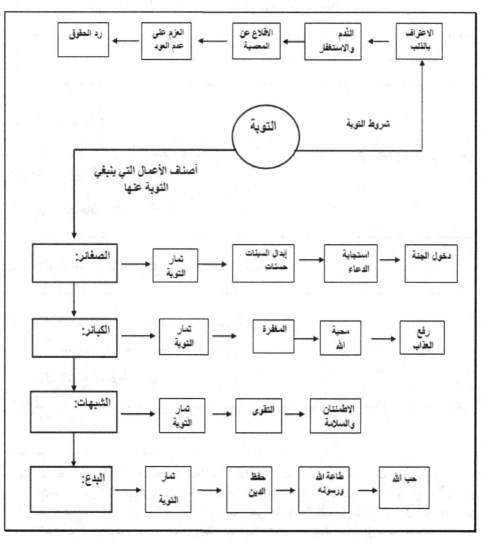

1- بناءً على ما ذكر في المخطط السابق تعاون مع مجموعتك في كتابة مفهوم للتوبة.

....

....

....

2- بالاعتماد على المخطط السابق اكتب أكبر عدد من العلاقات.[1]

....

....

....

نشاط آخر بديل:

أمامك عدد من المقدمات والنتائج، والمطلوب أن تتعاون مع مجموعتك في تفسير العلاقات بينها.[2]

1- ترك الصغائر ودخول الجنّة.

....

2- التّوبة عن الكبائر ورفع العذاب عن الإنسان.

....

3- ترك الشبهات وزيادة التقوى في قلب المؤمن.

....

4- ترك البدع وحفظ الدين.

....

---

(1) باستطاعة المعلم أن ينفذ هذا النّشاط من خلال لعبة تنافسية بين المجموعات؛ بحيث يقوم بعرض المخطط، ومن ثمّ تخصيص وقت محدد (5دقائق مثلاً)، ويكلف كل المجموعات بمحاولة إيجاد أكبر قدر من العلاقات الصحيحة، والمجموعة التي تفوز هي المجموعة التي تستطيع تشكيل أكبر قدر من العلاقات خلال الوقت المحدد، ومن أمثلة هذه العلاقات: ترك الصغائر يؤدي إلى دخول الجنة.

(2) يهدف هذا النّشاط إلى تنمية مهارة التفكير المنطقي (Logical thinking) وهو: التفكير الذي يمارس عند محاولة بيان الأسباب والعلل التي تكمن وراء الأشياء ومحاولة معرفة نتائج الأعمال ومعرفة الأدلة التي تؤيد أو تثبت وجهة النظر أو تنفيها.

ورقة عمل رقم (2) فئات لا تقبل توبتهم

الهدف: استخلاص شروط قبول التوبة.

الأسلوب: تنمية مهارة التحليل.

﴿ وَلَيْسَتِ التَّوْبَةُ لِلَّذِينَ يَعْمَلُونَ السَّيِّئَاتِ حَتَّى إِذَا حَضَرَ أَحَدَهُمُ الْمَوْتُ قَالَ إِنِّي تُبْتُ الآنَ وَلاَ الَّذِينَ يَمُوتُونَ وَهُمْ كُفَّارٌ أُوْلَئِكَ أَعْتَدْنَا لَهُمْ عَذَابًا أَلِيمًا {18/4} ﴾ [النساء: 18].

تناولت الآية الكريمة الآتية الحديث عن فئتين لا تقبل توبتهم عند اللـه تعالى، اذكرهما، ثمّ استنتج شروط قبول التوبة من خلالها.

فئات لا تقبل توبتهم ذكرتهم الآية الكريمة	شروط قبول التوبة بناءً على ذكر هذه الفئات

ورقة عمل رقم (3) شروط قبول التوبة
(موقف موت فرعون نموذجاً)

الهدف: استخلاص شروط قبول التوبة.

الأسلوب: مهارة التعليل.

علل: عدم قبول الله تعالى توبة فرعون الذي كان في عصر سيدنا موسى عليه الصلاة والسلام عندما تعرّض للغرق بعد محاولة اللحاق بموسى عليه السلام، ومعاينته للموت، في قوله تعالى: ﴿ وَجَاوَزْنَا بِبَنِي إِسْرَائِيلَ الْبَحْرَ فَأَتْبَعَهُمْ فِرْعَوْنُ وَجُنُودُهُ بَغْيًا وَعَدْوًا حَتَّى إِذَا أَدْرَكَهُ الْغَرَقُ قَالَ آمَنتُ أَنَّهُ لا إِلِهَ إِلاَّ الَّذِي آمَنَتْ بِهِ بَنُو إِسْرَائِيلَ وَأَنَاْ مِنَ الْمُسْلِمِينَ {90/10} آلآنَ وَقَدْ عَصَيْتَ قَبْلُ وَكُنتَ مِنَ الْمُفْسِدِينَ {91/10} فَالْيَوْمَ نُنَجِّيكَ بِبَدَنِكَ لِتَكُونَ لِمَنْ خَلْفَكَ آيَةً وَإِنَّ كَثِيراً مِّنَ النَّاسِ عَنْ آيَاتِنَا لَغَافِلُونَ {92/10} ﴾ [يونس: 90-92].

....

....

....

....

....

....

....

....

....

....

....

....

....

....

....

ورقة عمل رقم (4) أسماء اللـه الحسنى المتعلقة بالرحمة والتوبة

الهدف: أن يكتشف الطالب أسماء اللـه الحسنى المتعلقة بمعاني الرحمة والتوبة.

الهدف الوجداني: أن يؤمن الطالب برحمة اللـه تعالى وحبّه لعباده.

عزيزي الطالب: فيما يأتي أسماء اللـه الحسنى، ضع دائرة حول أسمائه الحسنى التي لها تعلق برحمة اللـه تعالى وقبوله لتوبة عباده. ثمّ اكتب ما تستنتجه من ذلك.

قَالَ رَسُولُ اللـه ﷺ: إِنَّ لـله تَعَالَى تِسْعَةً وَتِسْعِينَ اسْمًا، مِئَةً غَيْرَ وَاحِدَةٍ، مَنْ أَحْصَاهَا دَخَلَ الجَنَّةَ، هُوَ اللـه الَّذِي لا إِلَهَ إِلا هُوَ الرَّحْمَنُ، الرَّحِيمُ، الْمَلِكُ، الْقُدُّوسُ، السَّلامُ، الْمُؤْمِنُ، الْمُهَيْمِنُ، الْعَزِيزُ، الْجَبَّارُ، الْمُتَكَبِّرُ، الْخَالِقُ، الْبَارِئُ، الْمُصَوِّرُ، الْغَفَّارُ، الْقَهَّارُ، الْوَهَّابُ، الرَّزَّاقُ، الْفَتَّاحُ، الْعَلِيمُ، الْقَابِضُ، الْبَاسِطُ، الْخَافِضُ، الرَّافِعُ، الْمُعِزُّ، الْمُذِلُّ، السَّمِيعُ، الْبَصِيرُ، الْحَكَمُ، الْعَدْلُ، اللَّطِيفُ، الْخَبِيرُ، الْحَلِيمُ، الْعَظِيمُ، الْغَفُورُ، الشَّكُورُ، الْعَلِيُّ، الْكَبِيرُ، الْحَفِيظُ، الْمُقِيتُ، الْحَسِيبُ، الْجَلِيلُ، الْكَرِيمُ، الرَّقِيبُ، الْمُجِيبُ، الْوَاسِعُ، الْحَكِيمُ، الْوَدُودُ، الْمَجِيدُ، الْبَاعِثُ، الشَّهِيدُ، الْحَقُّ، الْوَكِيلُ، الْقَوِيُّ، الْمَتِينُ، الْوَلِيُّ، الْحَمِيدُ، الْمُحْصِي، الْمُبْدِئُ، الْمُعِيدُ، الْمُحْيِي، الْمُمِيتُ، الْحَيُّ، الْقَيُّومُ، الْوَاجِدُ، الْمَاجِدُ، الْوَاحِدُ، الصَّمَدُ، الْقَادِرُ، الْمُقْتَدِرُ، الْمُقَدِّمُ، الْمُؤَخِّرُ، الأَوَّلُ، الآخِرُ، الظَّاهِرُ، الْبَاطِنُ، الْوَالِي، الْمُتَعَالِي، الْبَرُّ، التَّوَّابُ، الْمُنْتَقِمُ، الْعَفُوُّ، الرَّءُوفُ، مَالِكُ الْمُلْكِ، ذُو الْجَلالِ وَالإِكْرَامِ، الْمُقْسِطُ، الْجَامِعُ، الْغَنِيُّ، الْمُغْنِي، الْمَانِعُ، الضَّارُّ، النَّافِعُ، النُّورُ، الْهَادِي، الْبَدِيعُ، الْبَاقِي، الْوَارِثُ، الرَّشِيدُ، الصَّبُورُ."[1]

....

....

....

....

....

(1) الترمذي، أبو عيسى، محمد بن عيسى. (ت. 279هـ)، **الجامع الكبير**، تحقيق: د. بشار معروف، ط1، بيروت: دار الغرب الإسلامي، 1996م، كتاب الدعوات، باب ما جاء في عقد التسبيح باليد، ج5، ص486، حديث رقم: 3507، وقال عنه الإمام الترمذي: حديث غريب.

ورقة عمل رقم (5) أسباب الغواية وآثار التوبة

الهدف: استنتاج أسباب الغواية وآثار التوبة.

الأسلوب: تحليل النصوص.

قال الشاعر:

إلهي بك أستجير ومن يجير سواكا	فأَجِر ضعيفاً يحتمي بحماكا
إني ضعيف أستعين على قوى	ذنبي ومعصيتي ببعض قواكا
أذنبت يا ربي وآذتني ذنو	ب ما لها من غافر إلاكا
دنياي غرتني وعفوك غرني	ما حيلتي في هذه أو ذاكا
رباه هأنذا خلصت من الهوى	واستقبل القلب الخلي هواكا
وتركت أنسي بالحياة ولهوها	ولقيت كل الأنس في نجواكا
ونسيت حبي واعتزلت أحبتي	ونسيت نفسي خوف أن أنساكا
ذقت الهوى مراً ولم أذق الهوى	يا رب حلواً قبل أن أهواكا
أنا كنت يا ربي أسير غشاوة	رانت على قلبي فضل سناكا

من خلال مجموعتك:

1- استنتج أسباب الضلال من خلال هذه الأبيات.

....

....

....

....

2- استنتج آثار التوبة من خلال هذه الأبيات.

....

....

....

....

ورقة عمل رقم (6) تطبيق مهارات الطلاقة في موضوع التوبة

(الحكمة من فتح باب التوبة للمذنبين)

الهدف: تنمية مهارة الطلاقة/ مهارات التفكير الإبداعي.

إن اللـه تبارك وتعـالى فـتح بـاب التوبـة، ﴿ قُلْ يَا عِبَادِيَ الَّذِينَ أَسْرَفُوا عَلَى أَنفُسِهِمْ لَا تَقْنَطُوا مِن رَّحْمَةِ اللَّهِ إِنَّ اللَّهَ يَغْفِرُ الذُّنُوبَ جَمِيعًا إِنَّهُ هُوَ الْغَفُورُ الرَّحِيمُ {53/39} ﴾ [الزمر: 53]، ماذا تتوقع أن يحدث لو أن اللـه تعالى لم يفتح بـاب التوبة لعباده المذنبين؟

....
....
....
....
....
....
....
....
....
....
....
....
....
....
....
....
....
....
....
....
....
....

ورقة عمل (7) سعة رحمة الـلـه تعالى بعباده

الهدف: أن يدرك الطالب سعة رحمة الـلـه تعالى بعباده.

الأسلوب: مهارة التحليل.

إن الـلـه تبارك وتعالى فتح باب التوبة، ﴿ قُلْ يَا عِبَادِيَ الَّذِينَ أَسْرَفُوا عَلَى أَنفُسِهِمْ لَا تَقْنَطُوا مِن رَّحْمَةِ الـلـه إِنَّ الـلـه يَغْفِرُ الذُّنُوبَ جَمِيعًا إِنَّهُ هُوَ الْغَفُورُ الرَّحِيمُ {53/39} ﴾ [الزمر: 53].

قال الإمام الشوكاني: "واعلم أن هذه الآية أرجى آية في كتاب الـلـه؛ لاشتمالها على أعظم بشارة."[1]

تأمل الآية الكريمة واكتشف البشارات الأربع التي ظهرت في الآية الكريمة ودلت على قبول الـلـه تعالى لتوبة عباده وسعة رحمته، ودوّنها في المخطط الذي أمامك:

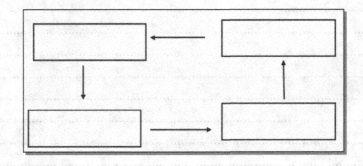

(1) طنطاوي، محمد السيد، **التفسير الوسيط**،ج 1، ص 3670. من موقع: http://www.altafsir.com

استخلاص هذه البشارات تدريب يهدف إلى إكساب المتعلمين القدرة على تذوق جمالية ودقة النّص القرآني، والبشارات هي:

- ✓ أضاف العباد إلى نفسه لقصد تشريفهم، ومزيد تبشيرهم، ثم وصفهم بالإسراف في المعاصي.
- ✓ ثم عقب على ذلك بالنهي عن القنوط من الرحمة، وبهذا فقد أراد الـلـه تعالى من خلال خطابه مواجهة أسلوب من أساليب الشيطان؛ وهو زرع اليأس في نفوس المذنبين ليقنطوا من رحمة الـلـه، ويستغرقوا في ذنوبهم.
- ✓ ثمّ وسَّع الـلـه تعالى دائرة المغفرة من خلال تأكيده على مغفرته لجميع الذنوب فقال: "إنَّ الـلـه يَغْفِرُ الذنوب...".
- ✓ ثمّ ختم سياق الآية بمزيد تدليل على مغفرته ورحمته.

ورقة عمل رقم (8) دوافع التوبة

الهدف: استنتاج دوافع التوبة.

الأسلوب: تحليل النصوص.

قال الشاعر:

يا نفس توبي فإن الموت قد حانا ... و أعص الهوى فالهوى ما زال فتانا
أما ترين المنايا كيف تلقطنا ... لقطاً وتلحق أخرانا بأولانا
في كل يوم لنا ميت نشيعه ... نرى بمصرعه آثار موتانا
يا نفس مالي وللأموال أتركها ... خلفي واخرج من دنياي عريانا
أبعد خمسين قد قضَّيْتها لعباً ... قد آن أن تقصري قد آن قد آنا
ما بالنا نتعامى عن مصائرنا ... ننسى بغفلتنا من ليس ينسانا
نزداد حرصاً وهذا الدهر يزجرنا ... وكان زاجرنا بالحرص أغرانا
أين الملوك وأبناء الملوك ومن ... كانت تخر له الأذقان إذعانا
صاحت بهم حادثات الدهر فانقلبوا ... مستبدلين من الأوطان أوطانا
خلوا مدائن كان العز مفرشها ... واستفرشوا حفراً غبراً وقيعانا
يا راكضاً في ميادين الهوى مرحاً ... ورافلاً في ثياب الغيِّ نشوانا
مضى الزمان وولى العمر في لعب ... يكفيك ما قد مضى قد كان ما كانا

من خلال المجموعة:

ما المعالم التي ينطلق منها الشاعر ليحض نفسه على التوبة؟

....

....

يقول الشاعر: أين الملوك وأبناء الملوك ومن ... كانت تخر له الأذقان إذعانا

اذكر أمثلة واقعية على ما استشهد به الشاعر.

....

....

ورقة عمل رقم (9) أهمية التوبة وأثرها

الهدف: يستخلص الطالب أهمية التوبة إلى الـلـه تعالى وأثرها.

الأسلوب: تحليل النصوص.

يقوم المعلم بتقسيم الطلبة إلى ستة مجموعات، ويبيّن لهم أن هذه قصيدة لزين العابدين،[1] ويكلف كل مجموعة بمناقشة مجموعة الأبيات التي بين أيديهم وما دلت عليه بخصوص الموت.

المجموعة الأولى: "مجموعة ...."

لَيْسَ الغَريبُ غَريبَ الشَّامِ والـيَمَنِ ... إنَّ الغَريـبَ غَريـبُ اللَّحـدِ والكَفَـنِ
إنَّ الغَريـبَ لَـهُ حَـقٌّ لِغُرْبَتـِهِ ... على الْمُقيمينَ في الأَوطـانِ والسَّكَنِ
سَـفَري بَعيـدٌ وَزادي لَـنْ يُبَلِّغَنـي ... وَقُـوَّتي ضَـعُفَتْ والمـوتُ يَطلُبُنـي
وَلي بَقايـا ذُنـوبٍ لَسْـتُ أَعْلَمُهـا ... الـلـه يَعْلَمُهـا في السِّرِ والعَلَـنِ
مَـا أَحْلَمَ الـلـه عَني حَيْـثُ أَمْهَلَنـي ... وقَـدْ تَمـادَيْتُ في ذَنْبـي ويَسْـتُرُنِي
تَمُـرُّ سـاعـاتُ أَيّـَامي بِـلا نَـدَمٍ ... ولا بُكـاءٍ وَلاخَـوْفٍ ولا حَـزَنِ
أَنَـا الَّـذِي أُغْلِـقُ الأَبْـوابَ مُجْتَهِـداً ... عَلى المعاصِي وَعَيْنُ الـلـه تَنْظُرُنـي

من خلال مجموعتك:

أمامك مجموعة من الأبيات الشعرية، اقرأ هذه الأبيات، ثمّ أجب عن السؤال الآتي:

- ترسم هذه الأبيات صورة للإنسان في مرحلة ما قبل الموت، عبّر عنها بلغتك الخاصة.

....

....

(1) هذه القصيدة لزين العابدين قام بإنشادها المنشد عبد العزيز الأحمد، وهي متوفرة بأداء إنشادي، يستطيع المعلم أن يوظفها ويعرضها لطلبته من خلال استخدام جهاز العرض (Data Show)، وهي متوفرة على الشبكة العنكبوتية على الموقع الآتي: http://www.youtube.com/watch?v=-8GT7iV_zrw

المجموعة الثانية: "مجموعة ...."

يَــا زَلَّــةً كُتِبَــتْ فِي غَفْلَــةٍ ذَهَبَــتْ	يَـا حَسْرَةً بَقِيَتْ فِي القَلـبِ تُحْرِقُنـي
دَعْنـي أَنُـوحُ عَـلى نَـفْسي وَأَنْدُبـهـا	وَأَقْطَـعُ الـدَّهْرَ بِالتَّذْكِيـرِ وَالحَـزَنِ
كَـأَنَّني بَـيْنَ تلـك الأَهـلِ مُنطَرِحــاً	عَـلى الفِـراشِ وَأَيْـديهِمْ تُقَلِّبُنــي
وَقـد أَتَـوْا بِطَبيـبٍ كَـيْ يُعالِجَنــي	وَلَمْ أَرَ الطِّبَّ هــذا اليـومَ يَنْفَعُني
واشَتد نَزْعِي وَصَـار المَـوتُ يَجْذِبُـها	مِـن كُـلِّ عِـرْقٍ بِـلا رِفـقٍ ولا هَـوَنِ
واسـتَخْرَجَ الـرُّوحَ مِنـي فِي تَغَرْغُرِهـا	وصـارَ رِيقـي مَريـراً حِـينَ غَرْغَـرَني
وَغَمَّضُـوني وَراحَ الكُـلُّ وانْصَرَفـوا	بَعْـدَ الإِيـاسِ وَجَـدُّوا فِي شِرَا الكَفَـنِ

من خلال مجموعتك:

أمامك مجموعة من الأبيات الشعرية، اقرأ هذه الأبيات ثمّ أجب على السؤال الآتي:

- ترسم هذه الأبيات صورة للإنسان في مرحلة من مراحل الموت، عبّر عنها بلغتك الخاصة.

....

....

....

....

....

....

....

....

....

....

....

....

المجموعة الثالثة: "مجموعة ...."

وَقـامَ مَنْ كانَ حِبَّ النّـاس في عَجَـلٍ   نَحْـوَ المُغَسِّـلِ يَأْتيـنـي يُغَسِّلُـنـي
وَقـالَ: يـا قَوْمِ نَبْغِـي غاسِـلاً حَـذِقاً   حُـراً أَريبـاً لَبِيبـاً عَارِفـاً فَطِـنِ
فَجـاءَني رَجُـلٌ مِـنْهُمْ فَجَـرَّدَني   مِـنَ الثِّيــابِ وَأَعْـرَاني وأَفْـرَدَني
وَأَوْدَعـوني عَـلى الأَلْـواحِ مُنْطَرِحـاً   وَصـارَ فَوْقي خَرِيـرُ الماءِ يُنَظِفُنِـي
وَأَسْكَبَ المـاءَ مِـنْ فَـوقي وَغَسَّـلَني   غُسْلاً ثَلاثـاً وَنَـادَى القَـوْمَ بِـالكَفَنِ
وَأَلْبَسُـوني ثِيابـاً لا كِـمامَ لهـا   وَصارَ زَادي حَنُوطِـي حيـنَ حَنَّطَني
وأَخْرَجـوني مِـنَ الدُّنيـا فَـوا أَسَـفاً   عَـلى رَحِيـلٍ بِـلا زادٍ يُبَلِّغُنـي

من خلال مجموعتك:

أمامك مجموعة من الأبيات الشعرية، اقرأ هذه الأبيات ثمّ أجب على السؤال الآتي:

- ترسم هذه الأبيات صورة للإنسان في مرحلة من مراحل الموت، عبّر عنها بلغتك الخاصة.

....
....
....
....
....
....
....
....
....
....
....
....

المجموعة الرابعة: "مجموعة ...."

وَحَمَّلـوني عـلى الأكْتـافِ أَربَعَـةٌ | مِنَ الرِّجـالِ وَخَلْفِـي مَـنْ يُشَيِّعُني
وَقَـدَّموني إلى المحـرابِ وانصَرَفـوا | خَلْـفَ الإمـامِ فَصَلَّى ثـمّ وَدَّعَنـي
صَلَّوْا عَـلَيَّ صَـلاةً لا رُكـوعَ لهـا | ولا سُجـودا لَعَـلَّ اللـه يَرْحَمُنـي
وَأَنْزَلـوني إلـى قَـبري عـلى مَهَـلٍ | وَقَـدَّمُوا واحِـداً مِنهـم يُلَحِّدُنـي
وَكَشَّفَ الثّوْبَ عَن وَجْهي لِيَنْظُرَني | وَأَسْكَبَ الـدَّمْعَ مِـنْ عَيْنيـهِ أَغْرَقَنـي
فَقـامَ مُحتَرِمـاً بِـالعَزمِ مُشْـتَمِلاً | وَصَفَّفَ اللـبْن مِـنْ فَـوْقِي وفـارَقَني
وقَـالَ: هُلُّـوا عليـه الـتُّرْبَ واغْتَنِمـوا | حُسْنَ الثَّوابِ مِنَ الرَّحمنِ ذِي المِنَنِ

من خلال مجموعتك:

أمامك مجموعة من الأبيات الشعرية، اقرأ هذه الأبيات ثمّ أجب على السؤال الآتي:

- ترسم هذه الأبيات صورة للإنسان في مرحلة من مراحل الموت، عبّر عنها بلغتك الخاصة.

....

....

....

....

....

....

....

....

....

....

....

....

المجموعة الخامسة: "مجموعة ...."

في ظُلْمَـةِ القـبرِ لا أُمٌّ هنـاك ولا — أَبٌ شَفـيقٌ ولا أَخٌ يُؤَنِّسُنـي
فَريـدٌ وَحِيـدُ القـبرِ، يـا أَسَفـا — عَـلى الفِـراقِ بِـلا عَمَـلٍ يُزَوِّدُنـي
وَهـالَني صُـورَةٌ في العـينِ إِذْ نَظَـرَتْ — مِنْ هَوْلِ مَطْلَعِ ما قَدْ كانَ أَدهَشَني
مِـنْ مُنكَـرٍ ونكـيرٍ مـا أَقـولُ لهـم — قَدْ هـالَني أَمْرُهُمْ جِـداً فَـأَفْزَعَني
وَأَقْعَـدوني وَجَـدُّوا في سُؤالِهِـمُ — مَـالِي سِـوَاكَ إلهـي مَـنْ يُخَلِّصُنِي
فَـامْنُنْ عَـلَيَّ بِعَفْـوٍ مِنـك يـا أَمَـلي — فَـإِنَّني مُوثَـقٌ بِالـذَّنْبِ مُرْتَهَـنِ
تَقاسمَ الأَهْـلُ مـالي بعـدما انْصَرَفُـوا — وَصَـارَ وِزْرِي عَـلى ظَهْـرِي فَـأَثْقَلَني

من خلال مجموعتك:

أمامك مجموعة من الأبيات الشعرية، اقرأ هذه الأبيات ثمّ أجب على السؤال الآتي:

- ترسم هذه الأبيات صورة للإنسان في مرحلة من مراحل الموت، عبّر عنها بلغتك الخاصة.

....
....
....
....
....
....
....
....
....
....
....
....

المجموعة السادسة: "مجموعة ...."

واسـتَبْدَلَتْ زَوجَتـي بَعْـلاً لهـا بَـدَلي وَحَكَّمَتْـــهُ في الأَمْـــوَالِ والسَّكَـــنِ
وَصَـــيَّرَتْ وَلَـــدي عَبْـــداً لِيَخْدُمَهــــا وَصَـــارَ مَـــالي لهـــم حِـــلاً بِــلا ثَمَـــنِ
فَـــلا تَغُرَّنَّـــكَ الدُّنْيــــا وَزِينَتُهــــا وانْظُرْ إلى فِعْلِهـا في الأَهْلِ والـوَطَنِ
وانْظُرْ إلى مَنْ حَـوَى الـدُّنْيا بِأَجْمَعِها هَلْ رَاحَ مِنْها بِغَيْرِ الحَنْطِ والكَفَـنِ
خُذِ القَنـاعَةَ مِـنْ دُنْيَاك وارْضَ بِها لَـوْ لم يَكُـنْ لَـكَ إلا رَاحَـةُ البَـدَنِ
يَـا زَارِعَ الخَـيْرِ تحصُـدْ بَعْـدَهُ ثَمَـراً يَـا زَارِعَ الشَّرِّ مَوْقُـوفٌ عَـلَى الـوَهَنِ
يَا نَفْسُ كُفِّي عَنِ العِصْيانِ واكْتَسِبِي فِعْـلاً جمـيلاً لَعَـلَّ اللــه يَرحَمُنـي
يَا نَفْسُ وَيْحَـكِ تُـوبي واعمَـلِي حَسَـناً عَسى تُجازَيْنَ بَعْدَ الموتِ بِالحَسَنِ

من خلال مجموعتك:

أمامك مجموعة من الأبيات الشعرية، اقرأ هذه الأبيات ثمّ أجب على السؤال الآتي:

- ترسم هذه الأبيات صورة للإنسان في مرحلة من مراحـل المـوت، عـبّر عنهـا بلغتـك الخاصة.

....
....
....
....
....
....
....
....
....
....
....
....

سؤال لجميع المجموعات:

ماذا تستفيد من هذه الأبيات في حياتك اليومية؟

....

....

....

....

....

....

....

....

....

....

....

....

....

....

....

....

....

....

ورقة عمل رقم (10) حاجة الإنسان إلى التوبة والهداية "قصة سالم"

الهدف: أنّ يشعر الطالب حاجة الإنسان إلى التوبة والهداية، ويتعرف أثرها في حياتـه، من خلال قصة سالم.

الأسلوب: تحليل النصوص.

"لم أكن جاوزت الثلاثين حين أنجبت زوجتي أوّل أبنائي، وما زلت أذكر تلك الليلة، بقيت إلى آخر الليل مـع "الشّـلة" في إحـدى الاسـتراحات، كانـت سـهرة مليئـة بـالكلام الفارغ، بل بالغيبة والتعليقات المحرمة، كنـت أنـا الـذي أتـولى في الغالـب إضـحاكهم، وغيبة الناس، وهم يضحكون، وأذكر ليلتها أنّي أضـحكتهم كثـيراً، كنـت أمتلـك موهبـة عجيبة في التقليد، فبإمكاني تغيير نبرة صـوتي حتـى تصـبح قريبـة مـن الشـخص الـذي أسخر منه، أجل كنت أسخر من هذا وذاك، ولم يَسلَم أحد منّي حتـى أصـحابي، وصـار بعض الناس يتجنّبني كي يَسْلَم من لساني، أذكر أني تلك الليلة سخرت من أعمـى رأيتـه يتسوّل في السّوق، والأدهى أنّي وضعت قدمي أمامـه فتعـثّر وسـقط يتلفـت برأسـه لا يدري ما يقول، وانطلقت ضحكتي تدوي في السّوق.

عدت إلى بيتي متأخراً كالعادة، وجدت زوجتي في انتظاري، وقـد كانـت في حالـة يرثى لها،

قالت بصوت متهدج: راشد، أين كنتَ؟

قلت- ساخراً-: في المريخ، عند أصحابي بالطبع، وقد كان الإعياء ظاهراً عليها.

قالت -والعبرة تخنقها-: راشـد، أنـا متعبـة جـداً، والظـاهر أن موعـد ولادتي صـار وشيكاً.

سقطت دمعة صـامته عـلى خـدها، وأحسسـت أنّي أهملـت زوجتـي، وقـد كـان المفروض أن أهتم بها وأقلّل مـن سـهراتي، خاصـة أنّهـا في شـهرها التاسـع، حملتهـا إلى المستشفى بسرعة، دخلت غرفـة الـولادة جعلـت تقـاسي الآلام سـاعات طـوال، وكنـت أنتظر ولادتها بفارغ الصبر، تعسرت ولادتها، فانتظرت طويلاً حتى تعبت؛ فـذهبت إلى

البيت، وتركت رقم هاتفي عندهم ليبشروني، وبعد ساعة اتصلوا بي ليزفوا لي نبأ قدوم سالم؛ ذهبت إلى المستشفى فوراً، أول ما رأوني أسأل عن غرفتها؛ طلبوا منّي مراجعة الطبيبة التي أشرفت على ولادة زوجتي؛

صرختُ بهم: أيُّ طبيبة؟! المهم أن أرى ابني سالماً.

قالوا: أولاً راجع الطبيبة.

دخلت على الطبيبة، كلمتني عن المصائب، والرضى بالأقدار، ثم قالت: ولدك به تشوه شديد في عينيه ويبدو أنه فاقد البصر!!

خفضت رأسي، وأنا أدافع عبراتي، تذكّرت ذاك المتسوّل الأعمى الذي دفعته في السوق وأضحكت عليه الناس، سبحان الله كما تدين تدان! بقيت واجماً قليلاً، لا أدري ماذا أقول؟ ثم تذكرت زوجتي وولدي، فشكرت الطبيبة على لطفها، ومضيت لأرى زوجتي، لم تحزن زوجتي، كانت مؤمنة بقضاء الله، طالما نصحتني أن أكف عن الاستهزاء بالناس، وكانت تردد دائماً: لا تغتب الناس. خرجنا من المستشفى، وخرج سالم معنا، في الحقيقة، لم أكن أهتم به كثيراً، اعتبرته غير موجود في المنزل، حين يشتد بكاؤه أهرب إلى الصالة لأنام فيها، كانت زوجتي تهتم به كثيراً، وتحبّه كثيراً، أما أنا فلم أكن أكرهه، لكنني لم أستطع أن أحبّه!

كبر سالم، وبدأ يحبو، وكانت حبوته غريبة، قارب عمره السنة فبدأ يحاول المشي؛ فاكتشفنا أنّه أعرج، فأصبح ثقيلاً على نفسي أكثر، أنجبت زوجتي بعده عمراً وخالداً، ومرّت السنوات، وكبر سالم، وكبر أخواه، كنت لا أحب الجلوس في البيت، دائماً مع أصحابي، في الحقيقة كنت كاللعبة في أيديهم، ولم تيأس زوجتي من إصلاحي؛ كانت تدعو لي دائماً بالهداية، لم تغضب من تصرّفاتي الطائشة، لكنها كانت تحزن كثيراً إذا رأت إهمالي لسالم واهتمامي بباقي إخوته. كبر سالم وكبُر معه همِّي، لم أمانع حين طلبت زوجتي تسجيله في أحدى المدارس الخاصة بالمعاقين، ولم أكن أحس بمرور السنوات، أيّامي سواء، عمل ونوم وطعام وسهر.

في يوم جمعة؛ استيقظت الساعة الحادية عشر ظهراً، وما يزال الوقت مبكراً بالنسبة

لي، فقد كنت مدعواً إلى وليمة، لبست وتعطّرت وهممت بالخروج، مـررت بصـالة المنزل، استوقفني منظر سالم، كان يبكي بحرقة! إنّها المرّة الأولى التي أنتبه فيها إلى سالم يبكي مذ كان طفلاً، عشر سـنوات مضت ولم ألتفت إليه، حاولـت أن أتجاهلـه، فلـم أحتمل، كنت أسمع صوته ينادي أمه وأنا في الغرفة، التفت ثم اقتربت منه، قلت: سالم! لماذا تبكي؟! حين سمع صوتي توقّف عن البكاء، فلما شعر بقربي؛ بدأ يتحسّس مـا حوله بيديه الصغيرتين، ما بِه يا ترى؟! اكتشفت أنه يحاول الابتعاد عني!! وكأنه يقـول: الآن أحسست بي، أين أنت منذ عشر سنوات؟! تبعته، كان قد دخل غرفته، رفض أن يخبرني في البداية سبب بكائه، حاولت التلطف معه، بدأ سالم يبيّن سبب بكائـه، وأنـا أستمع إليه وأنتفض، تدري ما السبب؟! تأخّر عليه أخوه عمر، الـذي اعتـاد أن يوصلـه إلى المسجد، ولأنها صلاة جمعة، خاف ألاّ يجد مكاناً في الصف الأوّل، نادى عمر، ونادى والدته، ولكن لا مجيب؛ فبكى، أخذت أنظر إلى الدموع تتسرب من عينيـه المكفوفتين، لم أستطع أن أتحمل بقية كلامه، وضعت يدي على فمه،

وقلت: لذلك بكيت يا سالم!!

قال: نعم.

نسيت أصحابي، ونسيت الوليمة، وقلت: سالم لا تحزن، هـل تعلـم مـن سـيذهب بك اليوم إلى المسجد؟

قال: أكيد عمر، لكنه يتأخر دائماً.

قلت: لا، بل أنا سأذهب بك، دهش سالم، ولم يصدّق، ظنّ أنّي أسخر منه، استعبر ثم بكى، مسحت دموعه بيدي، وأمسكت يده، أردت أن أوصله بالسيّارة، رفض قائلاً: المسجد قريـب، أريـد أن أخطـو إلى المسجد، لا أذكر متـى كانـت آخر مـرّة دخلـت فيها المسجد، لكنها المرّة الأولى التي أشعر فيها بالخوف، والنّدم عـلى مـا فرّطتـه طوال السنوات الماضية، كان المسجد مليئاً بالمصلّين، إلاّ أنّي وجدت لسـالم مكانـاً في الصف الأوّل، استمعنا لخطبة الجمعة معاً وصلى بجانبي، بل في الحقيقـة أنـا صليت بجانبه، بعد انتهاء الصلاة طلب منّي سـالم مصحفاً، استغربت!! كيف سـيقرأ وهو

أعمى؟ كدت أن أتجاهل طلبه، لكني جاملته خوفاً من جرح مشاعره، ناولته المصحف، طلب مني أن أفتح المصحف على سورة الكهف، أخذت أقلب الصفحات تارة، وأنظر في الفهرس تارة، حتى وجدتها، أخذ مني المصحف، ثم وضعه أمامه، وبدأ في قراءة السورة، وعيناه مغمضتان، يا الله!! إنّه يحفظ سورة الكهف كاملة!! خجلت من نفسي، أمسكت مصحفاً، أحسست برعشة في أوصالي، قرأت، وقرأت...دعوت الله أن يغفر لي ويهديني، ولم أستطع الاحتمال، فبدأت أبكي كالأطفال، كان بعض الناس لا يزال في المسجد يصلي السنة، خجلت منهم، فحاولت أن أكتم بكائي، تحول البكاء إلى نشيج وشهيق، لم أشعر إلاّ بيد صغيرة تتلمس وجهي، ثم تمسح عنّي دموعي، إنه سالم!! ضممته إلى صدري، ونظرت إليه، قلت في نفسي: لست أنت الأعمى، بل أنا الأعمى، حين انسقت وراء فُسّاق يجرونني إلى النار.

عدنا إلى المنزل، كانت زوجتي قلقة كثيراً على سالم، لكن قلقها تحوّل إلى دموع حين علمت أنّي صلّيت الجمعة مع سالم، من ذلك اليوم لم تفتني صلاة جماعة في المسجد، هجرت رفقاء السوء، وأصبحت لي رفقة خيّرة عرفتها في المسجد، وذقت طعم الإيمان معهم، وعرفت منهم أشياء ألهتني عنها الدنيا، ولم أفوّت حلقة ذكر أو صلاة الوتر، وختمت القرآن عدّة مرّات في شهر، ورطّبت لساني بالذكر لعلّ الله يغفر لي غيبتي وسخريتي من النّاس، وأحسست أنّي أكثر قرباً من أسرتي، اختفت نظرات الخوف والشفقة التي كانت تطل من عيون زوجتي، الابتسامة ما عادت تفارق وجه ابني سالماً، من يراه يظنّه ملك الدنيا وما فيها، حمدت الله كثيراً على نعمه.

ذات يوم قرر أصحابي الصالحون أن يتوجّهوا إلى أحدى المناطق البعيدة للدعوة، تردّدت في الذهاب، استخرت الله، واستشرت زوجتي، توقعت أنها سترفض، ولكن حدث العكس! فرحت كثيراً، بل شجّعتني، فلقد كانت تراني في السابق أسافر دون استشارتها فسقاً وفجوراً، توجهت إلى سالم أخبرته أني مسافر، ضمني بذراعيه الصغيرين مودعاً، تغيّبت عن البيت ثلاثة أشهر ونصف، كنت خلال تلك الفترة أتصل كلّما سنحت لي الفرصة بزوجتي وأحدّث أبنائي، اشتقت إليهم كثيراً آآآه كم اشتقت إلى سالم!!

تمنّيت سماع صوته، هو الوحيد الذي لم يحدّثني منذ سافرت، إمّا أن يكون في المدرسة أو المسجد ساعة اتصالي بهم، وكلّما حدّثت زوجتي عن شوقي إليه، كانت تضحك فرحاً وبشراً، إلاّ آخر مرّة هاتفتها فيها، لم أسمع ضحكتها المتوقّعة، تغيّر صوتها.

قلت لها: أبلغي سلامي لسالم.

فقالت: إن شاء الله، وسكتت.

أخيراً عدت إلى المنزل، طرقت الباب، تمنّيت أن يفتح لي سالم، لكن فوجئت بابني خالد الذي لم يتجاوز الرابعة من عمره، حملته بين ذراعي وهو يصرخ: باب ... يابا، لا أدري لماذا انقبض صدري حين دخلت البيت، استعذت بالله من الشيطان الرجيم، أقبلت إليّ زوجتي، كان وجهها متغيراً، كأنها تتصنع الفرح،

تأمّلتها جيداً، ثم سألتها: ما بكِ؟

قالت: لا شيء.

فجأة تذكّرت سالماً، فقلت: أين سالم؟

خفضت رأسها، لم تجب سقطت دمعات حارة على خديها، صرخت بها، سالم، أين سالم؟ لم أسمع حينها سوى صوت ابني خالد، يقول بلثغته: بابا، ثالم لاح الجنّة، عند الله. لم تتحمل زوجتي الموقف أجهشت بالبكاء، وكادت أن تسقط على الأرض، فخرجت من الغرفة، وعرفت بعدها أن سالم أصابته حمّى قبل موعد مجيئي بأسبوعين، فأخذته زوجتي إلى المستشفى، فاشتدت عليه الحمى، ولم تفارقه، حتى فارقت روحه جسده.[1]

---

(1) مأخوذة من موقع:

http://www.saaid.net/Warathah/arefe/17.htm

وتجدر الإشارة إلى وجود العديد من قصص التائبين من القدامي والمعاصرين، يمكن للمعلم الاستفادة منها، وقد نشر موقع صيد الفوائد سلسلة منها تحت عنوان: "العائدون إلى الله".

من خلال المجموعة:

- استنتج ما الأسباب التي دفعت الرجل إلى طريق الضلال؟

....

....

....

....

....

....

- ما موقف الزوجة من ضلال زوجها؟

....

....

....

....

....

- ماذا تستفيد من هذه القصة في حياتك اليومية؟

....

....

....

....

....

نموذج مقترح لتحليل قصص التوبة

ما الأسباب التي كانت وراء ضلال صاحب/صاحبة القصّة؟

ما الذي ساعد صاحب القصة على الهداية و التوبة إلى الله؟

كيف كان للتوبة أثر في تغيير حياة صاحب القصّة ؟

ما أبرز الأحداث التي استوقفتك في القصّة؟ صف شعورك تجاهها؟

ماذا تستفيد من أحداث القصّة لحياتك اليومية؟

هل تعرف قصصاً مشابهة لهذه القصّة؟

خامس عشر

أثر العقيدة الإسلامية في حياة الفرد

الأهداف المتوقعة:

يتوقع من الطالب بعد الانتهاء من دراسة هذا الموضوع أن يكون قادراً على أن:

1- يستنتج أثر العقيدة الإسلامية في حياة الفرد.

2- يدرك العلاقة بين العقيدة الإسلامية، وتعديل السلوك.

3- يستنتج أثر تحرير العقيدة للإنسان من مخاوفه في الحياة.

4- يفسر فهمه للوجود.

5- يستشعر رقابة الله تعالى له.

التخطيط للمواقف التعليمية والفعاليات:

1- تفعيل أسلوب دراسة الحالة التجميعية؛ من خلال الاستعانة بالإحصائيات والدّراسات الاجتماعية لبعض المظاهر، وتحليل أبرز النتائج المتعلقة بها.

2- تفعيل أسلوب التفكير التأملي. للتعرف على آثار العقيدة الإسلامية على الفرد.

3- توظيف التفكير النّاقد للتفاعل مع المواقف التعليمية، وللوصول إلى قدرة على إصدار الأحكام، وصنع القرارات وحل المشكلات، والتعبير عن آرائهم بصراحة وموضوعية بناءً على القيم التربوية.

ورقة عمل رقم (1) أثر العقيدة الإسلامية في حياة الفرد

(مواجهة ظاهرة الانتحار)

الهدف: استنتاج أثر العقيدة الإسلامية في حياة الفرد

[يمكن للمعلم عرض الخارطة أو القائمة]

الإنتحار لكل 100000 نسمة[1]

الترتيب	الدولة	ذكر	أنثى	المجموع	السنة
1	ليتوانيا	55.9	9.1	30.7	2008
2	بيلاروسيا	63.3	10.3	35.1	2003
3	روسيا	61.6	10.7	34.3	2004
4	كازاخستان	51.0	8.9	29.2	2003
5	المجر	44.9	12.0	27.7	2003
6	غويانا	42.5	12.1	27.2	2003
7	سلوفينيا	37.9	13.9	25.6	2004
8	لاتفيا	42.9	8.5	24.3	2004
9	اليابان	35.6	12.8	24.0	2004
10	كوريا الجنوبية	32.5	15.0	23.8	2004
11	أوكرانيا	43.0	7.3	23.8	2004
12	الصين[2]	20.4	24.7	22.5	1999
13	سريلانكا	N/A	N/A	21.6	1996
14	بلجيكا	31.2	11.4	21.1	1997
15	إستونيا	35.5	7.3	20.3	2005
16	فنلندا	31.7	9.4	20.3	2004
17	كرواتيا	30.2	9.8	19.6	2004
—	*صربيا والجبل الأسود*	28.8	10.4	19.3	2002
—	*هونج كونج*	25.2	12.4	18.6	2004
18	فرنسا	27.5	9.1	18.0	2003
19	سويسرا	23.7	11.3	17.4	2004
20	النمسا	26.1	8.2	16.9	2005

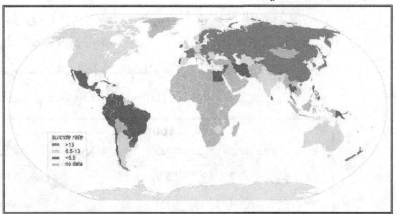

تظهر هذه الخارطة/ القائمة –كما تذكر موسوعة ويكبيديا- نسبة الانتحار في دول العالم لكل 100000 نسمة، من خلال المجموعة، تأمل الخارطة التي أمامك وبيّن ما يأتي:

1- أعلى المناطق التي تنتشر فيها هذه الظاهرة.
....
....

2- أقل المناطق انتشاراً.
....
....

3- هل هناك علاقة بين انتشار هذه الظاهرة وانتشار الإسلام؟ وضِّح كلامك فيما إذا كانت علاقة طردية أم عكسية.؟
....
....

4- برأيك ما أسباب انخفاض هذه الظاهرة في المناطق التي ينتشر فيها الإسلام.
....
....

5- ما الذي يدفع بالكثيرين إلى اللجوء للانتحار؟
....
....

6- كيف يمكن للإيمان بالله تعالى ووجود التصور الواضح لهذا الوجود أن يحد من هذه الظاهرة؟
....
....

ورقة عمل رقم (2) أثر العقيدة الإسلامية في حياة الفرد
(مواجهة ظاهرة المخدرات)

الهدف: استنتاج أثر العقيدة في حياة الفرد.

يذكر موقع إدارة مكافحة المخدرات في الأردن أن من أسباب تعـاطي المخـدرات: "الميـل إلى التقليد أو التجربة بدواعي الفضول، وبعض الأشخاص يبحثـون عـن أي شيء ليعـبروا عن أنفسهم أو لمجرد أنهم يعتقدون بأن المخدرات طريقهم إلى السعادة، وأحياناً يتخذ البعض قرارات سيئة بسبب ضغوطات أصدقائهم ورغبتهم في الانسجام مع الآخرين."[1]

من خلال مجموعتك ناقش هذه المشكلة التي تعاني منها المجتمعات، من الجوانب الآتية:

1- ما هي المشكلة (حدد المشكلة وقم بوصفها)

....

....

2- ما آثار انتشار هذه الظاهرة على :

- الأفراد أنفسهم

....

- أسرهـم

....

- مجتمعاتهم

....

3- ما علاقة ضعف الإيمان، بالأسباب المذكورة للمشكلة؟

....

....

4- كيف يمكن للعقيدة (الإيمان) أن تساهم في الحد مـن هـذه الظـاهرة (المشـكلة)، ومعالجة أسبابها؟

....

....

(1) www.anti-narcotics.psd.gov.jo/index.php?option=com_content&task=view&id=43&Itemid=51

ورقة عمل رقم (3) أثر العقيدة الإسلامية في حياة الفرد
(الطمأنينة النفسية)

الهدف: استنتاج أثر العقيدة الإسلامية في حياة الفرد

قال الشاعر:

سـهرت أعـين ، ونامـت عيــون	في أمــور تكــون أو لا تكــون
فـادر إ الهم ما استطعت عن النفس	فحملانــك الهمــوم جنــون
إن ربــاً كفـاك بالأمــس مـا كـان	سيكفيك فـي غـدٍ مـا يكــون

قال الشاعر:

إذا ما خلـوت الدهـر يومـاً فلا تقل	خلـوت ولكـن قل عـليَّ رقيبُ
ولا تحسبــنّ اللـه يغفـل ساعــة	ولا أن ما تخفيــه عنـه يغيبُ

من خلال مجموعتك، تأمل هذه النصوص الشعرية، ثم أجب عن الأسئلة الآتية:

1- ما الذي أبعد النوم عن عيون الكثيرين؟
....
....

2- كيف يمكن للإيمان أن يخفف هموم هؤلاء؟
....
....

3- هل مررت بمثل هذه المعاناة ؟
....
....

4- كيف استطعت أن تواجه هذه الهموم؟
....
....

5- ما أثر العقيدة في حياة الفرد ؟
....
....

ورقة عمل رقم (4) أثر العقيدة الإسلامية (الإيمان) في حياة الفرد
(الوصول للتصور الواضح للوجود)

الهدف: أن يعبّر الطالب عن فهمه للوجود.

المهمة: يقوم كل طالب بالإجابة عن التساؤلات الواردة في المخطط التعبيري الآتي، ثمّ
يناقش المعلم أهم الأفكار مع طلبته.

ورقة عمل رقم (5) أثر العقيدة الإسلامية في حياة الفرد
(تأمل ذاتي)

أمامك عدد من التساؤلات (تأمل ذاتي) تدور حول أثر الإيمان بالله تعالى قم بالإجابة عنها، ثم اختر ثلاثة أسئلة لمناقشتها مع معلمك.

الرقم	تأمــــلات	نعم	لا	ملاحظات
1	هل تشعر بوجود الله تعالى؟			
2	هل يلازمك هذا الإحساس على الدوام؟			
3	هل تعتقد أنّ هناك أموراً قد تخفى على الله تعالى؟			
4	هل تشعر أنّ إيمانك بالله تعالى ومراقبته يؤثر في توجهاتك نحو بعض الأمور؟			
5	هل شعورك برقابة الله تعالى يساعدك في رفض بعض الأمور المخالفة للدين؟			
6	هل فكرت يوماً بمدى رضا الله عنك؟			
7	هل تحاسب نفسك على أعمالك اليومية؟			
8	هل تعرف سبب وجودك في هذه الحياة؟			
9	هل أنت مقتنع بهذا السبب؟			
10	هل من الضروري أن تفهم سبب وجودك في الحياة وأثرك فيها؟			
11	هل تساءلت يوماً عن حكمة الله تعالى بأنّ جعلك من المسلمين؟			
12	هل تشعر باعتزاز لأنك مسلم؟			
13	هل تفكّر بمستقبلك كثيراً؟			
14	هل يؤثر إيمانك بالله واليوم الآخر على تخطيطك لحياتك؟			

الرقم	تأمـــــــلات	نعم	لا	ملاحظات
15	هـل تشـعر بأنـك تسـتغل أوقـات عمـرك بصـورة تحقق لك السعادة؟			
16	هـل تشـعر بأنـك تسـتغل أوقـات عمـرك بصـورة ترضي الـلـه تعالى عنك؟			

ورقة عمل رقم (6) أثر العقيدة الإسلامية في حياة الفرد
(الرقابة الفردية وقصة ابن عمر مع الراعي)

الهدف: أن يستنتج الطالب أثر العقيدة الإسلامية (الإيمان) في حياة المسلم.

الأسلوب: تحليل قصّة.

عزيزي الطالب بعد قراءتك للقصة الآتية لابن الفاروق عبد الـلـه بـن عمر رضي الـلـه عنهمـا أجب عن الأسئلة التي تليها:

روى الطبراني عن زيد بن أسلم قال: مَرّ ابن عمر براعي غنم فقال: يا راعي الغنم هل مِن جَزرة؟⁽¹⁾ قال الراعي: ليس ها هنا ربها، فقال ابن عمر: تقول أكلها الـذئب! فرفع الراعي رأسه إلى السماء، ثم قال: فأين الـلـه؟ قال ابن عمر: فأنا والـلـه أحـق أن أقول فأين الـلـه، فاشترى ابن عمر الراعي واشترى الغنم فأعتقه وأعطاه الغنم.⁽²⁾

1- ماذا قصد ابن عمر عندما قال الراعي:" تقول أكلها الذئب!"؟

....

2- ماذا قصد الراعي بقوله: "فأين الـلـه ؟" عندما أجاب ابن عمر على سؤاله؟

....

3- على ماذا يدلّ تصرف الراعي مع عبد الـلـه بن عمر رضي الـلـه عنهما ؟

....

4- ما الدافع الذي دفع هذا الراعي لرفض عرض سيدنا عبد الـلـه بن عمر رضي الـلـه عنهما ؟

....

5- هل يتكرر هذا الموقف في الحياة؟ اذكر مثالاً يؤيد إجابتك.

....

6- كيف يستطيع المسلم أن يقاوم مغريات الحياة وفتنها؟

....

---

(1) شاة تصلح للذبح.

(2) الطبراني، أبو القاسم، سليمان بن أحمد. (ت. 360هـ)، **المعجم الكبير**، تحقيق: حمدي السلفي، ط2، القاهرة: مكتبة ابن تيمية، 1404هـ 1983م، ج12، ص263، رقم: 13054. وحكم عليه الشيخ الألباني بأن: إسناده صحيح. انظر:

– الألباني، محمد ناصر الدين. (2002م)، **سلسلة الأحاديث الصحيحة وشيء من فقهها وفوائدها**، ط1، الرياض: مكتبة المعارف، ص469-470.

ورقة عمل (7) آثار العقيدة الإسلامية على الأفراد
(قصة عمر بن الخطاب مع بائعة اللبن)

الهدف: يستنتج الطالب آثار العقيدة الإسلامية على سلوك الأفراد

الوسيلة: استخدام أسلوب تحليل القصّة.

عزيزي الطالب:

في إحدى الليالي، خرج أمير المؤمنين عمر بن الخطاب س ومعه خادمه أسلم، ومشيا في طرقات المدينة؛ للاطمئنان على أحوال الناس، وبعد مدة شعرا بالتعب من كثرة المشي، فوقفا يستريحان بجوار أحد البيوت، فسمعا صوت امرأة داخل هذا البيت تقول لابنتها: يا ابنتاه قومي إلى ذلك اللبن فامذقيه بالماء، فقالت البنت لها: يا أمتاه وما علمت ما كان من عزمة أمير المؤمنين اليوم، قالت: وما كان من عزمته يا بُنية؟ قالت: إنه أمر منادياً فنادى ألا يشاب اللبن بالماء. فقالت لها: يا بنية قومي إلى اللبن فامذقيه بالماء، فإنّك بموضع لا يراك عمر ولا منادي عمر. فقالت الصبية لأمها: يا أمتاه ما كنت لأطيعه في الملأ، واعصيه في الخلاء، وعمر يسمع، فسعد بما سمعه من هذه الفتاة، وأعجب بإيمانها وأمانتها، وفي الصباح سأل عنها فعلم أنها أم عمارة بنت سفيان بن عبد الله الثقفي، وعرف أنها غير متزوجة، فزوجها لابنه عاصم، وبارك الله لهما فكان من ذريتهما الخليفة العادل عمر ابن عبد العزيز.(1)

1- لماذا طلبت الأم من ابنتها خلط اللبن بالماء؟

....

....

....

(1) بتصرف، والقصة أخرجها:

- ابن عساكر، أبو القاسم، علي بن الحسن ابن هبة الله بن عبد الله الشافعي. (ت. 571هـ)، **تاريخ مدينة دمشق**، تحقيق: علي شيري، ط1، بيروت، دار الفكر، 1998م، ج5، ص253.

2- لماذا رفضت الفتاة طلب أمها؟

....

....

....

3- على الرغم من الحاجة الشديدة والفقر الـذي كانـت تعانيـه الفتـاة وأمهـا، إلا أنّ الفتاة أصرت على رفض طلب أمّها، على ماذا يدل هذا؟

....

....

....

4- هل حاجة بعض الطلبة للعلامات مبرر للإقـدام عـلى الغـش في الامتحانات؟وضِّح إجابتك.

....

....

....

5- كيف يمكن للعقيدة الإسلامية أن تؤثر في سـلوك المسـلم فتمنعـه مـن الوقـوع في المعصية؟

....

....

....

ورقة عمل رقم (8) أثر العقيدة الإسلامية على الفرد والجماعة

الهدف: تلخيص آثار العقيدة على الفرد والجماعة.

الطريقة: بإمكان المعلم أن يفعل هذه الصور (المخطط الذهني) في التعلم التعاوني، أو تعلم ذاتي، وله أن يستخدمها في بداية عرض الموضوعات، أو على سبيل التقويم، والهدف هو امتلاك الطلبة القدرة على تنظيم الأفكار.

عزيزي الطالب قم بإكمال الرسم الذي أمامك والذي يعبر عن آثار العقيدة على حياتك وحياة الأمة الإسلامية، والمطلوب:

1- أن تحدد موضع أركان الإيمان الستة.

2- تكتب ما تعتقد أنّه من آثار العقيدة (الإيمان) على الفرد والمجتمع.

آثار العقيدة
(الإيمان) على المجتمع

آثار العقيدة
(الإيمان) على الأفراد

سادس عشر
أثر العقيدة الإسلامية في حياة المجتمع

الأهداف المتوقعة:

يتوقع من الطالب بعد الانتهاء من دراسة هذا الموضوع أن يكون قادراً على أن:

1- يستنتج أثر العقيدة في المجتمع.

2- يكتشف العلاقة الإيمان وبين فساد المجتمعات وصلاحها.

3- يقترح حلولاً للمشكلات التي تعاني منها المجتمعات بسبب ضعف الإيمان وعدم التمسك بالعقيدة الإسلامية.

التخطيط للمواقف التعليمية والفعاليات:

1- تفعيـل أسـلوب دراسـة الحالـة، التجميعيـة؛ مـن خـلال الاسـتعانة بالإحصائيات والدّراسات الاجتماعية لبعض المظاهر، وتحليل أبرز النتائج المتعلقة بها.

2- تفعيل التفكير الناقد من خلال الأنشطة المناسبة، للتعرّف على آثار العقيدة الإسلامية على المجتمع.

ورقة عمل رقم (1) أثر العقيدة الإسلامية في حياة المجتمع
(مواقف من القرآن الكريم)

الهدف أن يستنتج الطالب أثر العقيدة في المجتمع.

- يأمر اللـه عـز وجـل سـيدنا مـوسى عليـه الصـلاة والسـلام بقولـه تبـارك وتعـالى: ﴿ فَأَوْحَيْنَا إِلَى مُوسَى أَنِ اضْرِب بِّعَصَاكَ الْبَحْرَ فَانفَلَقَ فَكَانَ كُلُّ فِرْقٍ كَالطَّوْدِ الْعَظِيمِ {63/26} ﴾ [الشعراء: 63].

- ويأمر اللـه تعالى السيدة مريم عليها السلام فيقول: ﴿ وَهُزِّي إِلَيْكِ بِجِذْعِ النَّخْلَةِ تُسَاقِطْ عَلَيْكِ رُطَبًا جَنِيًّا {25/19} ﴾ [مريم: 25].

ويصف اللـه تبارك وتعالى المـؤمنين بقولـه: ﴿ إِلَّا الَّذِينَ آمَنُوا وَعَمِلُوا الصَّالِحَاتِ ﴾ [العصر: 3].

من خلال مجموعتك:

فكِّر، تؤكد هذه الآيات على مبدأ معين، ما هو؟ وما أثره في المجتمع؟

....
....
....
....
....
....
....
....
....
....
....
....
....

ورقة عمل رقم (2) أثر العقيدة الإسلامية في حياة المجتمع
(مكافحة ارتفاع نسبة جريمة القتل في العالم)

الهدف: استنتاج أثر العقيدة الإسلامية في حياة الفرد.

[يمكن للمعلم عرض الخارطة أو القائمة]

عقد 2000

Most recent	2007	2006	2005	2004	2003	2002	2001	2000	Country
89	89	101							العراق[26]
55.3		55.3	54.9	41.0	32.7	31.1	34.6	37.3	إلسلفادور[19]
50						50			سيراليون[27]
49.9	49.9	42.91	35.06	31.89	33.57	55.89	53.72	49.92	هندوراس[18][28]
49.4		49.4	42.1	45.2	59	49	40	37	فنزويلا[29][30][31][32]
49		49	58	54	36	40	44	34	جامايكا[10]
45.2		45.2	42.0	36.3	35.0	30.7	25.2	25.8	غواتيمالا[21]
40						40			أنغولا[27]
38.6	38.6	40.5	39.6	40.3	42.7	47.4	47.8	49.6	جنوب أفريقيا[16][33]
37	37	37.3	39.3	44.6	51.8	65.8	64.6	62.7	كولومبيا[15][34][35][36][37][38]
33						33			الصومال[27]
33						33			ليبيريا[27]
30.8	30.8	33.0	30.0	28.7	24.9	33.1	24.9	16.3	بليز[39][40]
30.38	30.38	28.53	29.69	20.07	20.69	14.33	12.58	10.0	ترينيداد وتوباغو[23][41]
25.7		25.7	26.6	27.4	28.9	28.4	27.8	26.7	البرازيل[42][43]
25		25	10.6	11.1	17.5	13.04	13.94	14.11	المكسيك[13][44][45]
23.56		23.56	26.41	25.25	18.73	14.51	12.49	13.09	جمهورية الدومنيكان[46]
18.8		18.8	19.6	20.4	42.0	20.1	19.4	18.2	بورتو ريكو[47][48][49][50][51][52][53]
18.33				18.33	15.07				إكوادور[54]
16.5		16.5	18.0			33		19.80	روسيا[27][55]

قائمة الدول حسب معدل جرائم القتل لكل 100000 نسمة، خلال عقد 2000م.

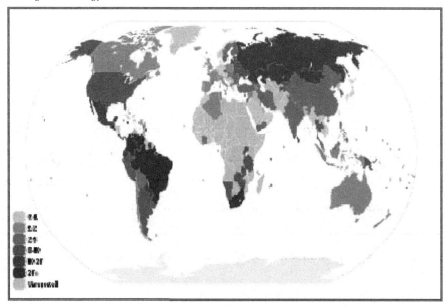

خارطة الدول حسب معدل جرائم القتل لكل 100000 نسمة، لعام 2004م.

تظهر هذه الخارطة/ القائمة - كما تذكر موسوعة ويكبيديا- نسـبة القتـل في دول العالم لكل 100000 نسمة، من خلال المجموعة، تأمل الخارطة التي أمامك وبيّن ما يأتي:

1- أعلى المناطق التي تنتشر فيها هذه الظاهرة.

....

....

....

2- أقل المناطق انتشاراً.

....

....

....

3- هل هناك علاقة بين انتشار هذه الظاهرة وانتشار الإسلام؟ وضِّح كلامـك فـيما إذا كانت العلاقة طردية أم عكسية؟

....

....

....

4- برأيك ما أسباب انخفاض هذه الظاهرة في المناطق التي ينتشر فيها الإسلام؟

....

....

....

5- كيف يمكن للإيمان بالله تعالى ووجود التصور الواضح لهذا الوجود أن يحـد مـن هذه الظاهرة؟

....

....

....

ورقة عمل رقم (3) أثر العقيدة الإسلامية في حياة المجتمع
(مكافحة ظاهرة التدخين في المجتمعات)

الهدف: استنتاج أثر العقيدة في المجتمع.

بينت الدراسة، التي أجرتها جمعيـة مكافحـة التـدخين بالتعـاون مـع منظمـة الصحة العالميـة ووزارة التربيـة والتعلـيم في الأردن، وشـملت 2167 طالبـاً وطالبـة في صـفوف السابع والثامن والتاسع في 20 مدرسة في إقلـيم الوسـط؛ أن "نسـبة مـدخني السـجائر حالياً أو سابقاً بين الطلبة الذكور والإناث بلغت 9،16%، علماً بأن هـذه النسـبة تـزداد بزيادة عمر الطالب أو الطالبة". وأظهرت الدراسة أن 56% من الطلاب بدأوا التـدخين في سن مبكرة، وأشارت نتائج المسح العالمي للتدخين الـذي تـم تنفيـذه في الأردن عـام 2003، أن معدلات انتشار التدخين (السجائر فقط) هي25% بين الذكور، و14،8% بين الإناث، أما المنتجات الأخرى للتبغ فكانت 11،5% للذكور، و12،9% بين الإنـاث. وتبـيّن الدراسة أن 57% من الطلاب المدخنين يدخن آباؤهم، و19% مـنهم تـدخن أمهـاتهم، و15% من الطلبة يدخن كلا الوالدين، وحول الأضرار الأكـثر حـدوثاً بسـب التـدخين - حسب رأي العينة- تصدرت أمراض الـرئتين والقصـبات الهوائيـة أجوبـة العينـة، تلتهـا السرطان ومن ثـم أمـراض القلـب والشرايـين، وضـيق التـنفس والربـو، وأمـراض الفـم والأسنان، بالإضافة إلى الأضرار البيئية والنفسية.(1)

تظهر الفقرة السابقة جزءاً من نتائج دراسة أعدت في الأردن حول ظاهرة التـدخين لدى طلاب المدارس؛ من خلال المجموعة، تأمل الفقرة التي أمامك وبيّن ما يأتي:

1- هل هذه الظاهرة موجودة فعلاً في مدرستك؟

....

....

....

(1) http://www.ain.jo/node/139325

2- ما الذي يدفع إلى التدخين؟

....

....

....

3- كيف يمكن للالتزام بالصلوات في المسجد أن يجنّب الطلبة الانجراف وراء هذه الظاهرة الخطيرة؟

....

....

....

4- هل هناك علاقة بين انتشار هذه الظاهرة والرفقة الصالحة؟ وضِّح كلامك فيما إذا كانت علاقة طردية أم عكسية.

....

....

....

5- كشفت الدّراسة أن أكثر من نصف المدخنين من الطلبة بدأوا التدخين في سن مبكرة. ما الأسباب وراء ذلك؟ وما الحلول التي تقترحها لمواجهة هذه المخاطر التي تحيط بالطلبة، وتقضي على مستقبلهم؟

....

....

....

6- كيف يمكن للتربية الإيمانية الصحيحة أن تساعد الطلبة على عدم الوقوع في أسر التدخين ومشاكله؟

....

....

....

7- أشارت الدراسة إلى أنّ هناك علاقة بين العادات السلوكية التي يمارسها الأهل على توجهات أبنائهم نحو التدخين، أين ظهر هذا في الدراسة؟

....

....

....

8- هل وجود السلوكات غير الصحيحة مـن قِبـل الأهـل مـبرر للأبنـاء للانجـراف وراء عادة التدخين؟

....

....

....

9- كيف يمكن للأبناء مقاومة الضغوطات الاجتماعية والسلوكية في مسألة التدخين؟

....

....

....

10- كيف يؤثر حب المسلم لله تعالى وحرصه على طاعته ورضاه في حماية نفسه من ممارسة هذه العادة السيئة؟

....

....

....

11- إذا كان لك صديق مدخن، فما النصيحة التي توجهها إليه؛ ليقلع عن التدخين؟

....

....

....

ورقة عمل رقم (4) أثر العقيدة الإسلامية في حياة المجتمع على السلوك والخلق، في ضوء حديث النبي ﷺ

الهدف: يستخلص الطالب آثار العقيدة الإسلامية السلوكية على أفراد المجتمع.

عزيزي الطالب: أمامك حديث نبوي شريف تضمن الحديث عن ثمار الإيمان في المجتمع الإسلامي، وعن الصورة التي يرتضيها الله تعالى للمجتمع المؤمن في سلوكه وتعامله وتصرفاته.

عَنْ أَبِي هُرَيْرَةَ قَالَ: قَالَ رَسُولُ اللهِ ﷺ: "لا تَحَاسَدُوا ولا تَنَاجَشُوا ولا تَبَاغَضُوا ولا تَدَابَرُوا ولا يَبِعْ بَعْضُكُمْ عَلَى بَيْعِ بَعْضٍ، وَكُونُوا عِبَادَ اللهِ إِخْوَانًا، الْمُسْلِمُ أَخُو الْمُسْلِمِ لا يَظْلِمُهُ ولا يَخْذُلُهُ ولا يَحْقِرُهُ، التَّقْوَى هَا هُنَا، وَيُشِيرُ إِلَى صَدْرِهِ ثَلاثَ مَرَّاتٍ. بِحَسْبِ امْرِئٍ مِنَ الشَّرِّ أَنْ يَحْقِرَ أَخَاهُ الْمُسْلِمَ، كُلُّ الْمُسْلِمِ عَلَى الْمُسْلِمِ حَرَامٌ دَمُهُ وَمَالُهُ وَعِرْضُهُ."(1)

1- بالتعاون مع مجموعتك وضّح الصورة التي رسمها الحديث للمجتمع المؤمن.

....

....

2- ما رأيك بهذه الصورة التي رسمها الإسلام للمجتمع المؤمن، وما يحدث في الواقع؟

....

....

3- اكتب فقرة لا تزيد عن خمسة أسطر تعبر فيها عن أسباب تقصير النّاس في الالتزام بهذه السلوكيات، مضمناً كلامك حلولاً تساعد في معالجة غياب هذه الصورة عند البعض.

....

....

(1) مسلم، **صحيح مسلم**، كتاب: البر والصلة والآداب، ص1035، حديث رقم: 32-(2564).

الخاتمة

الحمد لله الذي سخر لنا ما في السماوات وما في الأرض جميعاً منه، إنّ في ذلك لآيات لقوم يتفكرون. والحمد لله الذي منّ علينا بإنجاز هذا الدليل، بعد أنّ كان فكرة تجول في خواطرنا، فغدا اليوم جهداً متواضعاً بذلنا فيه ما استطعنا، نضعه أمام المعلمين؛ ليكون لهم مرشداً وموجهاً يفتح الآفاق أمامهم للتفكير والارتقاء بالتعليم نحو الأفضل، فيكون معيناً لهم على تبليغ الرسالة وتأدية الأمانة.

ولذا فقد حرصنا في هذا الدليل على توظيف العديد من المصادر المناسبة، وتوظيف مهارات التفكير، وخرائط المعرفة، وتنمية الناحية الوجدانية من خلال ما ضمنّاه من أنشطة وتساؤلات وأوراق عمل واقتراحات عملية؛ حاولنا من خلالها تتبع منهج القرآن والسنة في بناء العقيدة الإسلامية؛ ليسهم هذا الجهد في الأخذ بيد كل معلم وداعية ومرب نحو تربية أجيال تعتز بعقيدتها وانتمائها للإسلام، وقادرة على مواجهة التحديات، والصمود في وجه المخاطر التي تحدق بالإسلام وأهله من كل صوب واتجاه. فقمنا بمراعاة أنماط التعلم من خلال تنويع الأساليب، والأنشطة التي صممت لتتناسب مع أنماط المتعلمين، وأنماط التفكير المتعددة، وتطرقنا فيه للعاطفة الدينية والجوانب الوجدانية.

وبهذا يمكننا القول: إنّ هذا الدليل يُعدُّ نواة يستطيع المعلم من خلاله أن يكتسب القدرة على توظيف استراتيجيات التدريس الحديثة، وتنمية مهارات التفكير المتنوعة، وتعميق النواحي الوجدانية والانفعالية في نفوس المتعلمين، كما انّه معين له على اكتساب المهارة والدربة لتصميم أنشطة أخرى لدروس العقيدة ولغيرها من موضوعات التربية الإسلامية.

وفي ختام هذا الدليل لا يسعنا إلا أنّ نسأل العلي القدير أن يهبنا الإيمان العميق الصادق، ويعين كل معلم على بناء العقيدة في نفوس طلبته بناءً راسخاً قوياً.

المؤلفان

المراجع

المراجع العربية

ابن الأثير الجزري، أبو السعادات، المبارك بن محمد (ت.606هـ)، النهاية في غريب الحديث والأثر، تحقيق: طاهر أحمد الزاوي، ومحمود الطناحي، بيروت: المكتبة العلمية، 1979م.

أرنولد، توماس ووكر، (1971م)، الدعوة إلى الإسلام، بحث في تاريخ نشر العقيدة الإسلامية، ترجمة: حسن إبراهيم، وعبد المجيد عابدين، ط3، مصر: دار النهضة المصرية.

الأشقر، عمر، (2005م)، عالم الملائكة الأبرار، ط13، عمان: دار النفائس.

الألباني، محمد ناصر الدين، (2002م)، سلسلة الأحاديث الصحيحة وشيء من فقهها وفوائدها، ط1، الرياض: مكتبة المعارف.

باديس، عبد الحميد، (1995م)، العقائد الإسلامية من الآيات القرآنية والأحاديث النبوية رواية محمد الصالح رمضان، تحقيق: محمد الصالح رمضان، ط1، الشارقة: دار الفتح.

البخاري، أبو عبد الله، محمد بن إسماعيل. (ت. 256هـ)، صحيح البخاري، اعتنى به: أبو صهيب الكرمي، ط1، الرياض: بيت الأفكار الدولية، 1419هـ ، 1998م.

البلوي، قاسم صالح، (2006م)، فاعلية استخدام طريقة العصف الذهني في تنمية التفكير الإبداعي في مادة التربية الإسلامية لدى عينة من طلبة الثالث الثانوي العلمي بمدينة تبوك، أطروحة ماجستير غير منشورة، جامعة مؤتة، الأردن.

البوطي، محمد سعيد رمضان، (2003م)، كبرى اليقينيات الكونية، ط8، بيروت، دار الفكر.

بوكاي، موريس، (1990م)، التوراة والإنجيل والقرآن والعلم، ترجمة: الشيخ حسن خالد، ط3، بيروت: المكتب الإسلامي.

بوكاي، موريس، (1991م)، دراسة الكتب المقدسة في ضوء المعارف الحديثة والعلم، ط1، بيروت: دار الأفكار.

الترمذي، أبو عيسى، محمد بن عيسى. (ت. 279هـ)، الجامع الكبير، تحقيق: د. بشار معروف، ط1، بيروت: دار الغرب الإسلامي، 1996م.

جريدة الشرق الأوسط، العدد: 10716، الاثنين 24، ربيع الأول، 1429هـ، 31، مارس، 2008م.

جريدة الشرق الأوسط، العدد: 9388، الأربعاء 24، جمادى الثانية، 1425هـ، 11، أغسطس، 2004م.

الجزائري، أبو بكر، جابر بن موسى، (2002م)، أيسر التفاسير لكلام العلي الكبير، ط1، المدينة المنورة، مكتبة العلوم والحكم.

الجلاد، ماجد زكي، (2004م)، تدريس التربية الإسلامية، ط1، عمان: دار المسيرة.

الجلاد، ماجد زكي، (2001م). تحليل الأسئلة التقويمية الواردة في كتب التربية الإسلامية للصفوف الثامن والتاسع والعاشر في الأردن، أبحاث اليرموك، سلسلة العلوم الإنسانية والاجتماعية، م17، ع1، ص ص 63- 83.

ابن حجر العسقلاني، أبو الفضل، أحمد بن علي، (ت. 852هـ)، فتح الباري شرح صحيح البخاري، تحقيق: عبد العزيز بن باز، ومحب الدين الخطيب، بيروت: دار الفكر، 1379هـ.

ابن حنبل، أحمد. (ت. 241 هـ)، المسند، تحقيق: الشيخ شعيب الأرنؤوط وآخرون، ط1، بيروت: مؤسسة الرسالة، 1421هـ 2001م.

أبو حرب والموسوي وأبو الجبين، يحيى وعلي وعطا، (2004م)، الجديد في التعلم التعاوني لمراحل التعليم والتعليم العالي، ط1، الكويت: مكتبة الفلاح.

الخوالدة وعيد، ناصر ويحيى، (2003م)، طرق تدريس التربية الإسلامية، وأساليبها وتطبيقاتها العملية، ط2، الكويت: مكتبة الفلاح.

الديلمي، أبو شجاع، شيرويه بن شهردار بن شيرويه. (ت. 509هـ)، مسند الفردوس، تحقيق: السعيد بن بسيوني زغلول، ط1، بيروت: دار الكتب العلمية.

الدينوري، أبو بكر، أحمد بن مروان بن محمد الدينوري القاضي المالكي، (ت.293هـ)، المجالسة وجواهر العلم، ط1، بيروت: دار ابن حزم، 1423هـ 2002م.

الرئاسة العامة لإدارات البحوث العلمية والإفتاء والدعوة والإرشاد، مناظرة بين الإسلام والنصرانية، ط1، الرياض، 1407هـ.

د.روهلنج، وشارل لوران، (1899م)، الكنز المرصود في قواعد التلمود، ترجمة: يوسف نصر الله، ط1، القاهرة: مطبعة المعارف.

ريّان، محمد هاشم، (2002م)، التربية الإسلامية، ط1، عمان: دار الرازي.

الزنداني، عبد المجيد، (2006م)، البرهان شرح كتاب الإيمان، ط1، اليمن: مركز البحوث بجامعة الإيمان.

زهران، حامد عبد السلام. (1999م)، علم نفس النمو، ط5، القاهرة: عالم الكتب.

سرحان، عبد العزيز أحمد، جريدة عكاظ، السنة الحادية والأربعين، العدد: 12200، الجمعة، 15 شوال، 1420هـ، الموافق،21، يناير، 2000م.

سعادة وآخرون، جودت أحمد، (2006م)، التعلم النّشط بين النّظرية والتطبيق، ط1، عمان، دار الشروق.

السفاريني، شمس الدين، أبو العون، محمد بن أحمد بن سالم السفاريني الحنبلي، (ت. 1188هـ)، لوامع الأنوار البهية وسواطع الأسرار الأثرية لشرح الدرة المضية في عقد الفرقة المرضية، ط2، دمشق: مؤسسة الخافقين ومكتبتها، 1402هـ، 1982م.

سلمان، خالد، (2007)، الأسئلة التقويمية في كتب التربية الإسلامية للمرحلتين الأساسية والثانوية في الأردن- دراسة تحليلية، أطروحة دكتوراه، غير منشورة، الجامعة الأردنية، عمان، الأردن.

الشهري، محمد علي. (1430ه)، التربية الوجدانية للطفل وتطبيقاتها التربوية في المرحلة الابتدائية، رسالة ماجستير غير منشورة، جامعة أم القرى، مكة المكرمة.

الطبراني، أبو القاسم، سليمان بن أحمد. (ت. 360ه)، المعجم الكبير، تحقيق: حمدي السلفي، ط2، القاهرة: مكتبة ابن تيمية، 1404ه ، 1983م.

ابن طفيل القيسي الأندلسي، أبو بكر، محمد بن عبد الملك، (ت. 851ه)، حيّ بن يقظان، تحقيق: فاروق سعد، ط6، بيروت: دار الآفاق الجديدة، 1995م.

عاشور، فايد حمّاد محمد. (1985م)، جهاد المسلمين في الحروب الصليبية، العصر الفاطمي السلجوقي والزنكي، ط3، بيروت: مؤسسة الرسالة.

أبو العتاهية، إسماعيل بن القاسم. (ت. 210ه)، ديوان أبي العتاهية، ط1، بيروت: دار بيروت للطباعة والنشر، 1406ه ، 1986م.

العثامين، عاطف عبد السلام عودة. (2005م)، منهج سورة طه في عرض أصول العقيدة، رسالة ماجستير غير منشورة، جامعة آل البيت، الأردن.

ابن عساكر، أبو القاسم، علي بن الحسن بن هبة الله بن عبد الله الشافعي. (ت. 571ه)، تاريخ مدينة دمشق، تحقيق: علي شيري، ط1، بيروت: دار الفكر، 1998م.

العطار، بلال سلامة طاهر. (2006م)، مناهج وأساليب عرض العقيدة من خلال الأحاديث النبوية الواردة في صحيح البخاري، رسالة ماجستير، غير منشورة، جامعة آل البيت، الأردن.

علوان، عبد الله ناصح، (1992م)، تربية الأولاد في الإسلام، ط21، القاهرة: دار السلام.

العلواني، طه جابر. (1999م)، التحديات التي تواجه الفقه الإسلامي. المؤتمر الثاني لكلية الشريعة، تدريس الفقه الإسلامي في الجامعات، ط1، الزرقاء: جامعة الزرقاء الأهلية.

عياصرة، عطاف منصور، (2008م)، مهارات التفكير المتضمنة في كتب التربية الإسلامية للمرحلة الأساسية في الأردن، أطروحة دكتوراه غير منشورة، الجامعة الأردنية، الأردن.

العياصرة، محمد عبد الكريم، (2004م)، تحليل الأسئلة التقويمية في كتب التربية الإسلامية للحلقة الأولى من التعليم الأساسي في الأردن وسلطنة عُمان "دراسة مقارنة"، مجلة جامعة الملك سعود، العلوم التربوية والدراسات الإسلامية، م17، ع2، ص ص 683-721.

عيسى، أحمد بن إبراهيم، توضيح المقاصد وتصحيح القواعد في شرح قصيدة الإمام ابن القيم، تحقيق: زهير الشاويش، ط3، بيروت: المكتب الإسلامي، 1406هـ.

الغامدي، فريد بن علي، (2009م)، مدى ممارسة معلم التربية الإسلامية بالمرحلة الثانوية لمهارات تنمية التفكير الابتكاري، مجلة جامعة أم القرى للعلوم التربوية والنفسية، م1، ع1، ص ص 309-388.

غانم، سعيد محمد. (2003م)، إشكالية التعليم في العالم الإسلامي، ط1، قطر: وزارة الأوقاف والشؤون الإسلامية.

ابن قدامة المقدسي، أبو محمد، عبد الله بن أحمد، (ت. 620هـ)، التوابين، تحقيق: عبد القادر الأرناؤوط، د.ط، بيروت: دار الكتب العلمية، 1403هـ، 1983م.

قطب، سيّد، (1982م)، في ظلال القرآن الكريم، ط10، بيروت: دار الشروق.

ابن قيم الجوزية، شمس الدين، محمد بن أبي يكر، (ت. 751هـ)، شفاء العليل في مسائل القضاء والقدر والحكمة والتعليل، خرّج نصوصه: مصطفى الشلبي، ط1، جدة: مكتبة السوادي، 1412هـ ، 1991م.

ابن قيم الجوزية، محمد بن أبي بكر، (ت. 751هـ)، إغاثة اللهفان من مصايد الشيطان، تخريج: الشيخ محمد ناصر الدين الألباني، رحمه الله، تحقيق: علي الحلبي، ط1، الرياض: دار ابن الجوزي، 1420هـ.

الكلاعي، أبو الربيع، سليمان بن موسى الأندلسي (ت. 634هـ)، الاكتفاء بما تضمنه من مغازي رسول اللـه والثلاثة الخلفاء، تحقيق: د. محمد كمال الـدين عـز الـدين علي، ط1، بيروت: عالم الكتب، 1417هـ.

لانغ، جيفري، (2009م)، الصراع من أجل الإيمان، ط6، دمشق: دار الفكر.

ابن ماجة، أبو عبد اللـه، محمد بن يزيد. (ت. 273هـ)، سـنن ابن ماجة، اعتنى بـه: فريـق بيـت الأفكـار الدوليـة، ط1، الريـاض: بيـت الأفكـار الدوليـة، 1420هـ 1999م.

مورجان وساكستون، نورا جوليانا. (2011م)، أسئلة أفضل فهـم أعمـق، ط1، مصر: دار النهضة.

مسلم، أبو الحسين، مسلم بن الحجاج. (ت. 261هـ)، صحيح مسلم، اعتنى بـه: أبـو صهيب الكرمي، ط1، الرياض: بيت الأفكار الدولية، 1419هـ ، 1998م.

المغلوث، سامي بن عبد اللـه. (2005م)، أطلس تاريخ الأنبياء والرسل، ط6، الرياض: مكتبة العبيكان.

المشـاعلة والطوالبـة والخزاعلـة، مجدي ومحمـد وتيسـير. (2010م)، مـدى توظيـف معلمي التربية الإسلامية في المرحلـة الأساسية العليا للـتعلم الإلكتروني، مجلة جامعة دمشق، م26، ع3، ص ص405-438.

معلوف، أمين. (1989م)، الحروب الصليبية كما رآها العرب، ترجمة: عفيـف دمشـقية، ط: بدون، دمشق: دار الفارابي، دمشق.

الميداني، عبد الرحمن حسـن حبنكـة، (2002م)، العقيـدة الإسلامية وأسسـها، ط11، دمشق، دار القلم.

نوفاك، وجووين، جوزيف وبوب، (1995م)، تعلم كيف تتعلم، ترجمة: أحمـد عصام الصفدي، وإبراهيم محمد الشافعي، ط1، الرياض: جامعة الملك سعود.

ابن هشام، أبو محمد، عبد الملك بن هشام، (ت. 218هـ)، السيرة النبوية، تحقيق: عمر تدمري، ط3، بيروت: دار الكتاب العربي، 1410هـ ، 1990م.

هونكه، زيغريد، (1993م)، شمس العرب تسطع على الغرب"أثر الحضارة العربية في أوروبا"، ترجمة: فاروق بيضون، وكمال دسوقي، ط8، بيروت: دار الجيل، ودار الآفاق الجديدة.

المراجع الأجنبية

http://www.ikhwanwiki.com/index.php?title

http://www.imanway.com/vb/showthread.php?t=13848

http://www.imanway.com/vb/showthread.php?t=13848

http://www.injeel.com/Kamous.aspx?ltr=4&wrd=1

http://www.islamstory.com

http://www.mohyssin.com/forum/showthread.php?t=9033

http://www.saaid.net/Warathah/arefe/17.htm

http://www.twbh.com/index.php/site/article/read519

http://www.yabeyrouth.com/pages/index2974.htm

http://www.youtube.com/watch?v=-8GT7iV_zrw

site.iugaza.edu.ps/dhelles/files/2010/02/SObject.doc

www.aawsat.com/details.asp?section=31&issueno=9388&article=24953
3&feature=

= www.anti-narcotics.psd.gov.jo/index.php?option=com_content&task
view&id=43&Itemid=51

Printed in the United States
By Bookmasters